法律实务操作与案例研判文丛

张永忠　总主编

华南师范大学法学院出版基金资助

民法案例实践教程

侯　巍　等／著

法律出版社
LAW PRESS · CHINA
北京

图书在版编目(CIP)数据

民法案例实践教程 / 侯巍等著. -- 北京 : 法律出版社, 2023
(法律实务操作与案例研判文丛 / 张永忠总主编)
ISBN 978-7-5197-7437-0

Ⅰ. ①民… Ⅱ. ①侯… Ⅲ. ①民法-案例-中国-教材 Ⅳ. ①D923.05

中国版本图书馆 CIP 数据核字(2022)第 241410 号

民法案例实践教程
MINFA ANLI SHIJIAN JIAOCHENG

侯 巍 等著

策划编辑 陈 妮
责任编辑 陈 妮 王 鸿
装帧设计 鲍龙卉

出版发行 法律出版社
编辑统筹 法治与经济出版分社
责任校对 王晓萍
责任印制 吕亚莉
经 销 新华书店

开本 710 毫米×1000 毫米 1/16
印张 17 字数 357 千
版本 2023 年 3 月第 1 版
印次 2023 年 3 月第 1 次印刷
印刷 固安华明印业有限公司

地址:北京市丰台区莲花池西里 7 号(100073)
网址:www.lawpress.com.cn
投稿邮箱:info@lawpress.com.cn
举报盗版邮箱:jbwq@lawpress.com.cn

销售电话:010-83938349
客服电话:010-83938350
咨询电话:010-63939796

书号:ISBN 978-7-5197-7437-0
定价:98.00 元

凡购买本社图书,如有印装错误,我社负责退换。电话:010-83938349

《法律实务操作与案例研判文丛》
丛书编委会

前言

作为法学理论与司法实践联系的主要渠道,判例研究在推动全面依法治国、建设法治中国等方面具有不可替代的积极意义。适逢《中华人民共和国民法典》颁布三周年之际,本书以当代中国民法的热点问题为主线,结合不同法学学说及立法示例,对16个精选民法案例进行深度剖析,旨在推动民法理论和民事裁判实践的相互融通,促进民事判例研究的规范发展。本书具有以下特点:

以例释法。本书以经典案例研判为特色,将抽象的民法原理与具体的典型案例相结合,全面完整地反映案件的基本事实及当事人的诉辩观点,注重梳理争议焦点与裁判思路。本书对案例的解读旨在还原案例背后具有争议性的民法问题,通过对案例的学理论争及民法规则进行规范性阐述和评析,帮助读者更好地理解民法的基本原理与具体规则。

体例规范。本书以民事判例研究的经典模式为标准,通过规范化的案例分析逻辑将案例与学理观点紧密联系,由浅入深地对各个案例及其法理展开系统诠释。每个案例设有7个部分。其中,基本案情、争议焦点及法律判决部分侧重对案件事实及当事人主张的真实反映,案例评析及思考与实践部分体现了法理分析,相关法律法规及文献部分则侧重对案例相关内容的延伸和拓展。

内容全面。本书着重以学理争议、社会热点、规则适用为考察角度选取案例,突出案例的典型性;所选案例涉及总则、物权、合同、人格权、婚姻家庭、继承、侵权责任等民事领域,凸显案例的代表性;对案例的剖释与研究立足当时的社会背景,结合立法司法与理论研究的新成果,紧紧围绕不同时期的学理观点和法律法规,展现了案例内容的层次性和时代性。

本书选取了《中华人民共和国民法典》出台前后在民法学界引发较大争议的典型

和疑难案例，以应用型人才观为导向，通过案例描述—案例分析—案例反思的设计，强化启发式、探究式、参与式分析与教学，促进理论学习与实践应用的有机融合。本书不仅是法科学生夯实理论功底、提升法律运用能力的有益工具，而且是广大法律工作者精准把握法律规定、人民群众准确理解法条要义的生动教材。希冀通过民事案例的深入研判，推进法律条文的正确理解与准确适用，促进裁判理念的及时更新，助推民事审判质效的再提升。

侯　巍

2023 年 1 月 6 日

目　录

案例一：
沈某某等与刘某某等冷冻胚胎监管权纠纷

案例二：
罗某某、谢某某与陈某监护权纠纷

案例三：
孙某与邢某某悬赏广告纠纷

案例四：
张某某与蒋某某遗赠纠纷

案例五：齐某某与陈某某等侵犯受教育权纠纷

案例六：王某某与张某某遗失物侵权赔偿纠纷

案例七：
马某某与李某某小产权房买卖合同纠纷

案例八：
吴某亮等与彭州市通济镇人民政府乌木归属纠纷

案例九：
徐某欣与中集哈深公司等借名买房纠纷

案例十：
李某某与上海大润发有限公司杨浦店等财产损害赔偿纠纷

案例十一：郭某与杭州野生动物世界有限公司服务合同纠纷

案例十二：邱某某与孙某等一般人格权侵权纠纷

案例十三：
任某玉与百度公司人格权侵权纠纷

案例十四：
赵 C 与鹰潭市公安局月湖分局姓名权纠纷

案例十五：王某某与杜某某、姚某民间借贷纠纷

案例十六：何某与陈某桥等不明抛掷物损害责任纠纷

案例一：沈某某等与刘某某等冷冻胚胎监管权纠纷

沈某某、邵某某之子沈某与儿媳刘某因自然生育存在困难，于2012年在南京市某医院生殖医学中心采用人类辅助生育技术繁育后代。夫妻二人在该医院留下4枚冷冻胚胎，并与院方商定拟于2013年3月25日进行胚胎移植手术。2013年3月20日，沈某与刘某在一起交通事故中不幸同时身亡。保存在该医院的4枚冷冻胚胎成为双方父母延续香火的唯一希望。为了取回冷冻胚胎，2013年11月死者沈某的父母沈某某、邵某某依据原《中华人民共和国民法通则》（以下简称原《民法通则》）、原《中华人民共和国继承法》（以下简称原《继承法》），以刘某的父母刘某某、胡某某为被告，以南京市某医院为第三人，向法院提起诉讼，要求取得冷冻胚胎的继承权。江苏省宜兴市人民法院经审理认为，施行体外受精—胚胎移植手术过程中产生的冷冻胚胎是具有发展为生命潜能，含有未来生命特征的特殊之物，不能像一般之物一样任意转让或继承，不能成为继承标的。同时，沈某与刘某夫妻均已死亡，无法通过手术达到生育目的，故夫妻二人对胚胎享有的受限制的权利不能被继承，据此判决原告败诉。沈某某、邵某某不服一审判决，提起上诉。江苏省无锡市中级人民法院经审理认为，沈某某、邵某某和刘某某、胡某某要求获得案涉胚胎的监管权和处置权合情、合理，且不违反法律禁止性规定，应予支持，判决：撤销一审判决，4枚冷冻胚胎由上诉人沈某某、邵某某和被上诉人刘某某、胡某某共同监管和处置。

通过该案探讨人类冷冻胚胎的法律属性及其特殊的处置规则。

一、案例研判

（一）基本案情

沈某与刘某于2010年10月13日登记结婚，2012年4月6日取得生育证明。2012年8月，沈某与刘某因“原发性不孕症、外院反复促排卵及人工授精失败”，到南京市某医院生殖医学中心采用体外受精—胚胎移植助孕手术（俗称“试管婴儿”手术）繁育后代。刘某曾于2012年3月5日与医院签订《辅助生殖染色体诊断知情同意书》，刘某表示对染色体检查及相关事项已了解清楚，同意进行检查；愿意承担因检查可能带来的各种风险；所取样本如有剩余，同意由医院按照国家相关法律法规代为处理等。2012 年 9 月 3 日，沈某、刘某与医院签订《配子、胚胎去向知情同意书》，载明两人在该医院生殖医学中心实施生殖手术，获卵 15 枚，冷冻胚胎 4 枚，继续观察胚胎 6 枚，移植 0 枚；对于剩余卵子、精子及胚胎，两人选择同意丢弃；对于继续观察的胚胎，如发展成囊胚，两人选择同意囊胚冷冻。同日，沈某、刘某与该医院签订《胚胎和囊胚冷冻、解冻及移植知情同意书》，医院在知情同意书中明确，胚胎不能无限期保存，目前该中心冷冻保存期限为 1 年，保存费首次按 3 个月收取，如需继续冷冻，需补交保存费用，逾期不予保存；如果超过保存期，沈某、刘某选择同意丢弃胚胎。双方约定于 2013 年 3 月 25 日进行胚胎移植手术。

2013 年 3 月 20 日 23 时 20 分许，沈某驾驶汽车发生侧翻，同乘的刘某当日死亡，沈某于同年 3 月 25 日死亡。保存在南京市某医院的 4 枚冷冻胚胎成为双方父母延续香火的唯一希望。为了取回冷冻胚胎，2013 年 11 月死者沈某的父母沈某某、邵某某以刘某的父母刘某某、胡某某为被告，以南京市某医院为第三人，向法院提起诉讼。沈某某、邵某某认为，其子沈某与儿媳刘某死亡后，根据法律规定和风俗习惯，冷冻胚胎的监管权和处置权应由沈某某、邵某某行使，请求法院判如所请。

（二）争议焦点

本案的争议焦点在于：

1. 人类冷冻胚胎是否为物？能否继承？

沈某某、邵某某认为，人类冷冻胚胎属于合法财产，其有权继承。理由在于：(1) 我国相关法律法规并未将人类冷冻胚胎定性为禁止继承的物，案涉胚胎为沈某、刘某所有，是两人的合法财产，应当属于原《继承法》第 3 条第 7 项规定的“公民的其他合法财产”。[①] 在沈某、刘某死亡后，对于其生前遗留的冷冻胚胎，沈某某、邵某某作为死者父母当然有权继承。(2) 根据沈某、刘某与南京市某医院的相关协议，该医院只有在手术成功后才享有对剩余胚胎的处置权。现沈某、刘某均已死亡，胚胎移植手术并未进行，医院无论依据法律规定还是按照合同约定，对案涉胚胎均无处置权。倘若否定沈某某、邵某某及刘某某、胡某某对冷冻胚胎的继承权，将导致案涉胚胎在沈某、刘某死亡后，无任何人可对其行使权利的尴尬处境。刘某某、胡某某亦认为，案涉胚胎是女儿、女婿遗留下来的合法财产，刘某某、胡某某及沈某某、邵某某对案涉胚胎均有继承权，请求法院

---

① 《中华人民共和国民法典》(以下简称《民法典》) 第 1122 条规定：“遗产是自然人死亡时遗留的个人合法财产。依照法律规定或者根据其性质不得继承的遗产，不得继承。”较原《继承法》第 3 条，条文表述做了修改。

依法判决。

第三人南京市某医院辩称，根据《中华人民共和国人类辅助生殖技术管理办法》（以下简称《人类辅助生殖技术管理办法》）的相关规定，不能对人类冷冻胚胎进行赠送、转让。人类冷冻胚胎是特殊之物，不能成为继承标的。医院有权根据知情同意书中的相关条款单方面处置案涉胚胎。

2. 委托夫妻均已死亡所遗留的冷冻胚胎能否继承？

沈某某、邵某某、刘某某、胡某某均认为，沈某、刘某与南京市某医院订立的人类辅助生殖医疗合同合法有效。在合同履行期间，委托人沈某与刘某意外死亡。作为死者的父母，沈某某、邵某某及刘某某、胡某某根据法律规定和风俗习惯，对死者遗留的冷冻胚胎当然享有继承权。

第三人辩称，我国《人类辅助生殖技术管理办法》第 3 条规定："人类辅助生殖技术的应用应当在医疗机构中进行，以医疗为目的，并符合国家计划生育政策、伦理原则和有关法律规定。禁止以任何形式买卖配子、合子、胚胎。医疗机构和医务人员不得实施任何形式的代孕技术。"因委托夫妻均已死亡，我国现行立法禁止代孕，沈某某、邵某某、刘某某、胡某某继承案涉胚胎并无实际意义，因此医院有权根据知情同意书中的相关条款处置案涉胚胎。

（三）法院判决

江苏省宜兴市人民法院经审理认为，公民的合法权益受法律保护。沈某与刘某因自身原因无法自然生育，为实现生育目的，夫妻双方至南京市某医院施行体外受精—胚胎移植手术。现夫妻双方均已死亡，双方父母遭受了巨大痛苦。沈某某、邵某某主张沈某与刘某夫妻于手术过程中留下的冷冻胚胎是其生命延续的标志，应由沈某某、邵某某负责保管。但施行体外受精—胚胎移植手术过程中产生的冷冻胚胎是具有发展为生命潜能，含有未来生命特征的特殊之物，不能像一般之物一样任意转让或继承，故不能成为继承标的。且沈某与刘某夫妻均已死亡，无法通过手术达到生育的目的，故沈某、刘某对冷冻胚胎所享有的受限制的权利不能被继承。对于沈某某、邵某某提出的应由其监管处置胚胎的诉请，法院不予支持。依照原《民法通则》第 5 条、①原《继承法》第 3 条之规定，判决驳回沈某某、邵某某的诉讼请求。案件受理费 80 元，由沈某某、邵某某负担。

沈某某、邵某某不服一审判决，上诉至江苏省无锡市中级人民法院。

江苏省无锡市中级人民法院经审理认为，基于以下理由，上诉人沈某某、邵某某和

---

① 《民法典》第 3 条规定："民事主体的人身权利、财产权利以及其他合法权益受法律保护，任何组织或者个人不得侵犯。"较原《民法通则》第 5 条，条文表述做了修改。

被上诉人刘某某、胡某某对案涉胚胎共同享有监管权和处置权:(1)沈某、刘某生前与南京市某医院签订相关知情同意书,约定胚胎冷冻保存期为1年,超过保存期限同意将胚胎丢弃,现沈某、刘某意外死亡,合同因发生了当事人不可预见且非其所愿的情况而不能继续履行,南京市某医院不能根据知情同意书中的相关条款单方面处置案涉胚胎。(2)在我国现行法律对人类冷冻胚胎的法律属性没有明确规定的情况下,结合本案实际,应考虑以下因素以确定案涉胚胎的相关权利归属:一是伦理。施行体外受精—胚胎移植手术过程中产生的人类冷冻胚胎,具有潜在的生命特质,不仅含有沈某、刘某的DNA等遗传物质,而且含有双方父母、两个家族的遗传信息,双方父母与案涉胚胎亦具有生命伦理上的密切关联性。二是情感。白发人送黑发人,乃人生至悲之事,更何况暮年遽丧独子、独女!沈某、刘某意外死亡,其父母承欢膝下、纵享天伦之乐不再,"失独"之痛,非常人所能体味。而沈某、刘某遗留下来的冷冻胚胎则成为双方家族血脉的唯一载体,承载着哀思寄托、精神慰藉、情感抚慰等人格利益。案涉胚胎由双方父母监管和处置,既合乎人伦,亦可适度减轻其丧子失女之痛楚。三是特殊利益保护。人类冷冻胚胎是介于人与物之间的过渡存在,具有孕育成生命的潜质,比非生命体具有更高的道德地位,应当受到特殊尊重与保护。在沈某、刘某意外死亡后,其父母不但是世界上唯一关心胚胎命运的主体,而且亦应当是胚胎之最近、最大和最密切倾向性利益的享有者。故判决沈某、刘某父母享有案涉胚胎的监管权和处置权于情于理均属恰当。当然,权利主体在行使监管权和处置权时,应当遵守法律且不得违背公序良俗和损害他人利益。(3)南京市某医院在诉讼中提出,根据卫生部[①]的相关规定,人类冷冻胚胎不能买卖、赠送,禁止实施代孕。二审法院对此认为,原卫生部的相关规定并未否定权利人对冷冻胚胎享有的相关权利,且这些规定是卫生行政管理部门对相关医疗机构和医务人员在从事人类辅助生殖技术时的管理性规定,医院不得基于部门规章的行政管理性规定对抗当事人基于私法所享有的正当权利。综上,沈某某、邵某某和刘某某、胡某某要求获得案涉胚胎的监管权和处置权合情、合理,且不违反法律禁止性规定,应予支持。依照原《民法通则》第5条、第6条、第7条,[②]原《中华人民共和国民事诉讼法》(以下简称原

① 我国卫生健康主管部门经历了多次更替。2008年,依照第十一届全国人民代表大会第一次会议批准的国务院机构改革方案和《国务院关于机构设置的通知》,设立卫生部。2013年,国务院将卫生部的职责、人口计生委的计划生育管理和服务职责整合,组建国家卫生和计划生育委员会(简称卫计委)。2018年,第十三届全国人大一次会议决定将国家卫生和计划生育委员会的职责整合,组建中华人民共和国国家卫生健康委员会(简称卫健委);将国家卫生和计划生育委员会的新型农村合作医疗职责整合,组建中华人民共和国国家医疗保障局;不再保留国家卫生和计划生育委员会。

② 《民法典》第8条规定:"民事主体从事民事活动,不得违反法律,不得违背公序良俗。"较原《民法通则》第7条,条文表述做了修改。

《民事诉讼法》)第170条第1款第2项之规定,[①]判决如下:(1)撤销江苏省宜兴市人民法院(2013)宜民初字第2729号民事判决。(2)沈某、刘某存放于南京市某医院的4枚冷冻胚胎由上诉人沈某某、邵某某和被上诉人刘某某、胡某某共同监管和处置。(3)一审、二审案件受理费共计160元,由上诉人沈某某、邵某某和被上诉人刘某某、胡某某各半负担。[②]

证据:

1. 沈某与刘某的结婚证、准生证、户籍资料

2. 沈某与刘某的交通事故认定书及死亡证明

3. 沈某与刘某在南京市某医院生殖医学中心就诊的病历资料

4. 沈某与刘某在南京市某医院生殖医学中心签署的《辅助生殖染色体诊断知情同意书》、《配子、胚胎去向知情同意书》和《胚胎和囊胚冷冻、解冻及移植知情同意书》

(四)案例评析与理论延伸

本案中,一审法院认为人类冷冻胚胎是具有发展为生命潜能,含有未来生命特征的特殊之物,不能像一般之物一样任意转让或继承,据此判决驳回原告的诉讼请求。二审法院则回避对人类冷冻胚胎法律属性的认定,根据伦理、情感、特殊利益保护等考量因素改判沈某、刘某双方父母享有4枚人类冷冻胚胎的监管权与处置权。两审法院对同一案件判决结果截然不同,究其原因在于我国现行立法对人类冷冻胚胎的法律属性规定不明,对人类冷冻胚胎的处置规则存有法律漏洞。人类冷冻胚胎是辅助生殖技术的产物,究竟是人是物,抑或是介于人、物之间的过渡形态?人类冷冻胚胎的处置规则应当如何设计方能符合公序良俗并实现当事人利益的衡平,殊值探讨。

1. 人类冷冻胚胎的法律属性

传统民法理论用人物二分法对客观事物进行定性,人类冷冻胚胎的法律属性主要存在主体说、客体说与折中说之争。

主体说认为,人类的生命始于受孕,[③]胚胎是生命的种子,与人有关,与物无关。[④]人类冷冻胚胎具有发展为新生命的可能性,应当作为主体对待,法律应当规定其享有类

---

① 《民事诉讼法》(2021年修正)第177条第1款规定:"第二审人民法院对上诉案件,经过审理,按照下列情形,分别处理:……(二)原判决、裁定认定事实错误或者适用法律错误的,以判决、裁定方式依法改判、撤销或者变更;……"与2017年《民事诉讼法》第170条第1款第2项条文表述基本一致。

② 参见沈某某、邵某某诉刘某某、胡某某监管权和处置权纠纷案,江苏省宜兴市人民法院(2013)宜民初字第2729号民事判决书;沈某某、邵某某诉刘某某、胡某某监管权和处置权纠纷案,江苏省无锡市中级人民法院(2014)锡民终字第01235号民事判决书。

③ See C. H. Coleman, *Procreative Liberty and Contemporaneous Choice: An Inalienable Rights Approach to Frozen Embryo Disputes*, 84 Minnesota law review, 55 - 66 (1999).

④ 刘士国:《中国胚胎诉讼第一案评析及立法建议》,载《当代法学》2016年第2期。

似于自然人的权利并获得相应保护。主体说又可分为有限自然人说和法律拟制人说。[①] 主体说主要存在于基督教盛行的国家和地区。如意大利佛朗切斯科·布斯内里教授就认为宪法承认的法律主体应当包括人类冷冻胚胎,人类冷冻胚胎应当享有继承权、财产权等民事权利。[②]

客体说认为,人类冷冻胚胎应当为民事法律关系的客体。客体说又可分为物权客体说和人格权客体说。[③] 物权客体说认为,人类冷冻胚胎本质上是物,但具有未来孕育为人的可能性,基于其特有的人格属性和伦理要素,应当把人类冷冻胚胎作为特殊物给予特别对待。[④] 人格权客体说则否认人类冷冻胚胎的物之属性,主张其为人格权的客体,即人格利益。

折中说认为,主体说与客体说均难以概括冷冻胚胎的法律特性,冷冻胚胎不具备人的生命特征,却又存在发展为人的可能性,其既非主体,也非客体,而是介于人、物之间的过渡形态,[⑤]属于应当受到尊重的中间体。[⑥]

本书认为,人类冷冻胚胎应属特殊物,理由在于:(1)人类冷冻胚胎并非胎儿,并非民事主体。胎儿是母体内妊娠8周以后的胎体,具有一定的感知能力,且基于医疗技术的发达,保护胎儿就相当于间接保护未来出生的人,各国(地区)立法多采附解除条件说赋予胎儿权利能力,如《民法典》第16条规定:"涉及遗产继承、接受赠与等胎儿利益保护的,胎儿视为具有民事权利能力。但是,胎儿娩出时为死体的,其民事权利能力自始不存在。"[⑦]但人类冷冻胚胎是在体外授精术中产生的,通过冷冻技术(零下196℃的液氮)保存起来的,发育未超过14天的体外胚胎。仅为处于分裂阶段的细胞,未形成神经冠,不存在疼痛感,无自我意识,不具备生物意义上人最基本的特征,并且生命特征并不稳定,没有必要作为人来对待。(2)主体说不符合医学原理,有碍医学发展。若采主

---

① 参见徐国栋:《体外受精胎胚的法律地位研究》,载《法制与社会发展》2005年第5期。

② 参见邢玉霞:《辅助生殖技术应用中的热点法律问题研究》,中国政法大学出版社2012年版,第141页。

③ 参见周江洪:《法制化途中的人工胚胎法律地位——日本法状况及其学说简评》,载《华东政法大学学报》2015年第5期。

④ 参见杨立新、曹艳春:《脱离人体的器官或组织的法律属性及其支配规则》,载《中国法学》2006年第1期;冷传莉:《"人格物"的司法困境与理论突围》,载《中国法学》2018年第5期。

⑤ 孙良国:《夫妻间冷冻胚胎处理难题的法律解决》,载《国家检察官学院学报》2015年第1期。

⑥ 张善斌、李雅男:《人类胚胎的法律地位及胚胎立法的制度构建》,载《科技与法律》2014年第2期;徐国栋:《体外受精胎胚的法律地位研究》,载《法制与社会发展》2005年第5期。

⑦ 关于胎儿是否享有权利能力,主要存在两种立法模式:其一,胎儿享有权利能力但附解除条件。该模式认为,胎儿出生前已拟制地取得权利能力,但如果将来死产,则溯及地丧失权利能力。其二,胎儿享有权利能力但附停止条件。该模式认为胎儿活着出生后,溯及自受胎时取得权利能力。附解除条件说可使胎儿出生前享有权利,对胎儿的保护更为及时、更为有力,为绝大多数国家所采。相关立法例参见《瑞士民法典》第31条、《奥地利普通民法典》第22条等。

体说,实施人类辅助生殖技术的医疗机构、医务人员若不当毁坏、遗失了人类冷冻胚胎等生殖细胞,将涉嫌故意杀人、过失致人死亡等刑事犯罪,会严重打击医务人员从事医学研究的积极性,不当阻碍人类辅助生殖技术的发展,间接损害不孕不育夫妻的生育利益。(3)主体说有违社会常情,不具合理性。一般而言,委托夫妻完成或者放弃辅助生殖技术时,多会委托医疗机构销毁剩余冷冻胚胎。若采主体说,将构成遗弃罪和故意杀人罪,有悖社会常情。(4)折中说另辟蹊径,实无必要。折中说企图突破人、物二分的传统民法框架,确定人类冷冻胚胎的法律属性,但现有制度体系可以为人类冷冻胚胎找寻依归,另行创设第三类民法基本范畴实无必要,①况且折中说有回避问题之嫌,亦不足采。(5)人格权客体说难以实现逻辑自洽。人格权客体说虽然重视人类冷冻胚胎的伦理属性和人格利益,但忽视了冷冻胚胎与生殖细胞提供者的客观独立性。人类冷冻胚胎与生殖细胞提供者是相互独立的客观存在,人格权客体说无法解释捐精捐卵与代孕生殖中,人类生殖细胞与生殖细胞提供者以外的民事主体结合时的法律逻辑。(6)人类冷冻胚胎符合物的要素。人类冷冻胚胎是存在于人体之外,能够满足人类生育需求而又能通过一定技术实际支配、控制的有体物,②满足民法对物的要求。(7)特殊物说具有正当性与合理性。人类冷冻胚胎具有生命潜质,能够孕育为人,关涉生命尊严与婚姻家庭秩序,与一般物并不相同,应作为特殊物予以区别对待。特殊物说重视对人类冷冻胚胎的特别尊重并辅之以特殊的处置规则,能够有效消解将人类冷冻胚胎定性为物进而导致人类尊严减损等隐患。

2. 人类冷冻胚胎的处置规则

人类冷冻胚胎是特殊物,具有不同于一般物的处分规则和侵权救济方式。

(1)人类冷冻胚胎的处分规则

人类冷冻胚胎一般由夫妻双方分别提供精子、卵子通过体外授精技术形成,因此应由夫妻双方共同共有。因人类冷冻胚胎是为了满足不孕夫妻的生育需要而生,具有孕育成为人的可能性,为防止辱没人类尊严、破坏婚姻家庭秩序,人类冷冻胚胎只能用于生殖或医学研究,不能擅自处分,更不能通过买卖等方式牟利。医疗机构应当妥善保管,不得用于当事人约定的人工生殖以外的其他用途。当委托夫妻委托医疗机构予以销毁,或者发生当事人约定或法律规定的销毁事由时,如保存期限届满,医疗机构才有权予以销毁。

(2)人类冷冻胚胎的侵权救济

人类冷冻胚胎具有生殖细胞提供者的遗传信息,传承着家族血脉,承载着人格利益,当人类冷冻胚胎被不当毁损时,生殖细胞提供者自然会产生严重的精神损害。我国

---

① 杨立新:《人的冷冻胚胎的法律属性及其继承问题》,载《人民司法》2014 年第 13 期。

② 参见魏振瀛主编:《民法》(第 7 版),北京大学出版社 2017 年版,第 118 页。

《民法典》第1183条规定："侵害自然人人身权益造成严重精神损害的，被侵权人有权请求精神损害赔偿。因故意或者重大过失侵害自然人具有人身意义的特定物造成严重精神损害的，被侵权人有权请求精神损害赔偿。"人类冷冻胚胎应属于该条规定的"具有人身意义的特定物"，当人类冷冻胚胎被不当毁损时，冷冻胚胎的所有权人除有权主张财产损害赔偿外，还有权主张精神损害赔偿。

综上所述，在本案中，沈某与刘某在婚姻关系存续期间，通过人类辅助生殖技术产生的4枚冷冻胚胎应属特殊物，为夫妻双方共有。2013年3月20日，沈某与刘某发生交通事故，刘某当日死亡。沈某、刘某夫妻共有的4枚冷冻胚胎，经共有财产分割后，刘某应得部分应由沈某及刘某父母刘某某、胡某某继承。沈某于3月25日死亡，沈某应得部分及继承所得部分，应由沈某父母沈某某、邵某某继承。另外，我国《人类辅助生殖技术管理办法》禁止代孕的相关规定是卫生行政管理部门对医疗机构和医务人员的管理性规定，并非调整民事关系的法律规范，不得作为否定继承人继承权的法律依据。故沈某某、邵某某、刘某某、胡某某有权取得案涉胚胎的继承权。

二、法律实务操作

（一）相关法律法规

1.《人类辅助生殖技术管理办法》（2001年卫生部令第14号）

第3条　人类辅助生殖技术的应用应当在医疗机构中进行，以医疗为目的，并符合国家计划生育政策、伦理原则和有关法律规定。

禁止以任何形式买卖配子、合子、胚胎。医疗机构和医务人员不得实施任何形式的代孕技术。

第14条　实施人类辅助生殖技术应当遵循知情同意原则，并签署知情同意书。涉及伦理问题的，应当提交医学伦理委员会讨论。

第15条　实施供精人工授精和体外受精—胚胎移植技术及其各种衍生技术的医疗机构应当与卫生部批准的人类精子库签订供精协议。严禁私自采精。

医疗机构在实施人类辅助生殖技术时应当索取精子检验合格证明。

第16条　实施人类辅助生殖技术的医疗机构应当为当事人保密，不得泄漏有关信息。

第22条　开展人类辅助生殖技术的医疗机构违反本办法，有下列行为之一的，由省、自治区、直辖市人民政府卫生行政部门给予警告、3万元以下罚款，并给予有关责任人行政处分；构成犯罪的，依法追究刑事责任：

（一）买卖配子、合子、胚胎的；

（二）实施代孕技术的；

（三）使用不具有《人类精子库批准证书》机构提供的精子的；

（四）擅自进行性别选择的；

（五）实施人类辅助生殖技术档案不健全的；

（六）经指定技术评估机构检查技术质量不合格的；

（七）其他违反本办法规定的行为。

第 24 条　本办法所称人类辅助生殖技术是指运用医学技术和方法对配子、合子、胚胎进行人工操作，以达到受孕目的的技术，分为人工授精和体外受精—胚胎移植技术及其各种衍生技术。

人工授精是指用人工方式将精液注入女性体内以取代性交途径使其妊娠的一种方法。根据精液来源不同，分为丈夫精液人工授精和供精人工授精。

体外受精—胚胎移植技术及其各种衍生技术是指从女性体内取出卵子，在器皿内培养后，加入经技术处理的精子，待卵子受精后，继续培养，到形成早早期胚胎时，再转移到子宫内着床，发育成胎儿直至分娩的技术。

2.《人类辅助生殖技术和人类精子库伦理原则》（卫科教发〔2003〕176 号）

一、人类辅助生殖技术的伦理原则

（一）有利于患者的原则

3. 不育夫妇对实施人类辅助生殖技术过程中获得的配子、胚胎拥有其选择处理方式的权利，技术服务机构必须对此有详细的记录，并获得夫、妇或双方的书面知情同意；

4. 患者的配子和胚胎在未征得其知情同意情况下，不得进行任何处理，更不得进行买卖。

（二）知情同意的原则

1. 人类辅助生殖技术必须在夫妇双方自愿同意并签署书面知情同意书后方可实施；

（三）保护后代的原则

1. 医务人员有义务告知受者通过人类辅助生殖技术出生的后代与自然受孕分娩的后代享有同样的法律权利和义务，包括后代的继承权、受教育权、赡养父母的义务、父母离异时对孩子监护权的裁定等；

2. 医务人员有义务告知接受人类辅助生殖技术治疗的夫妇，他们对通过该技术出生的孩子（包括对有出生缺陷的孩子）负有伦理、道德和法律上的权利和义务；

5. 医务人员不得实施代孕技术；

6. 医务人员不得实施胚胎赠送助孕技术；

（六）严防商业化的原则

机构和医务人员对要求实施人类辅助生殖技术的夫妇，要严格掌握适应症，不能受经济利益驱动而滥用人类辅助生殖技术。

供精、供卵只能是以捐赠助人为目的,禁止买卖,但是可以给予捐赠者必要的误工、交通和医疗补偿。

3.《民法典》(2020 年)

第 3 条(原《民法通则》第 5 条)　民事主体的人身权利、财产权利以及其他合法权益受法律保护,任何组织或者个人不得侵犯。

第 8 条(原《民法通则》第 6 条、第 7 条)　民事主体从事民事活动,不得违反法律,不得违背公序良俗。

第 16 条　涉及遗产继承、接受赠与等胎儿利益保护的,胎儿视为具有民事权利能力。但是,胎儿娩出时为死体的,其民事权利能力自始不存在。

第 1009 条　从事与人体基因、人体胚胎等有关的医学和科研活动,应当遵守法律、行政法规和国家有关规定,不得危害人体健康,不得违背伦理道德,不得损害公共利益。

第 1122 条(原《继承法》第 3 条)　遗产是自然人死亡时遗留的个人合法财产。

依照法律规定或者根据其性质不得继承的遗产,不得继承。

第 1183 条　侵害自然人人身权益造成严重精神损害的,被侵权人有权请求精神损害赔偿。因故意或者重大过失侵害自然人具有人身意义的特定物造成严重精神损害的,被侵权人有权请求精神损害赔偿。

(二)思考与实践问题

1. 何谓“物”? 在当今信息社会及生物科技时代,应当如何重新审视“物”的界定?

2. 如何界定人类冷冻胚胎的法律属性? 如何确定人类冷冻胚胎的权利归属?

3. 如何设计人类冷冻胚胎的处置规则? 当委托夫妻离婚,或婚姻关系被认定为无效、被撤销,或发生一方、双方死亡时,冷冻胚胎应当如何处置?

4. 人类冷冻胚胎的取用是否应当受到时间限制? 医疗机构销毁冷冻胚胎的正当事由包括哪些?

5. 因医疗机构的过失导致人类冷冻胚胎意外灭失,委托夫妻应当如何寻求法律救济?

6. 因医疗机构的过失致使人类冷冻胚胎被误用,如不当植入非委托妻体内而孕育分娩,亲子关系应当如何确定?

7. 该案二审法院认为,4 位老人“获得案涉胚胎的监管权和处置权合情、合理”,试问法理能否成为我国民法的法源? 民法的法源包括哪些? 面对法律漏洞,法官应当如何进行价值判断、法律续造与说理论证?

参考文献

1. 王歌雅:《〈民法典·继承编〉的人文观照与制度保障》,载《法学杂志》2020 年第 2 期。

2. 房绍坤:《继承制度的立法完善——以〈民法典继承编草案〉为分析对象》,载《东方法学》2019 年第 6 期。

3. 房绍坤:《论民法典继承编与物权编的立法协调》,载《法学家》2019 年第 5 期。

4. 李昊:《民法典继承编草案的反思与重构》,载《当代法学》2019 年第 4 期。

5. 张志坡:《民法法源与法学方法——〈民法总则〉第 10 条的法教义学分析》,载《法治研究》2019 年第 2 期。

6. 刘小平:《为何选择"利益论"?——反思"宜兴冷冻胚胎案"一、二审判决之权利论证路径》,载《法学家》2019 年第 2 期。

7. 冷传莉:《"人格物"的司法困境与理论突围》,载《中国法学》2018 年第 5 期。

8. 李敏:《论法理与学说的民法法源地位》,载《法学》2018 年第 6 期。

9. 于飞:《民法总则法源条款的缺失与补充》,载《法学研究》2018 年第 1 期。

10. 汪洋:《私法多元法源的观念、历史与中国实践——〈民法总则〉第 10 条的理论构造及司法适用》,载《中外法学》2018 年第 1 期。

11. 孟强:《民法总则中习惯法源的概念厘清与适用原则》,载《广东社会科学》2018 年第 1 期。

12. 吴坤、夏吟兰:《论冷冻胚胎的法律性质及处置原则——以宜兴冷冻胚胎继承案为切入点》,载《法律适用》2017 年第 22 期。

13. 张力、陈鹏:《临界点视阈下民法典继承编基本原则之建构》,载《法学杂志》2017 年第 10 期。

14. 高升、王洪根:《论跨国代孕中法定父母身份认定的法律冲突》,载《河南财经政法大学学报》2017 年第 4 期。

15. 朱晓峰:《非法代孕与未成年人最大利益原则的实现——全国首例非法代孕监护权纠纷案评释》,载《清华法学》2017 年第 1 期。

16. 杨立新:《适当放开代孕禁止与满足合法代孕正当要求——对"全国首例人体冷冻胚胎权属纠纷案"后续法律问题的探讨》,载《法律适用》2016 年第 7 期。

17. 侯进宇:《对冷冻胚胎继承案的思考》,载《东南大学学报(哲学社会科学版)》2016 年第 S1 期。

18. 杜换涛:《民法视角下冷冻胚胎的法律属性与处分规则》,载《苏州大学学报(哲学社会科学版)》2016 年第 4 期。

19. 肖永平、张弛:《比较法视野下代孕案件的处理》,载《法学杂志》2016 年第 4 期。

20. 刘士国:《中国胚胎诉讼第一案评析及立法建议》,载《当代法学》2016 年第 2 期。

21. 杜涛:《国际私法国际前沿年度报告(2014—2015)》,载《国际法研究》2016 年第 2 期。

22. 王彬:《法律论证的伦理学立场——以代孕纠纷案为中心》,载《法商研究》2016 年第 1 期。

23. 徐国栋:《人工受孕体在当代意大利立法和判例中的地位》,载《华东政法大学学报》2015 年第 5 期。

24. 李昊:《冷冻胚胎的法律性质及其处置模式——以美国法为中心》,载《华东政法大学学报》2015 年第 5 期。

25. 叶名怡:《法国法上的人工胚胎》,载《华东政法大学学报》2015 年第 5 期。

26. 周江洪:《法制化途中的人工胚胎法律地位——日本法状况及其学说简评》,载《华东政法大学学报》2015 年第 5 期。

27. 李蕊佚:《英国法上的人体胚胎规制体系》,载《华东政法大学学报》2015 年第 5 期。

28. 杨彪:《代孕协议的可执行性问题:市场、道德与法律》,载《政法论坛》2015 年第 4 期。

29. 孙良国:《夫妻间冷冻胚胎处理难题的法律解决》,载《国家检察官学院学报》2015 年第 1 期。

30. 杜涛:《国际私法国际前沿年度报告(2013—2014)》,载《国际法研究》2015 年第 1 期。

31. 杨立新:《人的冷冻胚胎的法律属性及其继承问题》,载《人民司法》2014 年第 13 期。

32. 李佳伦:《英国法对人体胚胎的民事法律地位的争议》,载《人民司法》2014 年第 13 期。

33. 杨立新:《一份标志人伦与情理胜诉的民事判决——人的体外胚胎权属争议案二审判决释评》,载《法律适用》2014 年第 11 期。

34. 张圣斌、范莉、庄绪龙:《人体冷冻胚胎监管、处置权归属的认识》,载《法律适用》2014 年第 11 期。

35. 王利明:《民法典的时代特征和编纂步骤》,载《清华法学》2014 年第 6 期。

36. 徐海燕:《论体外早期人类胚胎的法律地位及处分权》,载《法学论坛》2014 年第 4 期。

37. 张善斌、李雅男:《人类胚胎的法律地位及胚胎立法的制度构建》,载《科技与法律》2014 年第 2 期。

38. 杨遂全、钟凯:《从特殊群体生育权看代孕部分合法化》,载《社会科学研究》2012 年第 3 期。

39. 杨立新、曹艳春:《脱离人体的器官或组织的法律属性及其支配规则》,载《中国法学》2006 年第 1 期。

40. 徐国栋:《体外受精胎胚的法律地位研究》,载《法制与社会发展》2005 年第 5 期。

41. C. H. Coleman, *Procreative Liberty and Contemporaneous Choice: An Inalienable Rights Approach to Frozen Embryo Disputes*, 84 Minnesota Law Review (1999).

42. 魏振瀛主编:《民法》(第 7 版),北京大学出版社 2017 年版。

43. 黄丁全:《医疗、法律与生命伦理》,法律出版社 2015 年版。

44. 潘迪:《生殖革命与人权》,知识产权出版社 2015 年版。

45. 湛中乐:《生育自由与人权保障》,中国法制出版社 2013 年版。

46. 邢玉霞:《辅助生殖技术应用中的热点法律问题研究》,中国政法大学出版社 2012 年版。

47. 邱仁宗:《生命伦理学》,中国人民大学出版社 2010 年版。

48. 刘得宽:《民法诸问题与新展望》,中国政法大学出版社 2002 年版。

49. 王泽鉴:《民法物权——通则所有权》,中国政法大学出版社 2001 年版。

50. [德]本德·吕特斯、阿斯特丽德·施塔德勒:《德国民法总论》,于馨淼、张姝译,法律出版社 2017 年版。

51. [日]近江幸治:《民法讲义Ⅰ》,渠涛等译,北京大学出版社 2015 年版。

52. 欧洲民法典研究组、欧洲现行私法研究组:《欧洲私法的原则、定义与示范规则:欧洲示范民法典草案》,高圣平等译,法律出版社 2014 年版。

53. [美]罗德纳·蒙森:《干预与反思:医学伦理学基本问题》,林侠译,首都师范大学出版社 2010 年版。

54. [德]迪特尔·施瓦布:《德国家庭法》,王葆莳译,法律出版社 2010 年版。

55. [美]H. T. 恩格尔哈特:《生命伦理学基础》,范瑞平译,北京大学出版社 2006 年版。

56. [日]植林哲:《医疗法律学》,冷罗生译,法律出版社 2006 年版。

57. [美]凯特·斯丹德利:《家庭法》,屈广清译,中国政法大学出版社 2004 年版。

58. [德]卡尔·拉伦茨:《德国民法通论》,王晓晔等译,法律出版社 2003 年版。

59. [德]梅迪库斯:《德国民法总论》,邵建东译,法律出版社 2000 年版。

60. [日]北川善太郎:《关于最近之未来的法律模型》,李微译,载梁慧星主编:《民商法论丛》(第 6 卷),法律出版社 1997 年版。

案例二:罗某某、谢某某与陈某监护权纠纷

罗某与陈某于 2007 年登记结婚,均系再婚。婚后,罗某与陈某商定,由罗某提供精子,夫妻双方购买他人卵子,委托其他女性实施代孕,并于 2011 年生育一对异卵双胞胎罗 A、罗 B。2014 年 2 月,罗某因病抢救无效死亡。2014 年 12 月,罗某的父母罗某某、谢某某认为陈某并非罗 A、罗 B 的生物学母亲,提起监护权之诉。上海市闵行区人民法院经审理认为,陈某与罗 A、罗 B 既不存在自然血亲关系,亦不存在拟制血亲关系,判决罗 A、罗 B 由罗某某、谢某某监护。陈某不服,提起上诉。上海市第一中级人民法院经审理认为,罗 A、罗 B 的生母为代孕者,生父为罗某。罗 A、罗 B 为陈某与罗某的非婚生子女。陈某与罗 A、罗 B 虽不成立事实收养关系,但已共同生活 5 年,形成有抚养关系的继父母子女关系。同时,从儿童最大利益原则考虑,由陈某取得监护权更有利于罗 A、罗 B 的健康成长。罗某某、谢某某作为祖父母,监护顺序在陈某之后。判决陈某取得罗 A、罗 B 的监护权。

通过该案例探讨代孕子女的法律地位及其监护权的确定规则,以及人类辅助生殖背景下"母亲""父亲"的身份认定标准等问题。

一、案例研判

(一)基本案情

罗某与陈某于 2007 年 4 月 28 日登记结婚,双方均系再婚。婚后,陈某表示其患有不孕不育症,夫妻双方遂商定通过体外授精及代孕方式生育子女,由罗某提供精子,向他人购买卵子,委托其他女性通过体外受精—胚胎移植技术实施代孕。2011 年 × × 月 × × 日,代孕者分娩一对异卵双胞胎罗 A(男)、罗 B(女)。陈某随后办理了两名子女的出生医学证明,登记生父为罗某、生母为陈某,并据此办理了两名子女的户籍登记。罗 A、罗 B 出生后一直与罗某、陈某共同生活。

2014 年 2 月 7 日,罗某因病抢救无效死亡。嗣后,罗 A、罗 B 依然随陈某共同生活。罗某的父母罗某某、谢某某系认为,罗某为罗 A、罗 B 的生物学父亲,陈某并非罗 A、罗

B 的生物学母亲;以非法代孕方式生育子女违反我国现行法律法规,陈某与罗 A、罗 B 之间未形成法律规定的拟制血亲关系;罗某某、谢某某系罗某的父母,即罗 A、罗 B 的祖父母,在罗某去世而罗 A、罗 B 生母不明的情况下,应由罗某某、谢某某作为法定监护人,抚养两名子女。2014 年 12 月 29 日,罗某的父母罗某某、谢某某提起监护权之诉。

在案件审理过程中,双方当事人均明确表示,不知卵子提供者及代孕者的任何身份信息。上海市闵行区人民法院遂委托司法鉴定科学技术研究所司法鉴定中心对罗某某、谢某某与罗 A、罗 B 之间是否存在祖孙亲缘关系进行鉴定,鉴定意见为:依据现有资料和 DNA 分析结果,不排除罗某某、谢某某与罗 A、罗 B 之间存在祖孙亲缘关系。上海市闵行区人民法院又委托司法鉴定科学技术研究所司法鉴定中心对陈某与罗 A、罗 B 之间有无亲生血缘关系进行鉴定,鉴定意见为:依据现有资料和 DNA 分析结果,排除陈某为罗 A、罗 B 的生物学母亲。

(二)争议焦点

本案的争议焦点在于:

1. 代孕子女的法律地位应当如何认定?

罗某某、谢某某认为,罗某为罗 A、罗 B 的生物学父亲,陈某并非罗 A、罗 B 的生物学母亲,陈某与罗 A、罗 B 之间不存在自然血亲关系;以非法代孕方式生育子女违反我国现行法律法规,陈某与罗 A、罗 B 之间亦未形成法律规定的拟制血亲关系;罗某某、谢某某系罗某的父母,即罗 A、罗 B 的祖父母,在罗某去世而罗 A、罗 B 生母不明的情况下,应由罗某某、谢某某作为法定监护人,抚养两名子女。

陈某认为,采用代孕方式生育子女系经夫妻双方协商同意,罗 A、罗 B 出生后由其夫妻二人实际抚养,故罗 A、罗 B 应当推定为罗某与陈某的婚生子女,陈某为罗 A、罗 B 的法定监护人;退一步讲,倘若无法认定罗 A、罗 B 为罗某与陈某的婚生子女,则基于两名子女自出生之日起由其夫妻共同抚养的事实,应当认定陈某与罗 A、罗 B 已形成事实收养关系;倘若无法作出上述认定,则应当在卵子提供者、代孕者中确定罗 A、罗 B 的生母作为法定监护人,在不能确定生母是否死亡、是否丧失监护能力的情况下,应当驳回罗某某、谢某某要求作为监护人的诉讼请求。不仅如此,原《最高人民法院关于夫妻离婚后人工授精所生子女的法律地位如何确定的复函》(〔1991〕民他字第 12 号)规定,如人工授精获得夫妻一致同意,所生子女应视为双方的婚生子女。而且《人类辅助生殖技术管理办法》系原卫生部颁布的部门规章,旨在规范医疗机构以及医务人员的医疗行为。而根据《中华人民共和国立法法》的规定,民事基本制度只能由法律规定,亲子关系的确定规则是婚姻家庭法的重要组成部分,理应由法律规定。因此,《人类辅助生殖技术管理办法》不能成为否认亲子关系以及剥夺陈某监护权的法律依据。

2. 陈某与罗 A、罗 B 是否成立拟制血亲关系?

罗某某、谢某某认为,对于代孕子女罗 A、罗 B,陈某既未提供卵子,又未怀孕生育,陈某与罗 A、罗 B 之间不存在自然血亲关系,而且亦不符合我国现行立法规定的拟制血亲关系。故陈某并非罗 A、罗 B 的母亲,无权取得监护权。

陈某认为,陈某虽非生育母亲,亦未办理收养手续,但两名子女自出生之日起即由罗某、陈某夫妻共同抚养,现与陈某已共同生活 5 年之久,根据最相近似原则,可推定陈某与罗 A、罗 B 形成有抚养关系的继父母子女关系。故陈某与罗 A、罗 B 已形成拟制血亲关系,陈某作为母亲,理应享有两名子女的监护权。

3. 罗 A、罗 B 的监护权归属应当如何确定?

罗某某、谢某某认为,原《民法通则》第 16 条①对于监护权的顺位规定体现了未成年人利益最大化原则,即来自血亲的监护和抚养更有利于未成年人,而监护能力、生活环境、感情建立、隔代教育的利弊只能在有监护资格的同顺位人员之间才有比较的余地。本案中,陈某既非自然血亲母亲,又非拟制血亲母亲,并无监护资格,因此无权取得罗 A、罗 B 的监护权。

陈某认为,罗某某、谢某某无权取得罗 A、罗 B 的监护权,理由如下:(1)原《民法通则》第 16 条不能成为罗某某、谢某某取得监护权的法律依据。根据该条规定,未成年人的祖父母、外祖父母只有在未成年人的父母已经死亡或者没有监护能力而其本身又具备监护能力的情形下才可以担任监护人。本案中,罗 A、罗 B 的父亲已经死亡,生母虽下落不明,但不等于生母已死亡或丧失监护能力。在不能确定生母是否死亡、是否丧失监护能力的情况下,应当驳回罗某某、谢某某要求作为监护人的诉讼请求。(2)法院确定监护权的归属应当秉承未成年人利益最大化原则。从双方的监护能力来看,罗某某、谢某某已是耄耋老人,监护能力有限,甚至自己行动不便,难以照顾两名四岁儿童;相反,陈某年富力强,有正当工作,收入稳定,足以保障两名子女的正常生活,陈某的监护能力明显优于罗某某、谢某某。从子女已形成的生活环境来看,罗 A、罗 B 自出生之日起就由陈某及其父母抚养照顾,罗某某、谢某某从未抚养过,强行要求两名子女离开已熟悉的生活环境,明显不利于子女的健康成长。从与子女建立的感情来看,陈某与两名子女虽无血缘关系但已抚养照顾罗 A、罗 B 将近 5 年;而罗某某、谢某某并未抚养照顾过罗 A、罗 B,与罗 A、罗 B 亦未建立起深厚的祖孙感情,血缘关系并不当然成为监护子女的有利条件。从教育子女的角度来看,年幼的子女更需要父母的照顾与教育,法律对

① 《民法典》第 27 条规定:“父母是未成年子女的监护人。未成年人的父母已经死亡或者没有监护能力的,由下列有监护能力的人按顺序担任监护人:(一)祖父母、外祖父母;(二)兄、姐;(三)其他愿意担任监护人的个人或者组织,但是须经未成年人住所地的居民委员会、村民委员会或者民政部门同意。”较原《民法通则》第 16 条,条文表述做了修改。

于祖父母和外祖父母取得抚养权和监护权的情形予以严格限制就是考虑到隔代教育的弊端。况且罗某某、谢某某在庭审中亦一再表示自己监护能力有限,希望将罗 A、罗 B 交由孩子的姑母抚养,而孩子的姑母远在美国,监护权判归罗某某、谢某某无疑是一纸空文。

(三)法院判决

上海市闵行区人民法院经审理认为,关于本案的争议焦点一:代孕子女法律地位的认定。原《最高人民法院关于夫妻离婚后人工授精所生子女的法律地位如何确定的复函》(〔1991〕民他字第 12 号)规定:"在夫妻关系存续期间,双方一致同意进行人工授精,所生子女应视为夫妻双方的婚生子女,父母子女之间权利义务关系适用《婚姻法》的有关规定。"但该函所指向的受孕方式为合法的人工授精,孕母须为婚姻关系存续期间妻子本人。原卫生部于 2001 年 8 月 1 日颁行的《人类辅助生殖技术管理办法》第 3 条明确规定:"禁止以任何形式买卖配子、合子、胚胎。医疗机构和医务人员不得实施任何形式的代孕技术。"本案中,罗某与陈某在婚姻关系存续期间通过买卖卵子、委托第三方代孕的方式生育罗 A、罗 B,不符合上述司法解释规定的情形,故不适用上述相关规定。陈某既非卵子提供者而形成生物学上的母亲,又非分娩孕母,故罗 A、罗 B 并非陈某的婚生子女。

关于本案的争议焦点二:陈某与罗 A、罗 B 是否成立拟制血亲关系。上海市闵行区人民法院一审认为,原《中华人民共和国婚姻法》(以下简称原《婚姻法》)确认的拟制血亲包括两类:一是养父母与养子女以及养子女与养父母的其他近亲属;二是在事实上形成抚养关系的继父母与继子女、继兄弟姐妹。根据法律规定,养父母子女关系的形成应当符合法律规定的条件,并办理收养登记手续。本案中,陈某与罗 A、罗 B 之间因欠缺法定必备要件不成立合法的收养关系。拟制血亲关系必须依据法律规定加以认定,在代孕过程中,"基因母亲""孕生母亲""养育母亲"各异,"养育母亲"是否构成拟制血亲,我国现行立法并无相关规定,亦不符合现行法律规定的拟制血亲条件。代孕行为本身不具合法性,难以认定因此种行为获得对子女的抚养机会后,双方可以形成拟制血亲关系。因此,陈某与罗 A、罗 B 不符合我国现行法律规定的拟制血亲条件,不存在拟制血亲关系。

关于本案的争议焦点三:罗 A、罗 B 的监护权归属。上海市闵行区人民法院一审认为,在罗 A、罗 B 的生父罗某死亡、生母不明的情况下,为充分保护未成年人的合法权益,罗某某、谢某某作为罗 A、罗 B 的祖父母要求抚养罗 A、罗 B 并作为其法定监护人的诉请,合法有据。

综上,上海市闵行区人民法院认为,对于本案,目前我国法律虽无明确规定,但法院基于不得拒绝裁判之原则,对于当事人提起的诉讼不可回避,仍得依据民法等法律的基本原则及其内在精神，结合社会道德和伦理作出裁判。根据两份司法鉴定意见，排除陈某为罗A、罗B的生物学母亲，陈某与罗A、罗B不存在自然血亲关系。陈某既非卵子提供者而形成生物学上的母亲，又非分娩孕母，故罗A、罗B并非其婚生子女。且陈某与罗A、罗B之间因欠缺法定必备要件不成立合法的收养关系。故陈某与罗A、罗B既不存在自然血亲关系，亦不存在拟制血亲关系，陈某辩称其为罗A、罗B法定监护人的理由，不予采信。在罗A、罗B的生父罗某死亡、生母不明的情况下，为充分保护未成年人的合法权益，罗某某、谢某某作为祖父母要求抚养罗A、罗B并作为其法定监护人的诉请，合法有据。依照原《民法通则》第16条之规定，判决：(1)罗A、罗B由罗某某、谢某某监护。(2)陈某于判决生效之日将罗A、罗B交由罗某某、谢某某抚养。案件受理费80元，由陈某负担，司法鉴定费5000元，由陈某负担。

陈某不服一审判决，上诉至上海市第一中级人民法院。

上海市第一中级人民法院经审理认为，关于本案的争议焦点一：代孕子女法律地位的认定。对于代孕，世界各国立法不同，即使在允许代孕的国家，其开放程度亦有不同，我国目前尚属禁止，如原卫生部《人类辅助生殖技术管理办法》第3条的禁止规定。此虽为部门规章，不能作为确认代孕子女法律地位及监护权的法律依据，但国家对于代孕之禁止立场已为明确。私权领域虽有“法无禁止即可为”原则，却并不代表私权主体的任何权利义务都可通过民事协议来处分。代孕行为涉及婚姻家庭关系、伦理道德等人类社会之基本问题，不同于一般民事行为，故不适用契约自由原则。尽管代孕行为在我国尚不合法，但由于潜在的社会需求，且人类辅助生殖技术已发展至可实现代孕的程度，代孕生殖在现实中依然存在。我国原《婚姻法》对于亲子关系的认定未作出具体规定，司法实践中，对于生母的认定，根据出生事实遵循“分娩者为母”的原则；对于生父的认定，则根据血缘关系而作确定。代孕生殖背离了“分娩者为母”原则，故不为我国法律所认可。本案中，代孕子女罗A、罗B法律上的亲生母亲应根据“分娩者为母”原则认定为代孕者。生父的认定，因罗某与两名子女具有血缘关系，故法律上的亲生父亲应为罗某。由于罗某与代孕者之间不具有合法婚姻关系，故所生子女当属非婚生子女。罗A、罗B的出生证明及户籍登记已记载罗某、陈某为父母，且亦被罗某、陈某实际抚养，表明罗某作为生父已作出实际的自愿认领行为。罗某某、谢某某系罗某的父母，故为罗A、罗B的祖父母。

关于本案的争议焦点二：陈某与罗A、罗B是否成立拟制血亲关系。上海市第一中级人民法院二审认为，我国法律规定的拟制血亲关系包括养父母子女关系和有抚养关系的继父母子女关系。本案须考虑：(1)陈某与罗A、罗B是否形成事实收养关系。原《中华人民共和国收养法》对收养程序作出了明确规定，本案中陈某与两名代孕子女之间显然欠缺收养成立的法定条件。如按事实收养关系认定，实际上相当于认可了代孕所生子女的亲权由代孕者转移至抚养母亲,将产生对代孕行为予以默认的不良效果,与我国目前对代孕行为积极禁止的立场不相符合,而且会对我国计划生育政策造成一定冲击。故陈某与罗 A、罗 B 之间不成立事实收养关系。(2)陈某与罗 A、罗 B 是否形成有抚养关系的继父母子女关系。继父母子女关系,通常是指生父或生母一方死亡,另一方带子女再婚,或生父母离婚,抚养子女的一方再婚,由此形成的前婚子女与再婚配偶之间的关系。有抚养关系的继父母子女关系的成立应当具备两个条件:一是主观意愿,即非生父母一方具有将配偶一方的未成年子女视为自己子女的主观意愿,双方以父母子女身份相待;二是事实行为,即非生父母一方对配偶一方的未成年子女有抚养教育的事实行为。本案中,罗 A、罗 B 是陈某与罗某结婚后由罗某与其他女性以代孕方式生育之子女,属于缔结婚姻关系后夫妻一方的非婚生子女。两名子女出生后,一直随罗某、陈某夫妇共同生活近 3 年之久,罗某去世后又随陈某共同生活两年,迄今为止陈某与孩子共同生活已有 5 年。在此期间,陈某已完全将两名子女视为自己的子女,并履行了作为一名母亲对孩子的抚养、保护、教育、照顾等诸项义务,故应当认定双方已形成有抚养关系的继父母子女关系,其权利义务关系应当适用父母子女关系的有关规定。该拟制血亲的继父母子女关系一旦形成,并不因夫妻中生父母一方的死亡而解除,故罗某的死亡并不能使陈某与两名孩子之间已存在的有抚养关系的继父母子女关系自然终止。须阐明的是,将陈某与两名子女认定为有抚养关系的继父母子女关系,并不表明法院对非法代孕行为予以认可。首先,之所以作出这一认定,是基于陈某抚养了其丈夫罗某的非婚生子女这一事实行为,至于该非婚生子女是否代孕所生,对此并无影响。如果否定代孕行为并进而否定代孕所生子女的身份及法律地位,则罗某亦不能成为两名孩子的生父,这显然不符合民法的基本原则。其次,本案审理的并非代孕协议纠纷,而是代孕所生子女的监护权纠纷,故法院所面临的首要任务是如何保护未成年子女的合法权益,而非仅着眼于对代孕行为的合法与否进行司法裁判。就本案而言,无论对非法代孕行为如何否定与谴责,代孕所生子女当属无辜,其合法权益理应得到法律保护。因此,不管是婚生子女还是非婚生子女,是自然生育子女抑或是以人类辅助生殖方式包括代孕方式所生子女,均应给予一体同等保护。

关于本案的争议焦点三:罗 A、罗 B 的监护权归属。上海市第一中级人民法院二审认为,联合国《儿童权利公约》第 3 条确立了儿童最大利益原则,我国作为该公约的起草参与国和缔约国,亦应在立法和司法中体现这一原则,法院在确定子女监护权归属时,理应尽可能最大化地保护子女利益。就本案而言,无论是从双方的监护能力,还是从子女对生活环境及情感的需求,以及家庭结构完整性对子女的影响等各方面考虑,将监护权判归陈某更符合儿童最大利益原则。需要指出的是,虽然原《婚姻法》规定的探望权主体为离婚后不直接抚养子女的父母一方,祖父母通常只随同父母探望,不单独享有探望权。但考虑到探望权设置的目的在于满足亲情需要和保护未成年子女的最大利益，而亲情不应局限在父母子女之间，也包括其他和子女关系密切的近亲属。基于本案的特殊情况以及陈某在诉讼过程中的承诺，应给予作为祖父母的罗某某、谢某某以探望权，一方面可使罗 A、罗 B 感受到来自祖父母的关爱，另一方面亦可令罗某某、谢某某知悉陈某对两名孩子的抚养监护情况，既慰其思孙之情，又有监督保护之效。关于具体的探望方式，双方可自行协商，若协商不成，亦可通过其他合法途径解决。

综上，上海市第一中级人民法院认为，陈某与罗 A、罗 B 已形成有抚养关系的继父母子女关系，其权利义务适用我国原《婚姻法》关于父母子女关系的规定。罗某某、谢某某作为祖父母，监护顺序在陈某之后，其提起的监护权主张不符合法律规定的条件。同时，从儿童最大利益原则考虑，由陈某取得监护权亦更有利于罗 A、罗 B 的健康成长。依照原《民法通则》第 16 条第 1 款、第 2 款，原《婚姻法》第 27 条第 2 款[①]及 2017 年《民事诉讼法》第 170 条第 1 款第 2 项[②]之规定，判决如下：(1) 撤销上海市闵行区人民法院(2015)闵少民初字第 2 号民事判决。(2) 驳回被上诉人罗某某、谢某某的原审诉讼请求。一审案件受理费人民币 80 元，二审案件受理费人民币 80 元，共计人民币 160 元，由被上诉人罗某某、谢某某负担。司法鉴定费人民币 5000 元，由上诉人陈某负担。[③]

证据：

1. 罗某与陈某的结婚证、准生证

2. 陈某的病历，证明其患有不孕不育症

3. 罗 A 与罗 B 的出生医学证明及户籍证明，均记载：生父为罗某、生母为陈某

4. 罗某的死亡证明

5. 司法鉴定中心对罗某某、谢某某与罗 A、罗 B 之间是否存在祖孙亲缘关系进行鉴定的相关资料，鉴定意见为：依据现有资料和 DNA 分析结果，不排除罗某某、谢某某与罗 A、罗 B 之间存在祖孙亲缘关系

6. 司法鉴定中心对陈某与罗 A、罗 B 之间有无亲生血缘关系进行鉴定的相关资料，鉴定意见为：依据现有资料和 DNA 分析结果，排除陈某为罗 A、罗 B 的生物学母亲

7. 证人证言：证明自罗 A 与罗 B 出生后一直随陈某生活，陈某尽到母亲职责(证人包括：邻居、幼儿园老师、辅导班老师等)

---

① 《民法典》第 1072 条第 2 款规定："继父或者继母和受其抚养教育的继子女间的权利义务关系，适用本法关于父母子女关系的规定。"较原《婚姻法》第 27 条，条文表述做了修改。

② 《民事诉讼法》(2021 年修正) 第 177 条第 1 款第 2 项规定："第二审人民法院对上诉案件，经过审理，按照下列情形，分别处理：(二) 原判决、裁定认定事实错误或者适用法律错误的，以判决、裁定方式依法改判、撤销或者变更。"与 2017 年《民事诉讼法》第 170 条第 1 款第 2 项条文表述基本一致。

③ 参见罗某某等诉陈某监护权纠纷案，上海市闵行区人民法院(2015)闵少民初字第 2 号民事判决书；陈某诉罗某某等监护权纠纷案，上海市第一中级人民法院(2015)沪一中少民终字第 56 号民事判决书。

(四)案例评析与理论延伸

本案是人类辅助生殖技术背景下代孕子女的监护权纠纷,虽非代孕协议纠纷,但对于代孕行为是否适法、代孕合同的法律效力认定以及代孕子女亲子关系认定等问题,学界聚讼盈庭,尚存研讨空间。2001 年我国原卫生部《人类辅助生殖技术管理办法》明令禁止代孕,但对代孕子女亲子关系、代孕合同法律效力等并未进行具体规范与调整,现实生活中地下代孕、商业代孕大行其道,由此引发的子女争夺大战、合同效力确认纠纷及财产返还纠纷屡屡上演,在立案登记制背景下,司法机关更陷入不得不立案,立案后又无法可依的尴尬境地。法官于法无据,容易诱发同案异判乱象。不仅如此,我国严禁代孕的立场诱发大量出境代孕,衍生外国判决在我国承认与执行等国际法律问题。如何破解我国代孕的现实困境,将代孕技术纳入法治化轨道,便成为我们不得不应对的问题。

1. 代孕生殖应否合法化

代孕(surrogate),是为不孕夫妻提供的一种医疗技术手段,是指将人工授精①培育成功的受精卵或者直接将精子移植入代孕者体内并于子宫着床,待生产后由委托夫妻以亲生父母身份抚养所生子女的一种人类辅助生殖技术。关于代孕生殖应否合法化,各国所持态度不尽相同,主要包括以下两种基本模式:

其一,有限开放模式。有限开放模式承认代孕生殖的合法化,并辅之以严格的管制措施。英国、美国部分州、加拿大、澳大利亚、比利时、希腊、荷兰、巴西、以色列、新西兰、丹麦、匈牙利、格鲁吉亚、俄罗斯、白俄罗斯、南非、泰国和我国香港特别行政区等采此模式。这些国家(地区)虽承认代孕合法化,但绝大多数仅承认治疗性代孕和非商业性代孕,并对代孕生殖设置了严格的管控措施。

其二,完全禁止模式。目前明文禁止代孕的国家(地区),主要包括德国、法国、意大利、奥地利、西班牙、瑞士、芬兰、冰岛、美国亚利桑那州及哥伦比亚特区等。② 德国 1990 年《胚胎保护法》认为代孕属于滥用人类辅助生殖技术,因此禁止代孕。法国 1994 年颁布《生命伦理法》,全面禁止代孕生殖。没有明文禁止但实质禁止的国家,如日本。基于“分娩者为母”原则禁止代孕的国家,包括瑞典、爱沙尼亚、挪威等。③ 这些国家禁止代孕的立法态度催生了地下代孕与跨国代孕的迅速扩张。

---

① 严格来讲,授精不同于受精。授精,是指以人工方式使精、卵结合的技术手段,可在体内或体外进行。受精,则是指精、卵结合的事实。人工授精不一定确保精、卵受精。

② 参见冰岛《人工生殖法》第 6 条、德国《胚胎保护法》第 1 条第 7 款、意大利《生殖医疗法》第 12 条第 6 款、瑞士《生殖医疗法》第 4 条、《美国亚利桑那州法》第 25 之 218 条、《美国哥伦比亚特区州法》第 16 之 402 条等。

③ 参见瑞典《亲属法》第 7 条、爱沙尼亚《人工授精 · 胚胎保护法》第 24 条、挪威《人类生物技术——医疗法》第 18 条等。

完全禁止模式出于对代孕生殖技术存在的弊端和可能衍生风险的考量，基于如下理由反对代孕：代孕生殖诱发子宫工具化、生育商业化，辱没人类尊严；代孕生殖转嫁生育风险，加剧社会不平等；代孕生殖贩卖儿童，损害儿童身心健康；代孕生殖冲击现有法律制度，滋生纠纷等。①

有限开放模式认为，不同类型的代孕，法律与道德伦理上的可非难性并不相同，法律不应不加区分一律全面禁止。无血缘代孕、商业代孕与非治疗性代孕等不仅有悖伦理道德，还亵渎生育权、贬抑人类尊严，法律应当严厉禁止。但全血缘代孕、无偿代孕与治疗性代孕等则具有伦理道德与法律上的正当性，可有限予以开放。②

本书认为，我国应当采行代孕有限开放模式，理由如下：(1)代孕有限开放模式有助于保障不孕夫妻的基本人权，实现其建立婚姻家庭并生儿育女的人类尊严。(2)在代孕有限开放模式中，代孕者利用其子宫的生育功能和妊娠功能代人怀孕生产，是代孕者支配其身体权的典型表现。(3)全血缘代孕、无偿代孕、治疗性代孕等在本质上是一种利他行为，是“人道、博爱、奉献”精神的崇高体现，符合民主、自由理念与正义、平等、社会互助价值观。(4)代孕有限开放模式符合公序良俗原则，并未违反性道德，并未违反家庭伦理道德，并未破坏正常的婚姻家庭秩序，并未违反人伦，并未侵害基本人权和人格尊严。(5)代孕有限开放模式不仅能够满足我国大量不孕不育夫妻、中年失独人群的生育意愿，而且对于缓解我国少子化、老龄化的人口危机，具有重要的现实意义。值得注意的是，采完全禁止模式的国家和地区关于禁止代孕生殖的立场近年有所松动。纽约州曾明确禁止代孕，但在2020年4月却改旗易帜，投票决定代孕合法化，并于2021年2月生效。2014年12月10日，德国联邦最高法院作出裁决，承认了美国加利福尼亚州法院一项关于代孕子女亲子关系的判决。在该案中，A和B是一对同性伴侣，拥有德国国籍，住所地在柏林。二人于2010年与一位美国加利福尼亚州妇女J达成代孕协议。根据协议，代孕子女唯一的法定父母是A和B。胚胎是由A的精子和一位匿名捐

---

① 参见石佳友：《人格权立法的进步与局限——评〈民法典人格权编草案（三审稿）〉》，载《清华法学》2019年第5期；陈甦、谢鸿飞主编：《民法典评注·人格权编》，中国法制出版社2020年版，第164～165页；刘长秋：《有限开放代孕之法理批判与我国代孕规制的法律选择》，载《法治研究》2016年第3期；王籍慧：《质疑有限开放代孕生育权说：基于权利证成的视角》，载《学术交流》2018年第6期等。

② 参见［美］罗德纳·蒙森：《干预与反思：医学伦理学基本问题》，林侠译，首都师范大学出版社2010年版，第1081页；黄丁全：《医疗法律与生命伦理》（下），法律出版社2015年版，第1120页；杨立新：《适当放开代孕禁止与满足合法代孕正当要求——对“全国首例人体冷冻胚胎权属纠纷案”后续法律问题的探讨》，载《法律适用》2016年第7期；郑英龙：《我国应对失独家庭予以特殊的保障》，载《山东师范大学学报（人文社会科学版）》2019年第6期；杨彪：《代孕协议的可执行性问题：市场、道德与法律》，载《政法论坛》2015年第4期；王贵松：《中国代孕规制的模式选择》，载《法制与社会发展》2009年第4期；周平：《有限开放代孕之法理分析与制度构建》，载《甘肃社会科学》2011年第3期；汤啸天：《生命法学与民事诉讼中的特别程序》，载《政治与法律》2002年第1期等。

献者的卵子受精而成。受精胚胎移植到J的子宫,并成功生下一对双胞胎。2011年,A和B获得了一份加利福尼亚州法院的判决,认定A和B是双胞胎的父母。2011年6月,A和B携带子女回到柏林,请求当地主管机关进行出生登记,遭到拒绝。二人向地方法院提起诉讼,遭到驳回。联邦最高法院推翻了下级法院的判决,认为应当根据《家事程序法》第108条承认美国加利福尼亚州法院的判决。对美国加利福尼亚州法院判决的承认,并不违反该法第109条所规定的限制性条件,也不违反德国公共秩序。① 不仅如此,欧洲人权法院也审理了几起涉及代孕子女亲权认定的案件,如"Mennesson诉法国案"和"Labassee诉法国案"以及"Campanelli诉意大利案"等。前两起案件中,都涉及法国夫妻在美国通过代孕协议出生的子女,法国法院拒绝承认美国加利福尼亚州和明尼苏达州法院所做的关于代孕子女身份的判决。欧洲人权法院认为法国法院的行为违反了《欧洲人权条约》第8条的规定。② 目前越来越多的国家从保护儿童利益的角度出发,承认代孕子女与委托夫妻之间存在亲子关系,奥地利也出现了类似判例。③

2. 代孕子女的亲子关系

代孕子女的亲子关系,即代孕子女的父母子女关系,由于父亲的身份认定多采"婚姻示父"规则,以婚生推定方式加以确定,④因此母亲身份的认定便成为亲子关系认定的前提与基础。关于母亲身份的认定,主要存在分娩说、血缘说、契约说(生殖目的说)和儿童最佳利益说等标准。

其一,分娩说。分娩说基于母亲的卵子与子宫具有不可分割的自然属性,以分娩事实作为母亲身份的认定标准。分娩说最早可上溯至古罗马法时期,古罗马法就奉行"产妇恒为所生婴儿之母"(Mastersemper certa est)的原则。后为各国(地区)立法所继受,《奥地利普通民法典》第137b条规定:"母亲就是生下该子女的女子。"⑤就代孕生殖而言,分娩说认为,在受胎、怀孕及分娩期间,代孕者在生理、心理上与胎儿的关系最为密切,在孕期担负提供胎儿营养和胎教的责任,与胎儿已是不可分割的生命共同体,其贡献远远大于卵子提供者。不仅如此,代孕者在怀孕生产期间还承担诸多风险。因此,代

① 杜涛:《国际私法国际前沿年度报告(2014—2015)》,载《国际法研究》2016年第2期。

② 杜涛:《跨国代孕引发国际私法问题》,载《中国妇女报》2016年3月2日,第3版。

③ Green-Wilson & Bishop [2014] FamCA 1031.

④ 《德国民法典》第1592条即规定:"下列各款之人为子女之父亲:1. 子女出生时,与生母有婚姻关系者。2. 因任意认领而生父子关系者。3. 依第一千六百条之四规定,或家事与非讼事件过程法第一百八十二条第一款规定中由法院确认其具有父子关系者。"类似立法参见《法国民法典》第312条、《瑞士民法典》第252条、《奥地利普通民法典》第138条、《葡萄牙民法典》第1796条、《西班牙民法典》第108条、《日本民法典》第772条等。

⑤ 类似立法参见《瑞士民法典》第252条、《日本民法典》第772条、《葡萄牙民法典》第1796条、《西班牙民法典》第108条、《智利共和国民法典》第183条、《巴西民法典》第1591条、《埃塞俄比亚民法典》第739条等。

孕者理应为代孕子女的母亲。

其二,血缘说。血缘说贯彻血统真实主义,认为亲子关系认定的重点和关键在于血缘,而非分娩。生殖细胞来源于谁,谁就应当是子女的父母。生物学上为父母子女的,法律上就应当认定为父母子女,法律不能做与自然事实不符的认定。民法中的“血亲”“直系血亲”“旁系血亲”“生父母”等概念均表明血缘在亲属关系中具有根本性和基础性地位。就代孕生殖而言,依据血缘说,谁提供了卵子谁就应当是代孕子女法律上的母亲。

其三,契约说(生殖目的说)。契约说是在人类辅助生殖技术领域遵行的母亲身份认定标准,因而又称为生殖目的说,该说基于契约自由原则,认为法律应当尊重当事人的真实意愿,以当事人利用人类辅助生殖技术的契约目的为准认定母亲身份和亲子关系,以保障当事人的真意,实现人类辅助生殖技术原本的功能和目的。在代孕生殖中,委托夫妻与代孕者在订立代孕合同时已有明确的合意——由委托夫妻取得亲权,代孕者放弃亲权,法律就应当尊重当事人的意思自决,以当事人合意内容确定亲子关系。

其四,儿童最佳利益说。儿童最佳利益说认为,以上三说皆从当事人角度立论,几乎无视子女利益。亲子关系并非财产关系,而是社会公共事务,国家为保护此种公共利益,有必要介入其中,由公权力在个案中依照儿童最佳利益原则判断谁应为子女的亲权人。在代孕生殖中,代孕子女的父母究竟是委托夫妻还是代孕者及其配偶,应由司法机关基于儿童最佳利益原则进行个案判断。

本书认为,代孕子女亲子关系的认定应采契约说(生殖目的说),理由如下:

其一,分娩说存在弊端。依照分娩说,代孕者为代孕子女的母亲,代孕者的配偶则推定为代孕子女的父亲,委托夫妻无法取得代孕子女的亲权,显然严重背离委托夫妻订立代孕合同的本意,对于耗费巨大心力、财力的委托夫妻而言,实属不公。代孕者无法通过正当途径、合法手段将亲权移转给委托夫妻,会不当增加代孕者养育子女的成本,违反代孕者订立代孕合同的本意。代孕者自始无意担任母职,由不愿担任父母者养育子女,显然不利于子女的健康成长。

其二,血缘说存在弊端。依照血缘说,孕育代孕子女的精卵来源于谁,谁就是代孕子女的父母。在全血缘代孕中,精卵来源于委托夫妻,则委托夫妻就为代孕子女的父母。在第三人捐精代孕中,精子来源于精子捐献者,卵子来源于委托妻,则精子捐献者为父,委托妻为母。在第三人捐卵代孕中,精子来源于委托夫,卵子来源于卵子捐献者,则委托夫为父,卵子捐献者为母。但代孕子女亲子关系认定若采血缘说,会违反国际通例,精卵捐献生殖并非以血缘为准认定亲子关系。如我国原《实施人类辅助生殖技术的伦理原则》(2001 年)特别明确:“捐赠精子、卵子、胚胎者对出生的后代既没有任何权利,也不承担任何义务。”精卵捐献生殖不采血缘说,却在代孕生殖中奉行血缘说,同属人类辅助生殖技术却采行不同的亲子认定标准,其逻辑依据自相矛盾,不能自圆其说。采血缘说,还会出现亲子认定的混乱。在第三人捐精代孕中,依照血缘说,精子捐献者为父,委托妻为母。但依据亲子关系认定的一般规则,母亲的配偶应被推定为父亲,即委托夫应被推定为代孕子女的父亲,与血缘说推演结论相左。同理,在第三人捐卵代孕中,依照血缘说,委托夫为父,卵子捐献者为母。但依据亲子认定的一般规则,母亲的配偶应被推定为父亲,即卵子捐献者的配偶应被推定为代孕子女的父亲,与血缘说推演结论相左。因此血缘说自身逻辑存在割裂,难以自洽,引发亲子认定的混乱。

其三,儿童最佳利益说存在弊端。儿童最佳利益说要求法官在个案中依照儿童最佳利益原则衡量双方当事人的力量对比,确定最终亲权人。代孕子女亲子关系认定若采儿童最佳利益说,将使亲子关系置于不确定状态,破坏法的安定性。儿童最佳利益说将诱使代孕者及其配偶与委托夫妻名正言顺争抢亲权,而无论诉讼过程还是审理结果,均会使代孕子女深陷被两个家庭争抢的旋涡,对代孕子女产生巨大的心理伤害。

其四,契约说具有正当性与合理性。理由如下:(1)体现民法私法自治原则。代孕合同的目的即在于使委托夫妻拥有自己的子女,代孕者在订立合同之初就没有取得亲权的本意,将代孕子女认定为委托夫妻的子女,符合代孕合同双方当事人的真实意愿,是民法私法自治原则在代孕生殖中的具体体现。(2)符合婚姻家庭法的基本原理,身份关系通过契约约定具有合理性、正当性。早在罗马法和日耳曼法中,就可以通过法律行为设立拟制亲子关系。[①] 在婚姻家庭领域,依据身份行为引发身份关系变动的情形大量存在,如收养、婚姻关系的缔结与解除、非婚生子女的认领、婚生子女的否认等。我国《民法典》第464条规定:"合同是民事主体之间设立、变更、终止民事法律关系的协议。婚姻、收养、监护等有关身份关系的协议,适用有关该身份关系的法律规定;没有规定的,可以根据其性质参照适用本编规定。"该条明确了身份合同在一定条件下可以适用合同编的相关规定,承认了私法自治原则在婚姻家庭领域的适用,为兼具身份合同属性的代孕合同的法律适用指明了方向。(3)符合儿童最佳利益原则。依据契约说,委托夫妻自代孕者受胎时即视为代孕子女的父母,不仅使有意抚养子女之人取得亲权,更使得代孕子女的亲子关系自始确定,是对儿童最佳利益原则的充分落实。契约说有利于维护和谐稳定的婚姻家庭关系,实现儿童利益最大化。(4)确保人类辅助生殖技术中亲子关系认定标准的逻辑统一。对于精卵捐献生殖的亲子认定,各国(地区)立法多采契约说,认为精卵捐献者在订立捐赠契约时并无取得亲权的本意,因此捐献者对于所生子女不具有任何权利义务关系。代孕同属人类辅助生殖技术,亲子关系认定理应遵循同一逻辑,统一适用契约说。(5)越来越多的国家(地区)倾向于采行契约说认定代孕

---

① [德]迪特尔·施瓦布:《德国家庭法》,王葆莳译,法律出版社2010年版,第395页。

子女与委托夫妻之间存在亲子关系。2017 年美国《统一亲子地位法》规定,在妊娠代孕中,代孕子女一出生,无论该子女的数量、性别、精神或者身体状况如何,意向父母立刻成为该子女仅有的父母。

在本案中,二审判决依照分娩说认定代孕子女的亲子关系,认为代孕者为代孕子女的母亲,委托夫罗某为代孕子女的父亲,委托妻陈某为与代孕子女形成抚养关系的继母。虽然符合代孕生殖各方当事人的行为预期,但存在以下逻辑不足与重大隐患:(1)委托妻陈某并不符合继母的构成要件。学理通说认为,继子女是指妻与前夫或夫与前妻所生的子女。继子女与继父母,是因其父母一方死亡,另一方再婚或者父母离婚后一方再婚而形成的亲属关系。[①] 依此标准,该案中委托妻陈某并不符合继母的构成要件。(2)损害代孕子女的正当权益。否定陈某享有代孕子女的亲权,相当于同时免除了陈某受领并抚养代孕子女的义务。在该案中,代孕者不知所踪,委托夫病逝,倘若代孕子女一出生便存在先天残障,委托妻陈某因并非代孕子女的法定母亲,完全可以选择拒绝受领、拒绝抚养代孕子女,将导致代孕子女陷入无人抚养的巨大风险中,有违合同信守原则、儿童最佳利益原则。

二、法律实务操作

(一)相关法律法规

1.《人类辅助生殖技术管理办法》(2001 年卫生部令第 14 号)

第 3 条　人类辅助生殖技术的应用应当在医疗机构中进行,以医疗为目的,并符合国家计划生育政策、伦理原则和有关法律规定。禁止以任何形式买卖配子、合子、胚胎。医疗机构和医务人员不得实施任何形式的代孕技术。

第 12 条　人类辅助生殖技术必须在经过批准并进行登记的医疗机构中实施。未经卫生行政部门批准,任何单位和个人不得实施人类辅助生殖技术。

第 22 条　开展人类辅助生殖技术的医疗机构违反本办法,有下列行为之一的,由省、自治区、直辖市人民政府卫生行政部门给予警告、3 万元以下罚款,并给予有关责任人行政处分;构成犯罪的,依法追究刑事责任:

(一)买卖配子、合子、胚胎的;

(二)实施代孕技术的;

(三)使用不具有《人类精子库批准证书》机构提供的精子的;

(四)擅自进行性别选择的;

---

① 最高人民法院民法典贯彻实施工作领导小组主编:《中华人民共和国民法典婚姻家庭编继承编理解与适用》,人民法院出版社 2020 年版,第 204 页。

(五)实施人类辅助生殖技术档案不健全的;

(六)经指定技术评估机构检查技术质量不合格的;

(七)其他违反本办法规定的行为。

2. 原《人类辅助生殖技术规范》(卫科教发〔2003〕176 号)

三、实施技术人员的行为准则:

(一)必须严格遵守国家人口和计划生育法律法规;

(二)必须严格遵守知情同意、知情选择的自愿原则;

(三)必须尊重患者隐私权;

(四)禁止无医学指征的性别选择;

(五)禁止实施代孕技术;

(六)禁止实施胚胎赠送;

(七)禁止实施以治疗不育为目的的人卵胞浆移植及核移植技术;

(八)禁止人类与异种配子的杂交;禁止人类体内移植异种配子、合子和胚胎;禁止异种体内移植人类配子、合子和胚胎;

(九)禁止以生殖为目的对人类配子、合子和胚胎进行基因操作;

(十)禁止实施近亲间的精子和卵子结合;

(十一)在同一治疗周期中,配子和合子必须来自同一男性和同一女性;

(十二)禁止在患者不知情和不自愿的情况下,将配子、合子和胚胎转送他人或进行科学研究;

(十三)禁止给不符合国家人口和计划生育法规和条例规定的夫妇和单身妇女实施人类辅助生殖技术;

(十四)禁止开展人类嵌合体胚胎试验研究;

(十五)禁止克隆人。

3. 原《实施人类辅助生殖技术的伦理原则》(2001 年)

四、维护社会公德的原则

医务人员不得对单身妇女实施辅助生殖技术。

医务人员不得实施非医学需要的性别选择。

医务人员不得实施代孕技术。

一个供精者的精子最多只能提供给 5 名妇女受孕。

4.《民法典》(2020 年)

第 27 条(原《民法通则》第 16 条)　父母是未成年子女的监护人。

未成年人的父母已经死亡或者没有监护能力的,由下列有监护能力的人按顺序担任监护人:

（一）祖父母、外祖父母；

（二）兄、姐；

（三）其他愿意担任监护人的个人或者组织，但是须经未成年人住所地的居民委员会、村民委员会或者民政部门同意。

第28条（原《民法通则》第17条） 无民事行为能力或者限制民事行为能力的成年人，由下列有监护能力的人按顺序担任监护人：

（一）配偶；

（二）父母、子女；

（三）其他近亲属；

（四）其他愿意担任监护人的个人或者组织，但是须经被监护人住所地的居民委员会、村民委员会或者民政部门同意。

第1009条 从事与人体基因、人体胚胎等有关的医学和科研活动，应当遵守法律、行政法规和国家有关规定，不得危害人体健康，不得违背伦理道德，不得损害公共利益。

第1072条（原《婚姻法》第27条） 继父母与继子女间，不得虐待或者歧视。

继父或者继母和受其抚养教育的继子女间的权利义务关系，适用本法关于父母子女关系的规定。

（二）思考与实践问题

1. 何谓“母亲”“父亲”？自然血亲亲子关系应当如何认定？拟制血亲亲子关系应当如何认定？

2. 捐卵、代孕等人类辅助生殖技术割裂了血缘、生产与养育的关联，使母亲身份一分为三——“基因母亲”“孕生母亲”“养育母亲”，在人类辅助生殖技术背景下，母亲身份的认定标准应当如何设计？血缘说、分娩说、契约说、儿童最佳利益说孰优孰劣，为什么？

3. 父亲身份应当如何认定？婚生子女推定与否认制度应当如何构建？非婚生子女准正与认领制度应当如何构建？

4. 何谓儿童最佳利益原则？在监护权纠纷及婚姻家庭关系中有何具体表现？判断儿童最佳利益的考量因素包括哪些？

5. 在我国当下，如何判定代孕合同的法律效力？代孕合法化是否具有现实意义？我国地下代孕、商业代孕的乱象应受到怎样的法律规制？

6. 我国现行立法严禁代孕，催生跨国代孕，外国法院代孕案件的相关判决在我国能否获得承认与执行？

参考文献

1. 杨立新、李怡雯:《保障人工辅助生殖技术所生子女的生的尊严——认定人工辅助生殖技术所生子女的法律地位的基准点》,载《中国应用法学》2021 年第 3 期。

2. 吴梓源:《打破"分娩者为母"的主导格局——新时代〈民法典〉妊娠代孕亲子关系的"开放包容式"认定》,载《河北法学》2021 年第 7 期。

3. 王利明:《论人格权的定义》,载《华中科技大学学报(社会科学版)》2020 年第 1 期。

4. 杨立新:《民法典婚姻家庭编完善我国亲属制度的成果与司法操作》,载《清华法学》2020 年第 3 期。

5. 谢鸿飞:《公序良俗原则的功能及其展开》,载《探索与争鸣》2020 年第 5 期。

6. 夏吟兰:《婚姻家庭编的创新和发展》,载《中国法学》2020 年第 4 期。

7. 刘长秋:《代孕立法规制的基点与路径——兼论〈人口与计划生育法〉为何删除"禁止代孕条款"》,载《浙江学刊》2020 年第 3 期。

8. 李雅男:《代孕背景下亲子关系的确定》,载《法律科学》2020 年第 2 期。

9. 郑英龙:《我国应对失独家庭予以特殊的保障》,载《山东师范大学学报(人文社会科学版)》2019 年第 6 期。

10. 石佳友:《人格权立法的进步与局限——评〈民法典人格权编草案(三审稿)〉》,载《清华法学》2019 年第 5 期。

11. 李拥军、雷蕾:《论我国婚姻家庭关系的伦理价值与立法表达——以〈民法典(婚姻家庭编)〉制定为背景》,载《政法论丛》2019 年第 2 期。

12. 徐文:《甄别与分类:论代孕案件基础争议的解决进路》,载《河北法学》2019 年第 11 期。

13. 徐涤宇:《婚姻家庭法的入典再造:理念与细节》,载《中国法律评论》2019 年第 1 期。

14. 冷传莉:《"人格物"的司法困境与理论突围》,载《法学研究》2018 年第 10 期。

15. 王籍慧:《质疑有限开放代孕生育权说:基于权利证成的视角》,载《学术交流》2018 年第 6 期。

16. 王艺:《外国判决承认中公共秩序保留的怪圈与突围——以一起跨国代孕案件为中心》,载《法商研究》2018 年第 1 期。

17. 彭诚信:《确定代孕子女监护人的现实法律路径——"全国首例代孕子女监护案"评析》,载《法商研究》2017 年第 1 期。

18. 朱晓峰:《非法代孕与未成年人最大利益原则的实现——全国首例非法代孕监护权纠纷案评释》,载《清华法学》2017 年第 1 期。

19. 曹永福:《代孕辅助生殖作为一项权利的伦理论证》,载《山东大学学报(哲学社会科学版)》2017 年第 4 期。

20. 高升、王洪根:《论跨国代孕中法定父母身份认定的法律冲突》,载《河南财经政法大学学报》2017 年第 4 期。

21. 王心禾:《代孕问题,法律不应回避》,载《检察日报》2017 年 3 月 30 日,第 4 版。

22. 王君平:《生不出二孩真烦恼》,载《人民日报》2017 年 2 月 3 日,第 19 版。

23. 朱琳、蒲晓磊:《代孕野蛮生长暴露监管空白》,载《法制日报》2017 年 2 月 21 日,第 10 版。

24. 杨立新:《适当放开代孕禁止与满足合法代孕正当要求——对“全国首例人体冷冻胚胎权属纠纷案”后续法律问题的探讨》,载《法律适用》2016 年第 7 期。

25. 刘士国:《中国胚胎诉讼第一案评析及立法建议》,载《当代法学》2016 年第 2 期。

26. 肖永平、张弛:《比较法视野下代孕案件的处理》,载《法学杂志》2016 年第 4 期。

27. 刘长秋:《代孕的合法化之争及其立法规制研究》,载《伦理学研究》2016 年第 1 期。

28. 刘长秋:《有限开放代孕之法理批判与我国代孕规制的法律选择》,载《法治研究》2016 年第 3 期。

29. 王彬:《法律论证的伦理学立场——以代孕纠纷案为中心》,载《法商研究》2016 年第 1 期。

30. 杜涛:《国际私法国际前沿年度报告(2014—2015)》,载《国际法研究》2016 年第 2 期。

31. 徐国栋:《人工受孕体在当代意大利立法和判例中的地位》,载《华东政法大学学报》2015 年第 5 期。

32. 杨彪:《代孕协议的可执行性问题:市场、道德与法律》,载《政法论坛》2015 年第 4 期。

33. 杜涛:《国际私法国际前沿年度报告(2013—2014)》,载《国际法研究》2015 年第 1 期。

34. 刘长秋:《权利视野下的代孕及其立法规制研究》,载《河南大学学报(社会科学版)》2015 年第 4 期。

35. 杨芳:《意大利〈医学辅助生殖法〉研究》,载《东方法学》2015 年第 6 期。

36. 王利明:《民法典的时代特征和编纂步骤》,载《清华法学》2014 年第 6 期。

37. 王利明:《民法上的利益位阶及其考量》,载《法学家》2014 年第 1 期。

38. 刘士国:《人工生殖与自然法则》,载《人民司法》2014 年第 13 期。

39. 任巍：《论完全代孕中子女身份归属的法律认定——从“子女最佳利益”原则出发》，载《学术探索》2014 年第 8 期。

40. 杨遂全、钟凯：《从特殊群体生育权看代孕部分合法化》，载《社会科学研究》2012 年第 3 期。

41. 周平：《有限开放代孕之法理分析与制度构建》，载《甘肃社会科学》2011 年第 3 期。

42. 王贵松：《中国代孕规制的模式选择》，载《法制与社会发展》2009 年第 4 期。

43. 汤啸天：《生命法学与民事诉讼中的特别程序》，载《政治与法律》2002 年第 1 期。

44. 最高人民法院民法典贯彻实施工作领导小组主编：《中华人民共和国民法典婚姻家庭编继承编理解与适用》，人民法院出版社 2020 年版。

45. 陈甦、谢鸿飞主编：《民法典评注 · 人格权编》，中国法制出版社 2020 年版。

46. 何海澜：《善待儿童：儿童最大利益原则及其在教育、家庭、刑事制度中的运用》，中国法制出版社 2016 年版。

47. 蒋月：《20 世纪婚姻家庭法：从传统到现代化》，中国社会科学出版社 2015 年版。

48. 黄丁全：《医疗法律与生命伦理》，法律出版社 2015 年版。

49. 李洪祥：《我国民法典立法之亲属法体系研究》，中国法制出版社 2014 年版。

50. 夏吟兰：《家事法研究》，社会科学文献出版社 2014 年版。

51. 陈棋炎、黄宗乐、郭振恭：《民法亲属新论》，台北，三民书局股份有限公司 2013 年版。

52. 王竹青、杨科：《监护制度比较研究》，知识产权出版社 2010 年版。

53. 陈苇：《外国婚姻家庭法比较研究》，群众出版社 2006 年版。

54. 史尚宽：《亲属法论》，中国政法大学出版社 2000 年版。

55. [德]本德 · 吕特斯、阿斯特丽德 · 施塔德勒：《德国民法总论》，于馨淼、张姝译，法律出版社 2017 年版。

56. 欧洲民法典研究组、欧洲现行私法研究组：《欧洲私法的原则、定义与示范规则：欧洲示范民法典草案》，高圣平等译，法律出版社 2014 年版。

57. [德]迪特尔 · 施瓦布：《德国家庭法》，王葆莳译，法律出版社 2010 年版。

58. [美]罗德纳 · 蒙森：《干预与反思：医学伦理学基本问题》，林侠译，首都师范大学出版社 2010 年版。

59. [德]卡尔 · 拉伦茨：《德国民法通论》，王晓晔等译，法律出版社 2003 年版。

60. [美]凯特 · 斯丹德利：《家庭法》，屈广清译，中国政法大学出版社 2004 年版。

案例三：孙某与邢某某悬赏广告纠纷

2006年4月1日，被誉为“世界陶王”的邢某某在中央电视台七套“乡约——土与火的传奇”节目中展示了自己早年烧制的、自称为“世界之谜”的陶艺作品——“5层吊球”，并在节目中宣称：“我已经挑战10年了，直到现在还没有人琢磨出来……如果仿造出来，我这个楼（指位于大连市联合路73号的邢某某艺术中心，时值1600万元）3层2000平方米，包括里面的资产都给他，所以我敢狂，敢挑战。”在央视主持人的惊奇追问下，邢某某特别强调：“不用一样，差不多就可以了，我不为难他，他一层层地搁进去，能吊起来就行。一模一样的是为难人家，一模一样的东西世界上不存在的，就是你也能做5层，你也能吊在里面就可以了，你偏一点，斜一点，我都不计较。”节目播出后，河南洛阳孙某费时9个月作出5层吊球。孙某多次与邢某某联系，邢某某在电话中告知孙某，他已收到孙某邮寄的吊球照片，但孙某制作的5层吊球内部旋转不好，容易碰壁，而他自己做的则能像轴承一样旋转，不会碰壁。2007年4月，孙某成功解决了5层吊球的内部旋转和碰壁问题，还做出了6层吊球，并将改进后的作品图片和DV光盘邮寄给邢某某，没有任何回音。2007年6月8日，孙某依据原《民法通则》、原《中华人民共和国合同法》（以下简称原《合同法》）提起诉讼，请求确认自己和邢某某关于5层吊球陶器制作的悬赏广告合同成立并生效。河南省洛阳市涧西区人民法院一审认为，孙某与邢某某之间关于5层吊球的陶器制作合同符合要约承诺的要件，合同依法成立，具有法律效力。邢某某不服一审判决，提起上诉。河南省洛阳市中级人民法院二审认为，邢某某在中央电视台七套“乡约”节目接受访谈中有关5层吊球制作的言行不符合要约承诺的要件，邢某某与孙某之间并未形成悬赏广告合同关系。一审法院认定事实清楚，但适用法律有误，据此撤销原审判决。

通过该案例探讨意思表示效力瑕疵的认定规则以及悬赏广告的法律属性等问题。

一、案例研判

(一)基本案情

2006年4月1日,被誉为“世界陶王”的邢某某在中央电视台七套“乡约——土与火的传奇”节目中展示了自己早年烧制的陶艺作品——“5层吊球”。自称“5层吊球”是其代表作,历时10年做出,至今无人能仿,仍为“世界之谜”。并在节目中明确宣称:“我已经挑战10年了,直到现在还没有人琢磨出来……如果仿造出来,我这个楼(指位于大连市联合路73号的邢某某艺术中心,时值1600万元)3层2000平方米,包括里面的资产都给他,所以我敢狂,敢挑战。”在央视主持人的惊奇追问下,邢某某特别强调:“不用一样,差不多就可以了,我不为难他,他一层层地搁进去,能吊起来就行。一模一样的是为难人家,一模一样的东西世界上不存在的,就是你也能做5层,你也能吊在里面就可以了,你偏一点,斜一点,我都不计较。”

节目播出后,河南洛阳陶艺爱好者孙某看到邢某某的悬赏广告,潜心研究,费时9个月,于2007年1月制作完成了5层吊球。孙某的作品完全按照陶艺作品要求制作,每一层都用陶瓷吊起来,先一层层搁进去,再一层层吊起来。孙某先把制作好的5层吊球拍成照片,按照节目中邢某某所说的电子邮箱发送了电子邮件,始终未得到答复。随后孙某多次电话催问此事,邢某某一直声称未收到照片。孙某用特快专递再次邮寄陶艺照片,经核查邢某某已经签收。孙某与邢某某电话联系,希望邢某某对自己的作品作出评价。邢某某在电话中告知孙某,其已收到照片,但孙某制作的5层吊球内部旋转不好,容易碰壁。而他自己做的则能像轴承一样旋转,不会碰壁。2007年4月初,孙某成功解决了5层吊球的内部旋转和碰壁问题,而且做出了6层吊球。2007年5月9日,孙某将改进后的作品图片和DV光盘寄给邢某某,没有任何回音。

孙某依据原《民法通则》、原《合同法》向河南省洛阳市涧西区人民法院提起诉讼,请求确认自己和邢某某关于5层吊球的陶器制作悬赏广告合同成立生效,并请求邢某某承担孙某为主张权利所花费的必要费用260元。庭审中,邢某某承认其在“乡约”节目中所说的悬赏内容属实,但未将自己的作品带到法庭与孙某的作品进行对比,并拒绝说明自己作品的制作方法与孙某作品的不同之处。

(二)争议焦点

本案的争议焦点在于:

1.邢某某在节目中向社会公开悬赏的言行是否构成意思表示?邢某某的意思表示是否存在瑕疵?

孙某认为,2006年4月1日邢某某在中央电视台七套“乡约”节目中对5层吊球陶器制作进行公开悬赏的言行,符合悬赏广告合同的成立要件。邢某某公开悬赏的言行是其真实的意思表示,邢某某为了逃避和推卸法律责任,辩称其在节目中的言行不能算数、全是“戏言”的主张不能成立。

邢某某认为,只要观众从头到尾看完央视七套2006年4月1日播出的“乡约——土与火的传奇”这档节目,都不会认为节目中存在悬赏广告。其理由为:(1)“乡约”节目一开始就形成了一种调侃的氛围,邢某某被主持人幽默的提问激起“野性”,狂话连篇,不着边际,完全进入亢奋的创作思维状态。(2)按照常理,悬赏广告的要约人发出要约往往基于某种目的,如得到某种利益或解决某个难题。而邢某某的挑战语言是与主持人话赶话赶出来的,没有任何准备,具有相当的随意性。这种为了证明“老子天下第一”的“打赌”行为不构成原《合同法》第14条①所规定的要约。(3)邢某某在节目中的打赌行为意思表示不真实。这是因为邢某某在节目中向主持人表示要赠送的2000平方米的楼房产权与邢某某没有任何关系,邢某某对该楼房没有处分权,且该房屋已被所有权人抵押给建设银行。孙某在节目中看到邢某某扬言要赠送该楼房时,应当了解“悬赏人”要赠送的标的物与“悬赏人”有无关系,其意思表示是否真实,“悬赏人”说的话能否兑现,如果是戏言应该如何应对。法院在审理时也应当查明邢某某对悬赏标的物是否享有处分权,才能认定其意思表示是否真实。

2. 孙某完成作品是否构成承诺?邢某某是否须履行节目中的允诺?

孙某认为,邢某某以悬赏的房屋并非归其所有来否认悬赏言行的法律效力,认为其悬赏言行并非真实意思表示,没有法律依据。孙某历时1年,呕心沥血制作出的5层吊球符合邢某某公开悬赏的条件,邢某某应当依法承担对其不利的法律责任。

邢某某认为,其在节目中的打赌行为意思表示不真实,况且艺术是无价的,智慧是无形的,天底下凡是被称为艺术的作品,绝对不可能一模一样,只有形似或神似而已。因此,认定孙某完成陶艺作品是对邢某某的悬赏要约进行的承诺,不仅违反艺术规律,也没有法律依据。

(三)法院判决

河南省洛阳市涧西区人民法院经审理认为,邢某某在中央电视台的访谈栏目中向社会大众公开表示的悬赏行为,内容具体确定,是其真实的意思表示,并未违反法律的禁止性规定,且表明邢某某受该意思表示约束的意愿,构成面向社会不特定人的要约。孙某在收看该节目后,按照邢某某的要求制作完成了符合要约规定的作品,以其行为对邢某某的要约进行了承诺。因此,双方的意思表示真实、合法、有效,双方的行为亦符合

---

① 《民法典》第472条规定:“要约是希望与他人订立合同的意思表示,该意思表示应当符合下列条件:(一)内容具体确定;(二)表明经受要约人承诺,要约人即受该意思表示约束。”较原《合同法》第14条,条文表述做了修改。

要约承诺的要件,合同依法成立并具有法律效力。孙某请求邢某某承担其主张权利的合理费用,应予支持。根据原《民法通则》第 4 条①和原《合同法》第 14 条②、第 16 条的规定,判决如下:(1)孙某与邢某某之间关于 5 层吊球的陶器制作合同成立并有效。(2)邢某某于判决生效后 10 日内支付孙某主张权利的合理费用 260 元。(3)驳回孙某的其他诉讼请求。案件诉讼费 500 元,由邢某某承担。

邢某某不服一审判决,上诉至河南省洛阳市中级人民法院。

河南省洛阳市中级人民法院经审理认为,悬赏广告是指悬赏人以广告形式声明对完成悬赏广告中规定的特定行为的任何人,给付广告中约定报酬的意思表示。邢某某作为我国当代陶艺代表人物,于 2006 年 4 月 1 日参加中央电视台七套“乡约”节目接受访谈,该节目不是广告节目,访谈行为也不是以营利为目的的广告行为,而邢某某的谈话中虽然似有承诺的性质,但他的谈话并不是为了获得利益,他只是在该节目访谈中带有“陶艺狂人”的形象,认为他做的陶器作品前人没法达到,后人也不能超越,具有说大话的性质,从民事法律上说,这是一种打赌承诺。从邢某某在该访谈节目的整个谈话可以看出,他真实的意思表示是“我是天下第一”“任何人都不能做出我所做出的东西”。如果从悬赏的角度看,他的意思表示是不真实的,或者说是一种单方虚构的意思,而不是原《合同法》第 14 条所规定的“要约是希望和他人订立合同的意思表示”,所以不构成要约。因此,邢某某在中央电视台七套“乡约”节目接受访谈中有关 5 层吊球制作的言行,不符合原《合同法》第 14 条、第 16 条、第 21 条③规定的要约、承诺要件,邢某某与孙某之间并未形成悬赏广告合同关系。一审法院认定事实清楚,但适用法律有误,应予纠正。依照原《民事诉讼法》第 64 条、④第 153 条第 1 款第 2 项⑤的规定,判决如下:

---

① 《民法典》第 5 条规定:“民事主体从事民事活动,应当遵循自愿原则,按照自己的意思设立、变更、终止民事法律关系。”第 6 条规定:“民事主体从事民事活动,应当遵循公平原则,合理确定各方的权利和义务。”第 7 条规定:“民事主体从事民事活动,应当遵循诚信原则,秉持诚实,恪守承诺。”较原《民法通则》第 4 条,条文表述做了修改。

② 《民法典》第 472 条规定:“要约是希望与他人订立合同的意思表示,该意思表示应当符合下列条件:(一)内容具体确定;(二)表明经受要约人承诺,要约人即受该意思表示约束。”与原《合同法》第 14 条条文表述基本一致。

③ 《民法典》第 479 条规定:“承诺是受要约人同意要约的意思表示。”与原《合同法》第 21 条条文表述一致。

④ 《民事诉讼法》(2021 年修正)第 67 条规定:“当事人对自己提出的主张,有责任提供证据。当事人及其诉讼代理人因客观原因不能自行收集的证据,或者人民法院认为审理案件需要的证据,人民法院应当调查收集。人民法院应当按照法定程序,全面地、客观地审查核实证据。”与 2007 年《民事诉讼法》第 64 条条文表述基本一致。

⑤ 《民事诉讼法》(2021 年修正)第 177 条第 1 款第 2 项规定:“第二审人民法院对上诉案件,经过审理,按照下列情形,分别处理:……(二)原判决、裁定认定事实错误或者适用法律错误的,以判决、裁定方式依法改判、撤销或者变更;……”较 2007 年《民事诉讼法》第 153 条第 1 款第 2 项,条文表述做了修改。

(1)撤销河南省洛阳市涧西区人民法院(2007)涧民三初字第286号民事判决。(2)驳回孙某的诉讼请求。本案一审受理费500元,二审受理费500元,均由邢某某承担。[①]

证据:

1. 视听资料(2006年4月1日中央电视台七套"乡约"节目录像资料)

2. 邢某某提供的房屋抵押合同,以证实邢某某在节目中所悬赏的房产处于抵押状态,其在节目中的悬赏言行并非真实意思表示

3. 孙某制作的5层吊球陶器实物、作品图片和DV光盘,以证实孙某作品符合邢某某的悬赏条件,悬赏合同成立

4. 孙某向邢某某发出的函件复印件及签收回执,证明邢某某已经签收孙某邮寄的陶器照片

5. 金额为260元的若干票据,以证实孙某为主张权利所花费的合理必要费用

(四)案例评析与理论延伸

本案是悬赏广告民事纠纷,主要涉及以下法律问题:(1)能够产生法律效力的法律行为与不具有法律效力的情谊行为应当如何区分。(2)何谓真意保留、戏谑行为,两者的构成要件与法律效力应当如何设计方可实现私法自治与交易安全之间的公平制衡。(3)如何界定悬赏广告的法律性质。

1. 法律行为与情谊行为的区分

法律行为是践行私法自治的主要手段,我国《民法典》第133条规定:"民事法律行为是民事主体通过意思表示设立、变更、终止民事法律关系的行为。"[②]意思表示是行为人把进行某一法律行为的内心效果意思,以一定方式表达于外部的行为,是法律行为的核心,意思表示瑕疵必然导致法律行为效力瑕疵。关于意思表示的构成要素,我国现行立法并未作出明确规定,学界尚存分歧,不同学者截取意思表示中的某些环节,形成了五要素说、四要素说、三要素说和二要素说等学说。[③] 但无论何种学说,效果意思是意思表示的必备要素已在学界达成共识。

---

① 参见孙某诉邢某某悬赏广告纠纷案,河南省洛阳市涧西区人民法院(2007)涧民三初字第286号民事判决书;邢某某诉孙某悬赏广告纠纷案,河南省洛阳市中级人民法院(2008)洛民终字第198号民事判决书。

② 原《民法通则》第54条曾规定为:"民事法律行为是公民或者法人设立、变更、终止民事权利和民事义务的合法行为。"《民法典》第133条对原《民法通则》第54条作了修正,不仅强调法律行为以意思表示为要素,还将法律行为中的"法律"回归为中性概念,防止在原《民法通则》合法行为的定性上,叠床架屋衍生民事行为等不必要的概念。

③ 参见王利明:《民法总则研究》,中国人民大学出版社2003年版,第536页;胡长清:《中国民法总论》,中国政法大学出版社1998年版,第223页;米健:《意思表示分析》,载《法学研究》2004年第1期;张金海:《意思表示的主观要素研究》,载《中国法学》2007年第1期;王利明、杨立新、王轶、程啸:《民法学》(第4版),法律出版社2015年版,第95页;史尚宽:《民法总论》,中国政法大学出版社2000年版,第350页;梁慧星:《民法总论》(第4版),法律出版社2015年版,第174页等。

效果意思,又称法效意思,是表意人内心意欲发生法律效果的意思。人们在社会生活中的行为林林总总,但并非所有的行为均具有法律意义,均能产生法律拘束力。请友人吃饭、相约共同外出游玩、同意免费搭乘等行为一般而言均无效果意思,并非意思表示,不构成法律行为,民法称为情谊行为。情谊行为,又称好意施惠行为(Gefaelligkeitsverhaltnisse),是指行为人不具有受法律拘束的效果意思,而以建立、维持或者增进与他人的相互关切、相互爱护等感情联系为目的而实施的行为。因其不具备完整的意思表示构成要素,因此当事人之间不产生合同关系,法律一般不予介入,而借由道德规范、社会习俗等加以调整。德国学理通说认为,情谊行为是不属于法律管辖范围的日常生活事实,与民事法律关系不同,情谊关系是社交领域的法外关系。① 譬如行为人允诺陪友人散步,其可随时离去,仅引发情谊上的纠葛,不产生违约问题。

情谊行为与法律行为的根本区别在于行为人并无法效意思,并无受其行为拘束的本意,不能由之产生法律上的权利义务关系,不发生给付请求权与违约责任承担等问题。行为人的行为究竟属于法律行为抑或情谊行为,应依意思表示解释规则加以解释,探求行为人是否意欲将其行为置于法律规范范围,②斟酌交易关系与诚实信用原则及当事人的利益,从相对人的观点加以认定。③ 德国彩票投资小组法律关系案即为适例。A、B、C、D、E 五人组成彩票投资小组,约定每周每人将 10 马克的摸彩注金汇付给 E,由 E 负责根据约定的数列购买彩票。某周,E 因过失未在开奖之前将五人约定的号码填写并投注,错失 10,550 马克的大奖。A、B、C、D 起诉 E,要求 E 赔偿每人 2110 马克及相应利息。法院认为,若该投资约定为法律行为,则将使 E 承担可能危及其生存的巨大责任,违反公平原则与诚实信用原则。事实上,组成彩票投资小组的约定若在当事人间产生法律拘束力,则没有任何人愿意承担此种风险,不符合当事人对此种共同投资行为的行为预期。因此,彩票投资小组的行为属于情谊行为,不构成法律行为,E 无须承担赔偿责任。④

2. 真意保留与戏谑行为

大陆法系传统民法理论认为,意思表示瑕疵包括意思表示不一致与意思表示不自由。当行为人的客观行为所表示的意思与其内心的效果意思发生分离时,即出现意思与表示的不一致。依表意人主观心态的不同,意思表示不一致可以分为故意的不一致与无意的不一致。故意的不一致下摄真意保留、戏谑表示、通谋虚伪表示和隐藏行为等类型。无意的不一致即为意思表示的错误,我国称为重大误解。意思表示不自由则包

---

① 参见王雷:《民法学视野中的情谊行为》,北京大学出版社 2014 年版,第 9 页。

② 黄立:《民法债编总论》,中国政法大学出版社 2002 年版,第 18 页。

③ 王泽鉴:《债法原理》,北京大学出版社 2009 年版,第 209 页。

④ 邵建东编著:《德国民法总则编典型判例 17 则评析》,南京大学出版社 2004 年版,第 20 ~ 30 页。

括欺诈、胁迫和显失公平等。

真意保留，又称心里保留、单方虚伪表示，是指表意人故意隐藏其真意而表示不同的意思，但其并无受该意思表示拘束的本意。真意保留是表意人单方故意的意思表示不一致，表意人明知其表示与真意不符，仍然为之，表意人在内心往往预期或希冀他人信以为真。德国、葡萄牙、日本等都对真意保留做了规定。① 其构成要件主要包括：(1)形式外观构成意思表示。真意保留隐匿的是内心的法效意思，其作出的外部表示行为让相对人相信其具有设立法律关系并受其拘束的意图。(2)表意人明知其真意与表示不符，仍为表示。表意人多出于情面、欺罔等原因，故意隐匿其内心真意，作出与真意不同的表示行为，其隐匿真意的动机具体为何，在所不问。表意人对于意思与表示存在不一致，内心明知。若表意人对此并不知情，则构成重大误解。(3)表意人隐匿真意的外观难以被相对人识破。在真意保留中，表意人的真意深藏于内心，相对人无法得知，权利外观的可信度较高。对于真意保留行为的法律效力，大多数国家的立场较为统一，多规定真意保留行为原则有效，但当相对人明知或应知时，方才无效。如《日本民法典》第93条即规定："意思表示，不因表意人知非其真意而妨碍其效力。但相对人已知或可知表意人真意时，该意思表示为无效。"

戏谑表示(perjocum scherzerklaerung)，又称非诚意表示，是指表意人明知其表示与真意不符仍然为之，且不预期相对人信以为真的意思表示。其构成要件主要包括：(1)形式外观构成意思表示。戏谑表示既然为意思表示，表意人就具有意思表示的构成要素。法学老师为演示遗嘱规则在课堂上所做的遗嘱范例，舞蹈演员在戏剧舞台上作出的台词戏言等因缺乏表示意思，并非戏谑行为。(2)意思与表示存在不一致，表意人故意为之。戏谑表示人明知其外在行为表达的意思与内心真意发生龃龉，仍为表示。表意人故意隐瞒其内心真意，在外观上作出非真实的意思表示，一般出于玩笑、炫耀、戏弄等动机，多为了引起相对人注意、错愕，在主观上往往不具有欺骗相对人的意图，也不具有与相对人建立法律关系的目的。戏谑表示人往往仅意欲引起相对人错愕或注意，并期待相对人错愕后能够立即认清其表示并非真意。(3)权利外观的可信度相对较低。在戏谑表示中，表意人的真意往往通过夸张的行为、玩笑的语言加以暗示，存在不至于使相对人信其为真意的客观表现，亦即相对人能够通过客观情形的分析推定表意人的表示并非真意，权利外观的可信度相对较低。正因为戏谑行为权利外观的可信度相对较低，各国立法多规定戏谑行为原则上无效，若相对人因此产生信赖利益损害时，

① 如《德国民法典》第116条第1款就规定："意思表示不因表意人在心里作出对所为的表示并不意欲的保留而无效。该表示须以他人为相对人而作出，且相对人知道该项保留的，该表示无效。"类似法条参见《日本民法典》第93条、《葡萄牙民法典》第45条、《韩国民法典》第107条等。

戏谑表示人须对善意相对人承担信赖利益的损害赔偿责任。如《德国民法典》第118条就规定:“预期对真意缺乏不致产生误认而进行非真意的意思表示的,意思表示为无效。”第122条同时规定了善意相对人的信赖利益损害赔偿请求权:“(1)意思表示依照第118条无效或者被根据第119条、第120条撤销的,如意思表示须对他人作出,表意人必须向相对人,否则,向任何第三人赔偿相对人或者第三人因信赖该意思表示有效所遭受的损害,但不超过相对人或者第三人在意思表示有效时拥有的利益额。(2)受害人知道或因过失不知道无效或者可撤销原因的,损害赔偿义务即不发生。”德国学理还认为,依据诚实信用原则,若戏谑表示人意识到相对人将玩笑当真时,其须向相对人说明实情,若其怠于说明,则与真意保留相同,戏谑行为确定有效。[①] 也就是说,只要表意人促成了相对人对意思表示严肃性的合理信赖,表意人就应当履行合同,而不能主张行为无效。例如:甲是一个懒惰的人,若乙对甲开玩笑说,你不要工作了,你可以免费住到我闲置的房屋里。如果乙本意只是开玩笑,而甲却当了真,并准备终止现有的房屋租赁合同和劳动关系,乙对此知情但并未说明其开玩笑的本意,则其仍须承担合同的履行责任。[②]

戏谑表示与真意保留同属于意思表示故意的不一致,两者存在如下差异:(1)表意人的主观心态不同。在真意保留中,表意人隐匿其内心真意的目的多在于欺罔相对人,旨在一劳永逸地欺骗相对人,希望他人信以为真。而在戏谑表示中,表意人往往不存在欺罔相对人的意图,仅意欲引起相对人错愕或注意,并期待相对人错愕后能够立即认清其表示并非真意,并不希望相对人信以为真,即“表意人至少是想以下列方式使相对人认识到自己的真意保留:在起初的惊愕以后,能够理解表意人的保留”。[③] 卡尔·拉伦茨就认为,“与真意保留不同,缺乏真意的表意人并不想让他所不具备的法律行为意思一劳永逸地欺骗受领人;而只是想暂时地——如为了开玩笑,或为了让对方吃一惊,或使人陷入窘迫——使对方获得他想发出真实的意思表示的印象,但同时却期待对方会立即认清其表示并非出自真意。”[④](2)权利外观不同。在真意保留中,表意人的真意深藏于内心,相对人无法得知,权利外观的可信度较高。而在戏谑表示中,表意人的真意往往通过夸张的行为、玩笑的语言加以暗示,存在不致使相对人信以为真的客观表现,亦即相对人能够通过客观情形的分析推定表意人的表示并非真意,权利外观的可信度相对较低。(3)法律效力不同。真意保留原则上有效,但当相对人明知或应知时,真意保留归为无效。戏谑行为原则上无效,但行为人须对善意相对人承担信赖利益的损害

---

① [德]卡尔·拉伦茨:《德国民法通论》(下册),王晓晔等译,法律出版社2013年版,第497页。

② [德]梅迪库斯:《德国民法总论》,邵建东译,法律出版社2001年版,第452~453页。

③ [德]梅迪库斯:《德国民法总论》,邵建东译,法律出版社2001年版,第448页。

④ [德]卡尔·拉伦茨:《德国民法通论》(下册),王晓晔等译,法律出版社2013年版,第496页。

赔偿责任。依据诚实信用原则,若表意人看到相对人将玩笑当真时,其须向相对人说明实情,若其怠于说明,则与真意保留相同,戏谑表示确定有效。

3. 悬赏广告的法律性质

悬赏广告,是指广告人以广告的形式,声明对于完成特定行为的人,给予报酬的意思表示。如悬赏寻找遗失物、悬赏寻找失踪人、悬赏访求车祸目击者、有奖征集产品标志或广告词、有奖竞猜等。我国《民法典》第 499 条规定:“悬赏人以公开方式声明对完成特定行为的人支付报酬的,完成该行为的人可以请求其支付。”该条虽然规定了悬赏广告的构成要件和法律效果,但并未明确悬赏广告的法律性质。关于悬赏广告的法律性质,学界主要存在单方行为说、要约说和要约邀请说等观点。

单方行为说认为,悬赏广告是广告人单方的意思表示,特定行为的完成,并非对悬赏广告所作的承诺,而是债务发生的停止条件。①《德国民法典》第 657 条规定:“以公开告知方式声明对于完成一定之行为,即如就因一定结果之完成而给予报酬者,负给与完成该行为人报酬之义务。该行为人不知有悬赏广告而完成行为者,亦同。”其立法理由谓:“本草案系采单独行为说,认为悬赏广告系具有拘束力的单方约束,无须有承诺行为。广告人基于其负担债务的意思,对于完成悬赏广告所指定行为之人,负有履行给付的义务。”②《意大利民法典》亦采此说,将悬赏广告置于第四编债编、第四章单方允诺一章中,第 1987 条规定:“对处于特定情况下的人或者完成特定行为的人以给付的允诺,一经向公众作出,立即受到约束。”③

要约说认为,悬赏广告是广告人对不特定的多数人发出的要约,必须与完成特定行为的人的承诺相结合,合同才能成立。日本及我国台湾地区部分学者持此观点。如《日本民法典》将悬赏广告置于第三编债权、第二章契约、第一节总则中,第 529 条规定:“以广告声明对完成某种行为的人给予一定报酬的人,不论完成其行为的人是否知道该广告,对完成该行为者负给付报酬的义务。”④

要约邀请说认为,悬赏广告同一般的商业广告,属于要约邀请。

本书认为,悬赏广告的法律性质应采单方行为说,理由如下:

其一,要约邀请说不甚合理。要约邀请,是指希望他人向自己发出要约的意思表示,如寄送的价目表、拍卖公告、招标公告等。表意人意在引诱他人向自己发出要约,内容无须明确具体,无须具备合同成立的必要条款,表意人仅使自己处于可以选择是否接

---

① 王泽鉴教授认为:“假设吾人能够舍弃形式推论而改采实质之解释标准,则现行法上悬赏广告应属单独行为无疑。”参见王泽鉴:《民法学说与判例研究》(第 2 册),北京大学出版社 2009 年版,第 53 页。

② 参见王泽鉴:《民法学说与判例研究》,北京大学出版社 2015 年版,第 414 ~ 415 页。

③ 参见《意大利民法典》,费安玲、丁玫、张宓译,中国政法大学出版社 2014 年版,第 467 页。

④ 参见史尚宽:《债法总论》,中国政法大学出版社 2000 年版,第 34 页。

受对方要约的地位,要约邀请本身并无法律拘束力。而悬赏广告内容多明确具体,悬赏广告人具有只要行为人完成广告指定的特定行为,悬赏广告人即向该行为人支付报酬的意思表示,悬赏广告具有法律拘束力。要约邀请说与悬赏广告具有法律效力相左,不足采。

其二,单方行为说与要约说相比更为合理,主要因为:(1)单方行为说有利于维护不知有悬赏广告而完成特定行为的人的正当权益。要约说认为,悬赏广告是广告人发出的要约,行为人完成特定的行为构成承诺,只有两者达成一致,合同才能成立,悬赏广告人始负合同债务。但传统民法理论认为,承诺是受要约人向要约人作出的,对要约的内容表示同意,并愿意与要约人订立合同的意思表示。我国《民法典》第479条即规定:"承诺是受要约人同意要约的意思表示。"亦即承诺须以受要约人知悉要约的存在为前提。若完成特定行为的人不知悬赏广告的存在,则其行为不构成承诺,从而无法成立悬赏合同。完成特定行为的人自然无法基于合同关系享有报酬请求权,不足以维护其正当权益。单方行为说则认为,悬赏广告系具有法律拘束力的单方允诺,特定行为的完成并非承诺,而是债务发生的停止条件。该说对完成特定行为的人是否知悉悬赏广告的存在并无要求,只要完成特定行为,债务发生的停止条件即已成就,行为人即可请求悬赏广告人支付报酬。单方行为说能够充分保护不知有悬赏广告而完成特定行为的人的正当权益,符合民法诚信原则,更为合理公允。(2)单方行为说有利于维护无民事行为能力人与限制民事行为能力人的正当权益。要约说认为,悬赏广告是广告人发出的要约,行为人完成特定的行为构成承诺。而承诺为意思表示,须以行为人具备相应的行为能力为要件。当完成特定行为的人为无民事行为能力人或者限制民事行为能力人时,则该承诺的法律效力就具有瑕疵,悬赏广告合同并非确定有效,无民事行为能力人或者限制民事行为能力人即使完成特定行为,也无法享有报酬请求权。单方行为说则认为,特定行为的完成是债务发生的停止条件,不以行为人具备完全民事行为能力为必要。无论行为人是无民事行为能力人还是限制民事行为能力人,只要其完成了特定行为,债务发生的停止条件即已成就,均可成为报酬请求权的适格主体。单方行为说更有利于保护无民事行为能力人与限制民事行为能力人的正当权益,维护公平正义。

本书认为,在本案中,邢某某在节目中的悬赏言行应当产生法律拘束力,理由在于:

其一,邢某某的悬赏言行并非情谊行为,应属法律行为。理由在于:(1)悬赏广告内容清晰、明确、具体,具有法效意思。邢某某在中央电视台的访谈节目中向社会大众公开发布悬赏广告,广告内容清晰、明确、具体,其应当预见不特定的社会公众会实施悬赏广告中指定的特定行为,并且在主持人的追问下,邢某某再次确认其悬赏允诺真实有效,邢某某的一系列言行足以让社会公众相信其具有设立法律关系并受约束的意图,因此其悬赏广告具有法效意思，应属法律行为。(2)结合行为目的及双方利益态势，邢某某的悬赏言行应属法律行为。判断一行为究竟为法律行为抑或情谊行为，应当结合行为的“方式、原因、目的、经济或者法律上的重要性、受领人所处的客观情势”，“考虑双方利益态势、诚实信用、交易习惯”作个案判断。[①] 邢某某之所以悬赏允诺支付高额报酬是出于对其陶艺作品的自信，是为了突出、彰显或炫耀其陶艺作品制作技艺的高超与精湛，邢某某认为其陶器制作技艺与高额报酬价值相当，亦属私法自治范畴，不构成利益失衡。何况孙某耗时9个月，潜心研究吊球制作，其合理信赖利益不应无视。在社会交往中，每个理智的人均应对其自由自愿的行为负责，对于行为人非理智的言行，法律自无保护的必要。而与之交易的相对人却可能因之产生合理信赖，两者相较，自应以善意相对人利益为重。(3)将邢某某的悬赏言行认定为法律行为，符合民法的诚信原则和禁反言原则。诚信原则要求民事主体从事民事活动应当遵循诚信原则，秉持诚实，恪守承诺。“如果某人行使自己的权利与自己以前的行为相矛盾，而他人又一直信赖他以前的行为，这种对权利的行使是违反诚实信用的”，[②]应被法律所禁止。英美法系的禁反言原则(Promissory Estoppel)，是指一方当事人作出某一行为，如果他方当事人合理信赖其行为并根据该行为行事时，则法律应禁止该行为人作出与其原有行为相冲突的表示，以防他方利益受损。该原则实为一法律禁令，意在保持行为人前后行为的一致性，反对自相矛盾的行为给相对人带来信赖利益的损害。邢某某出尔反尔的行为，显然违反民法诚信原则和禁反言原则，应被法律所禁止。

其二，邢某某的悬赏允诺不具有意思表示瑕疵，系属真实自愿。理由在于：(1)邢某某无法通过主张戏谑表示认定行为无效。邢某某的悬赏言行不符合戏谑表示的构成要件。从作出意思表示的环境来看，中央电视台“乡约——土与火的传奇”节目是严肃正统的访谈性节目，邢某某在节目中的陈述并无夸张的行为、玩笑的语言暗示其行为并非本意，不构成戏谑表示。特别在孙某将制作好的吊球作品图片、DV光盘邮寄给邢某某并就悬赏广告与其沟通时，邢某某并未言明其在开玩笑，而是主张孙某的作品“内部旋转不好”，其后续行为进一步维持和强化了善意相对人对悬赏允诺具有法律效力的合理信赖。如前所述，即使邢某某的悬赏允诺构成戏谑表示，依据诚实信用原则，若表意人看到相对人将玩笑当真时，其须向相对人说明实情，若其怠于说明，则戏谑表示确定有效。(2)邢某某无法通过主张真意保留认定行为无效。即使邢某某主张其行为表达的意思与内心真意发生不一致，构成真意保留，如前所述，真意保留行为原则有效，只有当相对人明知或应知时，方为无效。孙某对邢某某意思与表示的不一致不可能明知或应

---

① 参见王雷：《民法学视野中的情谊行为》，北京大学出版社2014年版，第114页。

② [德]卡尔·拉伦茨：《德国民法通论》(上册)，王晓晔等译，法律出版社2013年版，第308页。

知，因此依据真意保留，邢某某的悬赏允诺依然确定有效。[①] (3)邢某某的悬赏允诺不存在其他瑕疵。邢某某作为完全民事行为能力人，在节目中作出的悬赏允诺，内容并未违反法律、行政法规的强制性规定，亦未违反公序良俗。邢某某作出悬赏允诺时，也不存在意思表示不自由和重大误解等意思表示瑕疵的情形。

因此，邢某某作为悬赏人以公开方式声明对完成特定行为的人支付报酬，其悬赏允诺真实自愿，并不违反法律、行政法规的强制性规定与公序良俗，该单方法律行为自公告发布时发生效力。孙某完成悬赏广告中指定的特定行为，有权请求邢某某履行悬赏承诺。

二、法律实务操作

(一)相关法律法规

《民法典》(2020年)

第5条(原《民法通则》第4条)　民事主体从事民事活动，应当遵循自愿原则，按照自己的意思设立、变更、终止民事法律关系。

第6条(原《民法通则》第4条)　民事主体从事民事活动，应当遵循公平原则，合理确定各方的权利和义务。

第7条(原《民法通则》第4条)　民事主体从事民事活动，应当遵循诚信原则，秉持诚实，恪守承诺。

第137条　以对话方式作出的意思表示，相对人知道其内容时生效。以非对话方式作出的意思表示，到达相对人时生效。以非对话方式作出的采用数据电文形式的意思表示，相对人指定特定系统接收数据电文的，该数据电文进入该特定系统时生效；未指定特定系统的，相对人知道或者应当知道该数据电文进入其系统时生效。当事人对采用数据电文形式的意思表示的生效时间另有约定的，按照其约定。

第139条　以公告方式作出的意思表示，公告发布时生效。

第143条　具备下列条件的民事法律行为有效：

(一)行为人具有相应的民事行为能力；

(二)意思表示真实；

(三)不违反法律、行政法规的强制性规定，不违背公序良俗。

---

① 我国现行法律及相关司法解释并未规定真意保留与戏谑表示，存在立法空白。绝大多数学者的立法建议稿将真意保留与戏谑表示作为两种独立的意思表示瑕疵类型进行专门规定。参见如梁慧星教授负责起草的《中国民法典草案建议稿附理由》第128条、第131条，孙宪忠教授负责起草的《民法总则建议稿》第146条、第149条，杨立新教授负责起草的《民法总则草案》(2.0版)第136条、第138条，李永军教授负责起草的《民法总则(专家建议稿)》第108条、第110条等。

第471条　当事人订立合同,可以采取要约、承诺方式或者其他方式。

第472条(原《合同法》第14条)　要约是希望与他人订立合同的意思表示,该意思表示应当符合下列条件:

(一)内容具体确定;

(二)表明经受要约人承诺,要约人即受该意思表示约束。

第474条(原《合同法》第16条)　要约生效的时间适用本法第一百三十七条的规定。

第479条(原《合同法》第21条)　承诺是受要约人同意要约的意思表示。

第480条　承诺应当以通知的方式作出;但是,根据交易习惯或者要约表明可以通过行为作出承诺的除外。

第481条　承诺应当在要约确定的期限内到达要约人。

要约没有确定承诺期限的,承诺应当依照下列规定到达:

(一)要约以对话方式作出的,应当即时作出承诺;

(二)要约以非对话方式作出的,承诺应当在合理期限内到达。

第499条　悬赏人以公开方式声明对完成特定行为的人支付报酬的,完成该行为的人可以请求其支付。

第509条　当事人应当按照约定全面履行自己的义务。

当事人应当遵循诚信原则,根据合同的性质、目的和交易习惯履行通知、协助、保密等义务。

当事人在履行合同过程中,应当避免浪费资源、污染环境和破坏生态。

第577条　当事人一方不履行合同义务或者履行合同义务不符合约定的,应当承担继续履行、采取补救措施或者赔偿损失等违约责任。

(二)思考与实践问题

1. 如何区分法律行为与情谊行为?

2. 何谓真意保留、戏谑表示?真意保留、戏谑表示的法律后果应当如何认定?

3. 意思表示瑕疵的法律效力应当如何设计?如何在表意人私法自治与相对人合理信赖之间进行衡平?

4. 我国《民法典》中的意思表示瑕疵具体包括哪些类型?是否存在缺漏,应当如何完善?

5. 如何界定悬赏广告的法律性质?

6. 类似案例分析:

(1)白某诉阎某某悬赏广告纠纷。阎某某出版了一部古籍校注著作,并为此在家宴请分属4家媒体的4位记者。席间,阎某某自信满满地表示:“希望读者来监督,挑出一个错,奖励1000元。"其中一家媒体报道了这一内容。阎某某获悉报道内容后,未提出异议。白某就该书挑出909处错误,并要求支付相应报酬。阎某某以悬赏广告无效为由予以拒绝。一审法院认为,鉴于悬赏广告的重要性,其发布"应当是明确、具体、严格、正式的",家宴过程中以聊天的方式作出悬赏表示,不能认定为表意人的真意,遂以悬赏表示不具足够的正式性为由驳回白某的诉讼请求。①

(2)"2009刘某魔术亚洲巡演"在南京举办了发布会。刘某自掏腰包,拿出100万元挑战观众,声称只要有人破解他自创的"分离胡椒与盐"的魔术,就可以获得这笔巨额奖金。"我给大家一个月时间研究,只要你能破解或者你也能在10秒钟内分离,100万元就是你的了。"

参考文献

1. 姚明斌:《悬赏广告"合同说"之再构成——以〈民法典〉总分则的协调适用为中心》,载《法商研究》2021年第3期。

2. 李永军:《从〈民法总则〉第143条评我国法律行为规范体系的缺失》,载《比较法研究》2019年第1期。

3. 殷秋实:《无效行为转换与法律行为解释——兼论转换制度的必要性与正当性》,载《法学》2018年第2期。

4. 杨立新:《〈民法总则〉规定的虚假民事法律行为的法律适用》,载《法律科学》2018年第1期。

5. 武藤:《无效、可撤销民事法律行为与善意第三人保护》,载《清华法学》2018年第1期。

6. 耿林:《中国民法典中法律行为解释规则的构建》,载《云南社会科学》2018年第1期。

7. 冉克平:《民法典总则意思表示瑕疵的体系构造——兼评〈民法总则〉相关规定》,载《当代法学》2017年第5期。

8. 李永军:《虚假意思表示之法律行为刍议——对于〈民法总则〉第146条及第154条的讨论》,载《中国政法大学学报》2017年第4期。

9. 金可可:《〈民法总则〉与法律行为成立之一般形式拘束力》,载《中外法学》2017年第3期。

10. 冉克平:《真意保留与戏谑行为的反思与构建》,载《比较法研究》2016年第

① 参见白某诉阎某某悬赏广告纠纷案,北京市朝阳区人民法院(2010)朝民初字第20321号民事判决书。

6 期。

11. 陈小君:《民事法律行为效力之立法研究》,载《法学家》2016 年第 5 期。

12. 杨立新:《我国〈民法总则〉法律行为效力规则统一论》,载《法学》2015 年第 5 期。

13. 王成:《我国民法中意思表示瑕疵制度的完善》,载《人民司法》2014 年第 3 期。

14. 张驰:《论意思表示解释》,载《东方法学》2012 年第 6 期。

15. 徐同远:《意思表示的构造——从目的/效果意思到对目的/效果意思形成阶段的关注》,载《西部法学评论》2011 年第 1 期。

16. 杨立新、朱巍:《论戏谑行为及其民事法律后果——兼论戏谑行为与悬赏广告的区别》,载《当代法学》2008 年第 3 期。

17. 张金海:《意思表示的主观要素研究》,载《中国法学》2007 年第 1 期。

18. 林国华:《德国民法与意思表示理论的缘起》,载《理论学刊》2006 年第 5 期。

19. 米健:《意思表示分析》,载《法学研究》2004 年第 1 期。

20. 王利明:《中国民法典释评合同编通则》,中国人民大学出版社 2020 年版。

21. 最高人民法院民法典贯彻实施工作领导小组主编:《中华人民共和国民法典合同编理解与适用》,人民法院出版社 2020 年版。

22. 谢鸿飞、朱广新主编:《民法典评注・合同编》,中国法制出版社 2020 年版。

23. 李永军:《合同法》,中国人民大学出版社 2020 年版。

24. 王泽鉴:《民法学说与判例研究》,北京大学出版社 2015 年版。

25. 王利明、杨立新、王轶、程啸:《民法学》(第 4 版),法律出版社 2015 年版。

26. 梁慧星:《民法总论》(第 4 版),法律出版社 2015 年版。

27. 王雷:《民法学视野中的情谊行为》,北京大学出版社 2014 年版。

28. 王泽鉴:《债法原理》,北京大学出版社 2009 年版。

29. 朱庆育:《意思表示解释理论:精神科学视域中的司法推理理论》,中国政法大学出版社 2004 年版。

30. 王利明:《民法总则研究》,中国人民大学出版社 2003 年版。

31. 芮沐:《民法法律行为理论之全部》,中国政法大学出版社 2003 年版。

32. 黄立:《民法总则》,中国政法大学出版社 2002 年版。

33. 王泽鉴:《民法总则》,中国政法大学出版社 2001 年版。

34. 史尚宽:《民法总论》,中国政法大学出版社 2000 年版。

35. 胡长清:《中国民法总论》,中国政法大学出版社 1998 年版。

36. [德]卡尔・拉伦茨:《法律行为解释之方法——兼论意思表示理论》,范雪飞、吴训祥译,法律出版社 2018 年版。

37. [日]近江幸治:《民法讲义Ⅰ:民法总则》,渠涛等译,北京大学出版社 2015 年版。

38. 欧洲民法典研究组、欧洲现行私法研究组:《欧洲私法的原则、定义与示范规则:欧洲示范民法典草案》,高圣平等译,法律出版社 2014 年版。

39.《意大利民法典》,费安玲、丁玫、张宓译,中国政法大学出版社 2014 年版。

40. [德]维尔纳·弗卢梅:《法律行为论》,迟颖译,法律出版社 2013 年版。

41. [德]卡尔·拉伦茨:《德国民法通论》,王晓晔等译,法律出版社 2013 年版。

42. [日]我妻荣:《我妻荣民法讲义Ⅰ新订民法总则》,于敏等译,中国法制出版社 2008 年版。

43. [德]迪特尔·施瓦布:《民法导论》,郑冲译,法律出版社 2006 年版。

44. [日]山本敬三:《民法讲义Ⅰ总则》,解亘译,北京大学出版社 2004 年版。

45. [日]大村敦志:《民法总论》,江溯、张立艳译,北京大学出版社 2004 年版。

46. [德]海因·克茨:《欧洲合同法》,周忠海等译,法律出版社 2001 年版。

47. [德]迪特尔·梅迪库斯:《德国民法总论》,邵建东译,法律出版社 2001 年版。

案例四：张某某与蒋某某遗赠纠纷

黄某某和蒋某某于1963年结婚，婚后一直未育，收养一子黄某。1994年，黄某某结识张某某，随后两人开始同居生活。黄某某的妻子蒋某某发现后，劝告无果。1996年年底，黄某某和张某某公开租房同居，以夫妻名义共同生活，后生育一子。2001年2月，黄某某患肝癌住院，确诊为肝癌晚期。2001年4月18日，黄某某立下书面遗嘱，将住房公积金、住房补贴金、抚恤金、出售住房的一半房款4万元及其所用的手机一部赠与张某某。四川省泸州市纳溪区公证处对该遗嘱出具了(2001)泸纳证字第148号公证书。4月22日，黄某某去世。张某某即持该遗嘱要求蒋某某交付遗赠财产，双方发生纠纷。四川省泸州市纳溪区人民法院经审理认为，黄某某所立的将财产赠与张某某的遗嘱，虽是其真实意思表示且形式合法，但其对财产的处分违反了我国原《继承法》和原《婚姻法》的有关规定。遗赠人黄某某基于与张某某的非法同居关系而立下有悖于公共秩序、社会公德和违反法律规定的遗嘱，损害了蒋某某依法享有的财产继承权。该遗嘱属无效法律行为，张某某要求蒋某某给付受遗赠财产的主张不予支持，判决驳回张某某的诉讼请求。张某某不服一审判决，提起上诉。四川省泸州市中级人民法院经审理认为，遗赠人黄某某的遗赠行为虽系其真实意思表示，但其内容和目的违反了法律规定和公序良俗，应属无效法律行为。原审判决认定事实清楚，适用法律正确，依法应予维持。判决驳回上诉，维持原判。

通过该案例探讨财产处分自由与公序良俗冲突的协调规则。

一、案例研判

(一)基本案情

四川省泸州市某公司职工黄某某和蒋某某于1963年5月登记结婚，婚后一直未育，收养一子黄某。1990年7月，蒋某某继承父母遗产，取得泸州市市中区顺城街67号房屋所有权。1995年，该房因城市建设被拆迁，拆迁单位将位于泸州市江阳区新马路6-2-8-2号一套77.2平方米的住房安置给蒋某某。蒋某某随后以自己的名义办理了房屋产权登记手续。1994 年,黄某某结识张某某,随后两人开始同居生活。黄某某的妻子蒋某某发现后,劝告无果。1996 年,黄某某与张某某公开在外租房同居,以夫妻名义共同生活,后生育一子。

2000 年 9 月,黄某某与蒋某某将上述蒋某某继承所得的房产以 8 万元的价格出卖给他人,并以该售房款缴纳了有关税费。2001 年春节,黄某某与蒋某某将售房款中的 3 万元赠与儿子黄某。2001 年 2 月,黄某某患肝癌住院,确诊为肝癌晚期。2001 年 4 月 18 日,黄某某立下书面遗嘱,将住房公积金、住房补贴金、抚恤金、出售泸州市江阳区新马路 6 - 2 - 8 - 2 号住房所获的一半房款 4 万元及其所用的手机一部赠与张某某,并明确黄某某去世后骨灰盒由张某某负责安葬。2001 年 4 月 20 日,泸州市纳溪区公证处对该遗嘱出具了(2001)泸纳证字第 148 号公证书。4 月 22 日,黄某某去世。张某某即持该遗嘱要求蒋某某交付遗赠财产,双方发生纠纷。

(二)争议焦点

本案的争议焦点在于:

1. 向婚外同居第三者赠与财产是否违反公序良俗?

张某某认为,其与蒋某某之夫黄某某是朋友关系。黄某某在 2001 年 4 月 18 日立下的书面遗嘱是其真实的意思表示,符合我国原《继承法》的相关规定,且经公证机关依法公证,属合法有效遗嘱。黄某某在遗嘱中对其财产所做的处分应当得到法律的承认和保护。即使黄某某与张某某存在非法同居关系,我国原《继承法》也没有规定当遗赠人和受遗赠人存在非法同居关系时,遗赠不成立。黄某某与张某某即使存在非法同居关系,也应另案处理,不应以此否定张某某的受遗赠权。

蒋某某认为,黄某某所立遗嘱侵犯其合法权益。遗赠人黄某某生前与张某某长期非法同居,该遗赠违反社会公德,属于无效行为。张某某破坏了蒋某某的婚姻家庭,侵犯了蒋某某的财产权,该遗赠为非法遗赠。对张某某所谓的"受遗赠权"不予保护既合法也符合社会公理,请求法院驳回张某某的诉讼请求。

2. 本案中黄某某的遗产范围应当如何确定?

张某某认为,黄某某在 2001 年 4 月 18 日立下书面遗嘱,明确将其 6 万元财产遗赠给自己,黄某某所立遗嘱合法有效。作为受遗赠人,张某某有权获得黄某某遗嘱中赠与的所有财产。即使遗嘱中涉及的抚恤金、住房补贴金、住房公积金不属于黄某某的个人财产,根据我国原《继承法》第 27 条第 4 项的规定,[①]也只能认定该部分无效,无效部分所涉财产应当按照法定继承处理。遗嘱中黄某某对其个人财产的处分应属有效,张某

① 《民法典》第 1154 条第 4 项规定:"有下列情形之一的,遗产中的有关部分按照法定继承办理:(四)遗嘱无效部分所涉及的遗产。"与原《继承法》第 27 条第 4 项条文表述基本一致。

某的受遗赠权应当得到法律保护。

蒋某某认为，黄某某所立遗嘱侵犯其合法权益。抚恤金不属于黄某某的遗产范围，住房公积金和住房补贴金属于夫妻共有财产，黄某某无权擅自处分，故黄某某所立遗嘱侵犯其合法权益，属于无效遗嘱，张某某无权获得黄某某在遗嘱中擅自处分的夫妻共有财产。

（三）法院判决

四川省泸州市纳溪区人民法院受理该案。在庭审中，经蒋某某申请，四川省泸州市纳溪区公证处于2001年5月17日作出（2001）泸纳撤字第2号《关于部分撤销公证书的决定书》，撤销了（2001）泸纳证字第148号公证书中的住房公积金、住房补贴金、抚恤金中属于蒋某某的部分，维持其余部分内容。四川省泸州市纳溪区人民法院经审理认为，遗赠人黄某某临终前于2001年4月18日立下书面遗嘱。该遗嘱虽是黄某某本人的真实意思表示且形式合法，并经公证机关公证，但其将不属于黄某某个人财产的抚恤金及属于夫妻共有财产的住房补贴金、住房公积金作为个人财产进行遗赠，侵犯了蒋某某的合法权益，其无权处分部分应属无效。同时，黄某某在明知卖房款已不足8万元的情况下，仍以不存在的8万元的一半进行遗赠，违背了客观事实。并且，黄某某的遗赠行为违反了我国原《继承法》和原《婚姻法》的有关规定。根据原《民法通则》第7条的规定，[①]民事法律行为不得违反公共秩序和社会公德，违反者行为无效。根据原《婚姻法》第3条第2款禁止有配偶者与他人同居，[②]第4条“夫妻应当互相忠实，互相尊重”的法律规定，[③]遗赠人黄某某基于其与张某某的非法同居关系而立下有悖于公共秩序、社会公德和违反法律规定的遗嘱，损害了蒋某某依法享有的财产继承权。该遗嘱属无效法律行为，张某某要求蒋某某给付受遗赠财产的主张不予支持。蒋某某要求确认该遗嘱无效的理由成立，予以支持。依据原《民法通则》第7条的规定，判决驳回张某某的诉讼请求，案件受理费2300元由张某某承担。

张某某不服一审判决，提起上诉。

四川省泸州市中级人民法院经审理认为，遗赠人黄某某的遗赠行为虽系其真实意思表示，但其内容和目的违反了法律规定和社会公共利益。遗赠人黄某某对售房款的处理违背了客观事实。泸州市江阳区新马路6－2－8－2号住房一套，系遗赠人黄某某

① 《民法典》第8条规定：“民事主体从事民事活动，不得违反法律，不得违背公序良俗。”较原《民法通则》第7条，条文表述做了修改。

② 《民法典》第1042条第2款规定：“禁止重婚。禁止有配偶者与他人同居。”与原《婚姻法》第3条第2款条文表述基本一致。

③ 《民法典》第1043条第2款规定：“夫妻应当互相忠实，互相尊重，互相关爱；家庭成员应当敬老爱幼，互相帮助，维护平等、和睦、文明的婚姻家庭关系。”较原《婚姻法》第4条，条文表述做了修改。

与蒋某某婚姻关系存续期间蒋某某继承父母遗产所得。根据原《婚姻法》第 17 条:“夫妻在婚姻关系存续期间所得的财产,归夫妻共同所有,双方另有约定的除外。夫妻对共同所有的财产,有平等的处理权”的规定,[①]该住房为夫妻共有财产。但 2000 年 9 月,黄某某与蒋某某将该房以 8 万元的价格出卖给陈某,并用该 8 万元售房款缴纳了有关税费。2001 年春节期间,黄某某与蒋某某共同将该售房款中的 3 万元赠与其子黄某用于购买商品房。可见,黄某某与蒋某某对部分售房款已作处理,实际上剩余售房款已不足 8 万元。黄某某生前明知以上事实,仍在立遗嘱时以不存在的 8 万元的一半进行遗赠,显然违背了客观事实,系虚假行为。并且黄某某的遗赠行为违反法律规定,剥夺了蒋某某依法享有的合法财产继承权。黄某某与蒋某某系合法夫妻,其婚姻关系受法律保护。我国原《婚姻法》第 24 条规定:“夫妻有相互继承遗产的权利。”[②]黄某某将财产赠与与其非法同居的张某某,实质上剥夺了其妻蒋某某依法享有的合法财产继承权。因此,遗赠人黄某某所立书面遗嘱因其内容和目的违反法律和社会公共利益,不符合遗嘱成立要件,该遗嘱应属无效遗嘱。遗嘱无效,其遗赠行为自然无效。遗赠行为作为民事法律行为的一种,除应当具备原《继承法》所规定的构成要件外,还必须符合原《民法通则》对民事法律行为的一般规定。原《民法通则》第 7 条明确规定:“民事活动应当尊重社会公德,不得损害社会公共利益。”此即民法的“公序良俗”原则。作为现代民法的一项基本原则,“公序良俗”原则充分体现了国家、民族、社会的基本利益要求,反映了当代社会中居于统治地位的一般道德标准,就其本质而言,是社会道德规范的法律化,在现代市场经济条件下,起着使社会道德观念对民事主体之法律行为进行内容控制的重要功能,在法律适用上有高于法律具体规则适用之效力。对“公序良俗”原则中的“社会公德”或“社会公共利益”的法律内涵进行界定与适用时,必须也只能通过不同历史时期法律具体规定所体现的基本社会道德观念和价值取向加以确定。因此,并非一切违反伦理道德的行为都是违反社会公德或社会公共利益的行为,但违反已从道德要求上升为具体法律禁止性规定所体现的维持现行社会秩序所必需的社会基本道德观念的行为,则必然属于违反社会公德或社会公共利益的行为,依法应为无效法律行为。在本案中,遗赠人黄某某与蒋某某系结婚多年的夫妻,本应按照原《婚姻法》第 4 条的规定互相忠实、互相尊重,但黄某某却无视夫妻感情和道德规范,与张某某长期非法同居,其行为

---

① 《民法典》第 1062 条规定:“夫妻在婚姻关系存续期间所得的下列财产,为夫妻的共同财产,归夫妻共同所有:(一)工资、奖金、劳务报酬;(二)生产、经营、投资的收益;(三)知识产权的收益;(四)继承或者受赠的财产,但是本法第一千零六十三条第三项规定的除外;(五)其他应当归共同所有的财产。夫妻对共同财产,有平等的处理权。”较原《婚姻法》第 17 条,条文表述做了修改。

② 《民法典》第 1061 条规定:“夫妻有相互继承遗产的权利。”与原《婚姻法》第 24 条第 1 款条文表述一致。

既违背了我国现行社会道德标准，又违反了原《婚姻法》第 3 条“禁止有配偶者与他人同居”的法律规定，属违法行为。黄某某基于其与张某某的非法同居关系而订立遗嘱将其遗产和属于蒋某某的财产赠与张某某，以合法形式变相剥夺了蒋某某的合法财产继承权，使张某某实质上因其与黄某某之间的非法同居关系谋取了不正当利益。我国原《民法通则》第 58 条规定“民事行为违反法律和社会公共利益的无效”，[①]因此遗赠人黄某某的遗赠行为应属无效法律行为。原《中华人民共和国公证暂行条例》（以下简称原《公证暂行条例》）第 2 条规定：“公证是国家公证机关根据当事人的申请，依法证明法律行为、有法律意义的文书和事实的真实性、合法性，以保护公共财产、保护公民身份上、财产上权利和合法利益。”[②]公证机关作为行使国家证明权的机关，应当按照法定程序对所要证明的法律行为、文书和事实的真实性、合法性进行认真审查。原《司法部公证程序规则（试行）》第 32 条明确规定：“法律行为公证应符合下列条件：行为的内容和形式不违反法律、法规、规章或者社会公共利益。”[③]遗嘱行为属民事法律行为，因此，法律行为公证的条件就必须与民法规定的法律行为的成立要件相符合。《遗嘱公证细则》第 17 条也规定，遗嘱内容不得违反法律规定和社会公共利益，对不符合前款规定条件的，应当拒绝公证。原《公证暂行条例》第 25 条、[④]原《四川省公证条例》第 22 条规定，[⑤]公证机构对不真实、不合法的行为、事实和文书应拒绝公证。因此，遗赠人黄某某所订立的将其死后遗产赠与张某某的遗嘱虽经公证机关办理了公证手续，但因该遗赠行为本身违反了法律，损害了社会公共利益，属无效法律行为。2007 年《民事诉讼法》第 67 条规定：“经过法定公证证明的法律行为、法律事实和文书，人民法院应当作为认定事实的根据。但有相反证据足以推翻公证证明的除外。”[⑥]故四川省泸州市纳溪区公证处所作出的（2001）泸纳证字第 148 号公证书依法不能产生法律效力，本院不予采信。综上所述，遗赠人黄某某的遗赠行为虽系真实意思表示，但内容和目的违反了法律规定

---

① 《民法典》第 153 条规定：“违反法律、行政法规的强制性规定的民事法律行为无效。但是，该强制性规定不导致该民事法律行为无效的除外。违背公序良俗的民事法律行为无效。”较原《民法通则》第 58 条，条文表述做了修改。

② 现《中华人民共和国公证法》（以下简称《公证法》）第 2 条规定：“公证是公证机构根据自然人、法人或者其他组织的申请，依照法定程序对民事法律行为、有法律意义的事实和文书的真实性、合法性予以证明的活动。”较原《公证暂行条例》第 2 条，条文表述做了修改。

③ 现《公证程序规则》第 36 条第 3 项规定：“民事法律行为的公证，应当符合下列条件：（三）该行为的内容和形式合法，不违背社会公德。”较原《司法部公证程序规则（试行）》第 32 条，条文表述做了修改。

④ 现《公证法》第 13 条第 1 项规定：“公证机构不得有下列行为：（一）为不真实、不合法的事项出具公证书。”较原《公证暂行条例》第 25 条，条文表述做了修改。

⑤ 已被《四川省人民代表大会常务委员会关于废止部分地方性法规的决定》废止。

⑥ 《民事诉讼法》（2021 年修正）第 72 条规定：“经过法定程序公证证明的法律事实和文书，人民法院应当作为认定事实的根据，但有相反证据足以推翻公证证明的除外。”较 2007 年《民事诉讼法》第 67 条，条文表述做了修改。

和公序良俗,损害了社会公德,破坏了公共秩序,应属无效法律行为。张某某要求蒋某某给付受遗赠财产的主张,本院不予支持。蒋某某要求确认该遗嘱无效的理由成立,本院予以支持。原审判决认定事实清楚,适用法律正确,依法应予维持。据此,依照2007年《民事诉讼法》第153条第1款第1项之规定,①判决:驳回上诉,维持原判。上诉案件受理费1150元由张某某承担。②

证据:

1.2001年4月18日遗赠人黄某某所立的书面遗嘱,证明黄某某自愿在去世后将住房公积金、住房补贴金、抚恤金、出售泸州市江阳区新马路6-2-8-2号住房所获一半房款4万元及其所用的手机一部等价值约6万元的财产遗赠给张某某

2.2001年4月20日泸州市纳溪区公证处作出的(2001)泸纳证字第148号公证书,证明遗嘱人黄某某所立遗嘱是黄某某的真实意思表示,该遗嘱合法有效

3.2001年5月17日泸州市纳溪区公证处作出的(2001)泸纳撤证字第02号《关于部分撤销公证书的决定》,证明对原黄某某所立遗嘱中不合法部分予以撤销

4.证人陈某的证言,证明蒋某某以8万元的价格将位于泸州市江阳区新马路6-2-8-2号房屋卖给自己

5.证人王某某、白某某的证言,证明黄某某、张某某从1996年起开始在泸州市纳溪区安富先农五社租房同居生活,周围群众一直认为他们是夫妻

(四)案例评析与理论延伸

本案争议焦点的本质为公序良俗原则的适用条件应当如何限定,法官在适用公序良俗原则时应当如何衡平公序良俗与财产处分自由之间的冲突等问题。公序良俗原则的内涵极具弹性,且随社会发展不断更新和丰富。如何准确界定并适用该原则,实属不易。诚如梅仲协教授所言:“至善良风俗一语,其意义殊难确定。因时代之推移,与文明之发展,随时随地,变更其内容。是故何者得视为善良风俗,应就整个民族之意志决之,初不能拘于某一特殊情形也。”③我国学界及司法机关对“公共秩序”和“善良风俗”的理解存在差异,导致法律适用不甚统一,司法机关对公序良俗的认定及论证说理欠缺规范,甚至出现一定程度的滥用和泛化,不当干涉了当事人的意思自治。

---

① 《民事诉讼法》(2021年修正)第177条第1款第1项规定:“第二审人民法院对上诉案件,经过审理,按照下列情形,分别处理:(一)原判决、裁定认定事实清楚,适用法律正确的,以判决、裁定方式驳回上诉,维持原判决、裁定。”较2007年《民事诉讼法》第153条第1款第1项,条文表述做了修改。

② 参见张某某诉蒋某某遗赠纠纷案,四川省泸州市纳溪区人民法院(2001)纳溪民初字第561号民事判决书;张某某诉蒋某某遗赠纠纷案,四川省泸州市中级人民法院(2001)泸民一终字第621号民事判决书。

③ 梅仲协:《民法要义》,中国政法大学出版社2004年版,第119页。

1. 公序良俗原则的基本内涵

公序良俗原则，是指民事法律行为的内容及目的不得违反公共秩序和善良风俗。一般认为，“公序”是指社会公共秩序，包括政治公序与经济公序等。“良俗”是指特定社会应有的道德准则和起码的伦理要求，包括社会公德和社会良好风尚等。公序良俗不仅是我国民法的基本原则，也是判断法律行为效力的基本标准。[①] 我国《民法典》第8条规定：“民事主体从事民事活动，不得违反法律，不得违背公序良俗。”第143条规定：“具备下列条件的民事法律行为有效：(一)行为人具有相应的民事行为能力；(二)意思表示真实；(三)不违反法律、行政法规的强制性规定，不违背公序良俗。”

大多数国家(地区)明文规定了公序良俗原则，多将之表述为“公共秩序和善良风俗”，如《德国民法典》第138条第1款、[②]《法国民法典》第6条、[③]《日本民法典》第90条、[④]《荷兰民法典》第40条第1款[⑤]等。

2. 公序良俗原则是判断法律行为效力的依据

意思自治是民法的基本原则，是民法的内在精神和灵魂。但民事主体的意思自治须以公法维护的公共秩序为基础，且当行为人的行为严重违反社会公德和人伦要求，社会公众普遍不能接受时，该行为自然应属无效。

公序良俗原则将道德原则法律化，是社会主义核心价值观在《民法典》中的重要体现。其功能之一即在于弥补法律漏洞，在没有具体规则适用的前提下授权法院以公序良俗原则为准认定法律行为的效力，起到扩充法律渊源、弥补法律漏洞的作用。我国《民法典》第153条第2款规定：“违背公序良俗的民事法律行为无效。”在列举法律行为无效的各具体事由后，将富有弹性的公序良俗原则作为认定法律行为无效的兜底条款，以适应纷繁复杂的社会现实。

3. 公序良俗原则的类型化

公序良俗原则的内涵极具弹性，如不加以明确和限定，极易侵占私法自治空间，损害行为人正当权益。《德国民法典》施行后，1901年德国联邦最高法院判决就认为，关于是否违反善良风俗，由法官“按照正当且公平的一切人的道义感”规则来判断。使得善良风俗概念具备了适应社会变化的极大弹性，成为依法官裁量无论什么内容均可装

---

① 公序良俗原则具有审查法源、限制私法自治、限缩权利的行使、扩大侵权责任保护对象等功能。参见谢鸿飞：《公序良俗原则的功能及其展开》，载《探索与争鸣》2020年第5期。

② 《德国民法典》第138条第1款规定：“违反善良风俗的行为无效。”

③ 《法国民法典》第6条规定：“任何人均不得以特别约定违反涉及公共秩序和善良风俗的法律。”第328条规定：“当事人可依据合意，而不依据普通法之规定，而且可以增减其效力，但不得触犯公共秩序及善良风俗。”

④ 《日本民法典》第90条规定：“以违反公共秩序和善良风俗的事项为标的的法律行为无效。”

⑤ 《荷兰民法典》第40条第1款规定：“内容或应有含义违反善良风俗或公共秩序的法律行为无效。”

进去的“黑洞”。[①] 公序良俗原则的类型化研究有助于明晰公序良俗的基本内涵,在民事主体意思自由与社会公益之间寻找最佳平衡点。

本书认为,公序良俗原则包括公共秩序和善良风俗。违反公序良俗原则的行为可分为违反公序和违反良俗两大类型。违反公序的行为可类型化为:(1)危害国家政治、经济、财政、税收、金融、治安等秩序的行为,如从事犯罪或者帮助犯罪的合同、偷逃税款的合同等;(2)限制经济自由的行为,如联合定价协议、禁止竞争合同等;(3)违反公平竞争的行为,如引诱他人违约的合同等;(4)违反消费者保护、劳动者保护的行为;(5)暴利行为,如高利借贷合同等;(6)赌博行为等。

违反善良风俗的行为可类型化为:(1)危害家庭关系、婚姻关系的行为,如约定断绝亲子关系的协议等;(2)违反性道德的行为,如开设妓院的合同、以性行为为对价获得借款的合同等;(3)违反人权和人格尊严的行为,如约定聘期内禁止结婚、禁止生育等限制、克减甚至剥夺个人基本权利的劳动合同等;(4)违反人伦的行为,如买卖人体器官的合同等;[②](5)违反道德风俗的行为,如故意装扮成汉奸的经营行为、残忍的动物虐杀游戏合同等。

4. 公序良俗原则的适用规则

为防止公序良俗原则被滥用,其在适用时应当遵循如下规则:

其一,明确公序良俗原则与私法自治原则的适用关系。公序良俗与私法自治同为民法的基本原则,两者在适用时,应以私法自治为根本,以公序良俗为匡正,即私法自治是民法的生命和根本,但当民事主体的法律行为破坏社会公序、超越道德底线时,则须借助公序良俗原则予以纠偏,从而限定、匡正私法自治的边界。亦即私法自治为基本原则,公序良俗应当作为私法自治服务的第二原则。[③]

其二,公序良俗原则的适用须以存在立法漏洞为前提。公序良俗原则为抽象原则,在判断法律行为效力时,须以存在立法漏洞为前提,防止司法向一般原则逃逸。在适用公序良俗原则判断法律行为效力时,也应当遵循民法基本原则的适用规则,即必须优先适用具体规则,即使存在法律漏洞,也应当通过类推方式适用有关具体规定,除非穷尽具体规则,才能适用基本原则。正如曾世雄教授所言:“作为或不作为脱序,而强行法又苦无强制或禁止规定可用时,公序良俗的规定,方始发生补充之功能。……但公序良俗并非当然适用,唯在法律明文揭示适用下,始见功能。”[④]

---

① 梁慧星主编:《民商法论丛》第1卷,中国政法大学出版社2004年版,第47页。

② 《民法典》第1009条就明确规定:“从事与人体基因、人体胚胎等有关的医学和科研活动,应当遵守法律、行政法规和国家有关规定,不得危害人体健康,不得违背伦理道德,不得损害公共利益。”

③ 谢潇:《公序良俗与私法自治:原则冲突与位阶的妥当性安置》,载《法制与社会发展》2015年第6期。

④ 曾世雄:《民法总则之现在与未来》,中国政法大学出版社2001年版,第28页。

其三,判断对象须为法律行为。公序良俗原则是对法律行为效力的判定,因此其判断对象仅限于法律行为,而非事实行为。

其四,客观要件、主观要件与时间要件。法律行为的内容、目的和动机违反公序良俗,且造成严重后果的,均可基于公序良俗原则被认定为无效。至于行为人是否意识到该行为违反公序良俗,均非所问。公序良俗原则的内涵应以法律行为发生时本国的道德风俗作为判断基准。

综上,本书认为,在本案中,一审、二审法院以违反公序良俗原则为由认定遗嘱无效,有过度干涉私法自治之嫌。理由主要在于:

其一,对公序良俗原则的判断对象存在适用错误。在本案中,黄某某与张某某的婚外同居行为违背了公序良俗原则,但同居行为为事实行为。黄某某的遗赠行为为单方法律行为。婚外同居行为与遗赠行为是两个相互独立的行为,司法机关未严格辨识公序良俗原则的适用对象,以同居行为违反公序良俗为由而否定遗赠行为的法律效力,当事人的私法自治被不正当干涉。

其二,未准确认定遗赠行为的动机与目的。若遗赠(或赠与)行为以发生或维持婚外同居关系为目的,甚至明确将婚外同居关系作为遗赠(或赠与)的条件,则因该遗赠(或赠与)会直接诱发婚外同居的背俗行为,就构成对公序良俗原则的违反。否则,不宜一概认定行为无效。如甲乙约定如果乙维持与甲的婚外同居关系,则甲赠与乙房屋一套。该合同将维持婚外同居关系作为赠与的条件,会直接诱发背俗行为,构成对公序良俗原则的违反。德国法院在审理"情妇遗嘱案"时采相同立场,他们首先通过区分法律行为和事实行为的方法来判断遗嘱是否违反公序良俗,即公序良俗的规定应当着眼于法律行为。[①] 其次,判断法律行为的动机,[②]若行为人处分财产的动机是为实施性交易或维系性关系,则该处分行为因违背公序良俗而无效。德国判例一般认为,如果某男子出于某种值得尊重的动机,如经过一段长期的共同关系后,为了保障该女性日后的生活,或者为了感谢她给予自己的支持、照料等,则该已婚男子对他的情人作出赠与或者供养其生活的许诺,或者将其作为人寿保险的受益人、受遗赠人时,协议一般是有效的。除非该女性的目的是"以固定的方式、持续性地从这种关系中不道德地获得报酬"。[③] 在本案中,黄某某赠与张某某财产并非为维系婚外性关系或实施性交易,而是为了答谢张某某多年不辞辛劳的悉心照顾,以及对所生子女日后生活的供养,并未违背公序

---

① 郑永流:《道德立场与法律技术——中德情妇遗嘱案的比较和评析》,载《中国法学》2008 年第 4 期。

② 金锦萍:《当赠与(遗赠)遭遇婚外同居的时候:公序良俗与制度协调》,载《北大法律评论》2004 年第 1 期。

③ [德]康·茨威格特、海·克茨:《违背法律和善良风俗的法律行为后果比较》,孙宪忠译,载《环球法律评论》2003 年第 4 期。

良俗。

关于黄某某的遗产范围,本书认为,(1)在婚姻关系存续期间,男女双方取得的住房补贴、住房公积金属于夫妻共有财产。如果分割遗产,应先将共有财产的一半分出为配偶所有,其余才为被继承人的遗产。黄某某擅自处分夫妻共有的住房补贴、住房公积金,其处分行为超出了个人财产的范围。(2)黄某某将售房款的一半4万元赠与张某某,但实际上8万元售房款应当减扣缴纳的税费及赠与养子黄某的3万元,售房款余额已不足8万元。黄某某将售房款的一半4万元赠与张某某,其处分行为也超出了个人财产的范围。(3)抚恤金是在职工死亡后,给予死者近亲属的精神抚慰和经济补偿,不属于死者遗产。[①] 黄某某将抚恤金赠与张某某,其处分行为亦超出了个人财产的范围。超出部分应属无效,遗嘱无效部分所涉及的遗产,应当按照法定继承办理。

二、法律实务操作

(一)相关法律法规

1.《民法典》(2020年)

第8条(原《民法通则》第7条)　民事主体从事民事活动,不得违反法律,不得违背公序良俗。

第1042条(原《婚姻法》第3条)　禁止包办、买卖婚姻和其他干涉婚姻自由的行为。禁止借婚姻索取财物。

禁止重婚。禁止有配偶者与他人同居。

禁止家庭暴力。禁止家庭成员间的虐待和遗弃。

第1043条(原《婚姻法》第4条)　家庭应当树立优良家风,弘扬家庭美德,重视家庭文明建设。

夫妻应当互相忠实,互相尊重,互相关爱;家庭成员应当敬老爱幼,互相帮助,维护平等、和睦、文明的婚姻家庭关系。

---

① 《中华人民共和国社会保险法》(2010年)第17条规定:"参加基本养老保险的个人,因病或者非因工死亡的,其遗属可以领取丧葬补助金和抚恤金;在未达到法定退休年龄时因病或者非因工致残完全丧失劳动能力的,可以领取病残津贴。所需资金从基本养老保险基金中支付。"第49条规定:"失业人员在领取失业保险金期间死亡的,参照当地对在职职工死亡的规定,向其遗属发给一次性丧葬补助金和抚恤金。所需资金从失业保险基金中支付。个人死亡同时符合领取基本养老保险丧葬补助金、工伤保险丧葬补助金和失业保险丧葬补助金条件的,其遗属只能选择领取其中的一项。"《工伤保险条例》第39条第1款第2项规定:"职工因工死亡,其近亲属按照下列规定从工伤保险基金领取丧葬补助金、供养亲属抚恤金和一次性工亡补助金:(二)供养亲属抚恤金按照职工本人工资的一定比例发给由因工死亡职工生前提供主要生活来源、无劳动能力的亲属。标准为:配偶每月40%,其他亲属每人每月30%,孤寡老人或者孤儿每人每月在上述标准的基础上增加10%。核定的各供养亲属的抚恤金之和不应高于因工死亡职工生前的工资。供养亲属的具体范围由国务院社会保险行政部门规定。"

第1062条　夫妻在婚姻关系存续期间所得的下列财产,为夫妻的共同财产,归夫妻共同所有:

(一)工资、奖金、劳务报酬;

(二)生产、经营、投资的收益;

(三)知识产权的收益;

(四)继承或者受赠的财产,但是本法第一千零六十三条第三项规定的除外;

(五)其他应当归共同所有的财产。

夫妻对共同财产,有平等的处理权。

第1122条(原《继承法》第3条)　遗产是自然人死亡时遗留的个人合法财产。

依照法律规定或者根据其性质不得继承的遗产,不得继承。

第1153条(原《继承法》第26条)　夫妻共同所有的财产,除有约定的外,遗产分割时,应当先将共同所有的财产的一半分出为配偶所有,其余的为被继承人的遗产。

遗产在家庭共有财产之中的,遗产分割时,应当先分出他人的财产。

第1154条(原《继承法》第27条)　有下列情形之一的,遗产中的有关部分按照法定继承办理:

(一)遗嘱继承人放弃继承或者受遗赠人放弃受遗赠;

(二)遗嘱继承人丧失继承权或者受遗赠人丧失受遗赠权;

(三)遗嘱继承人、受遗赠人先于遗嘱人死亡或者终止;

(四)遗嘱无效部分所涉及的遗产;

(五)遗嘱未处分的遗产。

2.《最高人民法院关于适用〈中华人民共和国民法典〉婚姻家庭编的解释(一)》(法释〔2020〕22号)

第25条[原《最高人民法院关于适用〈中华人民共和国婚姻法〉若干问题的解释(二)》(以下简称原《婚姻法解释二》)第11条]　婚姻关系存续期间,下列财产属于民法典第一千零六十二条规定的"其他应当归共同所有的财产":

(一)一方以个人财产投资取得的收益;

(二)男女双方实际取得或者应当取得的住房补贴、住房公积金;

(三)男女双方实际取得或者应当取得的基本养老金、破产安置补偿费。

3.《最高人民法院关于适用〈中华人民共和国民法典〉继承编的解释(一)》(法释〔2020〕23号)

第26条　遗嘱人以遗嘱处分了国家、集体或者他人财产的,应当认定该部分遗嘱无效。

4.《公证法》(2017年)

第2条(原《公证暂行条例》第2条)　公证是公证机构根据自然人、法人或者其他组织的申请,依照法定程序对民事法律行为、有法律意义的事实和文书的真实性、合法性予以证明的活动。

第13条(原《公证暂行条例》第25条)　公证机构不得有下列行为:

(一)为不真实、不合法的事项出具公证书;

(二)毁损、篡改公证文书或者公证档案;

(三)以诋毁其他公证机构、公证员或者支付回扣、佣金等不正当手段争揽公证业务;

(四)泄露在执业活动中知悉的国家秘密、商业秘密或者个人隐私;

(五)违反规定的收费标准收取公证费;

(六)法律、法规、国务院司法行政部门规定禁止的其他行为。

5.《遗嘱公证细则》(2000年司法部令第57号)

第17条　对于符合下列条件的,公证处应当出具公证书:

(一)遗嘱人身份属实,具有完全民事行为能力;

(二)遗嘱人意思表示真实;

(三)遗嘱人证明或者保证所处分的财产是其个人财产;

(四)遗嘱内容不违反法律规定和社会公共利益,内容完备,文字表述准确,签名、制作日期齐全;

(五)办证程序符合规定。

不符合前款规定条件的,应当拒绝公证。

6.《民事诉讼法》(2021年修正)

第69条(2007年《民事诉讼法》第67条)　经过法定程序公证证明的法律事实和文书,人民法院应当作为认定事实的根据,但有相反证据足以推翻公证证明的除外。

(二)思考与实践问题

1. 公序良俗原则的适用条件应当如何限定?

2. 违反公序良俗原则的行为可以类型化为哪些具体类型?

3. 类似案件中应当如何衡平公序良俗与财产处分自由之间的冲突?

4. 侵扰婚姻关系的第三人是否享有接受遗赠的权利?

5. 侵扰婚姻关系的第三人应否承担侵害配偶权的侵权责任?为什么?

6. 如何确定夫妻之间的忠实义务?配偶一方违反夫妻忠实义务,应当承担何种法律后果?

参考文献

1. 黄源盛:《民初大理院公序良俗原则的构建及其法理》,载《法学》2021 年第 5 期。

2. 贺小荣:《意思自治与公共秩序——公共秩序对合同效力的影响及其限度》,载《法律适用》2021 年第 2 期。

3. 王吉中:《公序良俗条款的适用方法——以法内评价的规则续造为核心》,载《甘肃政法大学学报》2021 年第 1 期。

4. 谢鸿飞:《公序良俗原则的功能及其展开》,载《探索与争鸣》2020 年第 5 期。

5. 戴孟勇:《法律行为与公序良俗》,载《法学家》2020 年第 1 期。

6. 杨立新:《把公序良俗作为民法基本原则体现了当代法治精神》,载《中国司法》2017 年第 4 期。

7. 金可可:《〈民法总则〉与法律行为成立之一般形式拘束力》,载《中外法学》2017 年第 3 期。

8. 石毕凡:《"泸州遗赠案"的利益衡量方法透视》,载《河南社会科学》2016 年第 4 期。

9. 于飞:《公序良俗原则与诚实信用原则的区分》,载《中国社会科学》2015 年第 11 期。

10. 李岩:《公序良俗原则的司法乱象与本相——兼论公序良俗原则适用的类型化》,载《法学》2015 年第 11 期。

11. 谢潇:《公序良俗与私法自治:原则冲突与位阶的妥当性安置》,载《法制与社会发展》2015 年第 6 期。

12. 向淼:《公序良俗原则司法适用的模式与类型——基于对 243 个案件的统计分析》,载《复旦学报(社会科学版)》2015 年第 5 期。

13. 张红:《民法典之外的民法法源》,载《法商研究》2015 年第 4 期。

14. 王成:《我国民法中意思表示瑕疵制度的完善》,载《人民司法》2014 年第 3 期。

15. 朱庆育:《私法自治与民法规范——凯尔森规范理论的修正性运用》,载《中外法学》2012 年第 3 期。

16. 迟颖:《法律行为之精髓——私法自治》,载《河北法学》2011 年第 1 期。

17. 陈洪杰:《论法律续造的方法》,载《法律科学》2010 年第 6 期。

18. 何海波:《何以合法? 对"二奶继承案"的追问》,载《中外法学》2009 年第 3 期。

19. 郑永流:《道德立场与法律技术——中德情妇遗嘱案的比较和评析》,载《中国法学》2008 年第 4 期。

20. 金锦萍:《当赠与(遗赠)遭遇婚外同居的时候:公序良俗与制度协调》,载《北大法律评论》2004 年第 1 期。

21. 邵建东、丁勇:《情妇遗嘱是否违反善良风俗——德国联邦最高法院“情妇遗嘱案”评析》,载《中德法学论坛》2003 年第 1 期。

22. 萧瀚:《被架空的继承法——张 × × 诉蒋伦芳继承案的程序与实体评述》,载《私法》2002 年第 2 期。

23. [德]康·茨威格特、海·克茨:《违背法律和善良风俗的法律行为后果比较》,孙宪忠译,载《环球法律评论》2003 年第 4 期。

24. 梁慧星主编:《民商法论丛》第 1 卷,中国政法大学出版社 2004 年版。

25. 邵建东:《德国民法总则编典型判例 17 则评析》,南京大学出版社 2004 年版。

26. 梅仲协:《民法要义》,中国政法大学出版社 2004 年版。

27. 范愉:《泸州遗赠案评析:一个法社会学的分析》,载《判解研究》第 2 辑,人民法院出版社 2002 年版。

28. 王泽鉴:《民法总则》,中国政法大学出版社 2001 年版。

29. 曾世雄:《民法总则之现在与未来》,中国政法大学出版社 2001 年版。

30. 史尚宽:《民法总论》,中国政法大学出版社 2000 年版。

31. [德]卡尔·拉伦茨:《法律行为解释之方法——兼论意思表示理论》,范雪飞、吴训祥译,法律出版社 2018 年版。

32. [德]本德·吕特斯、阿斯特丽德·施塔德勒:《德国民法总论》,于馨淼、张姝译,法律出版社 2017 年版。

33. [日]近江幸治:《民法讲义Ⅰ·民法总则》(第 6 版补订),渠涛等译,北京大学出版社 2015 年版。

34. 欧洲民法典研究组、欧洲现行私法研究组:《欧洲私法的原则、定义与示范规则:欧洲示范民法典草案》,高圣平等译,法律出版社 2014 年版。

35. [德]维尔纳·弗卢梅:《法律行为论》,迟颖译,法律出版社 2013 年版。

36. [日]山本敬三:《民法讲义Ⅰ·总则》(第 3 版),解亘译,北京大学出版社 2012 年版。

37. [德]卡尔·拉伦茨:《德国民法通论》,王晓晔等译,法律出版社 2013 年版。

38. [德]海因·克茨:《欧洲合同法》(上卷),周忠海等译,法律出版社 2001 年版。

39. [德]梅迪库斯:《德国民法总论》,邵建东译,法律出版社 2000 年版。

案例五:齐某某与陈某某等侵犯受教育权纠纷

齐某某与陈某某均系山东省滕州市第八中学(以下简称滕州八中)1990届应届初中毕业生,陈某某在1990年中专预选考试时成绩不合格,齐某某则通过了预选考试。经陈某某父亲陈某政同滕州八中、济宁市商业学校(以下简称济宁商校)和山东省滕州市教育委员会(以下简称滕州教委)工作人员串通,陈某某从滕州八中冒领了齐某某的录取通知书,并以"齐某某"的名义就读济宁商校。毕业后,陈某某以"齐某某"的姓名在中国银行滕州支行工作。1996年,齐某某从邹城技工学校结业,被分配到山东省鲁南铁合金总厂工作,后因工厂减员分流被迫下岗。1998年,齐某某发现陈某某冒名顶替其上学的事实后,提起民事诉讼。山东省枣庄市中级人民法院经审理认为,陈某某在其父陈某政的策划下盗用、假冒齐某某的姓名上学,是侵害姓名权的一种特殊表现形式。齐某某主张其受教育权被侵害的证据不足,不能成立。判决陈某某停止对齐某某姓名权的侵害;陈某某、陈某政、济宁商校、滕州八中和滕州教委向齐某某赔礼道歉,并分担齐某某的精神损失费35,000元。齐某某不服一审判决,提起上诉。山东省高级人民法院认为,此案存在法律适用上的疑难问题,遂报请最高人民法院进行解释。最高人民法院作出《关于以侵犯姓名权的手段侵犯宪法保护的公民受教育的基本权利是否应承担民事责任的批复》(已失效,以下简称原《关于侵犯姓名权的批复》)(法释〔2001〕25号)。山东省高级人民法院经审理认为,陈某某冒名顶替齐某某上学,是由陈某某、陈某政、滕州八中、滕州教委的故意和济宁商校的过失造成的,该侵权行为形式上表现为侵犯齐某某的姓名权,其实质是侵犯齐某某依照宪法所享有的公民受教育的基本权利。依照《中华人民共和国宪法》(以下简称《宪法》)第46条,判决:陈某某、陈某政赔偿齐某某因受教育的权利被侵犯造成的直接经济损失7000元、间接经济损失41,045元,济宁商校、滕州八中、滕州教委承担连带赔偿责任;陈某某、陈某政、济宁商校、滕州八中、滕州教委赔偿齐某某精神损失费50,000元。

通过该案例评析宪法司法化问题,并思考民法的法源。

一、案例研判

(一)基本案情

齐某某与陈某某均系滕州八中1990届应届初中毕业生,同在滕州八中驻地滕州市鲍沟镇圈里村居住,二人相貌有明显差异。陈某某在1990年中专预选考试时成绩不合格,失去了中专考试资格。齐某某则通过了中专预选考试,后填报了委培志愿,并被安排在统招兼委培考场。陈某某在当年的统考中成绩为441分,虽未达到当年统一招生的录取分数线,但超过了委培录取分数线。济宁商校发出了录取齐某某为该校1990级财会专业委培生的通知书,该通知书由滕州八中转交。

陈某某经其父陈某政(村党支部书记)同滕州八中、济宁商校和滕州教委工作人员串通,从滕州八中冒领了齐某某的录取通知书。陈某政为此联系了滕州市鲍沟镇政府作为陈某某的委培单位。陈某某持齐某某的录取通知书到济宁商校报到时,没有携带准考证。报到后,陈某某以齐某某的名义在济宁商校就读。就读期间,陈某某的学生档案仍然是齐某某初中阶段及中考期间形成的考生资料,包括贴有齐某某照片的体格检查表、学期评语表以及齐某某参加统考的试卷等相关材料。陈某某读书期间,陈某政将原为陈某某联系的委培单位滕州市鲍沟镇政府变更为中国银行滕州支行。1993年,陈某某从济宁商校毕业,自带档案到委培单位中国银行滕州支行参加工作。为防止陈某某冒名读书一事被识破,陈某政曾于1991年中专招生考试体检时,办理了贴有陈某某照片并盖有"山东省滕州市招生委员会"钢印的体格检查表,还填制了贴有陈某某照片并加盖"滕州市第八中学"印章的学期评语表。1993年,陈某政利用陈某某毕业自带档案的机会,将原档案中齐某某的材料抽出,换上自己办理的上述两表。经鉴定,陈某政办理的体格检查表上加盖的"山东省滕州市招生委员会"钢印,确属滕州教委的印章;学期评语表上加盖的"滕州市第八中学"印章,是由滕州八中的"滕州市第八中学财务专章"变造而成。

另查明,1990年山东省滕州市的招生办法要求报考委培志愿的考生必须凭委培招生学校和委培单位的介绍信报名。为满足这一要求,凡报考委培志愿的考生事实上都是自己联系委培单位、自己缴纳委培费用。齐某某既未联系过委培单位,亦未缴纳过委培费用。陈某某假冒齐某某之名联系了委培单位,并缴纳了5500元的委培费。陈某某一直使用齐某某的姓名在中国银行滕州支行工作,自1993年8月到2001年8月,共领取工资52,043元。滕州市1997年城镇居民最低生活保障标准为100元,1998年1月至1999年6月为110元,1999年7月年至2001年8月为143元。

齐某某于1990年8月至1991年5月在山东省邹城市第二十中学复读,其间支出复读费1000元。1993年6月,齐某某向有关部门缴纳6000元城市增容费后转为非农业户口。同年8月,齐某某就读于邹城技工学校,缴纳学费等费用5000元。1996年,齐某某从邹城技工学校结业,被分配到山东省鲁南铁合金总厂工作。1998年因工厂减员分流,齐某某被迫下岗,开始兼职卖早点和快餐维生。

1998年,齐某某突然遇到中国银行滕州支行的部员拜访,该部员声称前来庆贺齐某某弄瓦之喜。齐某某跟随该部员来到滕州支行,发现支行员工张贴栏中的储蓄所主任是自己的名字,却是陈某某的照片。齐某某发现陈某某冒名顶替其上学的事实后,提起民事诉讼,认为陈某某、陈某政、济宁商校、滕州八中和滕州教委共同弄虚作假,促成陈某某冒用其姓名进入济宁商校学习,致使其姓名权、受教育权以及其他相关权益被侵犯。请求法院判令各被告停止侵害、赔礼道歉,并赔偿原告经济损失16万元,精神损失40万元。

(二)争议焦点

本案的争议焦点在于:

1. 冒名顶替上学行为侵害了原告的何种民事权利?

齐某某认为,其经统一招生考试后按照填报的志愿,济宁商校录取其为1990级财会专业委培生,由于各被告共同弄虚作假,促成陈某某冒用其姓名进入济宁商校学习,致使其姓名权、受教育权以及其他相关权益被侵犯。请求法院判令各被告停止侵害、赔礼道歉,并承担16万元经济损失赔偿[包括:(1)陈某某冒领的工资5万元。(2)陈某某单位给予的住房福利9万元。(3)齐某某复读一年的复读费用1000元。(4)齐某某为将农业户口转为非农业户口缴纳的城市增容费6000元。(5)齐某某改上技校学习缴纳的学费5000元。(6)陈某某在济宁商校就读期间享有的助学金、奖学金2000元。(7)齐某某支出的律师代理费5000元、调查费1000元等]及40万元精神损害赔偿。

陈某某认为,其使用齐某某的姓名上学一事属实。齐某某当年的考试成绩虽然过了委培分数线,但齐某某曾表示不想上委培。齐某某未联系过委培单位,也未缴纳过委培费用,因此齐某某不具备上委培的条件。而且受教育权不是我国原《民法通则》规定的民事权利,其顶替齐某某上学仅侵犯齐某某的姓名权,并未侵犯齐某某的受教育权。齐某某据此主张赔偿,没有法律依据,而且其请求已明显超过了诉讼时效。

2. 宪法能否在民事纠纷中直接适用?

山东省枣庄市中级人民法院认为,齐某某主张的受教育权,属于公民一般人格权范畴。它是公民丰富和发展自身人格的自由权利。但本案证据表明,齐某某已实际放弃了这一权利,即放弃了上委培的机会。其主张受教育权被侵犯的证据不足,不能成立。我国原《民法通则》第99条规定:"公民享有姓名权,有权决定、使用和依照规定改变自己的姓名，禁止他人干涉、盗用、假冒。”[①]陈某某等人的行为构成对齐某某姓名权的侵害，应当根据原《民法通则》第 120 条[②]的规定承担侵权责任。

山东省高级人民法院认为，此案存在法律适用上的疑难问题，报请最高人民法院进行解释。最高人民法院经研究认为：“根据本案事实，陈某某等以侵犯姓名权的手段，侵犯了齐某某依据宪法规定所享有的受教育的基本权利，并造成了具体的损害后果，应承担相应的民事责任。”山东省高级人民法院认为，陈某某、陈某政、滕州八中、滕州教委和济宁商校从形式上表现为侵犯齐某某的姓名权，其实质是侵犯齐某某依照宪法所享有的公民受教育的基本权利，并依照我国《宪法》第 46 条和最高人民法院的批复，判决各被上诉人对该侵权行为所造成的损害后果承担侵权损害赔偿责任。

（三）法院判决

山东省枣庄市中级人民法院经审理认为，我国原《民法通则》第 99 条规定：“公民享有姓名权，有权决定、使用和依照规定改变自己的姓名，禁止他人干涉、盗用、假冒。”第 120 条规定：“公民的姓名权、肖像权、名誉权、荣誉权受到侵害的，有权要求停止侵害，恢复名誉，消除影响，赔礼道歉，并可以要求赔偿损失。”陈某某在中考落选、升学无望的情况下，由其父陈某政策划并实施冒用齐某某姓名上学的行为，目的在于利用齐某某已过委培分数线的考试成绩，为自己升学和今后就业创造条件，其结果构成了对齐某某姓名的盗用和假冒，是侵害姓名权的一种特殊表现形式。由于侵权行为延续至今，故陈某某关于齐某某的诉讼请求已超过诉讼时效的答辩理由，不成立。齐某某主张的受教育权，属于公民一般人格权范畴。它是公民丰富和发展自身人格的自由权利。本案证据表明，齐某某已实际放弃了这一权利，即放弃了上委培的机会。其主张受教育权被侵犯的证据不足，不能成立。齐某某基于这一主张请求赔偿的各项物质损失，除律师代理费外，均与陈某某的侵权行为无因果关系，故不予支持。齐某某的姓名权被侵犯，除陈某某、陈某政应承担主要责任外，济宁商校明知陈某某冒用齐某某的姓名上学仍予接受，故意维护侵权行为的存续，应承担重要责任；滕州八中与滕州教委分别在事后为陈某某、陈某政掩饰冒名行为提供便利条件，亦有重大过失，均应承担一定责任。齐某某的考试成绩及姓名被盗用，为其带来一定程度的精神痛苦。对此，除有关责任人应承担停止侵害、赔礼道歉的责任外，各被告均应对齐某某的精神损害承担赔偿责任。在赔偿标准方面，由于齐某某主张的数额与我国国情和本案案情均不相符，要求过高，不予全

---

① 《民法典》第 1012 条规定：“自然人享有姓名权，有权依法决定、使用、变更或者许可他人使用自己的姓名，但是不得违背公序良俗。”较原《民法通则》第 99 条，条文表述做了修改。

② 《民法典》第 995 条规定：“人格权受到侵害的，受害人有权依照本法和其他法律的规定请求行为人承担民事责任。受害人的停止侵害、排除妨碍、消除危险、消除影响、恢复名誉、赔礼道歉请求权，不适用诉讼时效的规定。”较原《民法通则》第 120 条，条文表述做了修改。

部采纳。根据原《民法通则》第 120 条,判决:(1)陈某某停止对齐某某姓名权的侵害。(2)陈某某、陈某政、济宁商校、滕州八中、滕州教委向齐某某赔礼道歉。(3)齐某某支付的律师代理费 825 元,由陈某某负担,陈某政、济宁商校、滕州八中、滕州教委对此负连带责任。(4)齐某某的精神损失费 35,000 元,由陈某某、陈某政各负担 5000 元,济宁商校负担 15,000 元,滕州八中负担 6000 元,滕州教委负担 4000 元。(5)鉴定费 400 元,由滕州八中、滕州教委各负担 200 元。(6)驳回齐某某的其他诉讼请求。案件受理费 5410 元,由齐某某负担 4400 元,陈某某、陈某政、济宁商校各负担 300 元,滕州八中、滕州教委各负担 55 元。

齐某某不服一审判决,提起上诉。

山东省高级人民法院经审理认为,此案存在法律适用上的疑难问题,依照《中华人民共和国人民法院组织法》第 33 条的规定,报请最高人民法院进行解释。最高人民法院经研究认为:“根据本案事实,陈某某等以侵犯姓名权的手段,侵犯了齐某某依据宪法规定所享有的受教育的基本权利,并造成了具体的损害后果,应承担相应的民事责任。”山东省高级人民法院在接到批复后,继续审理此案并认为:齐某某通过初中中专预选后,填报了委培志愿,并被安排在统招兼委培考场,表明其有接受委培教育的愿望。滕州八中未将统考成绩及委培分数线通知到齐某某本人,且又将录取通知书交给前来冒领的陈某某,才使得陈某某能够在陈某政的策划下不当获取冒名上学的条件。又由于济宁商校对报到新生审查不严,在既无准考证又无有效证明的情况下接收陈某某,才让陈某某冒名上学成为事实,从而使齐某某失去了接受委培教育的机会。陈某某冒名上学后,滕州教委帮助陈某政伪造体格检查表;滕州八中帮助陈某政伪造学期评语表;济宁商校违反档案管理办法让陈某某自带档案,给陈某政提供了撤换档案材料的机会,致使陈某某不仅冒名上学,而且冒名参加工作,使侵权行为得到延续。该侵权是由陈某某、陈某政、滕州八中、滕州教委的故意和济宁商校的过失造成的。这种行为从形式上表现为侵犯齐某某的姓名权,其实质是侵犯齐某某依照宪法所享有的公民受教育的基本权利。各被上诉人对该侵权行为所造成的后果,应当承担民事责任。由于各被上诉人侵犯了齐某某的姓名权和受教育权,才使得齐某某为接受高等教育进行复读,为将农业户口转为非农业户口缴纳城市增容费,为诉讼支出律师费,这些费用都是其受教育权被侵犯而遭受的直接经济损失,应由陈某某、陈某政赔偿,其他各被上诉人承担连带赔偿责任。为了惩戒侵权违法行为,陈某某在侵权期间的既得利益(以齐某某名义领取的工资,扣除陈某某的必要生活费)应判归齐某某所有,由陈某某、陈某政赔偿,其他各被上诉人承担连带赔偿责任。各被上诉人侵犯齐某某的姓名权和受教育权,使其精神遭受严重伤害,应当承担精神损害赔偿。齐某某就读于邹城技工学校所支付的学费,是其接受该校教育的正常支出,并非侵权行为造成的经济损失,不应由侵权人承担赔偿责任。齐某某要求将陈某某的住房福利、在济宁商校期间享有的助学金、奖学金作为其损失予以赔偿，该请求于法无据，不予支持。综上，原审判决认定陈某某等侵权了齐某某的姓名权，判决其承担相应的民事责任，是正确的。但原审判决认定齐某某放弃接受委培教育，缺乏事实根据。齐某某要求各被上诉人承担侵犯其受教育权的侵权责任，理由正当，应当支持。据此，山东省高级人民法院依照《宪法》第 46 条和《关于侵犯姓名权的批复》（法释〔2001〕25 号），对山东省枣庄市中级人民法院的一审判决予以部分维持、部分撤销，判决：(1)陈某某、陈某政赔偿齐某某因受教育的权利被侵犯造成的直接经济损失 7000 元，济宁商校、滕州八中、滕州教委承担连带赔偿责任。(2)陈某某、陈某政赔偿齐某某因受教育的权利被侵犯造成的间接经济损失（按陈某某以齐某某名义领取的工资扣除最低生活保障费后计算，自 1993 年 8 月计算至陈某某停止使用齐某某姓名时止）41,045 元，济宁商校、滕州八中、滕州教委承担连带赔偿责任。(3)陈某某、陈某政、济宁商校、滕州八中、滕州教委赔偿齐某某遭受的精神损害 50,000 元。一审案件受理费 10,910 元，由齐某某负担 8984 元，陈某某、陈某政、济宁商校、滕州八中、滕州教委负担 1926 元；二审案件受理费 10,910 元，由齐某某负担 8984 元，陈某某、陈某政、济宁商校、滕州八中、滕州教委负担 1926 元。①

证据：

1. 齐某某与陈某某的身份证及户籍证明

2. “齐某某”的体格检查表、学期评语表等相关材料

3. 对于体格检查表上加盖的“山东省滕州市招生委员会”钢印、学期评语表上加盖的“滕州市第八中学”印章的鉴定结论

4. “齐某某”的人事档案

5. 济宁商校 1990 级委培学生花名册、1993 年毕业生就业工作调配表

6. 山东省滕州市招生委员会办公室发布的《滕招办字（1990）7 号》文件

7. 齐某某缴纳的复读费、城市增容费、邹城技工学校学费及支出的律师代理费等费用的发票及收据

（四）案例评析与理论延伸

在本案中，最高人民法院作出《关于侵犯姓名权的批复》，该批复认为“根据本案事实，陈某某等以侵犯姓名权的手段，侵犯了齐某某依据宪法规定所享有的受教育的基本权利，并造成了具体的损害后果，应承担相应的民事责任。”据此，山东省高级人民法院

① 参见齐某某诉陈某某等以侵犯姓名权的手段侵犯宪法保护的公民受教育的基本权利纠纷案，山东省枣庄市中级人民法院（1999）枣民初字第 8 号民事判决书；齐某某诉陈某某等以侵犯姓名权的手段侵犯宪法保护的公民受教育的基本权利纠纷案，山东省高级人民法院（1999）鲁民终字第 258 号民事判决书。

依照《宪法》第46条和《关于侵犯姓名权的批复》(法释〔2001〕25号),判决陈某某等人承担侵害齐某某受教育权的侵权责任。根据该批复,当宪法赋予公民的基本权利遭受侵害,无法在民法上找到具体请求权依据时,人民法院可以直接援引宪法条文作为裁判依据。本案被称为我国"宪法司法化第一案",[1]引发学界对于宪法能否在民事纠纷中作为裁判依据直接适用的热烈讨论。

1. 宪法司法化之争

宪法司法化主要指宪法规范在司法领域获得重视,并经法院加以适用的过程。[2]关于宪法能否在民事纠纷中作为裁判依据直接适用,我国学界存在肯定说与否定说之争。

肯定说认为,宪法可以在民事纠纷中作为裁判依据直接适用。[3] 其理由在于:(1)肯定说有利于维护宪法权威,落实其根本法地位。[4] (2)肯定说有利于尚未具体化的基本权利得到切实保障,强化宪法的法律效力。(3)司法裁判直接适用宪法规范并不必然行使宪法解释权和监督权。[5] (4)宪法司法化有利于促进我国合宪性审查制度的完善。

否定说认为,法院在审理民事纠纷时不得将宪法作为裁判依据直接适用。[6] 这是因为:(1)我国在制定宪法过程中严格区分宪法和法律,[7]宪法无法被法律所涵摄。(2)若法院可直接适用宪法进行裁判,势必涉及宪法的解释与监督,将与我国人民代表大会制度相抵触。[8] (3)宪法的政治性[9]是宪法区别于其他法律的重要特征,且宪法条文简单、概括和抽象,不符合法治原则对规范直接明确的要求,因此宪法规范仅能在被转化为普通法律后方能适用。

---

① 夏正林:《"合宪性解释"理论辨析及其可能前景》,载《中国法学》2017年第1期。

② 参见谢维雁:《论宪法的司法化》,载《西南民族学院学报(哲学社会科学版)》2000年第12期。

③ 支持肯定说的学者主要有:王振民:《我国宪法可否进入诉讼》,载《法商研究》1999年第5期;谢维雁:《论宪法的司法化》,载《西南民族学院学报(哲学社会科学版)》2000年第12期;上官丕亮:《当下中国宪法司法化的路径与方法》,载《现代法学》2008年第2期。

④ 参见胡锦光:《论我国法院适用宪法的空间》,载《政法论丛》2019年第4期。

⑤ 参见谢宇:《宪法司法化理论与制度生命力的重塑——齐玉苓案批复废止10周年的反思》,载《政治与法律》2018年第7期。

⑥ 支持否定说的学者:梁慧星:《少女失学,何须宪法断案——宪法司法化的冷思考》,载《法学天地》2002年第4期。

⑦ 姚岳绒:《我国〈宪法〉第126条"法律"外延的界定》,载《政治与法律》2010年第7期;刘松山:《人民法院的审判依据为什么不能是宪法——兼论我国宪法适用的特点和前景》,载《法学》2009年第2期。

⑧ 刘松山:《人民法院的审判依据为什么不能是宪法——兼论我国宪法适用的特点和前景》,载《法学》2009年第2期。

⑨ 参见谢维雁、孔德王:《论战宪法适用——近年来我国学界关于适用宪法适用的主要论证点及评析》,载《四川师范大学学报(社会科学版)》2014年第3期。

本书认为,否定说更为合理。理由在于:(1)宪法效力范围使然。(2)宪法条文性质使然。宪法条文不具有法律规范的逻辑构成,多为原则性、宣誓性规范,宪法条文如果能够作为裁判依据被法院直接适用,极易不当扩大法官自由裁量权,诱发同案异判乱象。(3)肯定说破坏宪法与部门法的关系。宪法与民法是母法与子法的关系,民法依据宪法的原则和精神设立。倘若民事纠纷可以直接援引宪法条文作为裁判依据,将混淆宪法与部门法的关系,造成对部门法的消解。(4)肯定说与我国现行法律规定相悖。2008 年最高人民法院在肯定说与否定说的学理之争中废止了《关于侵犯姓名权的批复》(法释〔2001〕25 号),间接否认了宪法的司法适用。2016 年最高人民法院发布的《人民法院民事裁判文书制作规范》则进一步明确规定:"裁判文书不得引用宪法和各级人民法院关于审判工作的指导性文件、会议纪要、各审判业务庭的答复意见以及人民法院与有关部门联合下发的文件作为裁判依据,但其体现的原则和精神可以在说理部分予以阐述。"可见,我国现行法律规定实采否定说,否定了宪法条文直接适用于民事案件作为裁判依据的可能。

2. 受教育权益的民法保护

受教育权,是指公民依法享有的获得均等教育机会和接受教育的权利,以确保公民能够通过学习发展其个性、才智和身心,达到平等生存与发展的目的。① 我国《宪法》将受教育权确定为公民的基本权利之一,国家负有保障公民受教育权实现的积极义务。根据《中华人民共和国教育法》(2021 年修正)(以下简称《教育法》)第 43 条的规定,公民享有受教育机会权、受教育条件权、受到公平评价权以及申诉起诉权等权利。② 公民受教育权的法律依据为我国《宪法》第 46 条③和《教育法》第 9 条。④ 如前所述,宪法在民事纠纷中不宜作为裁判依据直接适用,而且受教育权并非民事权益,非属《民法典》"侵权责任编"所保护的民事权益,因此齐某某无法通过直接适用宪法而获得侵害受教育权的侵权救济。姓名权,是指自然人决定、使用和改变自己姓名,并排除他人干涉、盗用和冒用的人格权。在本案中,陈某某等人的不法行为造成了齐某某受教育机会的丧失,侵犯齐某某的姓名权仅为剥夺齐某某受教育权益的手段,因此陈某某等人的不法行为不宜认定为侵害齐某某的姓名权。可见,在本案中,齐某某无法也不宜通过侵害受教育权、侵害姓名权获得侵权救济,其受教育权益的救济须另寻路径。

---

① 参见龚向和:《受教育权论》,中国人民公安大学出版社 2004 年版,第 29 页。

② 参见袁文峰:《受教育权的宪法条款援引、内涵及救济路径——基于齐玉苓案与罗彩霞案的分析》,载《政治与法律》2015 年第 4 期。

③ 《宪法》第 46 条规定:"中华人民共和国公民有受教育的权利和义务。国家培养青年、少年、儿童在品德、智力、体质等方面全面发展。"

④ 《教育法》第 9 条规定:"中华人民共和国公民有受教育的权利和义务。公民不分民族、种族、性别、职业、财产状况、宗教信仰等,依法享有平等的受教育机会。"

我国《民法典》第1164条规定："本编调整因侵害民事权益产生的民事关系。"亦即"侵权责任编"的保护对象是"民事权益"。民事权益包括民事权利和民事利益，民事权利除物权、人格权、身份权、知识产权等绝对权外，还包括作为相对权的债权。债权既然为权利，当然具有不可侵性，理应成为侵权责任法保护的对象。但因债权仅存在于特定当事人之间，无法借由公示而为他人所知，故为防止不当限制行为主体的行为自由，应当严格限制第三人侵害债权的构成要件。一般认为，第三人侵害债权须满足以下要件：债权合法有效存在；行为人明知该债权存在；行为人实施了侵害债权的行为；该行为造成了债权部分或者全部不能实现的后果。① 民事利益，是指未被法律明确规定为权利，但又受到法律保护的利益。

本书认为，齐某某填报志愿参加考试的行为可视为订立教育合同的要约，济宁商校决定录取和寄出录取通知书的行为则构成承诺，齐某某与济宁商校之间构成教育合同关系。② 陈某某和其父陈某政作为第三人，明知齐某某对济宁商校享有接受教育服务的合法债权仍故意冒名顶替齐某某上学，该行为侵害了齐某某的合同债权，最终导致齐某某失去在济宁商校接受教育的机会，符合第三人侵害债权的构成要件。因此，依据《民法典》第1164条，齐某某对济宁商校的合法债权理应受到法律保护，陈某某和陈某政对于故意侵害齐某某债权的行为应当承担侵权责任，而济宁商校、滕州八中、滕州教委帮助陈某某冒名顶替上学就业的行为构成共同侵权，应当承担连带责任。

二、法律实务操作

（一）相关法律法规

1.《宪法》(2018年修正)

第46条　中华人民共和国公民有受教育的权利和义务。

国家培养青年、少年、儿童在品德、智力、体质等方面全面发展。

2.《教育法》(2021年修正)

第9条　中华人民共和国公民有受教育的权利和义务。

公民不分民族、种族、性别、职业、财产状况、宗教信仰等，依法享有平等的受教育机会。

第43条　受教育者享有下列权利：

---

① 最高人民法院民法典贯彻实施工作领导小组主编：《中华人民共和国民法典侵权责任编理解与适用》，人民法院出版社2020年版，第18页。

② 参见梁慧星：《少女失学何须宪法断案——基于宪法司法化的冷思考》，载《法学天地》2002年第4期。

（一）参加教育教学计划安排的各种活动，使用教育教学设施、设备、图书资料；

（二）按照国家有关规定获得奖学金、贷学金、助学金；

（三）在学业成绩和品行上获得公正评价，完成规定的学业后获得相应的学业证书、学位证书；

（四）对学校给予的处分不服向有关部门提出申诉，对学校、教师侵犯其人身权、财产权等合法权益，提出申诉或者依法提起诉讼；

（五）法律、法规规定的其他权利。

3. 原《关于侵犯姓名权的批复》（法释〔2001〕25 号）

山东省高级人民法院：

你院〔1999〕鲁民终字第 258 号《关于齐玉苓与陈晓琪、陈克政、山东省济宁市商业学校、山东省滕州市第八中学、山东省滕州市教育委员会姓名权纠纷一案的请示》收悉。经研究，我们认为，根据本案事实，陈晓琪等以侵犯姓名权的手段，侵犯了齐玉苓依据宪法规定所享有的受教育的基本权利，并造成了具体的损害后果，应承担相应的民事责任。

4. 最高人民法院《人民法院民事裁判文书制作规范》（法〔2016〕221 号）

（七）裁判依据

4. 裁判文书不得引用宪法和各级人民法院关于审判工作的指导性文件、会议纪要、各审判业务庭的答复意见以及人民法院与有关部门联合下发的文件作为裁判依据，但其体现的原则和精神可以在说理部分予以阐述。

5.《民法典》（2020 年）

第 990 条　人格权是民事主体享有的生命权、身体权、健康权、姓名权、名称权、肖像权、名誉权、荣誉权、隐私权等权利。

除前款规定的人格权外，自然人享有基于人身自由、人格尊严产生的其他人格权益。

第 995 条（原《民法通则》第 120 条）　人格权受到侵害的，受害人有权依照本法和其他法律的规定请求行为人承担民事责任。受害人的停止侵害、排除妨碍、消除危险、消除影响、恢复名誉、赔礼道歉请求权，不适用诉讼时效的规定。

第 1012 条（原《民法通则》第 99 条）　自然人享有姓名权，有权依法决定、使用、变更或者许可他人使用自己的姓名，但是不得违背公序良俗。

第 1164 条　本编调整因侵害民事权益产生的民事关系。

第 1165 条　行为人因过错侵害他人民事权益造成损害的，应当承担侵权责任。

依照法律规定推定行为人有过错，其不能证明自己没有过错的，应当承担侵权责任。

（二）思考与实践问题

1. 在民事纠纷中，法院能否直接援引宪法条文进行裁判？为什么？

2. 在本案中，齐某某能否向陈某某等主张受教育权侵权损害赔偿责任？

3. 在本案中，齐某某的利益应当如何救济？

4. 如何理解宪法的法律效力？

参考文献

1. 范进学：《法院实施宪法路径的探索与反思》，载《政法论丛》2021 年第 3 期。

2. 胡锦光：《论我国法院适用宪法的空间》，载《政法论丛》2019 年第 4 期。

3. 张力：《民法典"现实宪法"功能的丧失与宪法实施法功能的展开》，载《法制与社会发展》2019 年第 1 期。

4. 谢宇：《宪法司法化理论与制度生命力的重塑——齐玉苓案批复废止 10 周年的反思》，载《政治与法律》2018 年第 7 期。

5. 李敏：《论法理与学说的民法法源地位》，载《法学》2018 年第 6 期。

6. 范进学：《论宪法比例原则》，载《比较法研究》2018 年第 5 期。

7. 王进文：《宪法基本权利限制条款权利保障功能之解释与适用——兼论对新兴基本权利的确认与保护》，载《华东政法大学学报》2018 年第 5 期。

8. 汪洋：《私法多元法源的观念、历史与中国实践——〈民法总则〉第 10 条的理论构造及司法适用》，载《中外法学》2018 年第 1 期。

9. 孟强：《民法总则中习惯法源的概念厘清与适用原则》，载《广东社会科学》2018 年第 1 期。

10. 陈建华：《民法典编纂背景下民法与宪法的关系——基于司法实践视角》，载《法治论坛》2017 年第 1 期。

11. 夏正林：《"合宪性解释"理论辨析及其可能前景》，载《中国法学》2017 年第 1 期。

12. 姚辉、梁展欣：《民法总则中的法源及其类型》，载《法律适用》2016 年第 7 期。

13. 谢鸿飞：《中国民法典的宪法功能——超越宪法施行法与民法帝国主义》，载《国家检察官学院学报》2016 年第 6 期。

14. 龙卫球：《民法依据的独特性——兼论民法与宪法的关系》，载《国家检察官学院学报》2016 年第 6 期。

15. 林来梵：《宪法切入民法》，载《浙江社会科学》2015 年第 11 期。

16. 袁文峰：《受教育权的宪法条款援引、内涵及救济路径——基于齐玉苓案与罗彩霞案的分析》,载《政治与法律》2015 年第 4 期。

17. 杨登杰:《执中行权的宪法比例原则兼与美国多元审查基准比较》,载《中外法学》2015 年第 2 期。

18. 张晓萍、闫晟:《论宪法基本权利的私法效力》,载《南阳师范学院学报》2013 年第 7 期。

19. 谢维雁、孔德王:《论战宪法适用——近年来我国学界关于适用宪法适用的主要论证点及评析》,载《四川师范大学学报(社会科学版)》2014 年第 3 期。

20. 钱福臣:《我国宪法私法效力问题的基础认知——基于中西比较的立场》,载《当代法学》2014 年第 2 期。

21. 姚岳绒:《我国〈宪法〉第 126 条"法律"外延的界定》,载《政治与法律》2010 年第 7 期。

22. 刘松山:《人民法院的审判依据为什么不能是宪法——兼论我国宪法适用的特点和前景》,载《法学》2009 年第 2 期。

23. 上官丕亮:《当下中国宪法司法化的路径与方法》,载《现代法学》2008 年第 2 期。

24. 况继明:《论宪法的司法化》,载《云南大学学报(法学版)》2005 年第 4 期。

25. 梁慧星:《少女失学,何须宪法断案——宪法司法化的冷思考》,载《法学天地》2002 年第 4 期。

26. 谢维雁:《论宪法的司法化》,载《西南民族学院学报(哲学社会科学版)》2000 年第 12 期。

27. 王振民:《我国宪法可否进入诉讼》,载《法商研究(中南政法学院学报)》1999 年第 5 期。

28. [德]安德烈亚斯·冯·阿尔诺:《欧洲基本权利保护的理论与方法——以比例原则为例》,刘权译,载《比较法研究》2014 年第 1 期。

29. 最高人民法院民法典贯彻实施工作领导小组主编:《中华人民共和国民法典侵权责任编理解与适用》,人民法院出版社 2020 年版。

30. 苏永钦:《私法自治中的国家强制》,中国法制出版社 2005 年版。

31. 龚向和:《受教育权论》,中国人民公安大学出版社 2004 年版。

32. 王泽鉴:《民法总则》,中国政法大学出版社 2001 年版。

33. 梁慧星:《市场经济与公序良俗原则》,载梁慧星主编:《民商法论丛》第 1 卷,法律出版社 1994 年版。

34. [德]本德·吕特斯、阿斯特丽德·施塔德勒:《德国民法总论》,于馨淼、张姝译,法律出版社 2017 年版。

35. [日]近江幸治:《民法讲义Ⅰ》,渠涛等译,北京大学出版社2015年版。
36. [日]山本敬三:《民法讲义Ⅰ总则》,解亘译,北京大学出版社2004年版。
37. [德]梅迪库斯:《德国民法总论》,邵建东译,法律出版社2000年版。

案例六:王某某与张某某遗失物侵权赔偿纠纷

2009 年 7 月 9 日,王某某报警称其在一停车场丢失了一枚钻戒,价值 4.6 万余元。王某某自述其在该停车场停车后,即在车上涂擦护手霜,其间将钻戒摘下放在腿上。下车时忘记佩戴,因此钻戒遗失在停车场。接案民警调取事发地点的监控录像,发现张某某及其女友事后经过该停车场,且张某某在王某某停车处有弯腰捡拾物品的动作,但由于监控录像清晰度不足,并不能准确辨识捡拾的具体细节。公安机关找到张某某并对其进行询问,张某某承认他的确在停车场捡到一枚戒指,但诉称当时急着去农业银行办理业务,便将该戒指存放在女友包内。办理完业务后,其与女友一致认为所拾戒指做工粗糙,肯定是假的,便随手丢弃。但对于随手丢弃戒指的事实,张某某不能提供相关证据加以证明。王某某认为,张某某拾得其钻戒后应当返还失主,在交还失主之前,应当妥善保管。张某某将拾得的钻戒随手丢弃,造成王某某无法在遗失钻戒的停车场寻获遗失物。张某某的行为造成王某某重大财产损失,应当承担 4.6 万余元的损害赔偿责任。北京市顺义区人民法院经审理认为,张某某拾到的戒指系王某某遗失的价值 4.6 万余元的钻戒。张某某拾得该遗失物后,未将遗失物送交公安等有关部门,也未妥善保管。其行为违反了妥善保管遗失物的法定义务,且张某某对该戒指的遗失具有主观故意,应当承担赔偿责任。判决:对于王某某遭受的 4.6 万余元的经济损失,张某某承担损害赔偿责任。张某某不服一审判决,提起上诉。北京市第二中级人民法院经审理认为,张某某拾得遗失物后,未尽到妥善保管义务,造成失主重大财产损失,且具有主观故意,应向王某某赔偿 4.6 万余元。一审判决认定事实清楚,适用法律准确,判决:驳回上诉,维持原判。

通过该案例评析拾得遗失物的法律后果、当事人间的权利义务关系等问题。

一、案例研判

(一)基本案情

2009 年 7 月 9 日上午 11 时许,王某某向北京市公安局丰台分局六里桥派出所报警,自称其在一停车场遗失了一枚钻戒。王某某诉称,该钻戒是其男朋友赠送的,价值4.6万余元,此钻戒是两人的订婚信物,具有重大意义。王某某自述其在该停车场停车后,即在车上涂擦护手霜,其间将钻戒摘下放在腿上。下车时忘记佩戴,因此钻戒遗失在停车场。

接案民警调取事发地点的监控录像,发现张某某及其女友事后经过该停车场,而且张某某在王某某停车处确有弯腰捡拾物品的动作,但由于监控录像清晰度不足,并不能准确辨识捡拾的具体细节。公安机关找到张某某并对张某某进行询问,张某某承认他的确在停车场捡到一枚戒指,但诉称当时急着去北京市丰台区六里桥农业银行办理业务,便将该戒指存放在女友包内。办理完业务后,其与女友一致认为该戒指做工粗糙,肯定是假的,便随手丢弃。但对于随手丢弃戒指的事实,张某某不能提供相关证据加以证明。

王某某认为,张某某拾得钻戒后应当返还失主,在交还失主之前,应当妥善保管。张某某将拾得的钻戒随手丢弃,造成王某某无法在遗失钻戒的停车场寻获遗失物。张某某的行为造成其重大财产损失,应当承担4.6万余元的损害赔偿责任。

(二)争议焦点

本案的争议焦点在于:

1. 遗失物的拾得人应当承担哪些义务?

王某某认为,拾得人张某某拾得他人遗失物后,应当返还失主。在交还失主之前,应当妥善保管。张某某未妥善保管拾得的钻戒,并将钻戒随手丢弃,造成王某某无法在遗失钻戒的停车场寻获遗失物。张某某的行为造成失主财产损失,应当承担损害赔偿责任。

张某某认为,拾得人多为普通市民,并非钻戒鉴定专家,不具有珠宝鉴定能力。拾得人误认为钻戒是假货而随手扔掉是大概率事件,因此张某某对王某某的财产损失并不存在过失,也不存在毁损、灭失戒指的故意,故无须承担损害赔偿责任。况且王某某与自己并未成立保管合同关系,要求拾得人妥善保管遗失物,否则承担全部赔偿责任,对拾得人殊为不公。

2. 本案中张某某是否应当承担全部赔偿责任?

王某某认为,张某某拾得其钻戒后随手丢弃,造成王某某无法在遗失钻戒的停车场寻获遗失物,张某某的行为直接造成其4.6万余元的财产损失,应当承担全部赔偿责任。更何况张某某辩称其已丢弃钻戒,但对该事实未能提供相关证据加以证明,张某某存在私自隐匿遗失钻戒的可能。

张某某认为,王某某没有提供足够证据证明其遗失的戒指就是其男友赠送的价值4.6万余元的钻戒。王某某将贵重的钻戒不慎遗失,自身亦存在过错,拾得人无须承担全部赔偿责任。

(三)法院判决

北京市顺义区人民法院经审理认为,根据现有证据,张某某拾到的戒指系王某某遗失的价值4.6万余元的钻戒。张某某拾得该遗失物后,未将遗失物送交公安等有关部门,也未妥善保管。其自称将钻戒随手丢弃,以致戒指灭失无法返还,其行为违反了妥善保管遗失物的法定义务,且具有主观故意,应对由此给王某某造成的经济损失4.6万余元承担损害赔偿责任。

张某某不服一审判决,提起上诉。

北京市第二中级人民法院经审理认为,王某某提供了北京市百利恒珠宝有限公司出具的钻戒销售确认单、钻戒丢失现场的监控录像资料等证据,基本达到了证明要求,形成较为完整的证据链,可以认定张某某拾到的戒指系王某某遗失的价值4.6万余元的钻戒。张某某主张其随手丢掉了拾得的钻戒,却未提供相关证据,对张某某的主张不予采信。张某某拾得遗失物后,未尽到妥善保管义务,造成失主重大财产损失,且具有主观故意,应向王某某赔偿4.6万余元。一审判决认定事实清楚,适用法律准确,判决:驳回上诉,维持原判。①

证据:

1.北京市百利恒珠宝有限公司的钻戒销售确认单,以证明王某某男友购买并赠送给王某某的钻戒价值4.6万余元

2.北京市公安局丰台分局六里桥派出所的接警记录

3.停车场的监控录像资料

(四)案例评析与理论延伸

本案是拾得人拾得他人遗失物后因保管不当引发的损害赔偿纠纷。拾得遗失物是社会生活中经常发生的现象,遗失物的拾得人与权利人具有怎样的权利义务关系,②各国立法略有不同。

拾得遗失物,是指发现他人的遗失物并予以占有的法律事实。拾得遗失物能够引发物权变动,属于所有权取得的方式之一。其构成要件为:其一,标的物须为遗失物。(1)遗失物须为无人占有的有主物。所有权人丧失对遗失物的占有多出于疏忽而非基于所有权人的本意,因此遗失物并非因抛弃而产生的无主物。倘若直接占有人(包括有

---

① 参见王某某诉张某某遗失物侵权赔偿纠纷案,北京市顺义区人民法院(2009)顺民初字第10107号民事判决书。

② 此处的权利人多指遗失物的所有权人,当遗失物被他人合法占有时,如承租人、借用人、保管人、仓储人、承运人等也为此处的权利人。

权占有人与无权占有人)抛弃动产,如借用人或盗窃犯抛弃动产,对所有权人而言仍然构成遗失物。(2)遗失物须为动产。不动产地理位置确定,不存在遗失的问题。(3)遗失物的成立不以所有权人不知其下落为要件。如游客观光回家后,纵然知晓其相机遗忘于美丽的海岛宾馆,亦无碍于成立遗失物。① 其二,拾得人的拾得行为。要求拾得人不仅认识到遗失物之所在,而且对遗失物进行了事实上的管领。拾得遗失物不以拾得人具有意思表示和完全行为能力为必要,属于事实行为而非法律行为。

遗失物一经拾得,便在拾得人和权利人之间形成权利义务关系。由于各国(地区)社会道德观念和立法取向不同,拾得人和权利人的权利义务关系亦有所不同。

1. 拾得人的义务

世界各国(地区)对拾得人义务的规定大致相同,基于保护私人所有权的需要,拾得人拾得遗失物后负有以下义务:

其一,通知或者送交有关部门的义务。拾得人若知道具体权利人的,应当及时通知权利人领取遗失物。若无从得知权利人,应当将遗失物及时送交公安等有关部门。公安等有关部门接收遗失物后应当及时发布公告,便于权利人认领。在他人住宅,交通运输工具及学校、图书馆、剧院、候车室、体育场等有管理机关的公共场所拾得遗失物的,应当将遗失物交与管理人。这是因为遗失物的所有权人可能事后回忆起遗失物品的场所,将遗失物交与场所的管理人,便于失主认领取回。② 我国《民法典》第 314 条就规定:“拾得遗失物,应当返还权利人。拾得人应当及时通知权利人领取,或者送交公安等有关部门。”

其二,妥善保管遗失物的义务。在将遗失物返还给权利人或送交公安等有关部门之前,拾得人应当妥善保管遗失物。拾得人就遗失物实际上处于无因管理人的地位,其注意义务程度应当较低,否则将使拾得人负担过重的责任。③ 拾得人因故意或者重大过失造成遗失物毁损、灭失的,方承担损害赔偿责任。我国《民法典》第 316 条就规定:“拾得人在遗失物送交有关部门前,有关部门在遗失物被领取前,应当妥善保管遗失物。因故意或者重大过失致使遗失物毁损、灭失的,应当承担民事责任。”

其三,返还义务。当权利人领取遗失物时,拾得人或有关部门应当返还。在返还时,拾得人或有关部门应对领取人进行适当审查,确定其是否享有领取权。如询问、核对遗失物的质量、数量、品质、颜色、品牌、包装等。拾得人或有关部门已履行适当审查义务,即使领取人并非权利人,拾得人与有关部门亦无须承担损害赔偿责任。拾得人或

---

① 王泽鉴:《民法物权》,北京大学出版社 2009 年版,第 191 页。

② 参见梁慧星主编:《中国物权法草案建议稿》,社会科学文献出版社 2000 年版,第 383 ~ 384 页。

③ 王利明主编:《中国民法典学者建议稿及立法理由》,法律出版社 2005 年版,第 120 页。

有关部门若未履行适当审查义务,造成遗失物被冒领的,则应对权利人承担损害赔偿责任。当拾得人为无民事行为能力人或者限制民事行为能力人时,要求其承担适当审查义务无异于强人所难,因此当拾得人为无民事行为能力人或者限制民事行为能力人时,应当免除其适当审查义务,由权利人承担遗失物被冒领的风险。

2. 拾得人的债权

一般而言,拾得人享有以下债权:

其一,必要费用返还请求权。拾得人有权要求权利人返还因保管、返还遗失物所花费的必要费用。我国《民法典》第 317 条第 1 款就规定:"权利人领取遗失物时,应当向拾得人或者有关部门支付保管遗失物等支出的必要费用。"

其二,报酬请求权。关于拾得人是否享有报酬请求权,各国(地区)立法稍有不同,存在肯定模式与否定模式之分。肯定模式认为,拾得人将遗失物返还给权利人时,有权向权利人主张报酬。理由在于,赋予拾得人报酬请求权,能够促使拾得人积极寻找权利人,有利于物归原主。德国、瑞士、日本及我国澳门特别行政区等采此模式。[①] 否定模式认为,拾得人除必要费用外请求额外报酬并无法理依据。我国受苏联立法和传统道德影响,认为赋予拾得人报酬请求权有悖于拾金不昧的传统美德。[②] 因此原则上否定拾得人的报酬请求权,仅当权利人发布悬赏广告时,拾得人方有权依照悬赏广告主张报酬。《民法典》第 317 条第 2 款即规定:"权利人悬赏寻找遗失物的,领取遗失物时应当按照承诺履行义务。"

本书认为,肯定模式更为可采。理由如下:(1)赋予拾得人报酬请求权并不违背拾金不昧的传统美德。"昧"具有隐藏之意,赋予拾得人报酬请求权,有助于拾得人积极寻找权利人请求报酬,而非拾后隐瞒。(2)赋予拾得人报酬请求权符合权利义务相一致原则。拾得人拾得遗失物后,负有通知义务、妥善保管义务、返还与适当审查义务,对拾得人苛以诸多义务却并未赋予其相应权利,不符合法律公平正义的价值理念。[③] (3)赋予拾得人报酬请求权有助于形成有效的激励机制。赋予拾得人报酬请求权,有助于激励拾得人积极拾得遗失物并提高遗失物的返还率,能够促进物尽其用,帮助权利人重获遗失物。[④] 在肯定模式中,拾得人的法定报酬请求权一般依据遗失物市场价格

---

① 相关立法参见《德国民法典》第 971 条、《瑞士民法典》第 722 条、《日本遗失物法》第 4 条、《俄罗斯民法典》第 229 条、我国澳门特别行政区《民法典》第 1247 条等。

② 参见王利明:《遗失物的所有权归属及返还问题》,法律出版社 2001 年版,第 297 页。

③ 郑天锋:《遗失物拾得制度立法的再思与重构》,载《西北民族大学学报(哲学社会科学版)》2011 年第 1 期。

④ 参见王利明:《中国民法典草案建议稿及说明》,中国法制出版社 2004 年版,第 412 页。

的固定百分比加以确定。[1] 倘若遗失物仅对受领人有价值的，如具有人身意义的照片、书信等，则由法院公平裁量。值得注意的是，拾得人的报酬请求权受到如下限制：(1)若权利人发布悬赏广告，则发生悬赏广告报酬请求权与法定报酬请求权的竞合，拾得人仅可择一行使。(2)若拾得人为国家机关，基于国家机关为人民服务的宗旨，作为拾得人的国家机关不享有报酬请求权。(3)拾得人不及时履行通知、报告义务或在询问时隐瞒拾得事实的，多有不法侵占遗失物的恶意，则丧失报酬请求权。我国《民法典》第 317 条第 3 款规定："拾得人侵占遗失物的，无权请求保管遗失物等支出的费用，也无权请求权利人按照承诺履行义务。"

3. 拾得人的物权取得权

关于拾得人能否享有遗失物的物权取得权，各国(地区)立法稍有不同，存在肯定模式与否定模式之分。肯定模式认为，拾得人得附条件享有遗失物的物权取得权，即拾得人在履行通知、报告等义务后，对无人认领的遗失物可取得所有权。肯定模式为绝大多数国家(地区)立法所采。[2] 否定模式则基于保护权利人利益和维护拾金不昧的道德风尚，认为拾得人不应享有遗失物的物权取得权。

本书认为，肯定模式更为可采。理由如下：(1)肯定模式有利于促进物尽其用。在否定模式中，拾得人负有通知义务、妥善保管义务、返还及适当审查义务，而无报酬请求权及物权取得权。理性的行为人经过利弊权衡，发现拾取遗失物所负风险明显大于可得利益，宁愿选择不拾取遗失物，造成资源浪费，不利于促进物尽其用。(2)否定模式容易诱发逆道德行为，有损法律尊严。否定模式对拾得人提出了过高的行为要求，拾得人会认为既然无利可图，不如藏匿遗失物，造成法律不被信仰，拾得遗失物制度成为一纸空文。特别当遗失物价值低廉时，仍然要求拾金不昧，不仅脱离实际，而且并无必要。(3)否定模式效率低下。在否定模式下，无人认领的遗失物归国家所有，国家需要设置专门机构进行管理，耗费人力物力，不甚经济。而采肯定模式，不仅可以节省国家设置专门机构管理遗失物的成本，而且拾得人可以即时利用遗失物，有助于促进物尽其用，

---

① 如《德国民法典》第 971 条规定："(1)拾得人得向有权受领人请求拾得人的报酬。(2)遗失物在 1000 马克以下者，其报酬为 5%，超过此数部分，依价值的 3%，关于动物，依价值的 3%。(3)如果遗失物仅对受领人有价值的，拾得人的报酬应按公平原则衡量确定之。"《日本遗失物法》第 4 条规定："受物品返还的人，应向拾得者给付不少于物品价格 5%，不多于物品价格 20% 的酬劳金。但国库或其他公法人不得请求酬劳金。"

② 如《德国民法典》第 973 条规定："(1)向主管官署报告遗失物后 6 个月，拾得人对物取得所有权，但事前已知有权受领人或已向主管官署报告其权利者，不在此限。"类似立法参见《瑞士民法典》第 722 条、《日本民法典》第 240 条、《俄罗斯民法典》第 228 条、我国澳门特别行政区《民法典》第 1247 条等。

避免遗失物因闲置而贬值。肯定模式亦为我国绝大多数《民法典》学者建议稿所采。①

在本案中，张某某拾得钻戒后，应当将钻戒送交公安等有关部门。在送交之前，应当妥善保管遗失物。然而相关证据显示张某某拾得钻戒后，直接将钻戒放入女友包内带离现场，并未履行通知、送交义务。依据“谁主张，谁举证”规则，张某某自述其随手丢弃了该钻戒，但并无相关证据予以印证，不排除其私自侵占该钻戒的可能。倘若张某某的确丢弃了该钻戒，其对遗失物亦未进行妥善保管，仍然应负重大过失的损害赔偿责任。虽然物的遗失多出于所有权人的疏失，但所有权人的过失相对于其自身利益保护和遗失物的毁损、灭失而言，一般至多只能被认定为一般过失，依法应不能构成对遗失物的毁损、灭失具有故意或者重大过失者的责任减免事由。②

二、法律实务操作

（一）相关法律法规

1. 原《民法通则》（2009 年修正）

第 79 条　所有人不明的埋藏物、隐藏物，归国家所有。接收单位应当对上缴的单位或者个人，给予表扬或者物质奖励。

拾得遗失物、漂流物或者失散的饲养动物，应当归还失主，因此而支出的费用由失主偿还。

2. 原《最高人民法院关于民事诉讼证据的若干规定》（2008 年调整）

第 73 条　双方当事人对同一事实分别举出相反的证据，但都没有足够的依据否定对方证据的，人民法院应当结合案件情况，判断一方提供证据的证明力是否明显大于另一方提供证据的证明力，并对证明力较大的证据予以确认。

因证据的证明力无法判断导致争议事实难以认定的，人民法院应当依据举证责任分配的规则作出裁判。

3.《民法典》（2020 年）

第 314 条（原《物权法》第 109 条）　拾得遗失物，应当返还权利人。拾得人应当及时通知权利人领取，或者送交公安等有关部门。

第 315 条（原《物权法》第 110 条）　有关部门收到遗失物，知道权利人的，应当及时通知其领取；不知道的，应当及时发布招领公告。

第 316 条（原《物权法》第 111 条）　拾得人在遗失物送交有关部门前，有关部门在

---

① 参见王利明主编：《中国民法典学者建议稿及立法理由》，法律出版社 2005 年版，第 127 ~ 128 页；梁慧星主编：《中国物权法草案建议稿》，社会科学文献出版社 2000 年版，第 390 ~ 391 页等。

② 孙宪忠、朱广新主编：《民法典评注 · 物权编 2》，中国法制出版社 2020 年版，第 486 页。

遗失物被领取前,应当妥善保管遗失物。因故意或者重大过失致使遗失物毁损、灭失的,应当承担民事责任。

第317条(原《物权法》第112条) 权利人领取遗失物时,应当向拾得人或者有关部门支付保管遗失物等支出的必要费用。

权利人悬赏寻找遗失物的,领取遗失物时应当按照承诺履行义务。

拾得人侵占遗失物的,无权请求保管遗失物等支出的费用,也无权请求权利人按照承诺履行义务。

第318条(原《物权法》第113条) 遗失物自发布招领公告之日起一年内无人认领的,归国家所有。

(二)思考与实践问题

1. 在拾得遗失物制度中,拾得人享有哪些权利,承担哪些义务?

2. 在拾得遗失物制度中,拾得人的妥善保管义务应当如何界定?与保管合同中保管人的妥善保管义务是否存在差异,为什么?

3. 在拾得遗失物制度中,如何界定拾得人未妥善保管遗失物而承担赔偿责任的主观过错,为什么?

4. 在拾得遗失物制度中,拾得人的权利义务与权利人的权利义务应当如何设计,方可实现两者利益的公平制衡?

5. 在本案中,王某某对钻戒的丢失是否存在过错?张某某应否承担全部赔偿责任?

参考文献

1. 王雷:《我国民法典中证据规范的配置——以证明责任规范为中心》,载《法商研究》2015年第5期。

2. 王雷:《民法证据规范论》,载《环球法律评论》2015年第2期。

3. 曹雅晶:《物之遗失与丧失占有——兼论具体公共空间内的拾得人判定》,载《比较法研究》2014年第2期。

4. 田显俊:《拾得遗失物制度若干问题浅析》,载《人民论坛(中旬刊)》2013年第17期。

5. 赵秀梅:《拾得人报酬请求权研究》,载《中国政法大学学报》2012年第2期。

6. 郑天锋:《遗失物拾得制度立法的再思与重构》,载《西北民族大学学报(哲学社会科学版)》2011年第1期。

7. 鲁叔媛:《我国遗失物拾得制度之完善》,载《政治与法律》2009年第9期。

8. 周清林:《法律与卫道士:遗失物制度的法律回归——兼评〈物权法〉第109条~113条》,载《学术论坛》2009年第2期。

9.《日本遗失物法》,许长帅译,载《环球法律评论》2009 年第 2 期。

10. 魏建、彭涛:《财产的最佳利用与遗失物制度的法律选择——遗失物制度的法经济学分析》,载《广东社会科学》2008 年第 4 期。

11. 谭启平:《遗失物与遗忘物的区分及其法律意义》,载《法学杂志》2008 年第 4 期。

12. 张翔、刘阅春:《拾得遗失物制度的法律适用》,载《人民司法》2008 年第 1 期。

13. 杨会:《论遗失物的善意取得——评〈中华人民共和国物权法〉第 107 条》,载《政法论丛》2007 年第 5 期。

14. 顾文斌、林小兵:《我国遗失物拾得人权利义务制度的构建》,载《江西社会科学》2007 年第 2 期。

15. 孙宪忠、朱广新主编:《民法典评注·物权编 2》,中国法制出版社 2020 年版。

16. 梁慧星主编:《中国民法典草案建议稿》,法律出版社 2013 年版。

17. 李昊:《遗失物归属问题研究》,知识产权出版社 2013 年版。

18. 王泽鉴:《民法物权》,北京大学出版社 2009 年版。

19. 王利明主编:《中国民法典学者建议稿及立法理由》,法律出版社 2005 年版。

20. 王利明主编:《中国民法典草案建议稿及说明》,中国法制出版社 2004 年版。

21. 王泽鉴:《民法物权——通则·所有权》,中国政法大学出版社 2001 年版。

22. 王利明:《遗失物的所有权归属及返还问题》,法律出版社 2001 年版。

23. 史尚宽:《物权法论》,中国政法大学出版社 2000 年版。

24. 梁慧星主编:《中国物权法草案建议稿》,社会科学文献出版社 2000 年版。

25. 谢在全:《民法物权论》,中国政法大学出版社 1999 年版。

26. [日]近江幸治:《民法讲义 2 物权》,王茵译,北京大学出版社 2006 年版。

27. [德]沃尔夫:《物权法》,吴越译,法律出版社 2004 年版。

28. [德]施蒂尔纳:《德国物权法》,张双根译,法律出版社 2004 年版。

案例七:马某某与李某某小产权房买卖合同纠纷

北京市通州区宋庄因云集上千名艺术家而闻名。马某某原系北京市通州区宋庄镇辛店村村民。李某某系城镇居民,户籍所在地为河北省邯郸市。2002 年 7 月 1 日,李某某与马某某签订《买卖房协议书》,双方约定马某某以 45,000 元的价格将位于北京市通州区宋庄镇辛店村的正房五间、厢房三间及院落出售给李某某。双方签订的《买卖房协议书》加盖了北京市通州区宋庄镇辛店村村民委员会印章。随后,宋庄艺术文化价值不断攀升,地价高涨。马某某认为,李某某不属于通州区宋庄镇辛店村村民,无权使用辛店村宅基地,诉至法院,主张《买卖房协议书》无效。北京市通州区人民法院经审理认为,违反法律、行政法规强制性规定的合同无效。李某某系城镇居民,依法不得购买农村集体经济组织成员的住房。马某某要求认定买卖合同无效的诉讼请求,理由正当,证据充分,应予支持。合同被认定无效后,因该合同取得的财产,应当予以返还。马某某应当依照房产的现值对李某某进行补偿。判决:双方签订的房屋买卖协议无效,李某某腾退房屋,马某某支付李某某房屋及添附部分价款 93,808 元。李某某不服一审判决,提起上诉。北京市第二中级人民法院经审理认为,宅基地使用权是农村集体经济组织成员享有的权利,与享有者特定的身份相联系,非本集体经济组织成员无权取得或变相取得。马某某与李某某签订的《买卖房协议书》,买卖标的物不仅是房屋,还包含相应的宅基地使用权。李某某并非通州区宋庄镇辛店村村民,因此买卖合同无效。考虑到出卖人在出卖时明知其所出卖的房屋及宅基地属禁止流转范围,出卖多年后又以违法出售房屋为由主张合同无效,故出卖人应对合同无效承担主要责任。判决:《买卖房协议书》无效,维持原判。李某某就马某某对其造成的信赖利益损失,另行提起诉讼,请求马某某对其信赖利益损失承担 480,000 元的损害赔偿责任。北京市第二中级人民法院经审理认为,马某某应对合同无效承担主要责任。对于李某某作为买受人信赖利益损失的赔偿,应当全面考虑出卖人因土地升值或拆迁补偿所获利益,以及买受人因房屋现值和原买卖价格的差异所造成损失两方面因素予以确定。判决:马某某赔偿李某某经济损失 185,299 元;驳回李某某的其他诉讼请求。

通过该案例评析小产权房买卖合同的法律效力、宅基地使用权流转的限制条件,领会宅基地“三权分置”的改革目标及民事法律制度的实现路径。

一、案例研判

(一)基本案情

北京市通州区宋庄因云集上千名艺术家而闻名,很多艺术家购买了当地村民在宅基地上修建的住房。

马某某原系北京市通州区宋庄镇辛店村村民,于1998年转为城镇居民,现户籍所在地为北京市通州区永顺镇乔庄西区××号楼××号。李某某系城镇居民,户籍所在地为河北省邯郸市。双方诉争房屋原系马某某之父马某春继承的祖产。1993年北京市通县[①]土地管理局向马某春核发诉争房屋所在院落的《集体土地建设用地使用证》,确认马某春为该宅院的土地使用权人。马某春与吴某某系夫妻,二人共生有一子四女,分别为马某某、马某芹、马某兰、马某伶、马某明。马某春于2000年9月去世。

2002年7月1日,李某某与马某某签订房屋买卖协议,双方约定马某某以45,000元的价格将位于北京市通州区宋庄镇辛店村的正房5间、厢房3间及院落出售给李某某。为谨慎起见,双方签订了《买卖房协议书》,内容为:“宋庄镇辛店村马某某与李某某商定将正房5间、厢房3间卖给李某某,作价4.5万元整,房屋及院落以上级下发的土地使用权证为准,房款自签字后一次性交清,双方遵守协议。”落款处除有买卖双方的签字外,还有证人康某宏及代笔人郭某勤的签字,并加盖了北京市通州区宋庄镇辛店村村民委员会印章。同日,北京市通州区宋庄镇辛店村村民委员会在诉争房屋所在院落的《集体土地建设用地使用证》变更记事一栏中记载“马某某于2002年7月1日将上房5间、厢房3间出售给李某某使用”。

合同签订后,李某某向马某某支付房款45,000元。马某某将房屋及《集体土地建设用地使用证》交付给李某某。李某某入住后对原有房屋进行装修,添加了卫生间等附属设施,并于2003年10月经北京市通州区宋庄镇辛店村村民委员会批准新建西厢房3间。

随后,宋庄艺术文化价值攀升,地价高涨。马某某认为,根据国家相关文件规定城镇居民不能购买农村房屋,而李某某不属于通州区宋庄镇辛店村村民,其无权使用辛店村宅基地,诉至法院,主张合同无效,要求李某某返还房屋。

(二)争议焦点

本案的争议焦点在于:

---

① 1958年3月,通县、通州市合并划归北京市,改名通州区。1960年2月,改名通县。1997年4月,撤销通县设立通州区。

1. 宅基地使用权与宅基地上的房屋能否转让给本集体经济组织以外的人?

马某某主张,宅基地使用权人须为本集体经济组织的成员,李某某并非本村村民,其与李某某签订的宅基地使用权及地上建筑物的买卖合同因违反法律强制性规定,应属无效。双方当事人应当返还交易标的物及价金。马某某在一审期间表示,同意按照房屋及添附物的现值返还房款。

李某某认为,其与马某某签订的买卖合同是当事人真实自愿的意思表示,且经过北京市通州区宋庄镇辛店村村民委员会同意,并在《集体土地建设用地使用证》变更记事一栏中做了变更记载。买卖合同符合法律规定,应属合法有效。况且马某某现在亦为城镇居民,也无权使用通州区宋庄镇辛店村的宅基地,故马某某无权要求退还房屋。且马某某的起诉超过了诉讼时效期间,请求法院驳回马某某的诉讼请求。

2. 倘若买卖合同被认定为无效,马某某是否应当向李某某承担信赖利益的损害赔偿责任?

李某某认为,出卖人马某某在出卖案涉房屋时,明知其所出卖的房屋及宅基地使用权属禁止流转范围,出卖多年后又以违法出售房屋为由主张合同无效,因此马某某是导致《买卖房协议书》无效的主要责任方,应当对李某某的信赖利益损失进行赔偿。

马某某认为,李某某要求赔偿信赖利益损失的诉讼请求违背事实和法理,不利于维护法律的权威及国家土地政策的落实。根据国家相关文件规定,城镇居民不能购买农村房屋,马某某与李某某签订的《买卖房协议书》既然因违反法律规定应被认定为无效,双方当事人就应当承担返还房屋及房款的义务。李某某签订协议时明知其购买的案涉房屋属于农村宅基地上建设的房屋,并不存在信赖利益,自应承担协议无效的风险,因此,马某某无须承担李某某所谓的“信赖利益损害赔偿责任”。

(三)法院判决

北京市通州区人民法院受理该案。在一审期间,经马某某申请,北京市通州区人民法院委托北京市东华天业房地产评估有限公司对诉争院落内的房屋及其他地上物的现值进行评估,评估结论为房屋及其他地上物在2007年4月20日的价值为93,808元。北京市通州区人民法院经审理认为,违反法律、行政法规强制性规定的合同无效。李某某系城镇居民,依法不得买卖农村集体经济组织成员的住房。马某某要求认定买卖合同无效的诉讼请求,理由正当,证据充分,应予支持。合同无效后,因该合同取得的财产,应当予以返还。马某某应依照房产的现值对李某某进行补偿,房产的现值应当以评估值为准。李某某应当把案涉房产返还给马某某。对李某某关于马某某主张权利超过诉讼时效期间的答辩意见,北京市通州区人民法院认为,因合同无效属于自始无效,故其抗辩意见不予采信。据此,判决:(1)双方签订的《买卖房协议书》无效,李某某将位于北京市通州区辛店村的北房三间、西厢房六间及院落腾退给马某某。(2)马某某给付李某某补偿款93,808元。评估费600元，由马某某、李某某各负担300元。案件受理费50元，由马某某、李某某各负担25元。

李某某不服一审判决，提起上诉。

北京市第二中级人民法院经审理认为，宅基地使用权是农村集体经济组织成员享有的权利，与享有者特定的身份相联系，非本集体经济组织成员无权取得或变相取得。马某某与李某某所签订的《买卖房协议书》买卖标的物不仅是房屋，还包含相应的宅基地使用权。李某某并非通州区宋庄镇辛店村村民，且诉争院落的《集体土地建设用地使用证》至今未由原土地登记机关依法变更登记至李某某名下。因此，原审法院根据我国现行土地管理法律、法规、政策之规定，对于合同效力的认定是正确的。合同被确认无效后，因该合同取得的财产应当予以返还，不能返还或者没有必要返还的，应当折价补偿。基于上述合同无效之法律后果处理的一般原则，原审法院判决买受人李某某将其购买的房屋及院落返还出卖人马某某，出卖人马某某将价款返还买受人李某某并无不当。但买受人李某某在购买房屋后自行出资对房屋及院落进行了新建及装修，考虑到李某某对于房屋及院落的添附系附合于出卖人所有的原物上，无法识别与分离，即便能够分离，分离后添附部分的使用价值亦极大贬损。故原审法院判决买受人将原物及添附物一并返还给出卖人，由出卖人将原房及添附部分的价值折价补偿买受人的处理结果亦无不当，本院亦予以维持。考虑到出卖人在出卖时即明知其所出卖的房屋及宅基地使用权属禁止流转范围，出卖多年后又以违法出售房屋为由主张合同无效，故出卖人应对合同无效承担主要责任。对于买受人信赖利益损失的赔偿，应当全面考虑出卖人因土地升值或拆迁补偿所获利益，以及买受人因房屋现值和原买卖价格的差异造成损失两方面因素予以确定。但鉴于李某某在原审法院审理期间未就其损失提出明确的反诉主张，在二审程序中，不宜就损失赔偿问题一并处理，李某某可就赔偿问题另行主张。综上，依照2007年《民事诉讼法》第153条第1款第2项之规定，[①]判决：维持北京市通州区人民法院（2007）通民初字第1031号民事判决第1项、第2项；马某某与李某某所签订的《买卖房协议书》无效。案件受理费70元，由李某某负担。

李某某就马某某对其造成的信赖利益损失，另行提起诉讼。李某某主张，北京市第二中级人民法院的终审判决认定马某某是导致《买卖房协议书》无效的主要责任方，应对李某某的信赖利益损失进行赔偿。故请求马某某承担480,000元的经济补偿金，并负担本案诉讼费用。

---

① 《民事诉讼法》（2021年修正）第177条第1款第2项规定："第二审人民法院对上诉案件，经过审理，按照下列情形，分别处理：……（二）原判决、裁定认定事实错误或者适用法律错误的，以判决、裁定方式依法改判、撤销或者变更；……"较2007年《民事诉讼法》第153条第1款第2项，条文表述做了修改。

北京市第二中级人民法院受理该案。在庭审期间,经李某某申请,2008 年 4 月 8 日北京市第二中级人民法院委托北京中企华房地产估价有限公司对涉案房屋宅基地区位价值进行了评估,评估结果为:房屋宅基地区位总价为 264,700 元。北京市第二中级人民法院经审理认为,合同无效后,因该合同取得的财产,应当予以返还;不能返还或者没有必要返还的,应当折价补偿。有过错的一方应当赔偿对方因此所受到的损失,双方都有过错的,应当各自承担相应的责任。李某某与马某某所签订的房屋买卖合同被法院确认无效后,双方应当按照各自的过错程度承担相应的责任。考虑到马某某作为出卖人在出卖时即明知其所出卖的房屋及宅基地使用权属于我国法律禁止流转范围,其在出卖房屋多年后又以违法出售房屋为由主张合同无效,故其应对合同无效承担主要责任。对于李某某作为买受人信赖利益损失的赔偿,应当全面考虑出卖人因土地升值或拆迁补偿所获利益,以及买受人因房屋现值和原买卖价格的差异所造成损失两方面因素予以确定。马某某出售给李某某的房屋及添附部分价值已经法院判决折价补偿李某某,就本案而言,对于李某某信赖利益损失的赔偿,仅考虑出卖人因土地升值或拆迁补偿所获利益的因素,参照马某某出售房屋宅基地区位总价予以确定。故对李某某要求马某某赔偿损失的诉讼请求,理由正当,证据充分,本院对其合理部分予以支持。综上,依据原《合同法》第 58 条之规定,[①]判决:(1)马某某赔偿李某某损失 185,299 元。(2)驳回李某某的其他诉讼请求。评估费 3000 元,由李某某、马某某各负担 1500 元。案件受理费 8500 元,由李某某负担 4494 元,由马某某负担 4006 元。[②]

证据:

1. 李某某与马某某订立的《买卖房协议书》

2. 李某某的户籍证明

3. 马某某的户籍证明

4. 案涉房屋的《集体土地建设用地使用证》

5. 北京市东华天业房地产评估有限公司出具的案涉房屋《房地产评估报告》及评估费发票

6. 北京市中企华房地产估价有限公司出具的案涉房屋《房地产评估报告》及评估费发票

---

① 《民法典》第 157 条规定:"民事法律行为无效、被撤销或者确定不发生效力后,行为人因该行为取得的财产,应当予以返还;不能返还或者没有必要返还的,应当折价补偿。有过错的一方应当赔偿对方由此所受到的损失;各方都有过错的,应当各自承担相应的责任。法律另有规定的,依照其规定。"较原《合同法》第 58 条,条文表述做了修改。

② 参见马某某诉李某某买卖合同纠纷案,北京市通州区人民法院(2007)通民初字第 1031 号民事判决书;李某某诉马某某买卖合同纠纷案,北京市第二中级人民法院(2007)二中民终字第 13692 号民事判决书;李某某诉马某某损害赔偿纠纷案,北京市第二中级人民法院(2009)二中民终字第 00769 号民事判决书。

(四)案例评析与理论延伸

本案为小产权房流转纠纷。在我国,宅基地使用权制度旨在解决农村村民的基本居住问题,集体成员经由申请审批无偿取得,且无存续期间的限制,具有鲜明的社会保障和社会福利性质,①用益功能被削弱。② 然而近年来,我国城市化进程加快,大量农村人口涌入城市,城市住房需求增加与国有土地资源有限之间的矛盾导致城市房价高居不下。农村宅基地上的房屋价格普遍低廉且目前我国农村存在大量闲置房屋,③不少城市居民因而转向农村购买小产权房,由此衍生宅基地使用权能否流转,如何流转等问题,学界聚讼盈庭,争议不断。

小产权房并非法律概念,多指在农村宅基地上修建的房屋。城镇房屋能够自由流转并办理相应的不动产登记,小产权房与此不同。基于房地一体原则,房屋和土地无法分割,购买农村房屋,宅基地使用权应一并出让;④但基于宅基地使用权主体的身份限制,非集体成员无法获得宅基地使用权,⑤进而无法获得宅基地上房屋的所有权。因此,当农村村民将其房屋向非集体成员出售时,只能由乡镇或村委会颁发产权证明,⑥无法办理与城镇商品房相同的不动产权属登记,此类房屋便被称为"小产权房"。

1. 宅基地使用权流转的学理争议

关于宅基地使用权能否流转,我国学界存在禁止流转说、自由流转说和限制流转说之争。

禁止流转说认为,宅基地使用权不能自由流转。⑦ 理由如下:(1)开禁或变相开禁宅基地使用权流转,不过是强势群体的利益诉求。倘若允许宅基地使用权自由转让,极易造成农民丧失宅基地使用权而流离失所,成为生活无着的流民,宅基地使用权的社会保障功能将丧失殆尽,进而影响社会秩序的稳定。(2)《中华人民共和国土地管理法》(以下简称《土地管理法》)坚持一户一宅原则,若允许宅基地使用权自由流转,极易出现一户多宅的情形,与立法理念不符。(3)宅基地使用权的主体具有身份属性,应限定为农村村民专有,若允许自由流转,将与身份属性的要求相悖。(4)农村私房买卖中买

---

① 参见鲁晓明:《论小产权房流转——原罪的形成与应然法的选择》,载《法学杂志》2010 年第 5 期。

② 《民法典》第 362 条仅规定了宅基地使用权的占有、使用权能:"宅基地使用权人依法对集体所有的土地享有占有和使用的权利,有权依法利用该土地建造住宅及其附属设施。"

③ 参见高飞:《农村宅基地"三权分置"政策入法的公法基础——以〈土地管理法〉第 62 条之解读为线索》,载《云南社会科学》2020 年第 2 期。

④ 参见陈小君:《宅基地使用权的制度困局与破解之维》,载《法学研究》2019 年第 3 期。

⑤ 参见高圣平:《宅基地制度改革与民法典物权编编纂——兼评〈民法典物权编(草案二次审议稿)〉》,载《法学评论》2019 年第 4 期。

⑥ 肖大明:《"小产权房"司法裁判的困境与突围》,载《东方法学》2018 年第 4 期。

⑦ 参见梁慧星:《中国物权法草案建议稿附理由》(第 2 版),社会科学文献出版社 2007 年版,第 418 ~ 421 页。

房人名义上是买房,实际上是买地,在房地一体的格局下,处分房屋的同时也处分了宅基地,会不当损害集体经济组织的权益,应被法律明确禁止。①

自由流转说认为,应当完全放开宅基地使用权的流转,对受让主体不作身份限制。② 理由如下:(1)目前农民进城务工且定居城市的现象越发普遍,我国农村出现大量闲置房屋,若不允许流转,将造成巨大的资源浪费。(2)宅基地使用权自由转让是我国城市化进程的客观需要。若不允许宅基地使用权自由流转,根据房地一体原则,农民的住房也将沦为死产,难以满足农民获得融资、转变身份的现实需求。(3)保障功能仅是宅基地使用权的初始目的,③随着经济发展和农民需求的改变,应当充分发挥宅基地使用权的用益权能,允许自由流转有助于促进物尽其用,维护农民正当的财产权益。(4)禁止宅基地使用权自由流转,不利于平等对待城市和农村土地,有悖于推进城乡一体化建设的政策理念。

限制流转说认为,宅基地使用权只能在本集体成员之间相互转让。④ 理由如下:(1)宅基地使用权具有社会保障和福利性质,将宅基地使用权的受让主体限制在本集体成员之间,可以避免本集体经济组织以外的人借由购买宅基地使用权导致本集体福利外流。(2)限制流转说能够降低农村集体经济组织的管理成本。(3)宅基地使用权具有身份属性,仅允许在集体内部流转,不会丧失身份属性,不会削弱宅基地使用权的社会保障功能。(4)限制性转让一定程度上有助于实现宅基地使用权的交换价值,增加农民收入。

2. 宅基地使用权流转的立法规定及司法实践

我国《民法典》第363条规定:"宅基地使用权的取得、行使和转让,适用土地管理的法律和国家有关规定。"关于宅基地使用权的流转规则,我国《民法典》依然沿袭原《物权法》的立场,采取灵活的回避态度,通过引致的方式交由土地管理的法律和国家有关规定加以规范,为今后政策调整留有余地。《土地管理法》(2019年修正)第62条第5款规定:"农村村民出卖、出租、赠与住宅后,再申请宅基地的,不予批准。"可见,我国立法允许出售宅基地使用权,出售后不得再次申请。但关于向谁出售,如何出售等问题,现行立法并未作出正面回应。

国务院及其相关部门明确禁止城镇居民在农村购置宅基地。原《国家土地管理局

① 参见《北京市高级人民法院关于印发农村私有房屋买卖纠纷合同效力认定及处理原则研讨会会议纪要的通知》,京高法发〔2004〕391号,2004年12月15日发布。

② 参见江晓华:《宅基地使用权转让的司法裁判立场研究》,载《法律科学》2017年第1期。

③ 韩清怀:《农村宅基地使用权制度研究》,中国政法大学出版社2015年版,第181页。

④ 参见王利明:《物权法研究》(第4版),中国人民大学出版社2016年版,第957页;孟勤国:《物权法开禁农村宅基地交易之辩》,载《法学评论》2005年第4期。

关于以其他形式非法转让土地的具体应用问题请示的答复》(〔1990〕国土函字第97号)明确规定:“原宅基地使用者未经依法批准通过他人出资翻建房屋,给出资者使用,并从中牟利或获取房屋产权,是属‘以其他形式非法转让土地’的违法行为之一。”国务院办公厅1999年颁布的《关于加强土地转让管理严禁炒卖土地的通知》明确规定:“农民的住宅不得向城市居民出售,也不得批准城市居民占用农民集体土地建住宅,有关部门不得为违法建造和购买的住宅发放土地使用证和房产证。”2004年《国务院关于深化改革严格土地管理的决定》(国发〔2004〕28号)再次重申:“加强农村宅基地管理,禁止城镇居民在农村购置宅基地。”2007年原《物权法》实施后,国务院及其相关部门基于宅基地使用权的成员权属性,依然秉持宅基地使用权不得流转给集体外民事主体的基本立场。2007年12月30日,国务院办公厅发布的《关于严格执行有关农村集体建设用地法律和政策的通知》(国办发〔2007〕71号)规定:“农村住宅用地只能分配给本村村民,城镇居民不得到农村购买宅基地、农民住宅或‘小产权房’。”2008年原《房屋登记办法》(建设部令第168号)第87条规定:“申请农村村民住房所有权转移登记,受让人不属于房屋所在地农村集体经济组织成员的,除法律、法规另有规定外,房屋登记机构应当不予受理。”中央农村工作领导小组办公室《农业农村部关于进一步加强农村宅基地管理的通知》(中农发〔2019〕11号)亦规定:“在征得宅基地所有权人同意的前提下,鼓励农村村民在本集体经济组织内部向符合宅基地申请条件的农户转让宅基地。”

我国司法实践采限制流转说,仅允许本集体成员之间转让宅基地使用权。《北京市高级人民法院关于印发农村私有房屋买卖纠纷、合同效力认定及处理原则研讨会会议纪要的通知》(京高法发〔2004〕391号)规定:“与会者同时认为,此类合同的效力以认定无效为原则,以认定有效为例外,如买卖双方都是同一集体经济组织的成员,经过了宅基地审批手续的,可以认定合同有效。”《上海市高级人民法院关于审理农村宅基地房屋买卖纠纷案件的原则意见》(沪高法民〔2004〕4号)第1条规定:“对于发生在本乡范围内农村集体经济组织成员之间的农村房屋买卖,该房屋买卖合同认定为有效。”《山东省高级人民法院关于印发全省民事审判工作座谈会纪要的通知》(鲁高法〔2005〕201号)规定:“由于农村房屋的转让必然导致宅基地使用权的转移,依据当前我国的土地法律和政策,结合审判实践经验,会议认为,农村私有房屋买卖合同的效力应以认定无效为原则,以认定有效为例外。只有房屋买卖的双方均是同一集体经济组织的成员的,可以认定合同有效。”2008年《最高人民法院关于为推进农村改革发展提供司法保障和法律服务的若干意见》(法发〔2008〕36号)指出:“宅基地使用权承载着广大农民居者有其屋的社会功能,是农村土地管理制度的重要内容。对违反法律、行政法规以及相关国家政策的宅基地转让行为,以及其他变相导致农民丧失宅基地使用权的行为,应当依法确认无效。”2011年《最高人民法院全国民事审判工作会议纪要》明确规定:“在农村集体所有土地上建造房屋并向社会公开销售,应当依据合同法第五十二条和土地管理法第四十三条规定,认定该买卖合同无效。将宅基地上建造的房屋出卖给本集体经济组织成员以外的人的合同,不具有法律效力;出售给本集体经济组织成员的,应当符合法律、行政法规和国家政策关于宅基地分配、使用条件的规定。在确定合同无效后的损失承担时,应综合考虑当事人的过错,避免处理结果导致当事人利益的失衡。"《最高人民法院关于印发〈第八次全国法院民事商事审判工作会议(民事部分)纪要〉的通知》(法〔2016〕399 号)第 19 条规定:"在国家确定的宅基地制度改革试点地区,可以按照国家政策及相关指导意见处理宅基地使用权因抵押担保、转让而产生的纠纷。在非试点地区,农民将其宅基地上的房屋出售给本集体经济组织以外的个人,该房屋买卖合同认定为无效。合同无效后,买受人请求返还购房款及其利息,以及请求赔偿翻建或者改建成本的,应当综合考虑当事人过错等因素予以确定。"可见,在我国司法实践中,司法机关的立场较为统一,倘若买卖双方都是同一集体经济组织的成员的,可以认定合同有效。将宅基地上建造的房屋出卖给本集体经济组织成员以外的民事主体的,买卖合同不具有法律效力。买受人请求返还购房款及其利息,以及请求赔偿翻建、改建成本的,为避免当事人利益失衡,应当综合考量当事人的过错等因素予以确定。

3. 宅基地"三权分置"改革

为解决宅基地使用权的身份属性对宅基地使用权流转的限制,宅基地"三权分置"改革由此而生。2018 年 1 月,《中共中央　国务院关于实施乡村振兴战略的意见》(2018 年"中央一号文件")率先提出宅基地"三权分置"的改革思路:"完善农民闲置宅基地和闲置农房政策,探索宅基地所有权、资格权、使用权'三权分置',落实宅基地集体所有权,保障宅基地农户资格权和农民房屋财产权,适度放活宅基地和农民房屋使用权,不得违规违法买卖宅基地,严格实行土地用途管制,严格禁止下乡利用农村宅基地建设别墅大院和私人会馆。"2019 年 1 月,《中共中央　国务院关于坚持农业农村优先发展做好"三农"工作的若干意见》(2019 年"中央一号文件")明确指出要"抓紧制定加强农村宅基地管理指导意见。研究起草农村宅基地使用条例。"2019 年 9 月 30 日,《农业农村部关于积极稳妥开展农村闲置宅基地和闲置住宅盘活利用工作的通知》(农经发〔2019〕4 号)提出积极稳妥开展农村闲置宅基地和闲置住宅的盘活利用工作,"以提高农村土地资源利用效率、增加农民收入为目标,在依法维护农民宅基地合法权益和严格规范宅基地管理的基础上,探索盘活利用农村闲置宅基地和闲置住宅的有效途径和政策措施,为激发乡村发展活力、促进乡村振兴提供有力支撑。""在充分保障农民宅基地合法权益的前提下,支持农村集体经济组织及其成员采取自营、出租、入股、合作等多种方式盘活利用农村闲置宅基地和闲置住宅",进一步探索宅基地"三权分置"的实现形式。2020 年 1 月,《中共中央　国务院关于抓好"三农"领域重点工作确保如期实现全面小康的意见》(2020 年“中央一号文件”)再次强调“以探索宅基地所有权、资格权、使用权‘三权分置’为重点,进一步深化农村宅基地制度改革试点。”2020 年 6 月 30 日,中央全面深化改革委员会审议通过《深化农村宅基地制度改革试点方案》,进一步深化农村宅基地改革试点,强调“要积极探索落实宅基地集体所有权、保障宅基地农户资格权和农民房屋财产权、适度放活宅基地和农民房屋使用权的具体路径和办法,坚决守住土地公有制性质不改变、耕地红线不突破、农民利益不受损这三条底线,实现好、维护好、发展好农民权益。”2020 年 9 月,中央农村工作领导小组办公室、农业农村部决定在全国 104 个县和 3 个地级市启动新一轮农村宅基地制度改革试点。试点的核心是进一步探索宅基地所有权、资格权、使用权“三权分置”的实现形式。在试点中,着眼保护进城落户农民的宅基地权益,探索农户宅基地资格权的保障机制,同时通过探索宅基地使用权的流转、抵押、自愿有偿退出、有偿使用等,增加农户的财产性收入。2021 年 1 月,《中共中央　国务院关于全面推进乡村振兴加快农业农村现代化的意见》(2021 年“中央一号文件”)提出“深入推进农村改革。完善农村产权制度和要素市场化配置机制,充分激发农村发展内生动力”,“加强宅基地管理,稳慎推进农村宅基地制度改革试点,探索宅基地所有权、资格权、使用权分置有效实现形式”,进一步释放以要素市场化配置为导向的农村土地制度改革信号。

宅基地“三权分置”改革旨在确保宅基地集体所有权,保障农户资格权的同时,放活宅基地使用权,释放宅基地使用权的融资功能。去身份化与赋权扩能是宅基地“三权分置”改革的主要政策目标。宅基地“三权分置”的规则设计主要体现为:(1)明确宅基地所有权主体为集体经济组织,并赋予其完整的收益权、处分权和管理权。(2)通过资格权维系宅基地对于农户的居住保障功能,可借由宅基地使用权确权登记确认农户的成员权,划定农户资格权范围,实行合理范围外宅基地的有偿使用,并鼓励农民自愿有偿退出。(3)以使用权表达包括集体成员在内的社会主体利用宅基地的权利需求,尝试将宅基地使用权转化为集体经营性建设用地使用权,逐步突破宅基地使用权流转的身份性限制,回归宅基地使用权及农民房屋的财产权本质,以实现盘活闲置农房和宅基地、增加农民财产性收入、提高土地资源利用效率等目标。①

在本案中,马某某的农村住房建立在宅基地之上,属于小产权房。依据我国司法审判经验,李某某为城镇居民,即本集体经济组织以外的个人,马某某与李某某签订的房屋买卖合同应认定为无效。李某某不仅无法依据买卖合同获得合同债权,亦无法获得

---

① 参见温世扬、梅维佳:《宅基地“三权分置”的法律意蕴与制度实现》,载《法学》2018 年第 9 期;耿卓:《宅基地“三权分置”改革的基本遵循及其贯彻》,载《法学杂志》2019 年第 4 期;宋志红:《乡村振兴背景下的宅基地权利制度重构》,载《法学研究》2019 年第 3 期等。

房屋的所有权。但本书认为,结合我国宅基地"三权分置"改革的政策背景,从应然意义上讲,李某某与马某某之间的房屋买卖合同不应当归于无效。理由如下:(1)我国《民法典》《土地管理法》等法律均无禁止宅基地使用权流转的相关规定。《国务院关于深化改革严格土地管理的决定》(国发〔2004〕28号)虽有禁止城镇居民在农村购置宅基地的规定,但该规定不是以国务院令的形式颁布的,并非行政法规,而属于行政决定。[①]国务院部委、办公厅所颁布的《关于加强土地转让管理严禁炒卖土地的通知》《关于深化改革严格土地管理的规定》《关于严格执行有关农村集体建设用地法律和政策的通知》等规范性文件,在法律位阶上均不属于法律、行政法规,更非效力性强制性规定。因此,国务院部委、办公厅的政策性文件并非法律、行政法规的强制性规定,不能以此作为认定买卖合同无效的依据。[②] (2)允许宅基地使用权流转有助于推进城市化进程,促进城乡融合发展,避免资源浪费,促进物尽其用。目前,我国城镇化率已达60%,农民工总量已达2.9亿人,其中外出农民工1.7亿人。各地农村的住房空置率普遍在20%以上,部分地区甚至超过40%,已经出现了一批不折不扣的"空心村"。[③] 允许宅基地使用权流转有助于保障农民的基本财产权,促进物尽其用。不仅如此,我国城乡一体化进程日益加快,城镇与农村居民的界分已相对模糊,甚至失去意义,建立统一的城乡产权交易制度符合现实需要。(3)允许宅基地使用权流转有助于维护诚信,遏制背信行为。倘若认定买卖合同无效,则等同于变相支持出卖人在房屋升值后肆意毁约的背信行为,有违民法诚实信用、禁反言原则。[④] (4)允许宅基地使用权流转有助于保障交易安全。倘若认定买卖合同无效,将破坏交易安全,损害买受人的信赖利益。法律行为无效为自始无效、当然无效、确定无效,任何人、任何时候均可请求人民法院确认宅基地使用权转让合同无效。但转让合同履行后,当事人会基于该转让合同衍生租赁、赠与、继承等众多法律关系,受让人亦会基于对合同效力的信赖对所购房屋进行翻建、改建和修缮,若否定转让合同的法律效力,由此衍生的法律关系均会被推翻,严重破坏交易安全,损害受让人的信赖利益。

宅基地"三权分置"改革具有双重政策目标,不仅确保农户不因流转闲置住房而失去宅基地的居住保障,而且确保受让人确定取得宅基地使用权,维护其对宅基地稳定利

① 参见王卫国、朱庆育:《宅基地如何进入市场?——以画家村房屋买卖案为切入点》,载《政法论丛》2014年第3期。

② 陈小君:《宅基地使用权的制度困局与破解之维》,载《法学研究》2019年第3期。

③ 参见陈明:《放活使用权是宅基地制度改革重头戏》,载《新京报》2020年7月3日,第3版。

④ 参见宋志红:《宅基地"三权分置":从产权配置目标到立法实现》,载《中国土地科学》2019年第6期。

用的合理预期。目前，我国农村宅基地使用权流转试点不断推广，并已取得一定经验成果，[①]农村宅基地使用权被解禁盘活后，宅基地使用权的有序流转会在司法裁判中得到充分体现。

二、法律实务操作

（一）相关法律法规

1.《关于严格执行有关农村集体建设用地法律和政策的通知》（国办发〔2007〕71号）

农村住宅用地只能分配给本村村民，城镇居民不得到农村购买宅基地、农民住宅或"小产权房"。

2. 原《房屋登记办法》（2008年建设部令第168号）

第87条　申请农村村民住房所有权转移登记，受让人不属于房屋所在地农村集体经济组织成员的，除法律、法规另有规定外，房屋登记机构应当不予办理。

3.《最高人民法院全国民事审判工作会议纪要》（2011年）

三、关于房地产纠纷案件

15. 在农村集体所有土地上建造房屋并向社会公开销售，应当依据合同法第五十二条和土地管理法第四十三条规定，认定该买卖合同无效。

将宅基地上建造的房屋出卖给本集体经济组织成员以外的人的合同，不具有法律效力；出售给本集体经济组织成员的，应当符合法律、行政法规和国家政策关于宅基地分配、使用条件的规定。

在确定合同无效后的损失承担时，应综合考虑当事人的过错，避免处理结果导致当事人利益的失衡。

4.《最高人民法院关于印发〈第八次全国法院民事商事审判工作会议（民事部分）纪要〉的通知》（法〔2016〕399号）

五、关于物权纠纷案件的审理

（一）关于农村房屋买卖问题

19. 在国家确定的宅基地制度改革试点地区，可以按照国家政策及相关指导意见处理宅基地使用权因抵押担保、转让而产生的纠纷。

在非试点地区，农民将其宅基地上的房屋出售给本集体经济组织以外的个人，该房屋买卖合同认定为无效。合同无效后，买受人请求返还购房款及其利息，以及请求赔偿

---

① 如《德清县人民政府关于印发〈德清县农村宅基地管理办法（试行）〉的通知》（德政发〔2018〕31号）第35条即规定："鼓励农户盘活利用闲置宅基地和闲置农房，允许资格权人将依法取得的宅基地使用权通过出租、转让、合作等方式流转给其他组织和个人，用于本办法第十一条明确的经营活动。"

翻建或者改建成本的,应当综合考虑当事人过错等因素予以确定。

5. 中央农村工作领导小组办公室《农业农村部关于进一步加强农村宅基地管理的通知》(中农发〔2019〕11 号)

在征得宅基地所有权人同意的前提下,鼓励农村村民在本集体经济组织内部向符合宅基地申请条件的农户转让宅基地。

6.《中共中央　国务院关于实施乡村振兴战略的意见》(2018 年"中央一号文件")

九、推进体制机制创新,强化乡村振兴制度性供给

(二)深化农村土地制度改革。系统总结农村土地征收、集体经营性建设用地入市、宅基地制度改革试点经验,逐步扩大试点,加快土地管理法修改,完善农村土地利用管理政策体系。扎实推进房地一体的农村集体建设用地和宅基地使用权确权登记颁证。完善农民闲置宅基地和闲置农房政策,探索宅基地所有权、资格权、使用权"三权分置",落实宅基地集体所有权,保障宅基地农户资格权和农民房屋财产权,适度放活宅基地和农民房屋使用权,不得违规违法买卖宅基地,严格实行土地用途管制,严格禁止下乡利用农村宅基地建设别墅大院和私人会馆。在符合土地利用总体规划前提下,允许县级政府通过村土地利用规划,调整优化村庄用地布局,有效利用农村零星分散的存量建设用地;预留部分规划建设用地指标用于单独选址的农业设施和休闲旅游设施等建设。对利用收储农村闲置建设用地发展农村新产业新业态的,给予新增建设用地指标奖励。进一步完善设施农用地政策。

7.《中共中央　国务院关于坚持农业农村优先发展做好"三农"工作的若干意见》(2019 年"中央一号文件")

(二)深化农村土地制度改革。保持农村土地承包关系稳定并长久不变,研究出台配套政策,指导各地明确第二轮土地承包到期后延包的具体办法,确保政策衔接平稳过渡。完善落实集体所有权、稳定农户承包权、放活土地经营权的法律法规和政策体系。在基本完成承包地确权登记颁证工作基础上,开展"回头看",做好收尾工作,妥善化解遗留问题,将土地承包经营权证书发放至农户手中。健全土地流转规范管理制度,发展多种形式农业适度规模经营,允许承包土地的经营权担保融资。总结好农村土地制度三项改革试点经验,巩固改革成果。坚持农村土地集体所有、不搞私有化,坚持农地农用、防止非农化,坚持保障农民土地权益、不得以退出承包地和宅基地作为农民进城落户条件,进一步深化农村土地制度改革。在修改相关法律的基础上,完善配套制度,全面推开农村土地征收制度改革和农村集体经营性建设用地入市改革,加快建立城乡统一的建设用地市场。加快推进宅基地使用权确权登记颁证工作,力争 2020 年基本完成。稳慎推进农村宅基地制度改革,拓展改革试点,丰富试点内容,完善制度设计。抓紧制定加强农村宅基地管理指导意见。研究起草农村宅基地使用条例。开展闲置宅基

地复垦试点。允许在县域内开展全域乡村闲置校舍、厂房、废弃地等整治,盘活建设用地重点用于支持乡村新产业新业态和返乡下乡创业。严格农业设施用地管理,满足合理需求。巩固"大棚房"问题整治成果。按照"取之于农,主要用之于农"的要求,调整完善土地出让收入使用范围,提高农业农村投入比例,重点用于农村人居环境整治、村庄基础设施建设和高标准农田建设。扎实开展新增耕地指标和城乡建设用地增减挂钩节余指标跨省域调剂使用,调剂收益全部用于巩固脱贫攻坚成果和支持乡村振兴。加快修订土地管理法、物权法等法律法规。

8.《农业农村部关于积极稳妥开展农村闲置宅基地和闲置住宅盘活利用工作的通知》(农经发〔2019〕4 号)

一、总体要求

积极稳妥开展农村闲置宅基地和闲置住宅盘活利用工作,要以习近平新时代中国特色社会主义思想为指导,全面贯彻党的十九大和十九届二中、三中全会精神,以提高农村土地资源利用效率、增加农民收入为目标,在依法维护农民宅基地合法权益和严格规范宅基地管理的基础上,探索盘活利用农村闲置宅基地和闲置住宅的有效途径和政策措施,为激发乡村发展活力、促进乡村振兴提供有力支撑。

二、重点工作

(二)支持培育盘活利用主体。在充分保障农民宅基地合法权益的前提下,支持农村集体经济组织及其成员采取自营、出租、入股、合作等多种方式盘活利用农村闲置宅基地和闲置住宅。鼓励有一定经济实力的农村集体经济组织对闲置宅基地和闲置住宅进行统一盘活利用。支持返乡人员依托自有和闲置住宅发展适合的乡村产业项目。引导有实力、有意愿、有责任的企业有序参与盘活利用工作。依法保护各类主体的合法权益,推动形成多方参与、合作共赢的良好局面。

9.《土地管理法》(2019 年修正)

第 62 条　农村村民一户只能拥有一处宅基地,其宅基地的面积不得超过省、自治区、直辖市规定的标准。

人均土地少、不能保障一户拥有一处宅基地的地区,县级人民政府在充分尊重农村村民意愿的基础上,可以采取措施,按照省、自治区、直辖市规定的标准保障农村村民实现户有所居。

农村村民建住宅,应当符合乡(镇)土地利用总体规划、村庄规划,不得占用永久基本农田,并尽量使用原有的宅基地和村内空闲地。编制乡(镇)土地利用总体规划、村庄规划应当统筹并合理安排宅基地用地,改善农村村民居住环境和条件。

农村村民住宅用地,由乡(镇)人民政府审核批准;其中,涉及占用农用地的,依照本法第四十四条的规定办理审批手续。

农村村民出卖、出租、赠与住宅后，再申请宅基地的，不予批准。

国家允许进城落户的农村村民依法自愿有偿退出宅基地，鼓励农村集体经济组织及其成员盘活利用闲置宅基地和闲置住宅。

国务院农业农村主管部门负责全国农村宅基地改革和管理有关工作。

10.《中共中央　国务院关于抓好“三农”领域重点工作确保如期实现全面小康的意见》(2020 年“中央一号文件”)

(二十七)抓好农村重点改革任务。完善农村基本经营制度，开展第二轮土地承包到期后再延长 30 年试点，在试点基础上研究制定延包的具体办法。鼓励发展多种形式适度规模经营，健全面向小农户的农业社会化服务体系。制定农村集体经营性建设用地入市配套制度。严格农村宅基地管理，加强对乡镇审批宅基地监管，防止土地占用失控。扎实推进宅基地使用权确权登记颁证。以探索宅基地所有权、资格权、使用权“三权分置”为重点，进一步深化农村宅基地制度改革试点。全面推开农村集体产权制度改革试点，有序开展集体成员身份确认、集体资产折股量化、股份合作制改革、集体经济组织登记赋码等工作。探索拓宽农村集体经济发展路径，强化集体资产管理。继续深化供销合作社综合改革，提高为农服务能力。加快推进农垦、国有林区林场、集体林权制度、草原承包经营制度、农业水价等改革。深化农业综合行政执法改革，完善执法体系，提高执法能力。

11.《民法典》(2020 年)

第 362 条(原《物权法》第 152 条)　宅基地使用权人依法对集体所有的土地享有占有和使用的权利，有权依法利用该土地建造住宅及其附属设施。

第 363 条(原《物权法》第 153 条)　宅基地使用权的取得、行使和转让，适用土地管理的法律和国家有关规定。

第 364 条(原《物权法》第 154 条)　宅基地因自然灾害等原因灭失的，宅基地使用权消灭。对失去宅基地的村民，应当依法重新分配宅基地。

第 365 条(原《物权法》第 155 条)　已经登记的宅基地使用权转让或者消灭的，应当及时办理变更登记或者注销登记。

12.《中共中央　国务院关于全面推进乡村振兴加快农业农村现代化的意见》(2021 年“中央一号文件”)

(二十一)深入推进农村改革。完善农村产权制度和要素市场化配置机制，充分激发农村发展内生动力。坚持农村土地农民集体所有制不动摇，坚持家庭承包经营基础性地位不动摇，有序开展第二轮土地承包到期后再延长 30 年试点，保持农村土地承包关系稳定并长久不变，健全土地经营权流转服务体系。积极探索实施农村集体经营性建设用地入市制度。完善盘活农村存量建设用地政策，实行负面清单管理，优先保障乡村产业发展、乡村建设用地。根据乡村休闲观光等产业分散布局的实际需要,探索灵活多样的供地新方式。加强宅基地管理,稳慎推进农村宅基地制度改革试点,探索宅基地所有权、资格权、使用权分置有效实现形式。规范开展房地一体宅基地日常登记颁证工作。规范开展城乡建设用地增减挂钩,完善审批实施程序、节余指标调剂及收益分配机制。2021年基本完成农村集体产权制度改革阶段性任务,发展壮大新型农村集体经济。保障进城落户农民土地承包权、宅基地使用权、集体收益分配权,研究制定依法自愿有偿转让的具体办法。加强农村产权流转交易和管理信息网络平台建设,提供综合性交易服务。加快农业综合行政执法信息化建设。深入推进农业水价综合改革。继续深化农村集体林权制度改革。

(二)思考与实践问题

1. 农村宅基地使用权能否流转?如何流转?
2. 农村宅基地使用权能否继承?怎样继承?
3. 如何界定小产权房的法律属性?
4. 城镇居民购买小产权房,买卖合同的法律效力如何认定?为什么?
5. 城镇居民购买小产权房,能否取得相应物权?为什么?
6. 如何破解我国小产权房的困境?
7. 试思考我国宅基地“三权分置”改革的政策内涵与制度实现。

参考文献

1. 韩松:《论宅基地分配政策和分配制度改革》,载《政法论丛》2021年第1期。

2. 李凤章:《宅基地使用权流转应采用“退出—出让”模式》,载《政治与法律》2020年第9期。

3. 陈明:《放活使用权是宅基地制度改革重头戏》,载《新京报》2020年7月3日,第A03版。

4. 龙卫球:《民法典物权编“三权分置”的体制抉择与物权协同架构模式——基于新型协同财产权理论的分析视角》,载《东方法学》2020年第4期。

5. 高海:《宅基地“三权分置”的法律表达——以〈德清办法〉为主要分析样本》,载《现代法学》2020年第3期。

6. 于飞:《从农村土地承包法到民法典物权编:“三权分置”法律表达的完善》,载《法学杂志》2020年第2期。

7. 高飞:《农村宅基地“三权分置”政策入法的公法基础——以〈土地管理法〉第62条之解读为线索》,载《云南社会科学》2020年第2期。

8. 龙卫球:《民法典物权编“三权分置”规范的体系设置和适用》,载《比较法研究》

2019 年第 6 期。

9. 宋志红:《宅基地“三权分置”:从产权配置目标到立法实现》,载《中国土地科学》2019 年第 6 期。

10. 高圣平:《宅基地制度改革与民法典物权编编纂——兼评〈民法典物权编(草案二次审议稿)〉》,载《法学评论》2019 年第 4 期。

11. 耿卓:《宅基地“三权分置”改革的基本遵循及其贯彻》,载《法学杂志》2019 年第 4 期。

12. 陈小君:《宅基地使用权的制度困局与破解之维》,载《法学研究》2019 年第 3 期。

13. 宋志红:《乡村振兴背景下的宅基地权利制度重构》,载《法学研究》2019 年第 3 期。

14. 温世扬、梅维佳:《宅基地“三权分置”的法律意蕴与制度实现》,载《法学》2018 年第 9 期。

15. 程秀建:《宅基地资格权的权属定位与法律制度供给》,载《政治与法律》2018 年第 8 期。

16. 吴国喆:《“三权分置”背景下农地抵押的规则设计》,载《北方法学》2018 年第 5 期。

17. 肖大明:《“小产权房”司法裁判的困境与突围》,载《东方法学》2018 年第 4 期。

18. 李凤章、李卓丽:《宅基地使用权身份化困境之破解——以物权与成员权的分离为视角》,载《法学杂志》2018 年第 3 期。

19. 许中缘、夏沁:《农村集体土地“三权分置”中政策权利的法律归位》,载《烟台大学学报(哲学社会科学版)》2017 年第 4 期。

20. 江晓华:《宅基地使用权转让的司法裁判立场研究》,载《法律科学》2017 年第 1 期。

21. 方乐坤:《小产权房买卖合同效力解释论》,载《法商研究》2016 年第 5 期。

22. 王卫国、朱庆育:《宅基地如何进入市场?——以画家村房屋买卖案为切入点》,载《政法论丛》2014 年第 3 期。

23. 马俊驹、王彦:《解决小产权房问题的理论突破和法律路径——结合集体经营性建设用地平等入市进行研究》,载《法学评论》2014 年第 2 期。

24. 郑尚元:《宅基地使用权性质及农民居住权利之保障》,载《中国法学》2014 年第 2 期。

25. 程雪阳:《“小产权房”之困境与出路》,载《中国法律评论》2014 年第 1 期。

26. 窦祥铭:《基于产权视角的中国农村土地制度创新模式探讨》,载《理论探讨》

2013 年第 1 期。

27. 张占录：《小产权房的帕累托改进及土地发展权配置政策》，载《国家行政学院学报》2011 年第 3 期。

28. 王彦：《解决小产权房问题对策研究》，载《河北法学》2010 年第 9 期。

29. 鲁晓明：《论小产权房流转——原罪的形成与应然法的选择》，载《法学杂志》2010 年第 5 期。

30. 陈耀东、吴彬：《"小产权"房及其买卖的法律困境与解决》，载《法学论坛》2010 年第 1 期。

31. 孟勤国：《物权法开禁农村宅基地交易之辩》，载《法学评论》2005 年第 4 期。

32. 李凤章：《集体建设用地使用权出让法律制度研究——以小产权房问题为切入》，上海三联出版社 2018 年版。

33. 祁全明：《农村闲置宅基地治理法律问题研究》，法律出版社 2018 年版。

34. 王利明：《物权法研究》（第 4 版），中国人民大学出版社 2016 年版。

35. 陈小君等：《我国农村集体经济有效实现的法律制度研究》，法律出版社 2016 年版。

36. 韩怀清：《农村宅基地使用权制度研究》，中国政法大学出版社 2015 年版。

37. 王小莹：《我国农村宅基地使用权制度研究》，中国民主法制出版社 2014 年版。

38. 郭洁：《集体建设用地使用权流转市场法律规制的实证研究》，法律出版社 2013 年版。

39. 曹泮天：《宅基地使用权流转法律问题研究》，法律出版社 2012 年版。

40. 陈小君等：《农村土地问题立法研究》，经济科学出版社 2012 年版。

41. 陈小君等：《田野、实证与法理——中国农村土地制度体系构建》，北京大学出版社 2012 年版。

42. 宋志红：《集体建设用地使用权流转法律制度研究》，中国人民大学出版社 2009 年版。

案例八:吴某亮等与彭州市通济镇人民政府乌木归属纠纷

2012 年 2 月,吴某亮在通济镇麻柳河 17 组河段看到一截约 67 厘米长的黑木头,经专家鉴定,确认是金丝楠木。同年 2 月 9 日,吴某亮雇佣挖掘机开始挖掘。在吴某亮完成乌木的挖掘工作前,彭州市通济镇人民政府就以该乌木属于国有财产为由阻止吴某亮继续挖掘。最后由通济镇人民政府组织实施完成了挖掘工作,乌木被镇政府封存在通济镇客运站。据专家鉴定,所挖掘的 7 件乌木总价值在 500 万元至 700 万元。2012 年 7 月 3 日,彭州市国有资产监督管理委员会(以下简称彭州市国资委)对外宣布,吴某亮挖掘的乌木归国家所有;作为发现者,吴某亮可获得彭州市国资委的 5 万元奖励及通济镇人民政府的 2 万元奖励。2012 年 7 月 26 日,吴某亮、吴某惠提起行政诉讼,请求确认彭州市通济镇人民政府从二原告承包地中运走并扣押 7 件乌木的行政行为违法;请求确认乌木系由二原告于其承包地发现挖掘,应归其所有;请求责令彭州市通济镇人民政府立即向二原告返还 7 件乌木;请求责令彭州市通济镇人民政府赔偿因其不当保管致乌木损毁造成的损失 10,000 元。四川省成都市中级人民法院经审理认为,吴某亮、吴某惠的请求事项系确认权属纠纷,不属于行政审判的权限范围,裁定驳回吴某亮、吴某惠关于请求确认乌木系由二原告于其承包地发现挖掘并归其所有的起诉。同时,鉴于案涉乌木并非由吴某惠发现挖掘,亦非在吴某惠承包地内发掘,通济镇人民政府对该批乌木实施的挖掘保存行为对吴某惠的合法权益不产生任何影响,吴某惠与被诉具体行政行为之间不存在行政法意义上的利害关系,不具有该案原告主体资格,法院一并裁定驳回吴某惠的全部起诉。吴某亮、吴某惠不服一审裁决,提起上诉。四川省高级人民法院经审理认为,在案涉乌木被发现前,吴某惠及其他 17 组村民从未对 0026 号承包地的地理位置提出过异议,吴某惠还领取了耕地保护基金。0026 号承包地虽与发掘 7 件乌木的河道相邻,但 0026 号承包地与河道之间有自然河岸相隔,且河岸与河道具有明显落差。经过对书证、乌木发掘现场的视频资料、照片、现场勘验笔录及证人证言等证据材料的综合评判,四川省高级人民法院认为,此 7 件乌木的发掘地应位于河道管理范围内,并非在吴某惠的承包地内。因案涉乌木并非由吴某惠发现挖掘,亦非在吴某惠的承包地内发掘,因此吴某惠与被诉具体行政行为之间不存在法律上的利害关系,吴某惠不具有本案原告主体资格。一审法院对吴某惠的起诉裁定予以驳回,并无不当。一审裁定认定事实清楚,适用法律正确,程序合法,裁定:驳回上诉,维持原裁定。

通过该案例评析乌木的法律属性,评判发现埋藏物制度、拾得遗失物制度、无主物先占制度的构成要件、法律后果与制度差异。

一、案例研判

(一)基本案情

2012 年 2 月初,吴某亮无意中在通济镇麻柳河 17 组河段看到一截约 67 厘米长的黑木头,经专家鉴定,确认是乌木,而且是乌木中的金丝楠木。2 月 9 日,吴某亮雇佣挖掘机开始挖掘。经过近 6 小时的挖掘,除了个别枝节,乌木的整体已经显露出来。在吴某亮完成乌木的挖掘工作前,彭州市通济镇人民政府就以该乌木属于国有财产为由阻止吴某亮继续挖掘。最后由镇政府组织实施完成了挖掘工作,乌木被镇政府封存在通济镇客运站,并粘贴《国有资产管理登记表》。所挖掘的 7 件乌木中,最大的一块长达 34 米。据专家鉴定,乌木总价值在 500 万元至 700 万元。

2012 年 7 月 3 日,彭州市国资委对外宣布,吴某亮挖掘的乌木归国家所有;作为发现者,吴某亮可获得彭州市国资委的 5 万元奖励及通济镇人民政府的 2 万元奖励。

吴某亮认为,我国原《物权法》第 116 条规定:“天然孳息,由所有权人取得;既有所有权人又有用益物权人的,由用益物权人取得。当事人另有约定的,按照约定。”①乌木是在其承包地中挖掘的,属于承包地的天然孳息,理应归其所有。彭州市通济镇人民政府依据原《民法通则》第 79 条“所有人不明的埋藏物、隐藏物,归国家所有。接收单位应当对上缴的单位或者个人,给予表扬或者物质奖励”之规定,②认为乌木属于埋藏物,应归国家所有。

2012 年 7 月 26 日,吴某亮、吴某惠姐弟向成都市中级人民法院提起行政诉讼,请求确认彭州市通济镇人民政府从二原告承包地中运走并扣押 7 件乌木的行政行为违法;请求确认乌木系由二原告于其承包地发现挖掘,应归其所有;请求责令彭州市通济镇人民政府立即向二原告返还 7 件乌木;请求责令彭州市通济镇人民政府赔偿因其不当保管致乌木损毁造成的损失 10,000 元。

---

① 《民法典》第 321 条第 1 款规定:“天然孳息,由所有权人取得;既有所有权人又有用益物权人的,由用益物权人取得。当事人另有约定的,按照其约定。”与原《物权法》第 116 条条文表述基本一致。

② 《民法典》第 318 条规定:“遗失物自发布招领公告之日起一年内无人认领的,归国家所有。”第 319 条规定:“拾得漂流物、发现埋藏物或者隐藏物的,参照适用拾得遗失物的有关规定。法律另有规定的,依照其规定。”较原《民法通则》第 79 条,条文表述做了修改。

（二）争议焦点

本案的争议焦点在于：

1. 案涉乌木的发现挖掘地点是否在吴某惠的承包地内，乌木是否属于天然孳息？

吴某亮、吴某惠姐弟认为，案涉7件乌木系由吴某亮发现，且均在吴某惠承包地内挖掘。我国原《物权法》第116条规定："天然孳息，由所有权人取得；既有所有权人又有用益物权人的，由用益物权人取得。当事人另有约定的，按照约定。"案涉7件乌木属于吴某惠承包地的天然孳息，理应归发现人吴某亮和土地承包经营权人吴某惠所有。

彭州市通济镇人民政府认为，乌木并不是从吴某惠的承包地中发现并挖出，而是从河道中挖出。吴某亮、吴某惠都曾于2011年及2012年领取了耕地保护基金，并且从未对承包地的位置及面积等提出异议。彭州市通济镇人民政府在挖掘乌木的过程中，共花费24万元。镇政府把乌木挖掘后运走保管，不是行政行为，而是在归属权还未明确的情况下代为保管。

2. 本案是否可以对乌木所有权的民事纠纷一并审理？

吴某亮、吴某惠认为，原《最高人民法院关于执行〈中华人民共和国行政诉讼法〉若干问题的解释》（以下简称原《行政诉讼法解释》）第61条规定："被告对平等主体之间民事争议所作的裁决违法，民事争议当事人要求人民法院一并解决相关民事争议的，人民法院可以一并审理。"[①]请求法院对乌木所有权争议一并审理。

彭州市通济镇人民政府认为，镇政府并未对有关民事问题作出过裁决，故本案不符合行政附带民事诉讼一并审理的条件。

（三）法院判决

四川省成都市中级人民法院经审理认为，吴某亮、吴某惠在行政诉讼中请求确认乌木系由二原告于其承包地发现挖掘并归其所有，该请求事项系确认权属纠纷，不属于行政审判的权限范围，遂裁定驳回吴某亮、吴某惠关于确认乌木系由二原告于其承包地发现挖掘并归其所有的起诉。案涉乌木并非由吴某惠发现发掘，亦非在吴某惠承包地内发掘，彭州市通济镇人民政府对该批乌木实施的发掘保存行为对吴某惠的合法权益不产生任何影响，吴某惠与被诉具体行政行为之间不存在行政法意义上的利害关系，不具有该案原告的主体资格，法院一并裁定驳回吴某惠的全部起诉。裁定：驳回吴某亮、吴某惠的全部诉讼请求。

吴某亮、吴某惠不服一审裁决，提起上诉。请求法院对乌木所有权争议一并审理。

---

① 现《中华人民共和国行政诉讼法》（以下简称《行政诉讼法》）第61条第1款规定："在涉及行政许可、登记、征收、征用和行政机关对民事争议所作的裁决的行政诉讼中，当事人申请一并解决相关民事争议的，人民法院可以一并审理。"较原《行政诉讼法解释》第61条，条文表述做了修改。

吴某惠认为，案涉乌木在其承包地内发掘，而一审裁定认定并非在其承包地内发掘，存在事实认定错误。

四川省高级人民法院经审理认为，关于争议焦点一：案涉乌木的发现挖掘地点是否在吴某惠的承包地内，乌木是否属于天然孳息。根据勘验笔录的记载，第一次勘验时，吴某亮、吴某惠与彭州市通济镇人民政府及双方代理人均到场，麻柳村主任、村主任助理、麻柳村支书亦到场，双方分别对0026号承包地的地理位置及乌木的发掘位置进行了指认，彭州市水务局的工作人员对河道范围进行了指界。第二次勘验时，0026号承包地的承包人吴某惠经法院通知未到场，其配偶表示与其无关，也未到现场。参加过第一次勘验的麻柳村主任及村主任助理现场走界，颁证时的专业测量公司进行现场测量，两名18组村民指认了0026号承包地与18组相邻地块的边界及相邻地块分属哪些村民。因麻柳村17组其他村民的承包地与0026号承包地都不相邻，由麻柳村主任、当年参与划分承包地的村主任助理及与0026号承包地相邻的18组村民进行指界，勘验程序并无不当。吴某惠名下0026号承包地的位置，有确权公示图、公示表及《关于通济镇影像图及承包地测量成果的情况说明》及附图予以证明。在案涉乌木被发现前，吴某惠及其他17组村民从未对0026号承包地的位置提出过异议，吴某惠还领取了耕地保护基金。0026号承包地虽与发掘7件乌木的河道相邻，但0026号承包地与河道之间有自然河岸相隔，且河岸与河道具有明显落差。经过对书证、乌木发掘现场的视频资料、照片、现场勘验笔录及证人证言等证据材料的综合评判，四川省高级人民法院认为这7件乌木的发掘地应位于河道管理范围内，不在吴某惠的承包地内。因本案所涉乌木并非由吴某惠发现挖掘，亦非在吴某惠的承包地内发掘，因此，吴某惠与被诉具体行政行为不存在法律上的利害关系，其不具有本案原告的主体资格。一审法院对吴某惠的起诉裁定予以驳回，并无不当。吴某惠称乌木在其承包地内发掘，其是本案原告的上诉理由不成立，法院不予支持。

关于争议焦点二：本案是否可以对乌木所有权的民事纠纷一并审理。四川省高级人民法院认为，原《行政诉讼法解释》第61条规定："被告对平等主体之间民事争议所作的裁决违法，民事争议当事人要求人民法院一并解决相关民事争议的，人民法院可以一并审理。"因此，人民法院按照上述规定在审理行政案件的同时对有关的民事纠纷一并进行审理，应具备相应的条件。本案不存在平等主体之间的民事争议问题，被诉行政行为也非行政裁决行为，不符合行政附带民事诉讼的受理和审理条件，因此，上诉人吴某亮要求法院在审理行政案件的同时对乌木所有权争议一并进行审理的上诉理由不成立，法院不予支持。综上，一审法院查明事实所依据的证据符合行政诉讼证据的基本要求，二审予以确认；对乌木的发现经过及乌木的发掘地点，四川省高级人民法院查明的事实与一审无异。四川省高级人民法院认为，一审裁定认定事实清楚，适用法律正确，程序合法,裁定:驳回上诉,维持原裁定。

证据:

1. 乌木发掘现场的视频资料、照片

2. 乌木挖掘地的现场勘验笔录

3. 麻柳村主任、村主任助理、麻柳村支书、彭州市水务局工作人员、麻柳村 18 组村民等人的证人证言

4. 0026 号承包地的确权公示图、公示表及《关于通济镇影像图及承包地测量成果的情况说明》及附图

5. 吴某惠领取 0026 号承包地耕地保护基金的证人证言

(四)案例评析与理论延伸

本案争议的实质在于乌木的法律属性及其权属确定规则。发现埋藏物、无主物先占与天然孳息的构成要件与权属确定规则各不相同,唯有明确乌木的法律属性方能准确厘清其权利归属。

1. 乌木的法律属性

目前学界对于乌木的法律属性尚存如下争议:(1)天然孳息说。该说认为,应从广义角度解释天然孳息,乌木为土地的天然孳息,应当归属于土地的用益物权人或所有权人。① 本案原告吴某亮即持该观点,认为依照我国原《物权法》第 116 条之规定,应当由土地承包经营权人取得乌木的所有权。(2)埋藏物说。该说认为,乌木埋藏于土地之中而被发现,理应为埋藏物。② 本案彭州市通济镇人民政府即采埋藏物说。(3)无主物说。该说认为,乌木属于无主物范畴。③ 乌木是因自然力形成的特殊物,并不在法律规定属于国家所有或集体所有之列,应属自始无主物。④ 还有学者认为乌木属于文物、矿产资源等。

本书认为,乌木应属无主物,并非天然孳息,亦非埋藏物。理由如下:

其一,乌木并非天然孳息。天然孳息,是指依物的自然属性而产生的收益,如母牛生产的幼崽等。乌木并非天然孳息,是因为:(1)在分离前,乌木并非土地的构成部分。

---

① 参见龙卫球:《乌木权属纷争折射中国法理变迁》,载爱思想网 2012 年 7 月 20 日,http://www.aisixiang.com/data/55594.html。

② 参见王建平:《乌木所有权的归属规则与物权立法的制度缺失——以媒体恶炒发现乌木归个人所有为视角》,载《当代法学》2013 年第 1 期。

③ 参见王明锁:《对孳息的传统种类及所有权归属之检讨》,载《法商研究》2015 年第 5 期;金可可:《论乌木之所有权归属——兼论国家所有权之种类及其限度》,载《东方法学》2015 年第 3 期;王永霞:《彭州乌木事件的法解释学思考》,载《政法论丛》2013 年第 4 期。

④ 王永霞:《彭州乌木事件的法解释学思考》,载《政法论丛》2013 年第 4 期。

学理通说认为，天然孳息与原物分离之前为原物的构成部分。① 然而，土地与乌木仅为埋藏与被埋藏关系，乌木与土地之间并未达到一体的紧密结合程度。土地的构成部分通常是土壤、岩石、水文、大气和植被等，②乌木无法纳入其中任何一类。可见乌木为独立物，不属于土地的构成部分。(2)乌木并非原物基于自然规律产生之物。天然孳息系依原物自然属性，基于自然规律通常能够形成的收益，如果树结下的果实。而乌木的形成具有极大的偶然性，系因突发山崩、洪灾等自然灾害被深埋于淤泥中，经自然力碳化而成。其形成一般需要千百年，具有极强的不稳定性与不可控性。土地无法持续不断地产出乌木，乌木并非依土地的自然规律、自然属性通常能够形成的收益，故难谓土地的天然孳息。

其二，乌木并非文物。《中华人民共和国文物保护法》(以下简称《文物保护法》)第2条规定："在中华人民共和国境内，下列文物受国家保护：(一)具有历史、艺术、科学价值的古文化遗址、古墓葬、古建筑、石窟寺和石刻、壁画；(二)与重大历史事件、革命运动或者著名人物有关的以及具有重要纪念意义、教育意义或者史料价值的近代现代重要史迹、实物、代表性建筑；(三)历史上各时代珍贵的艺术品、工艺美术品；(四)历史上各时代重要的文献资料以及具有历史、艺术、科学价值的手稿和图书资料等；(五)反映历史上各时代、各民族社会制度、社会生产、社会生活的代表性实物。文物认定的标准和办法由国务院文物行政部门制定，并报国务院批准。具有科学价值的古脊椎动物化石和古人类化石同文物一样受国家保护。"可见，文物为具有历史、艺术、科学等价值的，人类社会发展史上的遗物。而乌木并非人类社会发展史上的遗物，不具有历史、艺术、科学等价值，更多体现为经济价值。因此，乌木并非文物。

其三，乌木并非矿产资源。《中华人民共和国矿产资源法实施细则》(以下简称《矿产资源法实施细则》)第2条规定："矿产资源是指由地质作用形成的，具有利用价值的，呈固态、液态、气态的自然资源。矿产资源的矿种和分类见本细则所附〈矿产资源分类细目〉。新发现的矿种由国务院地质矿产主管部门报国务院批准后公布。"矿产资源量大且关系国计民生，是工业生产、国民经济与社会发展的重要基础物质，乌木数量有限，并无工业利用价值，与国计民生无关，况且我国《矿产资源分类细目》中亦无乌木。因此，乌木并非矿产资源。

其四，乌木并非埋藏物。传统民法理论认为，埋藏物应当具备以下要素：(1)埋藏物须为动产，不动产不存在埋藏问题。(2)埋藏物须处于埋藏状态，即包藏于他物之中，从

---

① 参见金可可：《论乌木之所有权归属——兼论国家所有权之种类及其限度》，载《东方法学》2015年第3期。

② 谭见安主编：《地理辞典》，化学工业出版社2008年版，第570页。

外观上不易被人发现。至于埋藏物被埋藏的原因,系人力或自然力,在所不问。[①](3)所有权人不明。一般认为,埋藏物系指依物之性质、存在状态和社会一般观念,足以推知其曾为某人所有,且现在仍为某人或其继承人所有,然其所有人究为何人,现在难以辨明之物。埋藏物仅系前属某人所有之物,其后所有人不分明耳,[②]亦即埋藏物曾经有主,但目前就埋藏物的性质、埋藏的状态或时日等客观情形难以认定原主。[③] 埋藏物并非无主物,仅系不知该物归属于何人。而无主物,乃为无人所有物或其为何人所有,现已无可查考之物。[④] 本书认为,乌木虽然常常处于埋藏状态,但由于年代久远,形成乌木的楠木、红椿、麻柳等树木是否属于有主物,究竟归属于谁,已无法查证,因此乌木难谓有主,并不满足埋藏物发现之前曾经有主的要件,应属无主物。

其五,乌木属于无主物。无主物,是指现在不属于任何人所有的物,至于以前是否为他人所有,在所不问。[⑤] 无主物包括自始无主物与嗣后无主物,前者如海洋中的鱼虾、山林中的花草等野生动植物;[⑥]后者如抛弃物等。乌木系由楠木、红椿、麻柳等树木被泥沙瞬间掩埋,在缺氧、高压及细菌等微生物的作用下,经过长期碳化而成。形成乌木的楠木、红椿、麻柳等树木可能自始无主,亦可能当时有主,但由于年代久远,究竟归属于谁,现在已无法查证。

2. 乌木的所有权归属

乌木既然属于无主物,其所有权确定规则就应当适用无主物先占制度。无主物先占,是指以所有的意思,先于他人占有无主动产而取得所有权的法律事实。无主物先占曾是游牧社会取得所有权的主要方式,现代社会逐渐式微,但仍广泛存在,如在河边捡回一块石头,从山中采回一束野花等皆可基于无主物先占取得动产的所有权。

我国现行立法并未规定无主物先占制度,形成立法空白。在法无明文规定的情况下,无主物先占只能通过习惯加以规范和调整。我国《民法典》第 10 条规定:"处理民事纠纷,应当依照法律;法律没有规定的,可以适用习惯,但是不得违背公序良俗。"我国实践中存在无主物先占的社会习惯,[⑦]如我国一直允许个人进入国家或集体所有的森

---

① 史尚宽:《物权法论》,中国政法大学出版社 2000 年版,第 182 页;[日]松冈义正:《民法物权》,熊元楷编,上海人民出版社 2013 年版,第 126 页。

② [日]三潴信三:《物权法提要》,孙芳译,中国政法大学出版社 2005 年版,第 62 页。

③ 王泽鉴:《民法物权第 1 册通则·所有权》,中国政法大学出版社 2001 年版,第 188~189 页。

④ 谢在全:《民法物权论》(上册),中国政法大学出版社 2011 年版,第 301 页;孙宪忠、朱广新主编:《民法典评注·物权编 2》,中国法制出版社 2020 年版,第 492 页。

⑤ 魏振瀛主编:《民法》(第 7 版),北京大学出版社 2017 年版,第 201~202 页。

⑥ 当然,野生动植物由《野生动物保护法》等法律规定属于国家所有的除外。

⑦ 参见杨峰:《先占的历史考察与制度功能——兼论我国〈物权法〉中先占制度的确立》,载《法学杂志》2006 年第 3 期。

林、荒原、滩涂、水面打猎、捕鱼、砍柴伐木、采摘野生植物、果实乃至名贵中药材，从而获得猎物、采集物的所有权。又如，允许通过捡拾垃圾而先占取得抛弃物的所有权，拾荒业即以此为据发展成一项环保产业。司法实践中亦不乏肯定无主物先占取得所有权的裁判。[①] 可见，无主物先占在我国社会生活中已被广泛认可，且不违背公序良俗，因此可基于无主物先占习惯，确定无主物归于先占人所有。

本书同时认为，虽然我国普遍承认无主物先占的习惯，但确有必要通过立法明确规定无主物先占制度，理由如下：(1)有助于解决立法与习惯之间的冲突。我国现行立法虽无无主物先占的相关规定，但社会生活中切实存在无主物先占的习惯。立法缺失和现实需求之间的矛盾导致先占人获得无主物后因无法可依而使得该物权属处于不确定状态，亟须化暗为明，通过法律予以明确规定，从而保护先占人的正当权益。(2)有助于稳定社会秩序，促进物尽其用。基于先占取得所有权可以明确物权归属，减少确权纠纷，保障先占人对物的有效利用。(3)促进我国民法与国际立法的衔接。无主物先占制度产生于罗马法，后被各国民法普遍承袭，作为所有权取得的一种法定方式。[②] 我国民法确认无主物先占制度有助于与国际立法接轨。(4)无主物先占制度并不侵犯国家所有权。我国现行立法已明确规定国家所有权的客体，如矿藏、水流、海域、无居民海岛、城市的土地、无线电频谱资源、国防资产以及法律规定属于国家所有的自然资源、野生动植物资源、文物等。[③] 无主物的范围非常有限，且与国有财产的界限较为清晰。因此，承认无主物先占制度并不会与国家所有权相冲突进而导致国有财产流失。

传统民法理论认为，无主物先占的构成要件主要包括：(1)占有的客体须为无主动产。无主物包括自始无主物和嗣后无主物。无主物须为动产，但以下动产除外：其一，人的遗体。人的遗体凝结着遗族感情，关涉善良风俗，故人的遗体不得成为无主物，不得通过先占取得所有权。其二，禁止流通物，如枪械、毒品等。若允许先占取得禁止流

---

① 参见凌某某等诉廖某某等返还原物纠纷案，江西省赣州市中级人民法院(2013)赣中民一终字第7号民事判决书；陈某某诉雅辉(清远)纸品有限公司返还原物纠纷案，广东省清远市清城区人民法院(2013)清城法源民初字第330号民事判决书；等等。

② 参见《德国民法典》第958条、《瑞士民法典》第718条、《俄罗斯民法典》第226条及《日本民法典》第293条。

③ 如《文物保护法》(2017年)第5条明确规定："中华人民共和国境内地下、内水和领海中遗存的一切文物，属于国家所有。古文化遗址、古墓葬、石窟寺属于国家所有。国家指定保护的纪念建筑物、古建筑、石刻、壁画、近代现代代表性建筑等不可移动文物，除国家另有规定的以外，属于国家所有。国有不可移动文物的所有权不因其所依附的土地所有权或者使用权的改变而改变。下列可移动文物，属于国家所有：(一)中国境内出土的文物，国家另有规定的除外；(二)国有文物收藏单位以及其他国家机关、部队和国有企业、事业组织等收藏、保管的文物；(三)国家征集、购买的文物；(四)公民、法人和其他组织捐赠给国家的文物；(五)法律规定属于国家所有的其他文物。属于国家所有的可移动文物的所有权不因其保管、收藏单位的终止或者变更而改变。国有文物所有权受法律保护，不容侵犯。"

通物的所有权,无异于禁止流通物获得变相流通,与法律强制性规定相悖。其三,法律规定属于国家所有的文物、动植物等。如野生大熊猫为国家一级保护动物,属于国家所有,并非无主物。其四,他人享有独占权的动产。如渔业权人对于一定水面之内的水产享有独占的捕捞权,可排除一般人的捕捞先占。(2)先占人须以所有的意思先于他人占有。以"所有的意思",是指将占有的动产归自己管领支配的意思,无须以取得所有权为内容。"占有",无须实际捕获,对动产构成事实上的管领控制即可。占有须合法,不得在法律规定的禁猎(渔)区、禁猎(渔)期猎取(捕捞)。无主物先占不以意思表示为要素,属于事实行为,其所有权取得为原始取得。

在本案中,一审与二审裁定仅认定案涉乌木发掘地不在吴某惠的承包地,对乌木的发现挖掘者及乌木归属并未作出明确正面判定。本书认为,乌木应属无主物,由先占人取得所有权。乌木系由吴某亮最先发现并挖掘占有,其占有并未违反法律规定,故该乌木应归属于先占人吴某亮所有。

二、法律实务操作

(一)相关法律法规

《民法典》(2020年)

第247条(原《物权法》第46条)　矿藏、水流、海域属于国家所有。

第319条(原《物权法》第114条)　拾得漂流物、发现埋藏物或者隐藏物的,参照适用拾得遗失物的有关规定。法律另有规定的,依照其规定。

第321条(原《物权法》第116条)　天然孳息,由所有权人取得;既有所有权人又有用益物权人的,由用益物权人取得。当事人另有约定的,按照其约定。

法定孳息,当事人有约定的,按照约定取得;没有约定或者约定不明确的,按照交易习惯取得。

(二)思考与实践问题

1. 在本案中,乌木的法律属性应当如何认定?属于天然孳息、埋藏物、无主物、文物还是矿产资源,为什么?

2. 试评析我国现行立法中的拾得遗失物制度、发现埋藏物制度。

3. 我国应否设立无主物先占制度?为什么?

参考文献

1. 张力:《先占取得的正当性缺陷及其法律规制》,载《中外法学》2018年第4期。

2. 徐国栋:《财宝概念研究两题》,载《现代法学》2017年第2期。

3. 章正璋:《陪葬文物所有权归属问题研究——兼论〈文物保护法〉第5条的理论

基础与适用范围》,载《法律科学》2016 年第 5 期。

4. 赖虹宇:《体系化视野下的埋藏物制度检视——以与无主物的关系为中心》,载《北京社会科学》2016 年第 3 期。

5. 朱虎:《国家所有和国家所有权——以乌木所有权归属为中心》,载《华东政法大学学报》2016 年第 1 期。

6. 闫黎丽:《先占制度立法可行性研究——以"彭州乌木案"为中心》,载《河北法学》2015 年第 9 期。

7. 王明锁:《对孳息的传统种类及所有权归属之检讨》,载《法商研究》2015 年第 5 期。

8. 金可可:《论乌木之所有权归属——兼论国家所有权之种类及其限度》,载《东方法学》2015 年第 3 期。

9. 巩固:《自然资源国家所有权公权说》,载《法学研究》2013 年第 4 期。

10. 王永霞:《彭州乌木事件的法解释学思考》,载《政法论丛》2013 年第 4 期。

11. 王建平:《乌木所有权的归属规则与物权立法的制度缺失——以媒体恶炒发现乌木归个人所有为视角》,载《当代法学》2013 年第 1 期。

12. 马俊驹:《国家所有权的基本理论和立法结构探讨》,载《中国法学》2011 年第 4 期。

13. 张谷:《公共财产和公物》,载朱庆育等主编:《中德私法研究》(第 7 卷),北京大学出版社 2011 年版。

14. 杨峰:《先占的历史考察与制度功能——兼论我国〈物权法〉中先占制度的确立》,载《法学杂志》2006 年第 3 期。

15. 孙宪忠、朱广新主编:《民法典评注 · 物权编 2》,中国法制出版社 2020 年版。

16. 魏振瀛主编:《民法》(第 7 版),北京大学出版社 2017 年版。

17. 李昊:《遗失物归属问题研究》,知识产权出版社 2013 年版。

18. 谢在全:《民法物权论》(上册),中国政法大学出版社 2011 年版。

19. 王泽鉴:《民法物权第 1 册通则 · 所有权》,中国政法大学出版社 2001 年版。

20. 史尚宽:《物权法论》,中国政法大学出版社 2000 年版。

21. 欧洲民法典研究组、欧盟现行私法研究组编:《欧洲私法的原则、定义与示范规则:欧洲示范民法典草案》,高圣平等译,法律出版社 2014 年版。

22. [日]近江幸治:《民法讲义Ⅱ物权法》,王茵译,北京大学出版社 2006 年版。

23. [日]三潴信三:《物权法提要》,孙芳译,中国政法大学出版社 2005 年版。

24. [德]沃尔夫:《物权法》,吴越译,法律出版社 2004 年版。

25. [德]施蒂尔纳:《德国物权法》,张双根译,法律出版社 2004 年版。

案例九：徐某欣与中集哈深公司等借名买房纠纷

徐某欣名下原有2套房产，根据《北京市人民政府办公厅关于贯彻落实国务院办公厅文件精神进一步加强本市房地产市场调控工作的通知》第10条的规定，徐某欣属于限购范围。2012年12月20日，徐某欣与曾某外签订《房产代持协议》，协议约定：案涉房屋实际归属于徐某欣所有；徐某欣以曾某外名义签订购房合同及其他相关配套文件，交房时案涉房屋的房产证、土地使用证登记在曾某外名下；曾某外仅名义上代替徐某欣持有案涉房屋，实际上并不享有案涉房屋的任何权利，未经徐某欣书面同意，曾某外不得单方处分该房产。

2013年3月8日，北京星泰房地产开发有限公司（以下简称星泰房地产公司）与曾某外签订《北京市商品房现房买卖合同》，约定曾某外购买案涉房屋，房屋总价款为26,592,000元，买方签名为"曾某外"。合同订立后，徐某欣向星泰房地产公司支付房款共计26,592,000元，并支付了案涉房屋的物业服务费、供暖费、水费、电费、车位费等费用。2016年2月19日，案涉房屋所有权登记在曾某外名下。

2014年4月25日，辽宁中集哈深冷气体液化设备有限公司（以下简称中集哈深公司）作为委托人、兴业银行股份有限公司沈阳分行（以下简称兴业银行）作为贷款人与大庆庆然天然气有限公司（以下简称庆然公司）作为借款人签订《委托贷款借款合同》[①]和《补充协议》，约定委托借款2910万元，用于补充流动资金，借款期限6个月。同日，兴业银行与石某、秦某、曾某外、周某、马某某签订《最高额保证合同》，约定上述个人对

---

① 委托贷款，是指委托人提供资金，由商业银行（受托人）根据委托人确定的借款人、用途、金额、币种、期限、利率等代为发放、协助监督使用、协助收回的贷款，不包括现金管理项下委托贷款和住房公积金项下委托贷款。在委托贷款法律关系中，委托人（债权人）负有提供委托贷款资金的义务，并最终承担借款人无法按时足额清偿债务的信用风险；受托人（商业银行）负有代为发放贷款、协助监督使用贷款、协助收回贷款的义务，但不承担借款人无法还贷的信用风险；借款人负有按时足额清偿债务的义务。在本案中，中集哈深公司是提供委托贷款资金的委托人（债权人），兴业银行是受托人（贷款人），庆然公司是借款人（债务人）。参见《商业银行委托贷款管理办法》，银监发〔2018〕2号，2018年1月5日发布。

2910 万元借款承担最高本金限额为 2910 万元的连带保证责任。合同签订后,借款人庆然公司未依照合同约定清偿借款。委托贷款的委托人中集哈深公司遂向辽宁省沈阳市中级人民法院提起诉讼,请求庆然公司返还本金及利息。2016 年 5 月 16 日,辽宁省沈阳市中级人民法院作出(2015)沈中民三初字第 00152 号民事判决书,判决:庆然公司返还中集哈深公司借款本金 23,279,999.43 元及利息;石某、秦某、曾某外、周某、马某某承担连带给付责任。判决生效后,中集哈深公司向辽宁省沈阳市中级人民法院申请强制执行。2016 年 10 月 17 日,辽宁省沈阳市中级人民法院作出(2016)辽 01 执 579 号民事裁定书,查封登记在曾某外名下的案涉房屋。

2017 年 4 月 11 日,徐某欣向辽宁省沈阳市中级人民法院提出案外人执行异议。辽宁省沈阳市中级人民法院于 2017 年 4 月 24 日作出(2017)辽 01 执异 422 号执行裁定书,驳回徐某欣的执行异议。

徐某欣向辽宁省沈阳市中级人民法院提起诉讼,请求:中止执行(2016)辽 01 执 579 号民事裁定书,解除对案涉房屋的查封。辽宁省沈阳市中级人民法院一审认为,可以认定徐某欣与曾某外存在借名买房关系并合法占有案涉房屋,其作为案涉房屋的实际买受人,对诉争房屋享有足以排除强制执行的物权期待权,其主张停止执行诉争房屋的诉讼请求应予支持。判决:不得执行坐落于北京市朝阳区的案涉房屋;辽 01 执异 422 号执行裁定书失效。

中集哈深公司不服一审判决,提起上诉。辽宁省高级人民法院二审认为,中集哈深公司的上诉理由均不成立,应予驳回。判决驳回上诉,维持原判。

中集哈深公司不服二审判决,申请再审。再审期间,徐某欣向北京市朝阳区人民法院提起合同纠纷诉讼,以房屋代持关系为由请求办理过户登记手续。北京市朝阳区人民法院于 2020 年 7 月 17 日作出生效判决,判令曾某外配合徐某欣办理案涉房屋的所有权转移登记手续。徐某欣于 2020 年 8 月 26 日取得案涉房屋的不动产权证书。最高人民法院再审认为,徐某欣为规避国家限购政策而借名买房,有违公序良俗原则,案涉借名买房合同应认定为无效,但其嗣后通过消除限购政策障碍补正了合同效力,并通过生效判决的执行完成了不动产登记,成为案涉房屋所有权人。故中集哈深公司在对曾某外的执行程序中主张继续执行案涉已经属于徐某欣的房屋,缺乏理据,不应支持。原审判决适用法律虽有错误,但徐某欣已经取得案涉房屋的所有权,足以排除法院的执行。判决:维持辽宁省高级人民法院(2018)辽民终 211 号民事判决。

通过该案例探讨借名买房合同的法律效力、房屋的物权归属以及出名人处分房屋行为的法律效力等问题。

一、案例研判

(一)基本案情

徐某欣名下原有两套房产，分别为：北京市海淀区×××室，建筑面积×××平方米，设计用途为住宅，房产登记日期为2007年9月3日；北京市崇文区×××室，建筑面积×××平方米，设计用途为住宅，房产登记日期为2007年9月17日。根据《北京市人民政府办公厅关于贯彻落实国务院办公厅文件精神进一步加强本市房地产市场调控工作的通知》(京政办发〔2011〕8号)第10条关于“对已拥有2套及以上住房的本市户籍居民家庭、拥有1套及以上住房的非本市户籍居民家庭、无法提供本市有效暂住证和连续5年(含)以上在本市缴纳社会保险或个人所得税缴纳证明的非本市户籍居民家庭，暂停在本市向其售房”的规定，徐某欣当时属于限购对象范围。

2012年12月20日，徐某欣与曾某外签订《房产代持协议》，协议约定：目标房产坐落于北京市朝阳区(以下简称案涉房屋)，建筑面积522.56平方米；案涉房屋实际归属于徐某欣所有，房屋所有权、使用权、收益权、处分权等一切权利均属于徐某欣；徐某欣以曾某外名义与星泰房地产公司签订案涉房屋的《购房合同》以及其他相关配套文件，并在交房时将案涉房屋的房产证、土地使用证登记在曾某外名下；曾某外仅名义上代替徐某欣持有案涉房屋，实际上并不享有案涉房屋的任何权利，未经徐某欣书面同意，曾某外不得单方面对案涉房屋进行占有、使用、收益和处分。买方即“经办人”处、协议每页右下角及尾页乙方(代持人)处签名均为“曾某外”。

2013年3月8日，星泰房地产公司与曾某外签订《北京市商品房现房买卖合同》，约定曾某外购买案涉房屋，房屋总价款为26,592,000元，买方签名为“曾某外”。同日，双方签订《声明书》，约定通过北京市房地产交易权属管理系统网签合同(编号：XF404×××)，双方以《声明书》与网签合同共同向北京市朝阳区房屋管理局申请办理房屋登记，书面合同不再提交。买方即“经办人”处签名为“曾某外”。2012年12月24日，金某代徐某欣向星泰房地产开发有限公司支付购房款20万元。2013年1月14日至5月14日，安凯公司代徐某欣分25次向星泰房地产公司支付购房款共计23,892,000元。2013年5月8日，徐某欣向星泰房地产公司刷卡支付购房款250万元，上述购房款合计26,592,000元。2016年1月8日，曾某外向王某出具《授权委托书》，委托王某代为办理案涉房屋的不动产登记相关手续。2016年2月19日，案涉房屋所有权登记在曾某外名下，《不动产权证书》编号为京(2016)朝阳区不动产权第0026×××号。

2014年4月25日，中集哈深公司作为委托人、兴业银行作为贷款人与庆然公司作为借款人签订《委托贷款借款合同》和《补充协议》，约定委托借款2910万元，用于补充流动资金；借款期限6个月，自2014年4月25日起至10月24日止。同日，兴业银行与石某、秦某、曾某外、周某、马某某签订《最高额保证合同》,约定上述个人对2910万元借款承担最高本金限额为2910万元的连带保证责任,保证范围为本金及利息。

2014年10月24日借款期限届满,借款人庆然公司未向贷款人兴业银行足额清偿借款本息。委托人中集哈深公司向辽宁省沈阳市中级人民法院提起诉讼,请求:(1)判令庆然公司向中集哈深公司支付委托贷款本金23,279,999.43元。(2)判令庆然公司向中集哈深公司支付截至2015年7月24日的利息及罚息合计4,722,607.52元。(3)判令石某、曾某外、秦某、周某、马某某作为保证人对诉讼请求第1项、第2项委托贷款本息的给付承担连带责任。(4)本案全部诉讼费用由庆然公司承担。2016年5月16日,辽宁省沈阳市中级人民法院作出(2015)沈中民三初字第00152号民事判决书,判决:庆然公司返还中集哈深公司借款本金23,279,999.43元及利息;石某、秦某、曾某外、周某、马某某承担连带给付责任。判决生效后,中集哈深公司向辽宁省沈阳市中级人民法院申请强制执行。2016年10月17日,辽宁省沈阳市中级人民法院作出(2016)辽01执579号民事裁定书,查封登记在曾某外名下的案涉房屋。2016年10月21日,辽宁省沈阳市中级人民法院扣划了曾某外名下北京银行股份有限公司上地支行的存款1,329,000元。2017年1月23日、2月10日,中集哈深公司先后出具收到庆然公司执行款1,825,316.07元、1,542,786.38元的收款收据。

2017年4月11日,徐某欣向辽宁省沈阳市中级人民法院提出案外人执行异议。辽宁省沈阳市中级人民法院于2017年4月24日作出(2017)辽01执异422号执行裁定书,驳回徐某欣的执行异议。

徐某欣向辽宁省沈阳市中级人民法院提起诉讼,请求:(1)中止执行(2016)辽01执579号民事裁定书,并解除对位于北京市朝阳区案涉房屋的查封。(2)本案诉讼费用由中集哈深公司承担。

另查明,2016年8月27日,案涉房屋办理了抵押登记(登记证明编号为:京〔2016〕朝阳区不动产证明第0064×××号),抵押权人为北京银行股份有限公司红星支行,抵押人为曾某外。

2016年10月14日,徐某欣的专职司机向北京紫维丰停车管理有限公司朝阳分公司缴纳案涉房屋的车位租金14,160元。2016年11月4日,徐某欣向燃气公司支付案涉房屋燃气费114元。2016年12月26日,徐某欣向北京正东电子动力集团有限公司供暖收费中心缴纳案涉房屋2014~2015、2015~2016、2016~2017年年度供暖费15,676.8元/年度(《北京增值税普通发票》编号分别为:16160356、16160355、16160352)。

2018年年底,在案件再审期间,徐某欣向北京市朝阳区人民法院提起合同纠纷诉讼,以房屋代持关系为由请求办理过户登记手续。北京市朝阳区人民法院于2020年7

月 17 日作出生效判决，认定徐某欣申购朝阳区存量住宅的初步核验通过，符合购房政策，判令曾某外配合办理案涉房屋的所有权转移登记手续。随后通过法院执行程序并经房屋登记机构确认，徐某欣于 2020 年 8 月 26 日取得案涉房屋的不动产权证书。

（二）争议焦点

本案的争议焦点在于：

1. 徐某欣与曾某外就案涉房屋是否形成借名买房合同关系？该借名买房合同是否具有法律效力？

徐某欣认为，其与曾某外就案涉房屋形成借名买房合同关系，理由在于：将自己的财产置于他人名下，最主要的考量因素是代持人的品行和信用。在徐某欣与曾某外签订《房产代持协议》及购买案涉房屋的过程中，曾某外个人信用、经济状况良好，值得信任和托付。让曾某外作为房产代持人，完全是其谨慎理性的选择，合乎常理。因此，徐某欣与曾某外存在借名买房合同关系，不存在恶意串通、规避法院强制执行的行为。徐某欣虽然借用曾某外的名义签订《北京市商品房现房买卖合同》，但全部购房款及相关税费均由徐某欣支付，相关收房装修手续亦由徐某欣办理，足以说明徐某欣是案涉房屋的实际权利人。不仅如此，徐某欣事后已出售名下原有房屋，现已符合北京市的限购政策，并且徐某欣于 2020 年 8 月 26 日已取得案涉房屋的《不动产权证书》，是案涉房屋的合法所有权人。因此，借名买房合同现在已不存在规避国家法律的情形，应属有效。

中集哈深公司认为，徐某欣与曾某外就案涉房屋不存在借名买房合同关系，双方存在恶意串通、规避法院强制执行的嫌疑。徐某欣以曾某外作为案涉房屋代持主体不合常理。理由如下：(1)曾某外系多家公司股东，以经商为业，经营活动、经济关系比较复杂，债务往来频繁且额度高，是发生债务风险的高危人群。案涉房屋房款高达 2659.2 万元，找人代持通常应找经济关系简单安全，发生债务风险概率小的人。徐某欣明知曾某外经济关系复杂，却将案涉房屋置于债务风险极高的曾某外名下，缺乏可信性。(2)案涉房屋房款并非由徐某欣支付。案涉房屋的购房款总计 2659.2 万元，其中安凯公司支付了 2389.2 万元。曾某外系安凯公司的股东，占股 50%，其通过安凯公司为自己支付购房款符合常理，将安凯公司的付款视为徐某欣的付款，没有事实根据和法律依据。(3)徐某欣提交的缴费单据无法认定案涉房屋由徐某欣实际占有、使用。案涉房屋于 2016 年 10 月 17 日被沈阳市中级人民法院查封。徐某欣于 2016 年 11 月 4 日缴纳了燃气费 114 元，2016 年 12 月 26 日缴纳了案涉房屋 2014 ~ 2015、2015 ~ 2016、2016 ~ 2017 年年度的供暖费。案涉房屋已交房 4 年之久，徐某欣仅在案涉房屋被查封后缴纳了一次燃气费，并不能证明案涉房屋被查封前由其实际占用，并且徐某欣提供的供暖费单据显示是一次性补缴了前几年的供暖费，说明在案涉房屋被查封之前徐某欣未缴纳过供暖费，供暖费一直处于欠费状态，案涉房屋很有可能无人居住。徐某欣补缴上述费用的意图显然不是基于正常使用的需要,而是意图通过补缴费用规避法院对案涉房屋的强制执行。因此,徐某欣与曾某外就案涉房屋不存在借名买房合同关系,双方存在恶意串通、规避法院强制执行的可能。不仅如此,徐某欣与曾某外订立代持协议,主动选择名实不符。如果一方面允许徐某欣规避限购政策签订《房产代持协议》,故意将房产登记在他人名下,造成不动产登记名实不符;另一方面又允许其可以主张不动产登记名实不符,其为真实权利人并获得案涉房屋的物权,将严重违背物权登记生效的法定原则,造成房屋产权关系的不确定性,为逃避债务提供可乘之机,严重扰乱国家的房地产管理秩序。因此,徐某欣与曾某外订立的房屋代持协议应属无效。

2. 徐某欣是否享有足以排除强制执行的民事权益?

徐某欣认为,其对案涉房屋享有物权,足以排除中集哈深公司的强制执行。原《最高人民法院关于适用〈中华人民共和国物权法〉若干问题的解释(一)》(以下简称原《物权法解释一》)第2条①包含两层含义,一是确实存在登记权利人和实际权利人不符的情形,二是该情形下需保护实际权利人权利。案涉借名买房关系中徐某欣的物权即属于该解释予以保护的情形。案涉房屋的购房合同签订、房款和入住费用的支付等均由徐某欣完成,其作为物权人当然享有排除他人侵害的权利。即使在取得案涉房屋不动产登记证书之前,徐某欣也因享有物权期待权,应当受到优先于金钱债权的法律保护。且最高人民法院和地方高级人民法院的近期裁判均从保护实际产权人合法权益出发,承认案外人的执行异议之诉。本着同案同判的原则,本案应认定徐某欣享有排除中集哈深公司强制执行的民事权益。

中集哈深公司认为,曾某外是案涉房屋的物权人,徐某欣不是实际权利人,也不享有物权期待权,因此无权排除中集哈深公司的强制执行。理由有二:(1)曾某外是案涉房屋的物权人,徐某欣对案涉房屋不享有物权,其享有的是对曾某外的债权。根据原《物权法》第9条规定,②案涉房屋的物权登记人是曾某外而非徐某欣。尽管原《物权法解释一》第2条规定:"当事人有证据证明不动产登记簿的记载与真实权利状态不符、其为该不动产物权的真实权利人,请求确认其享有物权的,应予支持。"但该条的立法本意是保护非因自身原因造成名实不符的真实权利人。徐某欣将案涉房屋登记在曾某外名下,是其自愿选择,应承担由此产生的不享有案涉房屋物权的法律后果。徐某欣只能根

---

① 现《最高人民法院关于适用〈中华人民共和国民法典〉物权编的解释(一)》(以下简称《民法典物权编解释》)第2条规定:"当事人有证据证明不动产登记簿的记载与真实权利状态不符、其为该不动产物权的真实权利人,请求确认其享有物权的,应予支持。"与原《物权法解释一》第2条条文表述基本一致。

② 《民法典》第209条第1款规定:"不动产物权的设立、变更、转让和消灭,经依法登记,发生效力;未经登记,不发生效力,但是法律另有规定的除外。依法属于国家所有的自然资源,所有权可以不登记。"与原《物权法》第9条条文表述基本一致。

据《房产代持协议》享有对曾某外的债权。根据合同相对性原则,《房产代持协议》仅对合同主体有效,不具有对外效力。因此,徐某欣的债权不能对抗中集哈深公司的强制执行。(2)徐某欣不享有物权期待权。物权期待权系以物权为基础,期待通过办理物权登记取得物权。徐某欣自愿将案涉房屋登记在曾某外名下,已放弃物权期待权和物权。另外,物权期待权是确切能够实现的权利,不可能实现的不能称之为权利,徐某欣因不具备案涉房屋的购房资格,北京市房产登记部门不会为被执行人办理物权登记,因此,徐某欣不享有物权期待权。

3. 中集哈深公司对登记在曾某外名下的案涉房屋是否享有信赖利益?

徐某欣认为,中集哈深公司对登记在曾某外名下的案涉房屋不存在信赖利益,理由在于:中集哈深公司不属于因商事外观产生的、基于信赖利益而受法律保护的债权人范围。商事外观主义原则的目的是维护交易安全稳定,落脚点在商事交易,当交易相对人因信赖登记而选择进行商事交易时,才可保护其信赖利益。2014 年 4 月 25 日曾某外就订立了《最高额保证合同》,2016 年 2 月 19 日案涉房屋所有权才登记在曾某外名下,商品房网签等个人信息也不对外公示,中集哈深公司并非基于信赖曾某外拥有案涉房屋产权或备案登记等而与曾某外订立保证合同。因此,中集哈深公司对登记在曾某外名下的案涉房屋并不享有信赖利益。

中集哈深公司认为,其对案涉房屋具有信赖利益,属于商事外观主义原则保护的具有信赖利益的债权人。理由如下:(1)根据商事外观主义原则,公示体现的权利外观导致交易相对人对该权利外观产生信赖,即使真实状况与相对人的信赖不符,只要信赖合理,民事法律行为效力即应受法律保护。2013 年 3 月 8 日曾某外购买案涉房屋并网签,网签具有公示效用。中集哈深公司向庆然公司提供借款是基于曾某外等人为其提供连带责任担保,中集哈深公司概括地知道曾某外在北京有房产,是其接受曾某外担保的出发点之一,因此中集哈深公司对案涉房屋具有信赖利益。(2)徐某欣为规避北京市购房政策,明知将案涉房屋登记在曾某外名下存在法律风险,依然选择冒险为之,自应承担不利后果。如果对这种行为加以保护,视徐某欣的违规于不顾,视他人合法权益于不顾,视政府政策于不顾,将严重影响政府公信力,影响房产政策的实施及房产市场的稳定,扰乱公共管理秩序。因此,不能把徐某欣选择承担的法律风险转嫁给相信物权公示公信原则的中集哈深公司承担,否则严重违反法律公平公正原则。

(三)法院判决

辽宁省沈阳市中级人民法院经审理认为,关于本案的争议焦点一:(1)徐某欣与曾某外就案涉房屋是否形成借名买房合同关系。本案中,结合 2012 年 12 月 20 日徐某欣与曾某外签订的《房产代持协议》以及曾某外庭审中自认案涉房屋所有人是徐某欣,可以证明案涉房屋的买卖及权属登记过程均由徐某欣经办;徐某欣提供的其本人通过

POS 机刷卡向星泰房地产公司支付的 250 万元付款凭证、金某向星泰房地产公司支付的 20 万元付款凭证以及安凯公司分 25 次向星泰房地产公司支付的购房款共计 23, 892, 000 元，上述三项共计 26, 592, 000 元，即《北京市商品房现房买卖合同》中约定的房屋总价款，结合证人证言可证实案涉房屋的房款均由徐某欣支付；结合徐某欣提供的车位租赁费、采暖费、物业费收据及发票和证人证言，可证实案涉房屋实际由徐某欣占有、使用。上述证据互相印证，足以证明徐某欣与曾某外借名买房事实成立。(2)借名买房合同是否具有法律效力。限购政策为房地产市场的行政调控管理手段，非法律和行政法规的强制性规定，徐某欣占用曾某外的购房资格，曾某外即失去购房资格，不会导致限购政策落空，并未损害公共利益。案涉房产代持协议及商品房买卖合同均形成于中集哈深公司与庆然公司的借款合同及曾某外的保证合同订立之前，不存在恶意转移财产、逃避债务、损害他人利益的情形。故不能因此否定借名买房合同的法律效力。

关于本案的争议焦点二：徐某欣是否享有足以排除中集哈深公司强制执行的民事权益。辽宁省沈阳市中级人民法院认为，不动产物权登记产生的公示公信效力，系对社会公众产生的外部效力，但仅具推定效力，当事人有证据证明真正权利人时，可以推翻这种推定，维护事实上的真实。本案中，《房产代持协议》及《北京市商品房现房买卖合同》均发生在法院查封案涉房屋之前；徐某欣作为实际付款人，支付了案涉房屋的全部购房款，虽部分购房款并非由徐某欣本人直接支付，但各项付款凭证及证人证言之间相互印证，可以认定实际付款人为徐某欣；徐某欣在案涉房屋被查封前缴纳了该房屋的车位租赁费等居住费用，实际占有、使用案涉房屋至今。故徐某欣虽然不是登记簿上的房屋产权人，但不影响其对案涉房屋的物权期待权。因此可以认定徐某欣作为案涉房屋的实际买受人，享有足以排除强制执行的物权期待权。

关于本案的争议焦点三：中集哈深公司对登记在曾某外名下的案涉房屋是否享有信赖利益。中集哈深公司并非针对曾某外名下的案涉房屋从事借款交易，仅仅因为其与庆然公司、石某、秦某、曾某外、周某、马某某的借款合同纠纷而查封执行曾某外的财产还债，案涉房屋既不是担保物，亦未在诉讼中予以保全，仅是在执行过程中被执行财产不足后方予以查封，故中集哈深公司对案涉房屋并无信赖利益保护的需要，中集哈深公司并不属于商事外观主义原则中保护信赖利益债权人的范围，若准予申请执行人强制执行案涉房屋，将严重损害案涉房屋实际权利人徐某欣的利益。

综上，可以认定徐某欣在人民法院查封案涉房屋之前与曾某外存在借名买房关系并合法占有案涉房屋，其作为案涉房屋的实际买受人，对诉争房屋享有足以排除强制执行的物权期待权，其主张停止执行诉争房屋的诉讼请求应予支持。由于徐某欣知道或者应当知道将自己购买的房屋登记在曾某外名下所引发的法律风险，对酿成本案诉讼存在过错。曾某外作为被执行人,其不履行生效判决,对酿成本案诉讼同样存在过错。中集哈深公司作为申请执行人,其行使法律赋予的权利,对酿成本案诉讼不存在过错。因此,本案受理费应由徐某欣与曾某外共同负担。综上,依据2017年《民事诉讼法》第227条、①原《最高人民法院关于适用〈中华人民共和国民事诉讼法〉的解释》(法释〔2015〕5号)(以下简称原《民事诉讼法解释》)第311条、②第312条③之规定,判决:不得执行坐落于北京市朝阳区的案涉房屋;辽01执异422号执行裁定书失效;案件受理费191,800元,由徐某欣与曾某外共同负担。

中集哈深公司不服一审判决,提起上诉。请求:(1)撤销一审判决,驳回徐某欣一审诉讼请求。(2)本案诉讼费由徐某欣承担。事实与理由如下:(1)辽宁省沈阳市中级人民法院认定徐某欣与曾某外存在借名买房关系并合法占有案涉房屋缺乏证据证明。(2)物权期待权是确切能够实现的权利,徐某欣不具有购房资格,北京市房产登记部门不会为其办理变更登记,故徐某欣不存在物权期待权。(3)中集哈深公司对案涉房屋具有信赖利益,应受法律保护。

辽宁省高级人民法院经审理认为,关于本案的争议焦点一:(1)徐某欣与曾某外就案涉房屋是否形成借名买房合同关系。首先,根据徐某欣在本案一审中所提交的京政办发〔2011〕8号文件以及徐某欣名下的2套房产的房屋所有权证(×京房权证海私字第××号、×京房权证崇私字第××号),在徐某欣以曾某外的名义于2013年3月8日与星泰房地产公司签订《北京市商品房现房买卖合同》之时,徐某欣的确属于被限购的买房人范围,在此情况下,徐某欣欲再行购买房屋,确有利用他人名义之可能。徐某欣的妻子蒋某某与曾某外为同一公司的2名股东,且各占50%股份,彼此股份均等,互不控股,这在人合兼资合的有限责任公司当中并非普遍现象,说明在成立公司至买房期间二者之间的关系较为融洽。在此情况下,徐某欣欲以他人名义购买房屋,将曾某外作为理想人选,在情理之中。其次,关于案涉房屋购房款的支付主体问题。徐某欣支付了

---

① 《民事诉讼法》(2021年修正)第234条规定:"执行过程中,案外人对执行标的提出书面异议的,人民法院应当自收到书面异议之日起十五日内审查,理由成立的,裁定中止对该标的的执行;理由不成立的,裁定驳回。案外人、当事人对裁定不服,认为原判决、裁定错误的,依照审判监督程序办理;与原判决、裁定无关的,可以自裁定送达之日起十五日内向人民法院提起诉讼。"与2017年《民事诉讼法》第227条条文表述基本一致。

② 现《民事诉讼法解释》(2022年修正)第309条规定:"案外人或者申请执行人提起执行异议之诉的,案外人应当就其对执行标的享有足以排除强制执行的民事权益承担举证证明责任。"与原《民事诉讼法解释》第311条条文表述基本一致。

③ 现《民事诉讼法解释》(2022年修正)第310条规定:"对案外人提起的执行异议之诉,人民法院经审理,按照下列情形分别处理:(一)案外人就执行标的享有足以排除强制执行的民事权益的,判决不得执行该执行标的;(二)案外人就执行标的不享有足以排除强制执行的民事权益的,判决驳回诉讼请求。案外人同时提出确认其权利的诉讼请求的,人民法院可以在判决中一并作出裁判。"与原《民事诉讼法解释》第312条条文表述基本一致。

250万元购房款和公共维修基金、契税,其余购房款来自徐某欣妻子蒋某某与曾某外成立的安凯公司。结合《China Commerce 的股东名册》、招商银行《收款回单》和《企业银行票根》等证据,可以认定安凯公司收到的34,751,626.71元,来自徐某欣妻子蒋某某的股权收购款(投资款返还),与曾某外无关。徐某欣与蒋某某系夫妻关系,婚姻关系存续期间蒋某某支付的购房款与徐某欣支付的购房款应视为共同财产。故认定购房款系徐某欣夫妻支付相较于认定由曾某外支付,更具证据上的优势。结合一审期间曾某外声明案涉房屋所有权是徐某欣的,应当认定案涉房屋确系徐某欣所购。最后,关于徐某欣是否实际占有、使用案涉房屋的问题。由《阳光上东安徒生花园入住缴费通知单》等证据可知,2013年6月21日至2015年7月8日的装修管理费、物业服务费、垃圾清运费、采暖费、电费的真实付款人均为徐某欣,故占有使用案涉房屋的人应认定为徐某欣。综上,从房屋的真实购买人、房屋的实际占有使用人等情况综合分析,应当认定徐某欣系案涉房屋的实际购买人和占有使用人,徐某欣与曾某外就本案所涉的房屋存在真实的借名买房关系。(2)该借名买房合同是否具有法律效力。辽宁省高级人民法院认为,购买案涉房屋虽违反地方政府限购规定,但限购文件并非法律和行政法规的效力性强制性规定,借名买房合同关系不因此而无效。本案中,亦无证据证明案涉房屋代持行为存在恶意转移财产、逃避债务的情形,故借名买房合同应认定有效。

关于本案的争议焦点二:徐某欣是否享有足以排除中集哈深公司强制执行的民事权益。辽宁省高级人民法院认为,首先,不动产登记行为只能产生权利推定效力,登记行为本身并不产生物权。根据原《物权法解释一》第2条之规定,当物权登记与实际权利状况不符时,要以实际权利状况为依据认定事实。徐某欣与曾某外就案涉房屋存在借名买房合同关系,徐某欣也已证明其是案涉房屋实际出资人和占有人,故其主张案涉房屋物权归属于自己,法院应予支持。其次,案涉房屋的代持行为不能导致物权丧失。借名买房虽然在形式上属于合同债权关系,而实质上是双方当事人通过借名买房的外在形式,将真实的物权登记于出名人的名下,是双方当事人对物权的一种安排或处分方式,借名人实际上享有真实的物权。当借名买房的物权归属发生争议时,真实权利人可直接向法院请求确认物权归属,而不是仅仅可以请求出名人变更登记。现有法律并无违反限购政策导致物权消灭的相关规定,且案涉房屋的代持行为亦无证据证明存在恶意转移财产、逃避债务的情形,故认定徐某欣不享有案涉房屋的物权,不符合上述司法解释的规定。一审判决认定徐某欣以案涉房屋享有物权期待权而非物权系适用法律不当,二审法院予以纠正,但认定徐某欣对案涉房屋享有足以排除强制执行的民事权益的裁判结果正确,应予以维持。

关于本案的争议焦点三:中集哈深公司对登记在曾某外名下的案涉房屋是否享有信赖利益。辽宁省高级人民法院认为:(1)曾某外与中集哈深公司之间形成的是借款保证法律关系,保证责任属于信用担保,不同于物保。在该保证法律关系中未涉及案涉房屋,未体现对案涉房屋产生合理信赖。(2)案涉房屋所有权是于2016年2月19日登记在曾某外名下的,曾某外是于2014年4月25日与中集哈深公司的委托贷款银行兴业银行签订《最高额保证合同》的,即在该保证法律关系设立时,案涉房屋尚未办理不动产登记,网签合同并非物权法规定的物权公示方式,尚未产生法律意义上的物权公示效力,中集哈深公司也未提供证据证明兴业银行基于曾某外名下的案涉房屋签订《最高额保证合同》。(3)中集哈深公司申请法院查封,并非基于商事交易行为,也非基于信赖房屋登记在被执行人名下而作出商事交易行为、支付对价,无信赖利益可言。故对中集哈深公司主张其对案涉房屋享有信赖利益应依法执行的上诉请求,不予支持。

综上,辽宁省高级人民法院认为中集哈深公司的上诉理由均不成立,应予驳回。一审判决认定事实清楚,裁判结果正确,应予维持。依据2017年《民事诉讼法》第170条第1款第1项、[①]原《民事诉讼法解释》第334条之规定,判决:驳回上诉,维持原判。二审案件受理费174,760元,由上诉人中集哈深公司负担。

中集哈深公司不服二审判决,申请再审。请求:撤销一审、二审民事判决,改判驳回徐某欣全部诉讼请求或发回重审,案件受理费由徐某欣承担。事实与理由如下:(1)原审法院认定徐某欣支付房屋价款、占有房屋及代持关系的事实缺乏证据证明。(2)原审法院混淆了物权与物权基础关系,认定徐某欣享有房屋物权系适用法律错误。(3)中集哈深公司对案涉房屋具有信赖利益,属于商事外观主义原则保护的具有信赖利益的债权人。

最高人民法院经审理认为,关于本案的争议焦点一:(1)徐某欣与曾某外就案涉房屋是否形成借名买房合同关系。最高人民法院认为,徐某欣依照与曾某外签订的《房产代持协议》,以曾某外名义与星泰房地产公司签订购房合同,其后徐某欣本人支付了250万元购房款、公共维修基金及契税。对于剩余大部分购房款的支付,徐某欣提供证据证明系案外人安凯公司将天津红孩子商贸有限公司支付给徐某欣妻子蒋某某的股权收购款(投资返还款),作为徐某欣的购房款支付给星泰房地产公司,曾某外亦对代持协议及其未实际付款等事实予以认可,在中集哈深公司未提供相反证据足以推翻上述证据的情况下,原审法院认定剩余购房款亦由徐某欣实际支付,符合常理,并无不当。况且通过徐某欣提供的物业费等相关交费单据,可以证明徐某欣实际占有、使用了案涉房屋。据此,可以认定徐某欣在不具备再次购房资格的情形下,为规避国家及北京市房

---

① 《民事诉讼法》(2021年修正)第177条第1款第1项规定:"第二审人民法院对上诉案件,经过审理,按照下列情形,分别处理:(一)原判决、裁定认定事实清楚,适用法律正确的,以判决、裁定方式驳回上诉,维持原判决、裁定。"与2017年《民事诉讼法》第170条第1款第1项条文表述基本一致。

地产限购政策,通过借用曾某外之名进行买房并支付了购房款,徐某欣与曾某外之间存在规避国家限购政策的借名买房合同关系。(2)该借名买房合同是否具有法律效力。2010 年 4 月 17 日发布的《国务院关于坚决遏制部分城市房价过快上涨的通知》(国发〔2010〕10 号)是基于部分城市房价、地价出现过快上涨势头,投机性购房再度活跃,增加金融风险,不利于经济社会协调发展的现状,为切实稳定房价、抑制不合理住房需求、严格限制各种名目的炒房和投机性购房,切实解决城镇居民住房问题而制定的维护社会公共利益和社会经济发展的国家宏观经济政策。该通知授权"地方人民政府可根据实际情况,采取临时性措施,在一定时期内限定购房套数。"北京市人民政府为贯彻落实该通知要求而提出有关具体限购措施的京政办发〔2011〕8 号文件,系依据上述国务院授权所作,符合国家宏观政策精神和要求。徐某欣在当时已有两套住房的情况下仍借曾某外之名另行买房,目的在于规避国务院和北京市的限购政策,通过投机性购房获取额外不当利益。司法对于此种行为如不加限制而任其泛滥,则无异于纵容不合理住房需求和投机性购房快速增长,鼓励不诚信的当事人通过规避国家政策红线获取不当利益,不但与司法维护社会诚信和公平正义的职责不符,而且势必导致国家房地产宏观调控政策落空,阻碍国家宏观经济政策落实,影响经济社会协调发展,损害社会公共利益和社会秩序。故徐某欣与曾某外为规避国家限购政策签订的《房产代持协议》因违背公序良俗而应认定无效。

关于本案的争议焦点二:徐某欣是否享有足以排除强制执行的民事权益。最高人民法院认为,徐某欣与曾某外为规避国家限购政策签订的《房产代持协议》因违背公序良俗而应认定无效,故徐某欣依据规避国家限购政策的借名买房合同关系,不能排除对案涉房屋的强制执行。而且我国原《物权法》第 9 条规定:"不动产物权的设立、变更、转让和消灭,经依法登记,发生效力;未经登记,不发生效力,但法律另有规定的除外。"原《物权法》第 16 条规定:"不动产登记簿是物权归属和内容的根据。"[①]根据前述法律确立的物权公示原则和不动产物权登记生效原则,除非法律另有规定外,不动产物权的变动应履行变更登记程序才能发生相应的法律效力。原《物权法解释一》第 2 条规定:"当事人有证据证明不动产登记簿的记载与真实权利状态不符、其为该不动产物权的真实权利人,请求确认其享有物权的,应予支持。"但司法解释的该条规定系适用于利用虚假资料骗取登记、登记机关人员错误登记、非基于法律行为导致物权变动后未及时更正登记、已经过法定程序取得权利的真实权利人与登记簿记载不一致导致的登记错误等情形。本案徐某欣借用曾某外名义签订商品房买卖合同、办理相关手续,故意将案涉房

① 《民法典》第 216 条第 1 款规定:"不动产登记簿是物权归属和内容的根据。"与原《物权法》第 16 条第 1 款条文表述一致。

屋登记在曾某外名下,不属于前述法律规定的登记错误情形。在借名买房并不违反公序良俗原则、不存在无效事由的情况下,借名人可以依据实质上的代持关系要求出名人将房屋过户至其名下,但此项权利系基于合同关系所产生的债权请求权,在经法定变更登记程序完成物权公示之前,借名人尚不能依据借名买房的合同关系未经公示程序即直接被确认为房屋的物权人,其所享有的债权请求权也不具有对世效力、排他效力和绝对效力。这不但符合我国法律关于物权变动的实然规定,也是借名人故意制造名义买房人与实际买房人不一致时应面临的权利风险。故仅依据借名买房协议,徐某欣并不能直接成为案涉房屋的所有权人,不享有排除强制执行的合法权益。原审判决认定徐某欣因借名买房关系对案涉房屋享有物权或所谓物权期待权而足以排除执行,认定事实及适用法律错误,本院予以纠正。

关于本案的争议焦点三:中集哈深公司对登记在曾某外名下的案涉房屋是否享有信赖利益。最高人民法院认为,徐某欣与曾某外之间的借名买房合同虽因规避国家限购政策、违背公序良俗而应认定为无效,但徐某欣在其后因消除了限购政策障碍并经相关行政机关确认符合申购朝阳区存量住宅条件,已经具备购房资格,从而消除了合同无效事由,案涉借名买房合同的效力得以补正。2018 年年底,徐某欣向北京市朝阳区人民法院提起合同纠纷诉讼,以房屋代持关系为由请求办理过户登记手续。北京市朝阳区人民法院于 2020 年 7 月 17 日作出生效判决,认定徐某欣申购朝阳区存量住宅的初步核验通过,符合购房政策,判令曾某外配合办理案涉房屋的所有权转移登记手续。后通过法院执行程序并经房屋登记机构确认,徐某欣于 2020 年 8 月 26 日取得案涉房屋的不动产权证书,成为房屋的所有权人。至此,在对曾某外的执行程序中,中集哈深公司主张继续执行已经归属于徐某欣的案涉房屋,已然不具有事实基础和法律依据,不应予以支持。在中集哈深公司与案外人庆然公司的借款关系中,曾某外对庆然公司的借款提供连带保证。中集哈深公司依据法院生效判决要求曾某外承担保证责任时,申请法院查封了当时登记在曾某外名下的案涉房屋。保证担保属于人保,具有人身信赖性和责任财产可变性等特点,区别于物的担保中针对某一特定物而设立的担保。中集哈深公司作为保证债权人,在同曾某外签订《最高额保证合同》时,案涉房屋尚未登记在曾某外名下,中集哈深公司主张其系对案涉房屋产生特殊信赖才从事借贷交易,对案涉房屋存在应受法律保护的信赖利益而应予执行,缺乏理据,明显不能成立,原审判决不予支持其主张,并无不当。

综上,最高人民法院认为,徐某欣为规避国家限购政策而借名买房,有违公序良俗原则,案涉借名买房合同应认定为无效,但其嗣后通过消除限购政策障碍补正了合同效力,并通过生效判决的执行完成了不动产登记,成为案涉房屋所有权人。在本院裁定提审后出现的新事实,已经从根本上改变了案涉房屋的权属关系,中集哈深公司在对曾某外的执行程序中主张继续执行案涉已经属于徐某欣的房屋，缺乏理据，不应支持。原审判决适用法律虽有错误，但徐某欣已经取得案涉房屋的所有权，足以排除法院的强制执行。故依照原《合同法》第7条、[①]2017年《民事诉讼法》第207条第1款、[②]第170条第1款第1项和原《民事诉讼法解释》第334条之规定，判决：维持辽宁省高级人民法院(2018)辽民终211号民事判决。[③]

证据：

1. 徐某欣与曾某外签订的《房产代持协议》

2. 星泰房地产公司与曾某外签订的《北京市商品房现房买卖合同》

3. 徐某欣提供的其本人、金某及安凯公司向星泰房地产公司支付约定的总房款共计26,592,000元的付款凭证，以证明案涉房屋购房款由徐某欣实际支付

4. 徐某欣提供的其支付的物业服务费、供暖费、水费、电费刷卡记录及票据、车位费收据，以证明徐某欣实际持续占有、使用案涉房屋

5. 北京市朝阳区人民法院于2020年7月17日作出的(2019)京0105民初17453号民事判决书，以证明法院生效判决已确认徐某欣与曾某外之间代持房产合同关系合法有效，徐某欣系案涉房屋的实际权利人，曾某外应配合办理案涉房屋的所有权变更登记手续

6. 北京市规划和自然资源委员会于2020年8月26日出具的《不动产权证书》(京〔2020〕朝不动产权第0052×××号)，以证明案涉房屋已变更登记至徐某欣名下，徐某欣为案涉房屋的实际权利人和物权登记公示的所有权人，案涉房屋因登记在曾某外名下而成为执行标的的事实基础已丧失

7. 中集哈深公司作为委托人、兴业银行作为贷款人与庆然公司作为借款人签订的《委托贷款借款合同》和《补充协议》，以及兴业银行与石某、秦某、曾某外、周某、马某某签订的《最高额保证合同》

8. (2015)沈中民三初字第00152号民事判决书，判决庆然公司返还中集哈深公司

---

① 《民法典》并无直接对应条文，其内容已为《民法典》第8条所涵盖。

② 《民事诉讼法》(2021年修正)第214条第1款规定："人民法院按照审判监督程序再审的案件，发生法律效力的判决、裁定是由第一审法院作出的，按照第一审程序审理，所作的判决、裁定，当事人可以上诉；发生法律效力的判决、裁定是由第二审法院作出的，按照第二审程序审理，所作的判决、裁定，是发生法律效力的判决、裁定；上级人民法院按照审判监督程序提审的，按照第二审程序审理，所作的判决、裁定是发生法律效力的判决、裁定。"与2017年《民事诉讼法》第207条第1款条文表述基本一致。

③ 参见徐某欣诉辽宁中集哈深冷气体液化设备有限公司执行异议纠纷案，辽宁省沈阳市中级人民法院(2017)辽01民初352号民事判决书；辽宁中集哈深冷气体液化设备有限公司诉徐某欣执行异议纠纷案，辽宁省高级人民法院(2018)辽民终211号民事判决书；辽宁中集哈深冷气体液化设备有限公司诉徐某欣执行异议纠纷案，最高人民法院(2020)最高法民再328号民事判决书。

借款本金23,279,999.43元及利息;石某、秦某、曾某外、周某、马某某承担连带给付责任

9.(2016)辽01执579号民事裁定书,证明登记在曾某外名下的案涉房屋已被查封

10.徐某欣与蒋某某的结婚证,以证明徐某欣与蒋某某系夫妻关系

11.《China Commerce的股东名册》,记载蒋某某和曾某外是安凯公司的股东,各出资500万元,各占50%股份

12.标注日期为2012年9月24日的苏宁电器股份有限公司(收购方)与China Commerce Services Limited(出售方)及北京红孩子互联科技有限公司、天津红孩子商贸有限公司、北京红孩子视线广告有限公司、天津宏品物流有限公司、北京红孩子信息技术有限公司签订的《收购协议书》,收购方收购出售方持有的标的公司中与其主营业务相关的权益,及收购出售方的实质性主营业务及资产,收购价格为6600万美元

13.招商银行的《收款回单》,载明2013年2月6日红孩子商贸有限公司收到苏宁电器股份有限公司"收购红孩子部分交割款"145,183,500元

14.《企业银行票根》,载明2013年2月7日,天津红孩子商贸有限公司向安凯公司付款34,751,626.71元,用途为"投资款返还"

(四)案例评析与理论延伸

本案是借名买房合同纠纷。借名买房合同,是指当事人一方(借名人)经他方(出名人)同意,以出名人名义购买房屋并登记在出名人名下,但房屋实际归借名人所有的合同。在借名买房合同中,当事人一般约定:借名人享有房屋的占有、使用、收益与处分权;出名人负有出借名义并担任房屋登记名义人之义务;非经借名人同意,出名人不得擅自处分房屋。借名买房纠纷在我国司法实践中由来已久,但关于借名买房合同的成立标准、效力认定与法律后果我国现行立法不甚明确,学界尚存争议。借名买房一直游走于合法与非法之间,成为近年来司法审判和案件执行的热点问题。

借名人之所以借他人之名购买房屋,多出于规避限购令、规避限贷令、争享购房福利、避税、隐藏真实财产信息、避免强制执行等目的,具体表现为:(1)规避限购令:为遏制房价过快上涨,维护房价平稳,2010年国务院发布《关于坚决遏制部分城市房价过快上涨的通知》(国发〔2010〕10号),加大对房地产业的宏观调控力度,全国多个地区陆续出台限购令。一些不具有购房资格的购房者为了规避限购政策,便借用他人名义购买房屋。(2)争享特定购房福利:国家为保障无力购买房屋的中低收入群体的居住条件,为其提供具有福利性质的保障性住房。为确保低收入群体真正受益,政府往往会设定家庭经济条件、住房状况等的申购条件。不具有保障性住房资格的购房者为了获得购房福利,便借用他人名义申请购房指标并购买房屋。(3)规避限贷令或其他贷款障碍:限贷令主要约束无法提供纳税证明及社保缴纳证明的非本地居民、购买第三套及以上

住房的家庭等。除此之外,各大银行在办理住房贷款时,对贷款人的年龄、收入稳定状况等都有相应的条件限制。一些购房者为了规避限贷令及其他贷款限制,便借用他人名义贷款并购买房屋。(4)简便手续、减少税费:有的购房者为了规避将来可能实行的房产税、遗产税或者单纯为了简化变更登记手续,将其购买的房屋直接登记在他人或继承人名下。(5)为获得住房公积金的贷款优惠:城镇职工在购房时如果使用住房公积金贷款,往往能够获得一定贷款优惠。没有住房公积金的购房者,为了获得住房公积金的贷款优惠,便借用他人名义贷款并购买房屋。(6)为隐藏真实的财产信息:如有的公众人物为了维护生活安宁,不愿把自己的住房信息暴露于公众视野,便借用他人名义购买房屋;有的购房者为了隐藏非法收入、掩盖财产状况,借用他人名义购买房屋;有的购房者为了规避将来可能的强制执行,将自己的房产登记在他人名下等。(7)其他情形:如有的购房者只是单纯基于避免他人非议、因财富过多可能招致祸患而选择隐藏真实的财产信息;有的购房者纯粹出于亲情友情,如一些单位内部有出售给员工的优惠住房,某些员工自己无实际需要,但以自己的名义购买而由亲友实际居住等。

1. 借名买房合同的成立标准

在司法实践中,不乏当事人为规避强制执行而以借名买房为由恶意提起执行异议之诉的情形,为避免虚假诉讼,对当事人之间是否存在借名买房合同关系,应当严格认定。

一般认为,判断当事人之间是否存在借名买房合同关系,应当重点考察以下事实:(1)借名人与出名人是否订立书面借名买房合同,当事人对借名买房原因的解释是否客观、合理、充分。(2)房屋价格高企,借名人与出名人一般具有较强的互信,借名人与出名人之间是否存在亲属、朋友等特殊身份关系。(3)购房款,包括首付款及按揭还款由谁支付,双方的财务状况及还款能力等。(4)若借名人直接与出卖人接洽磋商,或中介机构参与买卖合同的订立,还应考察出卖人与中介机构的证人证言。(5)购房合同、购房发票、不动产权证等由谁保管。这些资料是不动产权属的重要凭证,一般会由真实权利人亲自保管。(6)房屋由谁实际占有、使用,水电燃气及物业管理等日常费用由谁支付等。《民事诉讼法解释》(法释〔2020〕20号,已被修改)第108条规定:“对负有举证证明责任的当事人提供的证据,人民法院经审查并结合相关事实,确信待证事实的存在具有高度可能性的,应当认定该事实存在。”在完整事实链条的基础上,结合上述事实,若达到高度可能性的证明标准,则应当认定当事人之间存在借名买房合同关系。[①]

① 类似判决参见梁某某诉李某某所有权确认纠纷案,广州市中级人民法院(2019)粤01民终14424号民事判决书;崔某诉储某某合同纠纷案,天津市第三中级人民法院(2020)津03民终4090号民事判决书;胡某某诉杨某某等合同纠纷案,北京市高级人民法院(2020)京民申4959号再审民事裁定书;林某某诉江门市盈燊电器制品发展有限公司物权确认纠纷案,广东省高级人民法院(2020)粤民申9032号再审民事裁定书等。

2. 借名买房合同的效力认定

鉴于借名买房合同的复杂性和多样性，借名买房合同的效力认定应当区分不同类型分别认定。

（1）借名购买保障性住房合同的效力认定

保障性住房是面向低收入住房困难家庭出售的具有福利保障性质的住房，如经济适用房等。保障性住房一般是由国家通过无偿划拨或低价出让建设用地使用权的方式进行建设，并在规划审批、税费减免、项目融资等方面给予支持。其最终目的是维护社会公平，避免低收入群体陷入无房可住的境地。经济适用房的购买资格具有明显的政策导向性和人身专属性。若允许转让经济适用房的购买资格，则相当于挤占了真正具有购房需求家庭的购房机会，导致保障居住功能落空。我国《民法典》第 153 条第 2 款规定："违背公序良俗的民事法律行为无效。"公序良俗是公共秩序和善良风俗的合称，民法学说一般采取类型化的方式认定违反公序良俗的行为，主要包括危害国家政治、经济、财政、税收、金融、治安等秩序的行为等。① 借名购买保障性住房，严重破坏了保障性住房的公益目的，侵害了其他购买主体的合法权益，损害了国家经济管理和社会保障秩序，因此此类借名买房合同因违反公序良俗原则应被认定为无效。

（2）为规避限购政策而借名买房合同的效力认定

关于为规避限购政策而借名买房合同的法律效力，学界分歧严重。无效说认为，尽管规避限购政策的借名买房合同不违反禁止性法律法规，但违反社会公共利益，故应当认定为无效。② 有效说认为，我国房地产限购政策属于调控政策，具有阶段性、临时性。此类政策不属于法律、行政法规的强制性规定，应当充分尊重当事人的意思自治，为规避限购政策而签订的借名买房合同不宜认定为无效。况且，一些地方政府颁布的限购政策涉及私法自治、税收法定、信贷政策调整等多方面的内容，其本身缺乏明确的上位法，制定程序亦不完备，此类限购政策本身的合法性就备受质疑，因此不宜认定为规避限购政策而签订的借名买房合同为无效合同。③ 还有学者认为，出名人将自己的购房指标转让给借名人，虽在一定程度上存在规避国家政策的问题，但实际上借名人占用的仅是出名人的指标，不会导致限购政策落空，也并未损害社会公共利益，故应当认为有效合同。④

---

① 这些类型包括但不限于：（1）危害国家政治、经济、财政、税收、金融、治安等秩序类型；（2）危害家庭关系行为类型；（3）违反性道德行为类型；（4）违反人权和人格尊严行为类型；（5）限制经济自由行为类型；（6）违反公平竞争行为类型；（7）违反消费者保护行为类型；（8）违反劳动者保护行为类型等。参见黄薇主编：《中华人民共和国民法典释义》，法律出版社 2020 年版，第 305 页。

② 参见杨代雄：《借名购房及借名登记中的物权变动》，载《法学》2016 年第 8 期。

③ 参见陈承堂：《临时性调控政策的合法性检讨》，载《法学》2011 年第 4 期。

④ 参见赵龙、林型茂、阮梦凡：《借名买房合同不能排除强制执行》，载《人民司法》2020 年第 17 期。

宏观经济政策,是指国家或政府为了有意识、有计划地运用一定的政策工具,对宏观经济运行进行调节与控制,所制定的解决经济问题的指导原则和措施,借以增进整个社会的经济福利,改进国民经济的运行状况。宏观经济政策具有全局性、整体性特征,有助于优化经济结构,维护市场功能和市场秩序。房地产限购政策即属于宏观经济政策。原《最高人民法院关于适用〈中华人民共和国合同法〉若干问题的解释(一)》(以下简称原《合同法解释一》)(1999 年)第 4 条虽然规定:“合同法实施以后,人民法院确认合同无效,应当以全国人大及其常委会制定的法律和国务院制定的行政法规为依据,不得以地方性法规、行政规章为依据。”但值得注意的是,《全国法院民商事审判工作会议纪要》(2019 年)第 31 条规定:“违反规章一般情况下不影响合同效力,但该规章的内容涉及金融安全、市场秩序、国家宏观政策等公序良俗的,应当认定合同无效。人民法院在认定规章是否涉及公序良俗时,要在考察规范对象基础上,兼顾监管强度、交易安全保护以及社会影响等方面进行慎重考量,并在裁判文书中进行充分说理。”该条明确规定国家宏观政策属于公序良俗范畴,并将涉及国家宏观政策的规章作为判断法律行为效力的认定标准。

本书认为,限购政策是国家房地产宏观调控政策的措施之一,其背后代表的仍是稳定的经济管理和住房保障秩序。限购政策的出台意在缓解房价短期上涨过快的压力,保障收入水平无法满足正常居住需求的人群能够住有所居。若借名人在拥有数套房屋且足以满足家庭居住需求的情况下,为了囤房、炒房而签订借名买房合同,则应当认定其行为明显违反政策初衷,损害了正常的经济管理和住房保障秩序,违背公序良俗,该合同当属无效。在本案中,最高人民法院即持相同观点,认为徐某欣在当时已有两套住房的情况下仍借曾某外之名另行买房,目的在于规避国务院和北京市的限购政策,通过投机性购房获取额外不当利益,故认定该合同因违背公序良俗而无效。

(3)为规避信贷政策而借名买房合同的效力认定

当事人为了获取银行贷款或获得贷款优惠而借名买房申办贷款,虽然违反了银行的信贷监管政策,但该信贷政策并非法律、行政法规的强制性规定,且房屋贷款多为实物抵押贷款,金融风险通常相对较低,不能据此认定该行为侵犯了公共利益,故为规避信贷政策而借名买房不宜认定为无效。

(4)无政策限制而借名买房合同的效力认定

此类借名买房合同可以细分为以下两种情形,分别认定法律效力:①双方当事人构成恶意串通的借名买房合同。在没有政策限制的前提下,借名人仍然借用他人之名购买房屋,目的大多不为法律所允许,如为逃避债务、逃避税款、逃避强制执行等。我国《民法典》第 154 条规定:“行为人与相对人恶意串通,损害他人合法权益的民事法律行为无效。”若借名人与出名人恶意串通,损害他人合法权益的,可依此认定合同无效。①反之,不宜认定为无效。②为隐藏真实的财产信息或纯粹出于亲情友情等订立的借名买房合同。因此类借名买房合同并不涉及对法律、行政法规与公序良俗的违反,不涉及恶意串通等无效事由,因此应当尊重当事人的私法自治,该类借名买房合同确定有效。

3. 借名买房合同的法律后果

(1)借名买房合同被认定为无效的法律后果

我国《民法典》第157条规定:“民事法律行为无效、被撤销或者确定不发生效力后,行为人因该行为取得的财产,应当予以返还;不能返还或者没有必要返还的,应当折价补偿。有过错的一方应当赔偿对方由此所受到的损失;各方都有过错的,应当各自承担相应的责任。法律另有规定的,依照其规定。”因此,当借名买房合同被认定为无效时,房屋所有权应当归属于出名人,出名人应当向借名人返还借名人已经支付的购房款及其他相关费用,并依据当事人的过错比例对实际损失各自承担相应的责任。

(2)借名买房合同被认定为有效的法律后果

借名买房合同被认定为有效时,不仅涉及房屋所有权归属,还关涉借名人能否直接请求法院确认其所有权以及借名人能否排除出名人的债权人对所购房屋强制执行等问题。

本书认为,借名买房合同属于无名合同,借名人只享有基于合同产生的债权,并不直接享有所购房屋的所有权。这是因为:民法理论严格恪守物、债二分体系,不动产物权变动原则上采登记生效要件主义,借名人与出名人仅仅订立借名买房合同,并未办理不动产登记,因此借名人不能直接取得所购房屋的所有权。借名人只享有对出名人的债权,即借名人有权请求出名人将所购房屋变更登记在自己名下。

不仅如此,本书认为借名人无权直接请求法院确认其所有权。《民法典物权编解释》第2条规定:“当事人有证据证明不动产登记簿的记载与真实权利状态不符、其为该不动产物权的真实权利人,请求确认其享有物权的,应予支持。”该条以存在登记错误为要件。但在借名买房合同中,将所购房屋登记在出名人名下,是当事人双方真实的意思表示,并不属于该条所规定的登记错误,因此借名人不能主张适用该条请求法院直接确认物权。司法机关对此已达成共识,如《北京市高级人民法院关于审理房屋买卖合同纠纷案件若干疑难问题的会议纪要》(京高法发〔2014〕489号)第10条规定:“借名买房的认定和处理借名人以出名人(登记人)为被告提起诉讼,要求确认房屋归其所有的,法院应当向其释明,告知其可以提起合同之诉,要求出名人为其办理房屋过户登记手续。”

---

① 参见黄薇主编:《中华人民共和国民法典释义》,法律出版社2020年版,第305页。

既然借名人取得的仅为合同债权,基于债权的相对性,借名人无权对抗出名人债权人的强制执行。不仅如此,不动产登记簿所记载的权利状况应当在交易秩序中得到尊重,出名人的债权人对不动产物权登记外观的合理信赖,应当得到法律保护。司法机关对此亦已达成共识,如《深圳市中级人民法院关于房屋买卖合同纠纷案件的裁判指引》(2014 年)第 33 条规定:“当事人约定一方出资以另一方名义购买房屋,并将房屋登记在另一方名下,出资人有证据证明其符合政策规定的购房条件,并请求登记权利人协助办理房屋所有权转移登记的,人民法院可予支持,但房屋已被他人善意取得的除外。”① 《江苏省高级人民法院执行异议及执行异议之诉案件审理指南(二)》(2019 年江苏省高级人民法院审判委员会纪要〔2019〕1 号)第 14 条也明确规定:“金钱债权执行中,执行法院对案涉房屋采取查封措施后,案外人以其与被执行人存在借名买房关系,且系房屋实际所有权人为由提出异议的,应裁定驳回异议。由此引发的执行异议之诉案件,应驳回其诉讼请求。”

在本案中,徐某欣与曾某外订立的借名买房合同因规避国家限购政策,违背公序良俗,理应认定为无效。但由于徐某欣事后消除了限购政策障碍并经相关行政机关确认符合申购条件,已具备购房资格,从而消除了合同无效事由,借名买房合同的效力得以补正。徐某欣于 2020 年 8 月 26 日取得案涉房屋的不动产权证书,成为房屋的所有权人。徐某欣享有的物权具有对世性,能够得以对抗出名人曾某外的债权人中集哈深公司的强制执行。

二、法律实务操作

(一)相关法律法规

1. 原《合同法解释一》(1999 年)

第 4 条　合同法实施以后,人民法院确认合同无效,应当以全国人大及其常委会制定的法律和国务院制定的行政法规为依据,不得以地方性法规、行政规章为依据。

2. 原《最高人民法院关于适用〈中华人民共和国合同法〉若干问题的解释(二)》(2009 年)

第 14 条　合同法第五十二条第(五)项规定的“强制性规定”,是指效力性强制性规定。

① 类似判决参见王某某诉刘某轩、刘某婷所有权确认纠纷案,北京市第二中级人民法院(2013)二中民终字第 14036 号民事判决书;康某诉金洲集团有限公司等案外人执行异议之诉案,最高人民法院再审审查与审判监督(2020)民申 5818 号民事裁定书;王某顺等诉韩某某案外人执行异议之诉案,北京市高级人民法院(2020)京民终 349 号民事判决书等。

3.《全国法院民商事审判工作会议纪要》(2019年)

第31条　违反规章一般情况下不影响合同效力,但该规章的内容涉及金融安全、市场秩序、国家宏观政策等公序良俗的,应当认定合同无效。人民法院在认定规章是否涉及公序良俗时,要在考察规范对象基础上,兼顾监管强度、交易安全保护以及社会影响等方面进行慎重考量,并在裁判文书中进行充分说理。

4.《民法典》(2020年)

第143条(原《合同法第52条》)　具备下列条件的民事法律行为有效:

(一)行为人具有相应的民事行为能力;

(二)意思表示真实;

(三)不违反法律、行政法规的强制性规定,不违背公序良俗。

第146条(原《合同法第52条》)　行为人与相对人以虚假的意思表示实施的民事法律行为无效。

以虚假的意思表示隐藏的民事法律行为的效力,依照有关法律规定处理。

第153条(原《合同法第52条》)　违反法律、行政法规的强制性规定的民事法律行为无效。但是,该强制性规定不导致该民事法律行为无效的除外。

违背公序良俗的民事法律行为无效。

第154条(原《合同法第52条》)　行为人与相对人恶意串通,损害他人合法权益的民事法律行为无效。

第157条　民事法律行为无效、被撤销或者确定不发生效力后,行为人因该行为取得的财产,应当予以返还;不能返还或者没有必要返还的,应当折价补偿。有过错的一方应当赔偿对方由此所受到的损失;各方都有过错的,应当各自承担相应的责任。法律另有规定的,依照其规定。

5.《民法典物权编解释》(法释〔2020〕24号)

第2条　当事人有证据证明不动产登记簿的记载与真实权利状态不符、其为该不动产物权的真实权利人,请求确认其享有物权的,应予支持。

6.《民事诉讼法解释》(法释〔2020〕20号,已被修改)

第108条　对负有举证证明责任的当事人提供的证据,人民法院经审查并结合相关事实,确信待证事实的存在具有高度可能性的,应当认定该事实存在。

(二)思考与实践问题

1. 借名买房合同包括哪些类型?借名买房合同的法律效力如何认定?

2. 借名买房合同是否会因存在当事人恶意串通、违反法律行政法规的强制性规定而无效?

3. 借名买房合同中,如何确定房屋权属?

4. 借名买房合同中,出名人处分房屋行为的法律效力如何认定?

5. 借名买房合同中,如何保障第三人的善意信赖利益?

参考文献

1. 司伟:《借名买房排除强制执行的法律规则——基于学说与案例的分析与展开》,载《法治研究》2021 年第 4 期。

2. 姚辉、阙梓冰:《不动产隐名权利的私法保护——以案外人执行异议之诉为视角》,载《中国人民大学学报》2021 年第 2 期。

3. 冉克平、黄依畑:《借名买房行为的法律效果研究》,载《财经法学》2020 年第 2 期。

4. 马嘉骏:《借名买房人能否排除强制执行——争点、理由与路径》,载《研究生法学》2020 年第 5 期。

5. 赵龙、林型茂、阮梦凡:《借名买房合同不能排除强制执行》,载《人民司法》2020 年第 17 期。

6. 阙梓冰:《购房人优先权的价值理念与解释路径》,载《法律适用》2020 年第 11 期。

7. 崔建远:《论外观主义的运用边界》,载《清华法学》2019 年第 5 期。

8. 周之仪:《查封债权人对债务人财产的权利不得大于该债务人自身——(2017)最高法民再 355 号执行异议之诉判决评释》,载《法律适用(司法案例)》2018 年第 22 期。

9. 汤维建、陈爱飞:《"足以排除强制执行民事权益"的类型化分析》,载《苏州大学学报(哲学社会科学版)》2018 年第 2 期。

10. 赵晋山、王赫:《"排除执行"之不动产权益——物权变动到债权竞合》,载《法律适用》2017 年第 21 期。

11. 陈龙、胡芦丹:《代持产权协议不能对抗法院强制执行》,载《人民司法(案例)》2017 年第 11 期。

12. 鲁润芫:《保障性住房借名买房合同纠纷司法规制的法律适用分析》,载《甘肃政法学院学报》2016 年第 3 期。

13. 司伟:《论不动产登记与权属确认——兼论对〈物权法司法解释一〉第 2 条的理解》,载《法律适用》2016 年第 5 期。

14. 胡立峰:《借名登记引发的房屋权属认定问题探讨——以中国裁判文书网上 76 个一审案例为分析对象》,载《法律适用》2016 年第 7 期。

15. 杨代雄:《借名购房及借名登记中的物权变动》,载《法学》2016 年第 8 期。

16. 王毅纯:《我国台湾地区借名登记契约的效力》,载《人民司法》2015 年第 1 期。

17. 马一德:《借名买房之法律适用》,载《法学家》2014 年第 6 期。

18. 赵秀梅:《借名登记合同中的法律问题》,载《国家检察官学院学报》2014 年第 5 期。

19. 冉克平:《论借名实施法律行为的效果》,载《法学》2014 年第 2 期。

20. 马强:《借名购房案件所涉问题之研究——以法院裁判的案件为中心》,载《政治与法律》2014 年第 7 期。

21. 林诚二:《不动产物权变动登记之实与虚——以我国台湾地区借名登记契约之相关问题为说明》,载《北方法学》2014 年第 1 期。

22. 周峰、李兴:《隐名购房行为的法律性质认定与执法对策研究》,载《法律适用》2012 年第 8 期。

23. 蒋光辉:《借名购买经济适用房之归属》,载《法律适用》2012 年第 8 期。

24. 李德通:《规避限购令之借名购房行为的性质与效力探讨》,载《法治研究》2012 年第 4 期。

25. 陈承堂:《临时性调控政策的合法性检讨》,载《法学》2011 年第 4 期。

26. 杨代雄:《使用他人名义实施法律行为的效果——法律行为主体的"名"与"实"》,载《中国法学》2010 年第 4 期。

27. 詹森林:《借名登记契约之法律关系》,载《台湾本土法学杂志》2002 年总第 43 期。

28. 黄薇主编:《中华人民共和国民法典释义》,法律出版社 2020 年版。

29. 最高人民法院民事审判第二庭编:《〈全国法院民商事审判工作会议纪要〉理解与适用》,人民法院出版社 2019 年版。

30. 朱庆育:《民法总论》(第 2 版),北京大学出版社 2016 年版。

31. 江必新、刘贵祥主编:《最高人民法院关于人民法院办理执行异议和复议案件若干问题规定理解与适用》,人民法院出版社 2015 年版。

32. 王泽鉴:《民法总则》,北京大学出版社 2009 年版。

案例十：李某某与上海大润发有限公司杨浦店等财产损害赔偿纠纷

2000年11月1日下午，李某某在上海大润发有限公司杨浦店购物。购物前，李某某到该店设置的22号自助寄存柜存包，按提示投入1元硬币。当该硬币从退币口出来的时候，投币口上方吐出一张印有1250719748数字的密码条，并见近李某某胸口处有一箱门自动打开。李某某遂将随身携带的黑色皮包一只(内有刚领取的旅游团款4660元和个人钱款650元，共计5310元)、雨伞一把寄存在该箱内，然后进超市购物。购物后，李某某按密码条的提示输入密码，却打不开箱门。超市工作人员用钥匙打开李某某指认存物的箱门，发现箱内空无一物。工作人员告知李某某，其指认的箱门与其所持密码条显示的箱门号码不一致。工作人员将与密码条号码相符的另一箱门打开，箱内同样空无一物。李某某与大润发超市交涉未果，诉至法院，请求法院判令上海大润发有限公司杨浦店、上海大润发有限公司承担5310元的损害赔偿责任。上海市第二中级人民法院经审理认为，李某某提交的证据只能证明2000年11月1日15时左右，其曾在旅行社领取过旅游团费4660元，不足以证明其在使用自助寄存柜时，曾将内有5310元钱款的皮包等物放入寄存箱内。合同是当事人一致的意思表示，李某某与大润发超市没有达成保管合意。李某某按照自助寄存柜的操作步骤，通过“投入硬币、退还硬币、吐出密码条、箱门自动打开、存放物品、关闭箱门”等人机对话方式，直接取得对自助寄存柜的使用权，实现了存放物品的目的。双方当事人就使用自助寄存柜形成的并非保管合同关系，而是借用合同关系。李某某既不能证明其曾将所称钱款放入自助寄存柜内，也不能证明其所称物品的遗失是自助寄存柜本身存在的质量问题造成的，更不能证明其所称物品的遗失是大润发超市在提供寄存服务中的故意或重大过失行为所致。判决对李某某的诉讼请求，不予支持。

通过该案例探讨法定保管合同的理论依据及制度内容。

一、案例研判

(一)基本案情

李某某,女,66岁,退休职工,就聘于上海航空旅行社。2000年11月1日下午,李某某在上海大润发有限公司杨浦店购物。购物前,李某某到该店设置的22号自助寄存柜存包,按提示投入1元硬币。当该硬币从退币口出来的时候,投币口上方吐出一张印有1250719748数字的密码条,并见近李某某胸口处有一箱门自动打开。李某某遂将随身携带的黑色皮包一只(内有刚领取的旅游团款4660元和个人钱款650元,共计5310元)、雨伞一把寄存在该箱内,然后进超市购物。17时30分左右,李某某购物出来后,按密码条的提示输入密码,却打不开箱门,便找大润发超市的工作人员协助处理。在被要求写下箱内寄存物品的名称及钱款数额后,工作人员用钥匙打开李某某指认存物的箱门,发现箱内空无一物。工作人员告知李某某,其指认的箱门与其所持密码条显示的箱门号码不一致。工作人员将与密码条号码相符的另一箱门打开,发现箱内同样空无一物。当晚,李某某向上海市公安局杨浦分局五角场镇派出所报案并留下笔录。

李某某认为,超市要求消费者将自己的财物存入超市设置的自助寄存柜,双方形成的是保管合同关系,超市应当对消费者的财物承担保管责任。由于大润发超市对其给消费者提供的自助寄存柜的安全性、可靠性过于轻信,疏于管理,以致李某某存入柜内的钱物遗失。请求法院判令上海大润发有限公司杨浦店、上海大润发有限公司承担5310元的损害赔偿责任。

上海大润发有限公司杨浦店、上海大润发有限公司辩称,李某某当天在大润发超市购物是事实,但购物与存包没有必然联系,并非所有的消费者都需要存包。李某某提供的密码条只能说明存包箱曾被李某某打开过,但不能证明李某某确实在里面存放过物品,更不能证明存放的物品是包、伞和巨款。另外,李某某使用的自助寄存柜是大润发超市无偿提供给消费者使用,以便消费者存放零星物品的,双方就此形成的是无偿借用关系。大润发超市已经将自助寄存柜的使用方法和注意事项以明示的方法告知给消费者。对于消费者携带的大件物品、贵重钱物,大润发超市还设有人工寄存处。现在自助寄存柜本身没有损坏,故上海大润发有限公司杨浦店、上海大润发有限公司对李某某所称的物品遗失没有过错,无须承担赔偿责任。

(二)争议焦点

本案的争议焦点如下:

1. 李某某的皮包、包内物品等财物是否放入自助寄存柜内?

李某某认为,2000年11月1日15时左右,其在受聘单位上海航空旅行社领取了旅游团款4660元后,就乘车于16时左右到大润发超市,时间连续,中途没有辗转,故应确认其已将上述钱款和物品放入超市的自助寄存柜内。李某某为此提交的证据有：(1)大润发超市号码为1250719748的自助寄存柜密码条，以证明李某某当时确在大润发超市寄包。(2)上海市公安局杨浦分局五角场镇派出所2000年11月1日的询问笔录，以证明李某某确向派出所报案，并证明李某某与大润发超市的交涉经过。(3)大润发超市的两份送货单，以证明李某某当时确在大润发超市购物。(4)上海航空旅行社的暂支单和上海航空旅行社于2002年8月30日出具的证明，以及证人上海航空旅行社出纳俞某的证词，以证明李某某作为上海航空旅行社的业务员，确曾于2000年11月1日15时左右，在中山南路617号615室上海航空旅行社原南市营业部出纳处，领取了旅游团款4660元。

上海大润发有限公司杨浦店、上海大润发有限公司对李某某上述证据的真实性不持异议，但认为这些证据不能证明李某某将皮包、包内物品等财物放入大润发超市的自助寄存柜内。上海大润发有限公司杨浦店、上海大润发有限公司提交了证人大润发超市原接待课课长徐某某的证词，以说明当时李某某向其投诉及处理经过。

2.消费者使用超市的自助寄存柜存物时，与超市形成何种法律关系？自助寄存柜内的物品丢失，超市是否应当承担赔偿责任？

李某某认为，双方当事人形成的是一种由购物服务派生的特殊保管关系，自助寄存柜是超市为吸引消费者到其店内购物，同时又要保证其店内货物安全而设置的，属于因购物服务而派生的配套服务，李某某与大润发超市形成的是保管合同关系。因大润发超市未尽到管理责任，即因大润发超市的过错致使李某某寄存的财产丢失，大润发超市理应承担民事赔偿责任。

上海大润发有限公司杨浦店、上海大润发有限公司认为，大润发超市为方便消费者购物而向消费者无偿提供自助寄存柜，双方就此柜的使用形成无偿借用合同关系。大润发超市提供的自助寄存柜是质量合格产品，大润发超市也已将使用方法和注意事项明确告知给消费者，尽到了告知义务。现有证据只能证明李某某使用过大润发超市的自助寄存柜，不能证明李某某确实将自己的财物放入柜内，更不能证明李某某所称的财物是在该柜内丢失，故大润发超市无须承担赔偿责任。为此，上海大润发有限公司杨浦店、上海大润发有限公司提交了如下证据：(1)证人上海华明电子金属柜厂销售副厂长李某鹏的证词。李某鹏出庭陈述，大润发超市使用的自助寄存柜是该厂产品。该产品出厂时即标示着“操作步骤”和“寄包须知”，使用的密码共有十位数，前两位数表示自助寄存柜内寄存箱的箱号，后八位数随机组合，能1亿次不重复。各自助寄存柜内的寄存箱均从左到右排列，号码从左上方开始，自上而下纵向编号。该产品经中国上海测试中心测试合格，没有发生过质量纠纷。(2)反映大润发超市在醒目位置公布寄包事项的一组照片。其中标题为“免费寄包柜注意事项”的内文是：密码单妥善保管，请勿示人;价值超过200元的商品、现金、手机、皮包等贵重物品请勿存入;自助寄包自存自取,如有遗失概不负责;存包不过夜,过夜后果自负。(3)大润发超市的接待课若干工作规定和登记表,以说明大润发超市对自助寄存柜的内部管理规定。规章主要内容有:对由于种种原因无法通过正常输入密码打开的箱子,工作人员须征得消费者同意,先填写应急开箱表格再拿钥匙当客人面打开,并核对物品是否与消费者描述的相符。

(三)法院判决

上海市第二中级人民法院查明:本案所涉的退币型自助寄存柜,是大润发超市于1999年10月从上海华明电子金属柜厂购入的。当时共购入24个寄存箱为一组的自助寄存柜21个,16个寄存箱为一组的自助寄存柜1个,全部安置在店内。每组自助寄存柜上,均标有"操作步骤"和"寄包须知"。"操作步骤"的内容为:寄包……(1)未关的门关上;(2)投币;(3)取密码纸,勿向他人展示密码;(4)包放入箱内;(5)关闭。取包……(1)密码输入;(2)取出物品;(3)关门,只能打开箱门一次。"寄包须知"的内容为:(1)请使用者看清"操作步骤"和"寄包须知",不会使用者向管理员请教后再操作,本商场实行自助寄包,责任自负;(2)寄包前先将未关的箱门关上,再投币寄包;(3)寄包必须投币开门,密码纸妥善保管,供取包使用,密码只能开门一次;(4)现金及贵重物品不得寄存;(5)当晚22:00前请取走您的物品。另外,大润发超市在其服务台内,还设有"大件寄物"的服务项目。

在审理过程中,审判人员到大润发超市进行了现场勘验。现场勘验确认,李某某所称"近胸口处自动打开"的箱门,是22号自助寄存柜内的3号箱。3号箱密码条的前二位数应为"03",而李某某所持密码条的前二位数是"12"。经开启22号柜的所有寄存箱,密码条前二位数为"12"的只是第12号箱,该箱位于整组箱柜的最下边一层(近脚处)。在现场勘验过程中,李某某承认购物当天见到自助寄存柜上的"操作步骤"和"寄包须知"。

上海市第二中级人民法院经审理认为,李某某提交的证据只能证明2000年11月1日15时左右,其曾在旅行社领取过旅游团费4660元;间隔1个多小时后,其在大润发超市购物,并使用过该超市的自助寄存柜。李某某提交的证据不足以证明其在使用自助寄存柜时,曾将内有5310元钱款的皮包等物放入寄存箱内。合同是当事人之间设立、变更、终止民事关系的协议,是当事人一致的意思表示。我国原《合同法》第365条规定:"保管合同是保管人保管寄存人交付的保管物,并返还该物的合同。"①第367条

① 《民法典》第888条规定:"保管合同是保管人保管寄存人交付的保管物,并返还该物的合同。寄存人到保管人处从事购物、就餐、住宿等活动,将物品存放在指定场所的,视为保管,但是当事人另有约定或者另有交易习惯的除外。"第2款新增设了法定保管合同,弥补了此前立法保管合同的类型缺失。

规定:“保管合同自保管物交付时成立,但当事人另有约定的除外。”①依照上述法律规定,保管合同是实践合同,即保管合同的成立,不仅须有当事人双方对保管寄存物品达成的一致意思表示,而且还需寄存人向保管人移转寄存物的占有。大润发超市作为一家大型超市,为前来购物的消费者提供了人工寄存和自助寄存柜寄存两种存包方式。在大润发超市的自助寄存柜上,印制着“操作步骤”和“寄包须知”。通过“寄包须知”中关于“本商场实行自助寄包,责任自负”“现金及贵重物品不得寄存”的内容,大润发超市已经把只愿将自助寄存柜提供给消费者使用,不愿对柜内寄存的物品承担保管责任的意思明白表示给消费者。李某某看到自助寄存柜上的明示后,仍不用人工寄存而选用责任自负的自助寄存,说明李某某不愿将自己的物品交付给大润发超市保管,而只愿使用该超市的自助寄存柜暂时存放。因此,双方当事人没有达成保管合同的意思表示。另外,李某某按照自助寄存柜的操作步骤,通过“投入硬币、退还硬币、吐出密码条、箱门自动打开、存放物品、关闭箱门”等人机对话方式,直接取得对自助寄存柜的使用权,实现了存放物品的目的。在这一过程中,李某某的物品没有转移给大润发超市占有,大润发超市也没有收到李某某交付保管的物品。李某某只是借助使用自助寄存柜继续实现对自己物品的控制和占有,而大润发超市由于没有收到交付的物品,也无法履行保管职责。当事人之间不存在保管合同成立的必备要件——保管物转移占有的事实。因此,双方当事人就使用自助寄存柜形成的不是保管合同关系,而是借用合同关系。

在本案借用关系中,上海大润发有限公司杨浦店作为出借人应保证其交付的借用物无瑕疵,并具备应有的使用效能。现根据证人李某鹏的证词及当时自助寄存柜箱门没有被撬痕迹的情况,可以证明上海大润发有限公司杨浦店所提供的自助寄存柜质量合格。且上海大润发有限公司杨浦店在自助寄存柜上张贴的“操作步骤”和“寄包须知”表明,上海大润发有限公司杨浦店对其向消费者提供的无偿使用自助寄存柜服务,已提出正确的接受服务的方法和真实的说明及明确的警示,上海大润发有限公司杨浦店已尽到了经营者的法定义务。现场勘验证明,李某某持有的密码条所对应的柜箱,与李某某指称其放置皮包的柜箱不一致。在此情况下,李某某既不能证明其确曾将所称钱款放入自助寄存柜内,也不能证明其所称物品的遗失是自助寄存柜本身存在质量问题造成的,更不能证明其所称物品的遗失是大润发超市在提供寄存服务中的故意或重大过失行为所致。因此,李某某要求上海大润发有限公司杨浦店、上海大润发有限公司承担其所称物品遗失的赔偿责任,缺乏事实根据和法律依据,难以支持。依照原《合同

① 《民法典》第 890 条规定:“保管合同自保管物交付时成立,但是当事人另有约定的除外。”与原《合同法》第 367 条条文表述基本一致。

法》第5条、[1]第6条、[2]第124条、[3]第216条、[4]第217条、[5]第220条、[6]第365条、第367条,原《中华人民共和国消费者权益保护法》(以下简称《消费者权益保护法》)第18条第1款[7]之规定,判决:对李某某的诉讼请求,不予支持。案件受理费222元,由李某某负担。[8]

上海市第二中级人民法院同时又向当事人指出,当前许多超市除了向消费者提供人工寄存服务以外,还推出智能化自助寄存柜服务。这本是一件既方便到超市购物的消费者,又为超市节约经营成本的好事。但由于自助寄存柜服务是现代经营理念和新技术的产物,它突破了传统的保管寄存范畴,在商家与消费者之间形成了新型的借用关系,由此引发本案纠纷。在本案中,上海大润发有限公司杨浦店、上海大润发有限公司虽然胜诉,但有一点需要说明,相对消费者来说,经营者占据着资金雄厚的优势,是强者,理所应当为消费者提供更多的以人为本的服务,尽最大可能"让消费者满意、使消费者放心",这是现代经营者应当自觉遵循的经营宗旨。就本案而言,如果超市能将"自助寄存柜"改变一下名称,使其更体现因使用该柜而在超市和消费者之间形成的借用关系,则能减少误解;如果自助寄存柜的寄存箱和密码条上能明确显示箱号,则可能避免消费者错拿错放物品;如果超市能利用现有技术在自助寄存柜前安装电子监控设备,则李某某所称遗失的物品是否放入了寄存柜内,如果放入是被何人取走以及如何取走等问题,就会一目了然。超市不应该满足于已将注意事项用文字明示给消费者,还需不断提升服务水平,加强对智能化自助寄存柜的管理,使其更趋完善,力争为消费者营造一

---

① 《民法典》第6条规定:"民事主体从事民事活动,应当遵循公平原则,合理确定各方的权利和义务。"较原《合同法》第5条,条文表述做了修改。

② 《民法典》第7条规定:"民事主体从事民事活动,应当遵循诚信原则,秉持诚实,恪守承诺。"较原《合同法》第6条,条文表述做了修改。

③ 《民法典》第467条第1款规定:"本法或者其他法律没有明文规定的合同,适用本编通则的规定,并可以参照适用本编或者其他法律最相类似合同的规定。"较原《合同法》第124条,条文表述做了修改。

④ 《民法典》第708条规定:"出租人应当按照约定将租赁物交付承租人,并在租赁期限内保持租赁物符合约定的用途。"较原《合同法》第216条,条文表述做了修改。

⑤ 《民法典》第709条规定:"承租人应当按照约定的方法使用租赁物。对租赁物的使用方法没有约定或者约定不明确,依据本法第五百一十条的规定仍不能确定的,应当根据租赁物的性质使用。"较原《合同法》第217条,条文表述做了修改。

⑥ 《民法典》第712条规定:"出租人应当履行租赁物的维修义务,但是当事人另有约定的除外。"较原《合同法》第220条,条文表述做了修改。

⑦ 现《消费者权益保护法》第18条规定:"经营者应当保证其提供的商品或者服务符合保障人身、财产安全的要求。对可能危及人身、财产安全的商品和服务,应当向消费者作出真实的说明和明确的警示,并说明和标明正确使用商品或者接受服务的方法以及防止危害发生的方法。"较原《消费者权益保护法》第18条第1款,条文表述做了修改。

⑧ 参见李某某诉上海大润发有限公司杨浦店等财产损害赔偿纠纷案,上海市第二中级人民法院(2002)沪二中民一(民)初字第60号民事判决书。

个更加方便、安全、舒适的服务环境。对上海市第二中级人民法院的这一建议,上海大润发有限公司杨浦店、上海大润发有限公司诚恳接受,表示一定从此案中吸取教训,切实提高对消费者的服务水平。

证据:

1. 上海大润发有限公司杨浦店号码为1250719748的自助寄存柜密码条,以证明李某某当时确在大润发超市寄包

2. 上海市公安局杨浦分局五角场镇派出所2000年11月1日的询问笔录,以证明李某某确向派出所报案,并证明李某某与上海大润发有限公司杨浦店的交涉经过

3. 上海大润发有限公司杨浦店的两份送货单,以证明李某某当时确在大润发超市购物

4. 上海航空旅行社的暂支单和上海航空旅行社于2002年8月30日出具的证明,以及证人上海航空旅行社出纳俞某的证词,以证明李某某曾于2000年11月1日15时左右领取了旅游团款4660元

5. 证人上海华明电子金属柜厂销售副厂长李某鹏的证词,以证明上海大润发有限公司杨浦店使用的自助寄存柜是该厂产品,标示着"操作步骤"和"寄包须知"

6. 反映上海大润发有限公司杨浦店在醒目位置公布寄包事项的一组照片。标题为"免费寄包柜注意事项"的内文是:(1)密码单妥善保管,请勿示人;(2)价值超过200元的商品、现金、手机、皮包等贵重物品请勿存入;(3)自助寄包自存自取,如有遗失概不负责;(4)存包不过夜,过夜后果自负

7. 上海大润发有限公司杨浦店的接待课若干工作规定和登记表,以说明大润发超市对自助寄存柜的内部管理规定

(四)案例评析与理论延伸

本案虽为财产损害赔偿纠纷,但究其实质则是商业寄存类服务可否成立法定保管合同等问题。在传统民法理论中,依据成立方式的不同,保管合同可分为意定保管合同与法定保管合同。意定保管合同,是指依当事人合意方可成立的保管合同,是保管合同的常态。法定保管合同,则是依据法律规定成立的保管合同。在法定保管合同中,无须当事人达成保管合意,只要具备法定条件,就当然形成保管合同关系。法定保管人通常为商场、餐饮店、浴室、宾馆等特定营业场所的经营者,寄存人通常为顾客。大多数国家和地区都明文规定了法定保管合同。[1]

---

① 相关法条参见《德国民法典》第701条、《法国民法典》第1952条、《瑞士债务法》第487条、《西班牙民法典》第1783条、《意大利民法典》第1783条、《日本商法典》第593条等。

1. 法定保管合同的理论基础与成立要件

法定保管合同最早可上溯至古罗马法。在古代,强盗盛行,旅店主人往往与强盗通谋,以害行客,法律特使旅店主人负较重责任,对旅客携带物品之毁损灭失,除能证明系因不可抗力或旅客自己过失所致外,应负赔偿责任。[①] 在现代社会,在以招徕顾客为目的的商场、餐饮店、浴室、宾馆等特定营业场所中,由于人员出入频繁,良莠不齐,顾客很难就其携带物品妥善保管,为保护顾客利益,提高营业场所的服务质量,增进其营业信用,法律特使特定营业场所的经营者承担较重责任,即使其与顾客并未达成保管合意,仍然负有法定保管义务。[②] 经营者以店堂告示等方式限制或者免除其法定保管义务的,不具有法律效力。

在《民法典》出台之前,我国并无法定保管合同的相关规定。实践中,关于商业寄存类服务的法律属性存在保管合同说、法定保管义务说、借用合同说、附随义务说等争议。我国《民法典》新增设了法定保管合同,弥补了此前立法中保管合同的类型缺失,为商业寄存类服务的认定提供了明确的指引。《民法典》第 888 条第 2 款规定:"寄存人到保管人处从事购物、就餐、住宿等活动,将物品存放在指定场所的,视为保管,但是当事人另有约定或者另有交易习惯的除外。"因此,在我国法定保管合同的成立要件为:(1)保管人须为从事购物、就餐、住宿等活动的特定经营者;(2)寄存人须到保管人处从事购物、就餐、住宿等活动;(3)寄存人须将物品存放在指定场所,以便法定保管人履行保管义务;(4)不存在当事人另有约定或者另有交易习惯等相反证据。《民法典》首次确立了法定保管合同,明确了商业寄存类服务的法律属性与法律效力,同时在保管人范围、寄存人行为等方面限定了法定保管合同的成立条件,对解决此类案件纠纷确有积极的现实意义。

值得提及的是,对于法定保管人的范围,各国立法规定并不一致。《德国民法典》第 701 条规定以营利为目的的旅店经营者需对客人的携入物承担法定保管责任;[③]《法国民法典》第 1952 条规定旅馆或饭店经营者对旅客物品需承担法定保管责任;[④]《瑞士

---

① 参见史尚宽:《债法各论》,中国政法大学出版社 2000 年版,第 539 页。

② 参见史尚宽:《债法各论》,中国政法大学出版社 2000 年版,第 539 页;林诚二:《民法债编各论》(中),中国人民大学出版社 2007 年版,第 271 ~ 272 页;[日]我妻荣:《民法讲义 V3:债法各论》(中卷二),周江洪译,中国法制出版社 2008 年版,第 178 ~ 179 页。

③ 《德国民法典》第 701 条第 1 款规定:"营利性地接待他人住宿的旅店主人,必须赔偿因在从事这一营业中所接待的客人的携入物丧失、毁坏或损坏而发生的损害。"参见陈卫佐译注:《德国民法典》(第 2 版),法律出版社 2006 年版,第 277 页。

④ 《法国民法典》第 1952 条规定:"旅馆或饭店经营人对在其旅馆或饭店留住的旅客带进旅馆或饭店机构内的衣服、行李与其他物品,负受寄托人之责任。此种物品的寄托视为紧迫寄托。"参见《法国民法典》,罗结珍译,北京大学出版社 2010 年版,第 457 页。

债务法》第487条则规定为他人提供住宿的旅店主人为法定保管责任的承担主体;[①]《日本商法典》第594条规定旅店、饭店、浴池等以招徕顾客为目的而设置场所的主人为法定保管人。[②] 可见,大陆法系国家对于法定保管合同中的保管人主要限定为旅馆、餐饮店、浴场等场所的经营者,很少扩及其他,如卖场、超市等。我国《民法典》突破了大陆法系国家的一般规定,将法定保管人扩大到以购物、就餐和住宿等活动为业的经营者,体现了对消费者权益强化保护的立法倾向,有助于促进相关服务行业提高自身服务质量,完善配套服务管理方式。

2. 保管人与寄存人的主要义务

意定保管合同与法定保管合同仅在合同成立方式上存在差异,二者的法律效力并无不同。

一般而言,保管人主要承担妥善保管、交付保管凭证、危险通知与返还保管物等义务。妥善保管保管物,是保管人的主给付义务,但其注意义务的程度,我国立法并无明文规定。学理通说认为,保管人注意义务的程度因保管合同有偿还是无偿而有所不同。在有偿保管合同中,保管人应当尽到善良管理人的注意义务。在无偿保管合同中,保管人应当同保管自己的物品尽同样的注意义务。[③] 保管人保管不当,造成保管物毁损、灭失的,应当承担损害赔偿责任。我国《民法典》第897条规定:"保管期内,因保管人保管不善造成保管物毁损、灭失的,保管人应当承担赔偿责任。但是,无偿保管人证明自己没有故意或者重大过失的,不承担赔偿责任。"即保管人保管不善造成保管物毁损、灭失的,保管人所承担的赔偿责任亦视保管合同有偿还是无偿有所不同,体现了无偿保管合同应适当降低保管人赔偿责任的立法理念。在有偿保管合同中,只要保管人保管不善造成保管物毁损、灭失的,就应当承担损害赔偿责任。在无偿保管合同中,保管人如果能够证明自己没有故意或者重大过失的,则可以免除损害赔偿责任。然而,学界对于法定保管合同应当归属于有偿合同还是无偿合同却存在争议。有学者认为,法定保管合同成立于当事人没有明确约定而由法律直接规定的情形,当事人之间并无合意存在,更无保管费用的约定,根据《民法典》第889条的规定,应当视为无偿保管。经营者与消费

---

① 《瑞士债务法》第487条第1款规定:"为他人提供住宿的旅店主人,对客人所携带物品的毁损、丧失或被盗应负责任,但能证明损害系因客人本人或其来宾、同伴、随从,或者因不可抗力或物之性质所致者,不在此限。"参见《瑞士债务法》,戴永盛译,中国政法大学出版社2016年版,第220页。

② 《日本商法典》第594条规定:"(一)旅店、饭店、浴池和其他以招徕顾客为目的而设置场所的主人,对于接受顾客寄托物品的灭失或毁损,如果没有经过证明其原因是不可抗拒时,不能免除损害赔偿责任;(二)顾客在场所里所携带的物品,虽然没有进行特别寄托,因场所的主人或其使用人不注意而灭失或毁损时,场所主人应当负损害赔偿的责任;(三)关于顾客的携带物品,虽然已经告示不负责任,但场所主人仍不能免除前两项的责任。"参见《日本商法典》,丁耀堂译,法律出版社1982年版,第168页。

③ 参见《德国民法典》第690条、《日本民法典》第659条、《俄罗斯联邦民法典》第891条等。

者之间形成的是无偿保管法律关系，当发生保管物毁损、灭失的情况时，作为法定保管人的经营者仅需承担故意或者重大过失的赔偿责任。也有学者认为，消费者到经营场所消费，并将物品寄存于经营者的指定场所，可见经营者与消费者业已形成消费合同关系。即使经营者并未直接收取保管费，但寄存费用实际上已经隐性包含于消费中，由此形成的保管合同应当认定为有偿保管合同。此外，根据《消费者权益保护法》第 7 条，[①] 经营者也有义务保障消费者的人身及财产安全。例如消费者到宾馆住宿并将其车辆停放于宾馆停车场内，宾馆即使未收取车辆保管费，但基于消费者与宾馆之间形成的住宿服务合同关系，停车费实际上已经包含在住宿费用中。本书认为，从维护消费者权益的角度看，认为法定保管合同当事人并无合意存在进而判断法定保管属于无偿保管的观点失之偏颇。一方面，法定保管合同原则上属于实践性合同，合同的权利义务内容并不取决于当事人合意，而是由法律直接规定。从立法原意看，《民法典》第 902 条的规定应当仅适用于意定有偿保管合同。[②] 另一方面，允许消费者免费使用停车场或存储柜的行为实际上是经营者为便利消费者从事购物、就餐、住宿等活动而做出的配套性、附随性服务。此类服务或设施并非由经营者无偿提供或建设，其成本最终还是会转嫁于消费者在该经营场所的消费支出之中。因此，法定保管合同应当认定为有偿保管合同。

一般而言，寄存人主要承担依约支付保管费、必要费用偿还、告知、声明和领取保管物等义务。当保管物为货币、有价证券或者其他贵重物品时，保管人的保管风险自然增加，为便于保管人采取相应的保管措施，寄存人寄存货币、有价证券或者其他贵重物品的，应当向保管人声明，由保管人验收或者封存。寄存人未声明的，该物品毁损、灭失后，保管人可以按照一般物品予以赔偿。[③] 所谓"一般物品"，是指依保管物的外观，按照社会一般人所能确认的保管物的价值予以赔偿。

综上，在本案中，李某某到上海大润发有限公司杨浦店购物，将其随身携带的物品存放进超市提供的自助寄存柜。依照我国现行立法，大润发超市为提供购物服务的特定经营者，李某某到大润发超市从事购物活动，并将随身携带的物品存放进大润发超市设置的自助寄存柜，满足法定保管合同的成立要件，李某某与大润发超市应当形成法定保管合同关系，而非就该自助寄存柜形成借用合同关系或者租赁合同关系。因此，大润

① 《消费者权益保护法》第 7 条规定："消费者在购买、使用商品和接受服务时享有人身、财产安全不受损害的权利。消费者有权要求经营者提供的商品和服务，符合保障人身、财产安全的要求。"

② 《民法典》第 902 条规定："有偿的保管合同，寄存人应当按照约定的期限向保管人支付保管费。当事人对支付期限没有约定或者约定不明确，依据本法第五百一十条的规定仍不能确定的，应当在领取保管物的同时支付。"

③ 《民法典》第 898 条规定："寄存人寄存货币、有价证券或者其他贵重物品的，应当向保管人声明，由保管人验收或者封存；寄存人未声明的，该物品毁损、灭失后，保管人可以按照一般物品予以赔偿。"

发超市对存放物品负有妥善保管义务,如其保管不善造成保管物毁损、灭失的,应当承担损害赔偿责任。但同时,由于李某某寄存的保管物为货币等贵重物品,李某某应当向大润发超市声明,由大润发超市验收或者封存。因其并未声明,保管物毁损、灭失的,大润发超市可以按照一般物品予以赔偿。

二、法律实务操作

(一)相关法律法规

1.《消费者权益保护法》(2013 年修正)

第 7 条　消费者在购买、使用商品和接受服务时享有人身、财产安全不受损害的权利。

消费者有权要求经营者提供的商品和服务,符合保障人身、财产安全的要求。

第 18 条　经营者应当保证其提供的商品或者服务符合保障人身、财产安全的要求。对可能危及人身、财产安全的商品和服务,应当向消费者作出真实的说明和明确的警示,并说明和标明正确使用商品或者接受服务的方法以及防止危害发生的方法。

宾馆、商场、餐馆、银行、机场、车站、港口、影剧院等经营场所的经营者,应当对消费者尽到安全保障义务。

2.《民法典》(2020 年)

第 888 条　保管合同是保管人保管寄存人交付的保管物,并返还该物的合同。

寄存人到保管人处从事购物、就餐、住宿等活动,将物品存放在指定场所的,视为保管,但是当事人另有约定或者另有交易习惯的除外。

第 897 条(原《合同法》第 374 条)　保管期内,因保管人保管不善造成保管物毁损、灭失的,保管人应当承担赔偿责任。但是,无偿保管人证明自己没有故意或者重大过失的,不承担赔偿责任。

第 898 条(原《合同法》第 375 条)　寄存人寄存货币、有价证券或者其他贵重物品的,应当向保管人声明,由保管人验收或者封存;寄存人未声明的,该物品毁损、灭失后,保管人可以按照一般物品予以赔偿。

(二)思考与实践问题

1. 法定保管合同的理论依据及其成立要件为何?
2. 在法定保管合同中,保管人的范围应当受到何种限制?
3. 在法定保管合同中,保管人应当承担何种合同义务?
4. 在法定保管合同中,保管人的损害赔偿责任应当如何认定?
5. 法定保管合同属于有偿保管合同还是无偿保管合同,为什么?

参考文献

1. 李伟伟:《保管人违反安保义务时的责任竞合研究》,载《甘肃政法学院学报》2020 年第 3 期。

2. 谢鸿飞:《违反安保义务侵权补充责任的理论冲突与立法选择》,载《法学》2019 年第 2 期。

3. 刘野:《保管合同的推定规则与利益衡量》,载《前沿》2019 年第 6 期。

4. 宋春龙:《〈侵权责任法〉补充责任适用程序之检讨》,载《华东政法大学学报》2017 年第 3 期。

5. 陈诗琴:《关于图书馆自助寄存柜纠纷的法律思考》,载《图书馆建设》2010 年第 10 期。

6. 宁红丽:《论我国保管合同制度的法律适用》,载《暨南学报(哲学社会科学版)》2008 年第 6 期。

7. 沈志先、符望:《自助寄存柜失包与超市责任——析李杏英与大润发超市财产损害赔偿纠纷》,载《法学》2003 年第 2 期。

8. 傅鼎生:《自助寄存的法律性质》,载《华东政法学院学报》2002 年第 6 期。

9. 刘成杰:《日本最新商法典译注详解》(第 2 版),中译出版社 2021 年版。

10. 最高人民法院民法典贯彻实施工作领导小组主编:《中华人民共和国民法典合同编理解与适用(四)》,人民法院出版社 2020 年版。

11. 谢鸿飞、朱广新主编:《民法典评注 · 合同编 4》,中国法制出版社 2020 年版。

12.《瑞士债务法》,戴永盛译,中国政法大学出版社 2016 年版。

13.《法国民法典》,罗结珍译,北京大学出版社 2010 年版。

14. 林诚二:《民法债编各论》(中),中国人民大学出版社 2007 年版。

15. 陈卫佐译注:《德国民法典》(第 2 版),法律出版社 2006 年版。

16. 丘汉平:《罗马法》,中国方正出版社 2004 年版。

17. 史尚宽:《债法各论》,中国政法大学出版社 2000 年版。

18. 周枏:《罗马法原论》,商务印书馆 1994 年版。

19.《日本商法典》,丁耀堂译,法律出版社 1982 年版。

20. [日]我妻荣:《民法讲义 V3:债法各论》(中卷二),周江洪译,中国法制出版社 2008 年版。

案例十一:郭某与杭州野生动物世界有限公司服务合同纠纷

2019 年 4 月 27 日,郭某向杭州野生动物世界有限公司(以下简称野生动物世界)购买“畅游 365 天”双人年卡,交付卡费 1360 元。郭某与其妻子叶某留下姓名、身份证号码,拍照并录入指纹,还留存了电话号码等信息。2019 年 7 月 12 日,野生动物世界向包括郭某在内的年卡持卡客户群发短信,内容为:年卡系统已升级,用户可刷脸快速入园,请未进行人脸识别激活的年卡用户携带实体卡至年卡中心激活!如有疑问请致电 0571 - 5897 × × × ×。2019 年 10 月 7 日,野生动物世界停用指纹识别闸机。2019 年 10 月 17 日,野生动物世界向包括郭某在内的年卡持卡客户群发短信,内容为:园区年卡系统已升级为人脸识别入园,原指纹识别已取消,即日起,未注册人脸识别的用户将无法正常入园。2019 年 10 月 26 日,郭某向野生动物世界年卡中心工作人员表示不同意采集人脸信息,要求野生动物世界退还年卡全款 1360 元,赔偿交通费 1160 元,并删除郭某于 2019 年 4 月 27 日办理年卡及之后使用年卡时提交的全部个人信息(包括但不限于姓名、身份证号码、手机号码、照片、指纹信息)。双方未能就退卡与赔偿方案达成一致,郭某诉至法院。浙江省杭州市富阳区人民法院经审理认为,野生动物世界将原已达成合意的指纹识别入园方式变更为人脸识别入园方式,属于单方变更合同行为。郭某已明确表示不同意变更人脸识别入园方式,应当认定野生动物世界发出的变更要约已失效。尽管野生动物世界在 2019 年 11 月 2 日向郭某告知了“年卡 + 身份证”双重验证的入园方式,但该方式实际上亦改变了合同约定的履行方式,客观上增加了郭某履行合同的负担,侵害了消费者的信赖利益。并且合同当事人在办卡时签订的是采用指纹识别方式入园的服务合同,野生动物世界收集郭某及其妻子的人脸识别信息,超出了必要原则的要求,不具有正当性。判决:杭州野生动物世界有限公司赔偿郭某合同利益损失及交通费共计 1038 元,野生动物世界删除郭某办理指纹年卡时提交的包括照片在内的面部特征信息。

通过该案例探讨人脸信息的获取、保存、利用规则及其侵权损害赔偿规则。

一、案例研判

(一)基本案情

野生动物世界的单人门票全票价格为220元/张,双人年卡价格为1360元/张。2019年4月27日,郭某向野生动物世界购买"畅游365天"双人年卡,以微信支付方式向野生动物世界交付卡费1360元。郭某与其妻子叶某留下姓名、身份证号码,拍照并录入指纹,还向野生动物世界登记留存了电话号码等信息。野生动物世界开具的入园门票发票联显示,该年卡有效期至2020年4月25日。

后野生动物世界为提高游客检票入园的通行效率,决定将入园方式从指纹识别入园调整为人脸识别入园,并以店堂告示形式公示涉及人脸识别的"年卡办理流程"和"年卡使用说明","年卡办理流程"载明流程分为以下三步:(1)售票窗口/自助购票机缴费购买年卡;(2)年卡中心人脸注册激活领取年卡;(3)凭年卡及人脸扫描入园。"年卡使用说明"记载的部分内容为:(1)年卡仅限本人使用,年卡办理时录入信息和持卡本人资料必须一致;(2)持卡人游览园区需同时验证人脸识别及年卡入园;(3)年卡即办即用、有效期为生效之日起一年内(365个自然日),不限时间、次数游园;(4)年卡一经出售,不予退换、不予更改人员。

2019年7月12日,野生动物世界向包括郭某在内的年卡持卡客户群发短信,短信的部分内容为:年卡系统已升级,用户可刷脸快速入园,请未进行人脸识别激活的年卡用户携带实体卡至年卡中心激活!如有疑问请致电0571-5897××××。

2019年10月7日,野生动物世界停止使用指纹识别闸机。

2019年10月17日,野生动物世界向包括郭某在内的年卡持卡客户群发短信,短信的部分内容为:园区年卡系统已升级为人脸识别入园,原指纹识别已取消,即日起,未注册人脸识别的用户将无法正常入园。如尚未注册,请您携指纹年卡尽快至年卡中心办理。咨询电话:0571-5897××××。

2019年10月26日,郭某与同事陈某至野生动物世界核实人脸识别入园一事。郭某提供的当日13时48分开始在野生动物世界年卡中心录制的录像显示,年卡中心工作人员向其表示可以让其入园,但是需要先注册人脸识别系统;在郭某的追问下,年卡中心工作人员表示原指纹识别方式已无法入园,未注册人脸识别系统将无法入园;郭某提出其妻子不同意人脸识别,并咨询在不注册人脸识别系统的情况下能否退还卡费,双方未能就退卡方案达成一致。郭某提供的当日13时52分开始在野生动物世界年卡中心录制的录像显示,郭某再次提出其与妻子存在分歧,妻子叶某不同意注册人脸识别系统,并咨询后续如何处理。年卡中心工作人员向其表示若不更换人脸识别将无法入园。郭某提供的当日13时59分开始在野生动物世界检票口录制的录像显示,其再次向野生动物世界工作人员(客服)表明妻子的态度。客服人员向其现场展示了指纹识别系统已改造成人脸识别系统通道。郭某提出,其办年卡是为了每个星期都可以过来游览,并对工作人员拿着手机对年卡客户进行人脸识别提出质疑。双方就退卡一事再次协商,未能达成一致。野生动物世界提供的同日拍摄的录像显示,郭某表示其妻子叶某不同意注册人脸识别系统,但其本人同意,并表示此行目的是升级年卡。当日郭某未提出入园申请,也未激活人脸识别入园方式。

2019 年 11 月 4 日《钱江晚报》第二版《杭州野生动物世界年卡改为强制刷脸入园,法学博士提出质疑并诉至法院,动物园有权采集我的脸吗》一文中,登载郭某意见:“采指纹,我是同意的,但是采集人脸信息,我是拒绝的。”“11 月 2 日下午,野生动物世界打电话说,我可以通过年卡和身份证双重的方式入园。但是,这样一个空头承诺,万一实行几次后就不让我进了呢? 大家都是刷脸进入,把我变成一个例外,我心里也不舒服的。”事后,郭某未按前述双重验证方式入园参观。

野生动物世界的年卡中心设置在安检口旁边,与检票口相距较近。郭某在办理双人年卡后,该年卡在 2019 年 4 月 27 日、5 月 4 日、6 月 1 日、9 月 14 日有五人次使用记录。

郭某与野生动物世界未能就退卡与赔偿方案达成一致,郭某诉至法院。请求法院:(1)确认野生动物世界“年卡办理流程”告示中的“扫描指纹后激活年卡”“凭年卡及指纹正常使用”等内容无效;“年卡使用说明”告示中的“持卡人游览园区时需同时验证年卡及指纹入园”内容无效。(2)确认野生动物世界于 2019 年 7 月 12 日向郭某发送的短信通知中的“请未进行人脸激活的年卡用户携带实体卡至年卡中心激活”内容无效。(3)确认野生动物世界于 2019 年 10 月 17 日向郭某发送的短信通知中的“园区年卡系统已升级为人脸识别入园,原指纹识别已取消,即日起,未注册人脸识别的用户将无法正常入园”内容无效。(4)确认野生动物世界“年卡办理流程”告示中的“人脸注册激活领取年卡”“凭年卡及人脸扫描入园”等内容无效;“年卡使用说明”告示中的“持卡人游览园区时需同时验证人脸识别及年卡入园”内容无效。(5)判令野生动物世界退还郭某年卡卡费 1360 元。(6)判令野生动物世界赔偿郭某于 2019 年 10 月 26 日前往野生动物世界的往返交通费 360 元、于 2019 年 10 月 28 日前往法院立案的往返交通费 400 元,以及郭某因本案出庭应诉等原因前往法院产生的其他往返交通费 400 元。(7)判令野生动物世界在第三方技术机构见证下,删除郭某于 2019 年 4 月 27 日办理年卡及之后使用年卡时提交的全部个人信息(包括但不限于姓名、身份证号码、手机号码、照片、指纹信息),并承担相应的技术见证费用。(8)本案诉讼费用由野生动物世界承担。

(二)争议焦点

本案的争议焦点在于,经营者处理消费者的人脸信息等个人生物识别信息时,处理行为规范和相关行为效力认定等问题，主要表现为：

1. 店堂告示、短信通知内容的效力认定

郭某认为，野生动物世界的店堂告示和短信通知中的强制指纹和人脸识别内容违法，应依法确认无效。郭某于 2019 年 4 月 27 日在野生动物世界办理年卡时，野生动物世界以指纹识别技术手段入园为由强制收集郭某的指纹信息。根据《信息安全技术个人信息安全规范》(GB/T 35273—2017)①的规定，指纹信息属于个人生物识别信息，该类信息属于个人敏感信息，一旦泄露、非法提供或者滥用将极易危害包括郭某在内的消费者的人身和财产安全。虽然野生动物世界在年卡中心通过店堂告示的方式对"年卡办理流程"和"年卡使用说明"进行了公告，但告示中并未对收集和使用指纹信息可能具有的个人信息安全风险等进行任何提示说明。"年卡办理流程"告示中的"扫描指纹后激活年卡""凭年卡及指纹正常使用"等内容，以及"年卡使用说明"告示中的"持卡人游览园区时需同时验证年卡及指纹入园"等内容明显违反《消费者权益保护法》第 26 条的规定，依法应当确认无效。根据《信息安全技术个人信息安全规范》的规定，面部特征信息属于个人生物识别信息，该类信息同样属于个人敏感信息。野生动物世界于 2019 年 7 月 12 日向郭某发送的短信通知中的"请未进行人脸激活的年卡用户携带实体卡至年卡中心激活"内容、于 2019 年 10 月 17 日向郭某发送的短信通知中的"园区年卡系统已升级为人脸识别入园，原指纹识别已取消，即日起，未注册人脸识别的用户将无法正常入园。如尚未注册，请您携指纹年卡尽快至年卡中心办理"内容，以及野生动物世界"年卡办理流程"告示中的"人脸注册激活领取年卡""凭年卡及人脸扫描入园"等内容、"年卡使用说明"告示中的"持卡人游览园区时需同时验证人脸识别及年卡入园"内容也都明显违反《消费者权益保护法》第 26 条的规定，依法应当确认无效。

野生动物世界认为，其与郭某订立的服务合同不存在无效情形。在野生动物世界，所有游客入园有两个选择，一是按正常价格购买门票，二是办理年卡。郭某在年卡中心办理年卡时，应当看到野生动物世界在年卡中心张贴的办理流程和使用说明。公示收集信息的目的是为入园身份识别，收集信息的范围是年卡持卡人的个人信息。野生动物世界特别明示了需要扫描指纹，还要通过拍摄照片提供面部特征信息。郭某在享有知情权的情形下，可以自行决定是选择提供个人生物识别信息，冒着可能泄露的风险，享受双人无限次入园只需花费 1360 元的优惠价格，还是谨守个人信息安全，按照每人每次 220 元的正常门票价格去支付全额费用。在完全拥有充分自主选择权的情形下，郭某选择同意提供个人生物识别信息，换取双人年卡的消费优惠。郭某及其配偶叶某随即扫描指纹、拍摄合影，支付了 1360 元年卡费。因此野生动物世界收集郭某的指纹

① 已废止。《信息安全技术个人信息安全规范》(GB/T 35273—2020)于 2020 年 10 月 1 日实施。

和面部特征生物识别信息，是在 4 月 27 日郭某购买年卡的当场就已实施完成。郭某不仅是学养深厚的法学博士，而且是个人信息与数据安全领域的法学教授，是"旅游产业大数据技术应用的隐私保护对策研究"课题的主持人，还是消费者维权组织的专业顾问。所以郭某完全清楚野生动物世界收集的指纹、面部特征是否属于个人敏感信息和个人生物识别信息，郭某也完全清楚野生动物世界经消费者同意而扫描、收集其生物识别信息的方式是否损害消费者的合法权益。与普通消费者相比，郭某拥有更为专业的认知水准和更加敏锐的维权意识，在这种情况下，郭某在购买年卡时，没有对野生动物世界收集个人信息的项目、方式和用途提出过任何质疑。郭某作为大学授业解惑的法学副教授，不可能与野生动物世界签订一个包含无效内容的服务合同，并且后续自愿实际履行该服务合同。因此，当事人订立的服务合同全部内容合法有效。不仅如此，合同生效后，当事人双方均已实际履行了合同。郭某已实际使用指纹识别多次入园游览。野生动物世界在履行过程中，为了解决指纹机识别精准度低导致年卡用户入园排队时间过长的问题，将识别系统升级为面部特征识别系统。郭某于 2019 年 7 月 12 日就接到了野生动物世界的升级短信，在此后整个试运行 3 个月内，郭某对升级面部特征识别系统一事没有提出过任何异议。2019 年 10 月 26 日，郭某到野生动物世界咨询时明确表示其本人同意激活使用面部特征识别系统，只是其配偶叶某有所顾虑。鉴于郭某配偶叶某只是本案服务合同的受益人，并非本案合同的签约人，受益人是否同意并不影响签约双方间达成合意的法律效力。所以，无论是合同订立阶段收集个人信息的项目，还是合同履行阶段使用个人信息的方式，野生动物世界都是在郭某同意的情况下实施的，符合《消费者权益保护法》关于收集、使用个人信息需要经消费者同意的规定，也符合《民法典》关于处理个人信息需要经个人信息所有者同意的原则。同时，本案服务合同的内容既没有排除或限制郭某持年卡入园游览的主要权利，也没有加重郭某的负担，更没有减轻或免除野生动物世界的责任，不存在合同无效情形。

2. 野生动物世界是否存在违约和欺诈行为？应否承担损害赔偿责任？

郭某认为，野生动物世界存在违约和欺诈行为，应当承担损害赔偿责任。2019 年 10 月 26 日郭某专门驱车前往野生动物世界核实野生动物世界于 2019 年 10 月 17 日向郭某发送的人脸识别注册短信通知的真实性。野生动物世界年卡中心工作人员表示短信所提及的内容属实，并向郭某明确表示，从该时点开始如果不进行人脸识别将无法入园。随后郭某向野生动物世界客服人员明确提出退卡主张，但该工作人员表示如果退卡需要将已经入园的单次费用累计后加以扣除，郭某对此无法接受。野生动物世界在未与郭某进行任何协商亦未征得郭某同意的情况下，强制要求郭某进行人脸识别注册方可入园，其行为与办理年卡时"畅游 365 天"的承诺明显相悖，构成违约，应当承担相应的违约责任。另外，根据《消费者权益保护法》第 55 条的规定，经营者提供服务有欺诈行为的，消费者有权要求增加赔偿其受到的损失。野生动物世界在本案发生后，通过媒体以及向法院明确表示，在郭某办理年卡前后存在多种入园和身份验证的服务方式。然而，郭某在2019年4月27日办理年卡时，野生动物世界在未向郭某作出任何说明的情况下，强制要求郭某通过指纹录入的方式办理和使用年卡；之后又强制要求郭某进行人脸识别注册。野生动物世界在郭某办理年卡和使用年卡时，故意告知郭某虚假情况并隐瞒真实情况，诱使郭某在办理和使用年卡时作出错误的意思表示。另外，根据原《侵害消费者权益行为处罚办法》第16条的规定，①野生动物世界提供的入园和身份验证服务不符合保障个人信息安全要求。因此，野生动物世界在提供服务的过程中存在欺诈行为。根据《消费者权益保护法》第55条规定，野生动物世界除了因违约而应赔偿郭某自2019年10月26日起无法继续正常使用年卡而产生的损失外，郭某还可以要求增加赔偿年卡费用的3倍，即4080元。现郭某在该赔偿额度范围内仅要求野生动物世界赔偿年卡卡费及相关交通费用，完全公平合理。

野生动物世界认为，其不存在违约行为。理由在于：(1)至本案开庭时野生动物世界从未拒绝郭某入园，服务合同的履行不存在任何障碍。在合同履行期间，郭某已经实际使用指纹识别方式多次到野生动物世界入园游览。无论是野生动物世界于2019年7月12日向包括郭某在内的所有年卡用户发送的第一条手机短信，还是试运行3个月后野生动物世界于2019年10月17日向包括郭某在内的所有年卡用户发送的第二条手机短信，通知的内容并未告知如果不办理升级就不能入园，而是办理升级就可以快速入园。如果年卡用户不办理升级，只能按照特殊情况采用非常规的人工核对人工验证方式入园。郭某在收到短信后，既没有拨打短信通知中载明的电话质疑，也没有以任何方式提出异议，并继续入园1人次。不仅如此，2019年10月26日郭某到野生动物世界咨询时明确表示："我也同意这样弄的，我本来今天是来年卡升级的""现在我和我老婆有分歧，她不同意人脸识别"。鉴于郭某配偶叶某不是本案服务合同的当事人，郭某作为本案服务合同的一方当事人，明确表示对系统升级为人脸识别没有意见，应当视为明示同意。在2019年11月4日《钱江晚报》刊登的《杭州野生动物世界年卡改为强制刷脸入园，法学博士提出质疑并诉至法院，动物园有权采集我的脸吗》一文中，郭某表示："11月2日下午，野生动物世界打电话说，我可以通过年卡和身份证双重的方式入园。但是，这样一个空头承诺，万一实行几次后就不让我进了呢？"对此，野生动物世界从未明确表示或以自己的行为表明不履行为郭某提供无限次入园游览服务的主给付义务。因

① 现《侵害消费者权益行为处罚办法》第16条规定："经营者有本办法第五条第(一)项至第(六)项规定行为之一且不能证明自己并非欺骗、误导消费者而实施此种行为的，属于欺诈行为。经营者有本办法第五条第(七)项至第(十)项、第六条和第十三条规定行为之一的，属于欺诈行为。"与原《侵害消费者权益行为处罚办法》第16条条文表述基本一致。

此在本案服务合同履行中,野生动物世界并不存在违约行为。(2)指纹识别升级为面部识别验证方式只是入园验证方式的不同,并不影响年卡用户无限次游园的根本目的。为提高年卡用户的入园效率,提升年卡用户的入园体验,野生动物世界积极采用最新科技成果,先后使用了“指纹 + 年卡”通过闸机自动识别身份验证入园方式以及诉争的闸机自动识别面部特征验证身份入园方式。从指纹识别升级为面部特征识别,是由于指纹识别系统和技术原因导致验证时间较长,每逢节假日高峰期,年卡用户扎堆使用指纹识别,指纹机反应更慢,造成年卡用户排长队。此外还出现年卡用户手指如脱皮或受伤或受潮后,指纹无法被闸机识别等情形。为响应国家智慧景区建设,提高入园速度,便捷游客,野生动物世界才将年卡用户由指纹识别升级为面部特征识别验证入园。据此,野生动物世界收集和使用郭某的指纹、面部特征信息,采用高科技手段,以指纹识别代替传统人工验证方式,再升级为面部识别验证方式,都是围绕入园验证核对身份这个服务环节进行的。野生动物世界的主给付义务是在年卡有效期内为年卡用户提供无限次入园游览服务,无论采用指纹识别还是面部特征识别,仅仅是入园验证方式的不同,并不影响年卡用户无限次游园的根本目的。野生动物世界同时认为,其在提供服务的过程中亦不存在欺诈行为。郭某没有任何证据证明野生动物世界对其实施了消费欺诈。无论在服务合同订立阶段还是在服务合同履行阶段,野生动物世界从未故意隐瞒真实情况或者故意告知虚假情况,以误导郭某作出违背其真实意思的决定。郭某与普通消费者不同,既是学养深厚的资深法律专家,还是消费者维权组织的专业顾问,其具备的学识和慧眼,不可能因无知、疏忽或缺乏经验而被“消费欺诈”。此外,若确如郭某所称在办理年卡时就对扫描指纹提出异议,但郭某在合同订立后仍采用指纹识别方式多次入园游览,应当视为“明知服务存在质量问题而仍然接受”,其购买行为亦不符合“消费欺诈”的构成要件。退一万步讲,即使野生动物世界存在欺诈行为,也不属于法定无效情形,郭某只能依法申请撤销服务合同。鉴于郭某在庭审中已明确表示不申请撤销本案服务合同,故服务合同至今仍合法有效。综上,野生动物世界认为,其在合同订立与合同履行过程中不存在违约与欺诈行为,因此郭某要求野生动物世界退还年卡费 1360 元并赔偿其交通费,没有事实和法律依据。理由在于:(1)郭某以野生动物世界提供服务存在欺诈行为为由,要求按照《消费者权益保护法》第 55 条的规定退还年卡费 1360 元,没有事实和法律依据。《消费者权益保护法》第 55 条规定经营者以存在恶意、故意、欺诈或放任的方式实施加害行为致使消费者遭受损害,消费者可以获得实际损害赔偿之外的增加赔偿,即惩罚性赔偿。但适用该规定的前提条件是郭某应当举证证明其确实因野生动物世界的欺诈行为遭受损失。本案中,郭某未对损害事实进行举证,郭某依据《消费者权益保护法》第 55 条的规定要求野生动物世界赔偿损失的主张没有事实依据。(2)郭某在起诉前已多次享受野生动物世界提供的入园游览服务,在起诉后,野生动物世界也从未阻却郭某继续享有合同项下入园游览的权利，从未明确表示或以自己的行为表示不履行为郭某提供入园游览服务的义务。短信通知中的表述是“不办理人脸识别不能正常入园”，并非拒绝郭某入园，只是告知郭某不能通过快捷高效的验证方式直接入园而已，不存在“预期违约”的法定解除情形。郭某以优惠价格购买年卡，在本案服务合同期间也实际入园游览 5 人次。较正常门票价格，其已实际享受价值为 1100 元的服务。野生动物世界为此已实际付出必要的成本支出。如果郭某在享受了极大的优惠价格后，又借故单方解除合同并要求退还全款，野生动物世界势必遭受履行利益的损失，对野生动物世界显然不公。因此，应当根据公平原则和损益相抵原则，按照正常门票的原价扣减郭某已经实际享受服务部分的价值，作为对野生动物世界履行利益损失的折价补偿。(3)郭某不享有损害赔偿请求权。首先，损害赔偿必须有损害事实的存在，即损害是现实已经发生的，对未来可能的损害不能预先请求赔偿。而郭某 10 月 26 日到野生动物世界咨询的假设问题，“比方说我老婆不同意”；起诉后接受媒体采访也谈的是“万一将来个人信息被披露了”；野生动物世界电话明确告知郭某可以用身份证和年卡双重验证入园时，郭某又对媒体称“万一实行几次后又不让我进了呢？”由此可见，所有的损害尚未发生。郭某作为法学专业人士，在明知没有遭受任何实际损害的情况下，向法院请求赔偿，以未来不确定是否会发生的假设作为起诉理由，拼凑一些交通费作为损失事实，其主张没有事实依据和法律依据。其次，郭某到野生动物世界咨询和到法院立案的往返交通费都不是必要费用。野生动物世界在发给郭某的短信通知中已提供了咨询电话号码，郭某完全可以拨打电话咨询相关情况，没有必要开车前往。同理，郭某到法院立案的交通费也不是必要费用。自 2018 年 2 月起，浙江省的诉讼当事人就可以利用“浙江移动微法院”进行网上立案，还可以将起诉材料邮寄给法院。郭某在 2019 年 10 月 28 日起诉，完全可以利用互联网技术或现代物流方式，足不出户完成立案，没有必要开车前往。最后，郭某以网约车的收费金额主张自驾车的费用明显不当。网约车以营利为目的，收费金额不仅包括车油成本，还包括司机的劳务成本、企业运营成本和赚取的利润，网约车价格显然不具备合理的参考价值。实际上，从郭某居住的小区，无论到野生动物世界还是到富阳区人民法院，如果乘坐公共交通工具，往返费用仅需 24 元。此外，郭某要求野生动物世界支付其后续到法院参加诉讼活动的往返交通费，本案的服务合同没有约定，法律也没有规定。故郭某要求野生动物世界赔偿交通费的诉求，没有法律依据，应予驳回。

3. 野生动物世界应否删除已收集的郭某的个人信息？

郭某认为，野生动物世界应当删除其办理年卡时提供的个人信息，以确保其个人信息安全。根据《消费者权益保护法》第 29 条第 1 款、《中华人民共和国网络安全法》(以下简称《网络安全法》)第 41 条第 1 款的规定，野生动物世界收集、使用包括郭某在内的消费者的个人信息，应当遵循“合法、正当、必要”原则，不得违反法律规定收集、使用信息；根据《网络安全法》第 41 条第 2 款的规定，野生动物世界不得收集与其提供的服务无关的个人信息。野生动物世界向郭某提供的服务内容是园区游览，郭某凭身份证件和年卡就足以达到入园区游览的资格认证条件。因此，野生动物世界收集和使用郭某的指纹信息不符合“合法、正当、必要”原则，也与其提供的园区游览服务无关。由于野生动物世界已经违法收集了郭某的指纹信息，根据《网络安全法》第 43 条的规定，郭某有权要求野生动物世界删除该信息。根据《消费者权益保护法》第 29 条第 2 款、《网络安全法》第 42 条第 2 款的规定，野生动物世界应当采取技术措施和其他必要措施，确保郭某的个人信息安全，在野生动物世界为郭某办理的指纹入园年卡的相关格式条款被确定无效且野生动物世界存在违约的情况下，野生动物世界有义务采取补救措施，将郭某办理指纹入园年卡时提交的全部个人信息（包括但不限于姓名、身份证号码、手机号码、照片、指纹信息）以及全部入园时指纹录入信息等进行删除。为了确保野生动物世界全面履行个人信息安全保障义务，郭某认为应当通过第三方技术机构进行见证，并由野生动物世界承担相应的技术见证费用。

野生动物世界认为，郭某不符合删除权的行使条件。理由在于：(1) 个人信息的利用分为主动利用和被动防御两种类型。主动利用，是指权利人可以对个人信息进行积极主动的商业化利用，以获取经济利益。正如郭某利用微信支付方式支付了年卡费 1360 元。微信支付需要绑定郭某个人的全部敏感信息，包括身份证号码甚至银行卡号，但是郭某为了获取微信支付的便捷、经济利益，对自己的个人信息采取了积极主动的商品化利用。被动防御，是指他人未经权利人许可，收集、利用权利人个人信息时，权利人有权请求行为人更改或删除个人信息，以排除他人的非法利用，使个人信息恢复到正常状态。对于信息主体主动利用以追求经济利益的信息，如果信息主体可以在事后主张被动防御，无疑会造成经济成本和司法成本的浪费。因此，信息主体为追求商业利益而主动利用其留存的个人信息，应当限制、排除信息主体的删除要求。如前所述，郭某的出发点全是对“万一”“一旦”等未来情况的担忧，并没有任何证据证明野生动物世界实施过任何泄露、出售、非法提供、不当使用包括郭某在内所有年卡用户个人信息的实际违法违约情形。因此郭某要求行使个人信息删除权，不符合删除权的必要充分条件。(2) 关于删除范围，郭某提及的姓名、身份证号码、手机号码、照片、指纹信息属于个人数据。郭某原来提交的起诉状中还提及了入园记录，入园记录属于行为信息数据，是郭某与野生动物世界在服务合同项下共同形成的数据，应当属于郭某与野生动物世界共同所有，郭某无权单方要求删除。(3) 野生动物世界对郭某在内的所有年卡用户的个人敏感信息，包括指纹和面部特征信息，如在年卡到期后 3 个月续卡期届满之日前，年卡用户没有续费的，自 3 个月续卡期届满之日起，系统自动对这些信息进行失效处理并删除。如郭某自愿聘请第三方见证,见证费用应当由郭某承担。

(三)法院判决

浙江省杭州市富阳区人民法院经审理认为,关于争议焦点一:店堂告示、短信通知内容的效力认定。郭某基于野生动物世界已经收集其指纹等信息,以及欲收集其人脸识别信息,侵害其权利为由,根据《消费者权益保护法》第26条第2款、第3款的规定,主张相关店堂告示、短信内容无效。根据《消费者权益保护法》第29条第1款、第2款的规定,经营者收集、使用消费者个人信息,应当遵循合法、正当、必要原则,明示收集、使用信息的目的、方式和范围,并经消费者同意。经营者收集、使用消费者个人信息,应当公开其收集、使用规则,不得违反法律、法规的规定和双方的约定。经营者及其工作人员对收集的消费者个人信息必须严格保密,不得泄露、出售或者非法向他人提供。经营者应当采取技术措施和其他必要措施,确保信息安全,防止消费者个人信息泄露、丢失。在发生或者可能发生信息泄露、丢失的情况时,应当立即采取补救措施。根据以上规定及其他相关法律的规定,我国法律对于个人信息在消费领域的收集、使用并未采取禁止的态度,而是强调对个人信息处理过程的监督管理,即在前端收集个人信息阶段需要遵循"合法、正当、必要"原则和征得当事人同意规则;在中端控制信息过程中需要遵循确保安全原则,不得泄露、出售或者非法向他人提供个人信息;在末端出现个人信息被侵害时,经营者依法需要承担采取补救措施等相应的侵权责任。本案中,野生动物世界基于年卡用户可在有效期内无限次入园畅游的实际情况,使用指纹识别、人脸识别等生物识别技术,以达到甄别年卡用户身份、提高年卡用户入园效率的目的,该行为本身符合前述法律规定的"合法、正当、必要"三原则的要求。郭某在办理年卡时,野生动物世界的店堂告示以醒目的文字告知购卡人需要提供包括指纹在内的部分个人信息,郭某自行决定提供该信息成为年卡客户。该店堂告示内容保障了郭某的消费知情权和对个人信息的自主决定权,未作出排除或者限制消费者权利、减轻或者免除经营者责任、加重消费者责任等对消费者不公平、不合理的规定,不属于《消费者权益保护法》第26条第3款规定的因含有上述内容导致无效的情形,故对郭某的第1项诉讼请求,本院不予支持。关于郭某的第2项至第4项诉讼请求,根据原《合同法》第8条第1款规定,依法成立的合同,对当事人具有法律约束力。① 当事人应当按照约定履行义务,不得擅自

① 《民法典》第465条规定:"依法成立的合同,受法律保护。依法成立的合同,仅对当事人具有法律约束力,但是法律另有规定的除外。"较原《合同法》第8条第1款,条文表述做了修改。

变更或者解除合同。原《合同法》第 13 条、[①]第 16 条第 1 款、[②]第 20 条第 1 项[③]规定，当事人订立合同，采取要约、承诺方式；要约到达受要约人时生效；拒绝要约的通知到达要约人的，要约失效。本案中，在郭某与野生动物世界已经达成采取指纹识别方式入园合意的情况下，野生动物世界在履行合同期间向郭某发送案涉两条短信，拟将原已达成的指纹识别入园方式变更为人脸识别入园方式，该行为属于单方变更合同行为。从合同缔结角度，该短信的内容对郭某而言属于新要约，鉴于郭某在诉前已明确表示不同意变更人脸识别入园方式，并以诉讼方式要求确认该两条短信内容无效，应当认定野生动物世界发出的前述要约已失效。野生动物世界张贴的有关人脸识别的店堂告示主要面向新办卡的不特定用户，该店堂告示内容未成为郭某与野生动物世界之间的合同条款，对郭某不发生法律效力，郭某对该店堂告示不具有法律上的直接利害关系，其要求确认涉人脸识别的短信通知和店堂告示内容无效，不符合原《民事诉讼法》第 119 条第 1 项的规定，[④]本院不予支持。

关于争议焦点二：(1)关于郭某主张的违约及赔偿问题。双方当事人之间形成的服务合同合法有效，依法应当得到全面履行。合同履行过程中，野生动物世界在未与郭某进行任何协商，亦未征得其同意的情况下，发送短信告知郭某未注册人脸识别将无法正常入园，在郭某上门咨询求证时，野生动物世界的工作人员明确告知其不注册人脸识别将无法入园，而未告知存在其他的入园方式，野生动物世界的该行为属于以明示的方式表明不履行原合同约定的主要义务，依据原《合同法》第 108 条的规定，[⑤]郭某作为守约方，可以在履行期限届满前要求野生动物世界承担违约责任。尽管野生动物世界在 2019 年 11 月 2 日向郭某告知了“年卡 + 身份证”双重验证的入园方式，但该方式实际上亦改变了合同约定的履行方式，客观上增加了郭某履行合同的负担，侵害了消费者的

---

① 《民法典》第 471 条规定：“当事人订立合同，可以采取要约、承诺方式或者其他方式。”较原《合同法》第 13 条，条文表述做了修改。

② 《民法典》第 474 条规定：“要约生效的时间适用本法第一百三十七条的规定。”第 137 条规定：“以对话方式作出的意思表示，相对人知道其内容时生效。以非对话方式作出的意思表示，到达相对人时生效。以非对话方式作出的采用数据电文形式的意思表示，相对人指定特定系统接收数据电文的，该数据电文进入该特定系统时生效；未指定特定系统的，相对人知道或者应当知道该数据电文进入其系统时生效。当事人对采用数据电文形式的意思表示的生效时间另有约定的，按照其约定。”较原《合同法》第 16 条，条文表述做了修改。

③ 《民法典》第 478 条规定：“有下列情形之一的，要约失效：(一)要约被拒绝；(二)要约被依法撤销；(三)承诺期限届满，受要约人未作出承诺；(四)受要约人对要约的内容作出实质性变更。”较原《合同法》第 20 条，条文表述做了修改。

④ 《民事诉讼法》(2021 年修正)第 122 条第 1 项规定：“起诉必须符合下列条件：(一)原告是与本案有直接利害关系的公民、法人和其他组织。”与 2017 年《民事诉讼法》第 119 条第 1 项条文表述基本一致。

⑤ 《民法典》第 578 条规定：“当事人一方明确表示或者以自己的行为表明不履行合同义务的，对方可以在履行期限届满前请求其承担违约责任。”较原《合同法》第 108 条，条文表述做了修改。

信赖利益。郭某在本案中不要求解除合同，而要求野生动物世界退还年卡卡费并赔偿交通费。据郭某当庭陈述，“退还”年卡费实质上是赔偿损失的性质，根据野生动物世界的违约情节以及郭某的损失情况，本院认为，野生动物世界承担的赔偿损失范围，包括自 2019 年 10 月 26 日起至合同期限届满之日止的合同利益损失及部分交通费。关于合同利益损失，本院认为应当以卡费 1360 元为基数，按利益受损的 182 天在合同履行期限 365 天中的比例折算，该部分损失为 678 元。关于郭某主张的三项交通费，本院对郭某因前往野生动物世界咨询交涉产生的往返交通费 360 元予以支持；对因前往本院立案和参加诉讼产生的两项交通费用，因法律依据不足，本院不予支持。综上，野生动物世界应当赔偿郭某上述两项费用合计 1038 元。(2)关于郭某主张的欺诈及赔偿问题。郭某主张野生动物世界存在欺诈行为有二：一是在办理指纹识别方式入园的年卡以及要求进行人脸识别注册时，故意隐瞒存在其他入园方式的真实情况，诱使其作出错误的意思表示；二是野生动物世界提供的入园和身份验证服务不符合保障个人信息安全要求。关于郭某诉称的第一种欺诈行为，本院认为，野生动物世界的客户群体分为单次购票客户和年卡客户等不同类型。年卡客户不同于单次购票用户，其在购买年卡后可以在特定时段内不限次数畅游，因此在每次入园前都应当接受身份查验，故野生动物世界对不同客户群体采用差异化的入园查验方式具有必要性和合理性。野生动物世界在本案中明确表示，郭某办理年卡时只有通过采集游客个人指纹及人脸面部信息后办理年卡一种方式，没有其他年卡办理方式；所谓存在其他辅助入园方式，是指如持卡人指纹无法识别或未带年卡，以及服务合同有效期内游客不同意激活人脸识别方式等特殊情形，可以借助人工识别身份方式入园。根据野生动物世界的上述意见，结合郭某已接受指纹识别入园方式并办理年卡的实际情况，本院认为现无证据证明野生动物世界在办卡时存在故意隐瞒其他入园方式误导郭某作出消费决定的行为，郭某主张的该项欺诈事由缺乏依据。至于野生动物世界告知郭某若不接受人脸识别入园方案将无法入园的行为，属于不履行主合同义务的违约行为，郭某未接受人脸识别入园的方案，双方就新的入园方式未达成合意，因此未产生任何“欺诈”后果。关于郭某主张的第二种欺诈行为，其依据的法律规范为原国家工商总局《侵害消费者权益行为处罚办法》第 5 条第 1 项[①]和第 16 条第 1 款的规定，即经营者销售的商品或者提供的服务不符合保障人身、财产安全要求，且不能证明自己并非欺骗、误导消费者而实施此种行为的，属于欺诈行为。本院认为，诚如前文所述，野生动物世界为正当经营活动所需采用指纹识别技

---

① 现《侵害消费者权益行为处罚办法》第 5 条第 1 项规定：“经营者提供商品或者服务不得有下列行为：(一)销售的商品或者提供的服务不符合保障人身、财产安全要求。”与原《侵害消费者权益行为处罚办法》第 5 条第 1 项条文表述基本一致。

术，并在征得消费者同意的情况下收集、使用其指纹信息，尚无证据证明该项技术和野生动物世界提供的游览服务存在“不符合保障人身、财产安全要求”的情形。另外，野生动物世界也已提供证据证明，其在采用指纹识别入园方式并收集消费者指纹时，已经尽到了告知、说明义务，不存在欺骗、误导消费者的情形。综上，郭某主张野生动物世界存在欺诈行为，并以此要求其承担赔偿责任，依据不足，本院不予支持。

关于争议焦点三：野生动物世界应否删除已收集的郭某的个人信息。经审理查明，野生动物世界在为郭某办理年卡时，收集了郭某与其妻子叶某的姓名、身份证号码、指纹和人脸识别信息，并收集了郭某的电话号码等信息。在合同履行过程中，郭某与其妻子由于入园游览又形成多条入园记录信息，现郭某要求野生动物世界删除以上全部信息。本院认为，本案系服务合同之诉，郭某与野生动物世界签订的合同中并没有关于删除个人信息的约定。野生动物世界为更好地履行案涉服务合同，在订立合同之时，经当事人同意收集案涉信息，本院认为除人脸识别信息之外的其他信息收集行为，符合前述法律规定的“合法、正当、必要”原则，现无证据证明野生动物世界存在违反法律规定或约定处理个人信息的情形，郭某请求判令野生动物世界删除相关信息，法律依据不足，本院不予支持。关于野生动物世界收集的郭某及其妻子叶某的人脸识别信息，野生动物世界抗辩称系为后续采用人脸识别方式入园做准备，本院认为，合同当事人在办卡时签订的是采用指纹识别方式入园的服务合同，野生动物世界收集郭某及其妻子叶某的人脸识别信息，超出了必要原则的要求，不具有正当性。尽管野生动物世界在涉指纹识别的“年卡办理流程”中规定流程包含“至年卡中心拍照”，但并未告知郭某与其妻子拍照即已完成对人脸信息的收集及其收集目的，郭某与其妻子同意拍照的行为，不应视为对野生动物世界通过拍照方式收集两人人脸识别信息的同意。综上，郭某要求野生动物世界删除收集的其个人的人脸识别信息，理由正当，应予以支持。郭某要求在第三方技术机构见证的情况下删除信息，法律依据不足，不予支持。关于郭某要求删除入园记录信息的主张，本院认为，入园记录既属于郭某与其妻子的行踪信息，同时也是作为合同另一方野生动物世界的经营信息。在没有证据证明野生动物世界发生泄露、篡改、丢失和其他违法使用前述信息行为，对郭某及其妻子叶某的个人信息权益已经造成损害或有发生损害较大可能的情况下，郭某要求删除前述入园记录信息，本院不予支持。

综上，依据原《中华人民共和国民法总则》（以下简称原《民法总则》）第111条、[①]第

① 《民法典》第111条规定：“自然人的个人信息受法律保护。任何组织或者个人需要获取他人个人信息的，应当依法取得并确保信息安全，不得非法收集、使用、加工、传输他人个人信息，不得非法买卖、提供或者公开他人个人信息。”较原《民法总则》第111条，条文表述做了修改。

142 条,[1]原《合同法》第 13 条、第 16 条第 1 款、第 20 条第 1 项、第 108 条,《消费者权益保护法》第 26 条、第 29 条、第 40 条,原《民事诉讼法》第 64 条第 1 款的规定,[2]判决:(1)杭州野生动物世界有限公司赔偿郭某合同利益损失及交通费共计 1038 元。(2)杭州野生动物世界有限公司删除郭某办理指纹年卡时提交的包括照片在内的面部特征信息。(3)驳回郭某的其他诉讼请求。案件受理费 80 元,由郭某负担 30 元,杭州野生动物世界有限公司负担 50 元。[3]

证据:

(一)郭某提供的证据

1. 微信支付账单详情一份

2. 野生动物世界"畅游 365 天"年卡一份

3. 野生动物世界入园门票发票联一份

4. 情况说明一份,证据 1 ~ 4 证明郭某与野生动物世界间建立了服务合同关系的事实

5. "年卡办理流程"和"年卡使用说明"(涉及指纹)各一份

6. 短信通知(2019 年 7 月 12 日)一份

7. 短信通知(2019 年 10 月 17 日)一份

8. "年卡办理流程"和"年卡使用说明"(涉及人脸识别)各一份,证据 5 ~ 8 证明野生动物世界告示和通知中的强制指纹和人脸识别的相关内容违法的事实

9. 手机录像光盘(2019 年 10 月 26 日)一份、文字稿三份

10. 居民户口簿一份

11. 百度地图驾/打车线路(从多蓝水岸小区至野生动物世界)一份

12. 百度地图驾/打车线路(从多蓝水岸小区至富阳区人民法院)一份,证据 9 ~ 12 证明野生动物世界违约,存在欺诈行为,郭某有权要求野生动物世界赔偿损失,并要求野生动物世界删除个人信息的事实

13. 证人证言一份,申请陈某出庭作证,证明野生动物世界存在欺诈行为的事实

---

① 《民法典》第 142 条规定:"有相对人的意思表示的解释,应当按照所使用的词句,结合相关条款、行为的性质和目的、习惯以及诚信原则,确定意思表示的含义。无相对人的意思表示的解释,不能完全拘泥于所使用的词句,而应当结合相关条款、行为的性质和目的、习惯以及诚信原则,确定行为人的真实意思。"与原《民法总则》第 142 条条文表述一致。

② 《民事诉讼法》(2021 年修正)第 67 条第 1 款规定:"当事人对自己提出的主张,有责任提供证据。"与 2017 年《民事诉讼法》第 64 条第 1 款条文表述基本一致。

③ 参见郭某诉杭州野生动物世界有限公司服务合同纠纷案,浙江省杭州市富阳区人民法院(2019)浙 0111 民初 6971 号民事判决书。

（二）野生动物世界提供的证据

1. 年卡指纹识别办理流程和使用说明及其公示的照片一份

2. 年卡人脸识别办理流程和使用说明及其公示的照片一份

3. 郭某与叶某办理双人年卡拍照的合影一份

4. 郭某与叶某办理双人年卡时登记的个人信息一份

5. 2019 年 7 月 12 日野生动物世界向年卡持卡人群发的短信一份

6. 2019 年 10 月 26 日郭某到野生动物世界处咨询协商的录像一份、文字记录一份。证据 1 ~ 6 证明：（1）郭某和叶某在完全知情的情形下，为取得消费优惠，自愿向野生动物世界提供了包括指纹、面部特征在内的个人敏感信息；（2）野生动物世界已提前 3 个月通知年卡持卡人，告知激活人脸识别的应用场景为入园检票，使用目的为快速入园；（3）野生动物世界明示郭某人脸识别的应用场景和使用目的；郭某肯定人脸识别入园的便利性，明确表示其本人同意办理人脸识别的事实

7. 野生动物世界入园门票价目表一份

8.《关于授予萧山区湘湖景区等单位"2019 杭州 · 浙西旅游十佳智慧景区（景点）"称号的决定》及推荐表一份。证据 7 ~ 8 证明：（1）年卡系无限次特别优惠门票，需要准确验证持卡人的身份信息，具有必要性；（2）人脸识别仅用于入园检票场景，有利于提升年卡入园的便捷性并维护年卡购卡人的财产权益，符合智慧旅游的政策导向，具有正当性的事实

9. 年卡激活人脸识别情况统计表（截至 2019 年 11 月 30 日）一份

10. 野生动物世界入园检票口照片一份

11. 野生动物世界检票口和年卡中心照片一份。证据 9 ~ 11 证明：（1）人脸识别并非入园的唯一方式，58% 的年卡至今虽未激活人脸识别仍可入园；（2）未激活人脸识别的年卡持卡人，可到距检票口 35 米处的年卡中心通过人工验证方式入园的事实

12. 野生动物世界年卡价目表一份

13. 郭某和叶某购买双人年卡的付款凭证一份

14. 郭某和叶某双人年卡的入园记录一份。证据 12 ~ 14 证明郭某与野生动物世界之间的服务合同自成立日至郭某起诉日，合同履行期限已经过半，且郭某和叶某凭所购双人年卡已实际享受了野生动物世界提供的相当于 1100 元价值的服务的事实

（四）案例评析与理论延伸

本案是关于人脸信息的获取、保存和利用规则的民事纠纷，被称为我国"人脸识别第一案"。近年来，人脸识别技术广泛应用于国境边防、刑事侦查、交通管制、公共场所监控、失踪人口追踪、疫情防控、公积金查询、税费申报、"刷脸就医"、"刷脸入校"、社区出入、手机解锁、转账支付、考勤打卡等行政监管、公共服务与商业交易领域，便利了民

众日常生活,推动了社会治理和商业模式创新,推进了智慧政府与智慧社会建设。但人脸识别技术的飞速发展也产生了安全风险,对人脸信息进行任意获取和无序利用的现象日益普遍,对信息主体人身和财产安全造成极大威胁。人脸识别技术的有序健康发展须仰赖科学严密的法律规则,如何构建与规范人脸信息等个人生物识别信息及敏感个人信息的处理规则,完善侵权救济,实现人格利益保护与数字经济发展之间的价值平衡,是个人信息保护法律制度必须应对的问题。

1. 人脸信息的法律属性

我国《民法典》第1034条对个人信息的基本内涵做了界定:“个人信息是以电子或者其他方式记录的能够单独或者与其他信息结合识别特定自然人的各种信息,包括自然人的姓名、出生日期、身份证件号码、生物识别信息、住址、电话号码、电子邮箱、健康信息、行踪信息等。”个人信息种类繁多,不同类型的个人信息在认定标准、保护方式、侵权救济等方面存在差异。早在2012年,原国家质量监督检验检疫总局、国家标准化管理委员会便以技术性指导文件的形式将个人信息区分为个人敏感信息和个人一般信息。[①]《中华人民共和国个人信息保护法》(以下简称《个人信息保护法》)(2021年)第28条第1款明确规定个人生物识别信息属于敏感个人信息:“敏感个人信息是一旦泄露或者非法使用,容易导致自然人的人格尊严受到侵害或者人身、财产安全受到危害的个人信息,包括生物识别、宗教信仰、特定身份、医疗健康、金融账户、行踪轨迹等信息,以及不满十四周岁未成年人的个人信息。”《信息安全技术个人信息安全规范》(GB/T 35273—2020)第5.4(c)规定:“个人生物识别信息包括个人基因、指纹、声纹、掌纹、耳廓、虹膜、面部识别特征等。”依此,人脸信息属于个人生物识别信息。2021年7月通过的《最高人民法院关于审理使用人脸识别技术处理个人信息相关民事案件适用法律若干问题的规定》(以下简称《人脸识别规定》)第1条第3款重申:“本规定所称人脸信息属于民法典第一千零三十四条规定的‘生物识别信息’。”可见,在概念位阶和法律属性上,个人信息可分为一般个人信息和敏感个人信息,人脸信息属于敏感个人信息中的生物识别信息。

我国《人脸识别规定》采用“人脸信息”的概念,不仅包括人脸识别技术通过算法生成的人脸特征数据,还包括人脸识别技术所抓取的原始人脸图像。与其他一般个人信息和敏感个人信息相比,人脸信息具有以下特征:(1)识别上的唯一性和不易变更性。人脸信息是通过采集个人面部的生物特征并经人工智能算法分析得出的信息。随着识

① 原国家质量监督检验检疫总局、国家标准化管理委员会《信息安全技术 公共及商用服务信息系统个人信息保护指南》(GB/Z 28828—2012)第3条规定:个人信息(personal information)是指“可为信息系统所处理、与特定自然人相关、能够单独或通过与其他信息结合识别该特定自然人的计算机数据。注:个人信息可以分为个人敏感信息和个人一般信息。”

别技术的不断提升,每一个自然人都能且只能对应和匹配一组人脸信息。使用人脸信息进行身份识别比使用姓名、住所、电话号码等其他一般个人信息更为精确。除非进行整容手术或面部遭遇重大变故,否则人脸信息难以像银行账户、电话号码、住址、电子邮箱等个人信息一样加以更改。(2)收集上的便捷性和隐秘性。基因信息、虹膜信息等其他生物识别信息一般须经特定方式方可收集,信息主体对他人获取其个人信息的行为往往知情。但人脸信息可以在信息主体不自知的情况下被摄像头捕捉抓取,获取更为容易、隐蔽。(3)使用上的互联性。在大数据互联互通时代,一旦人脸信息被不法采集,侵权人可以在信息主体毫不知情的情况下借由人脸信息进入信息主体的银行账户、社保账户、手机应用等各种场景和领域。(4)损害结果的不可逆性和严重性。一般个人信息泄露时,信息主体可以通过修改密码等方式及时止损。但人脸信息一旦发生泄露,信息主体难有及时止损的救济措施。随着人脸识别技术的大规模使用,人脸信息多以数字化方式存储,一旦被泄露或非法使用,将导致信息主体受到歧视或其人身、财产安全遭受重大损失,甚至可能威胁公共安全。

2. 人脸信息的处理规则

人脸识别技术虽会衍生巨大风险,但其已渗透到日常生活的方方面面,在行政监管、公共服务与商业交易中发挥了巨大作用。在科学技术迅猛发展的今天,禁止与回避绝非良策。完善人脸信息处理规则,明确当事人的权利与义务,妥善规制人脸识别技术,方为解决之道。

从比较法的角度看,美国和欧盟立法对于人脸信息的保护路径各不相同,但整体而言比较严格。美国立法以人脸识别技术的使用主体为标准,分别就政府部门和非政府部门制定了差异化的规制路径。针对政府部门,旧金山市颁布的《停止秘密监控条例》规定,禁止该市所有政府部门(包括警察局)使用人脸识别技术。美国加州的奥克兰市、马萨诸塞州的萨默维尔市立法均持相同立场。① 针对非政府部门,以美国伊利诺伊州《生物特征信息隐私法》为代表的地方立法对人脸信息的获取、保存、利用均实行严格限制。该法强调书面告知和书面授权的强制性,规定收集人脸信息的私人实体必须以书面形式告知被收集者或其合法授权代表,并明确使用目的和存储期限。收到信息主体或其代表的书面豁免协议后,私人实体才能开始收集人脸信息。② 相较于美国的差异化规制路径,欧盟《通用数据保护条例》(GDPR)在人脸信息的保护问题上并未对政府部门和非政府部门作出明显区分。该条例规定,人脸识别技术可应用于商业的唯一情形是"数据主体已经明确表示同意",且同意必须是"自由给予、明确、具体、不含

① 参见邢会强:《人脸识别的法律规制》,载《比较法研究》2020 年第 5 期。
② 参见林凌、贺小石:《人脸识别的法律规制路径》,载《法学杂志》2020 年第 7 期。

混”,数据主体任何形式的被动同意均不符合规定。①

在我国,人脸信息的处理存在强制索权、捆绑授权、超范围收集、无感知被收集等问题。对于人脸信息的处理,②除严格恪守“合法、正当、必要”原则外,《人脸识别规定》还设置了诸多细化规制措施,加强对人脸信息的法律保护,主要表现为:(1)单独同意规则。《人脸识别规定》第2条第3项规定:“信息处理者处理人脸信息有下列情形之一的,人民法院应当认定属于侵害自然人人格权益的行为:……(三)基于个人同意处理人脸信息的,未征得自然人或者其监护人的单独同意,或者未按照法律、行政法规的规定征得自然人或者其监护人的书面同意。”即信息处理者在收集人脸信息时,应当单独向信息主体告知收集、使用其人脸信息的目的、方式、范围及存储时间等,并征得信息主体的明示同意,借以破除捆绑授权、无感知被收集等现象。(2)强迫同意无效规则。《人脸识别规定》第4条规定:“有下列情形之一,信息处理者以已征得自然人或者其监护人同意为由抗辩的,人民法院不予支持:(一)信息处理者要求自然人同意处理其人脸信息才提供产品或者服务的,但是处理人脸信息属于提供产品或者服务所必需的除外;(二)信息处理者以与其他授权捆绑等方式要求自然人同意处理其人脸信息的;(三)强迫或者变相强迫自然人同意处理其人脸信息的其他情形。”该条款规范了捆绑授权、“不同意就不提供服务”等强迫或变相强迫信息主体同意处理人脸信息的不当行为。(3)对人脸信息处理者提供格式条款的法律效力作了专门规范。《人脸识别规定》第11条规定:“信息处理者采用格式条款与自然人订立合同,要求自然人授予其无期限限制、不可撤销、可任意转授权等处理人脸信息的权利,该自然人依据民法典第四百九十七条请求确认格式条款无效的,人民法院依法予以支持。”(4)对人脸信息主体的删除权作了专门规定。《人脸识别规定》第12条规定:“信息处理者违反约定处理自然人的人脸信息,该自然人请求其承担违约责任的,人民法院依法予以支持。该自然人请求信息处理者承担违约责任时,请求删除人脸信息的,人民法院依法予以支持;信息处理者以双方未对人脸信息的删除作出约定为由抗辩的,人民法院不予支持。”不仅如此,为实现人格利益保护和数字经济发展之间的价值平衡,《人脸识别规定》还明确了处理人脸信息的免责事由,第5条规定:“有下列情形之一,信息处理者主张其不承担民事责任的,人民法院依法予以支持:(一)为应对突发公共卫生事件,或者紧急情况下为保护自然人的生命健康和财产安全所必需而处理人脸信息的;(二)为维护公共安全,依据国家有关规定在公共场所使用人脸识别技术的;(三)为公共利益实施新闻报道、舆论监

---

① 参见洪延青:《人脸识别技术的法律规制研究初探》,载《中国信息安全》2019年第8期。

② 《人脸识别规定》(法释〔2021〕15号)第1条第2款规定:“人脸信息的处理包括人脸信息的收集、存储、使用、加工、传输、提供、公开等。”

督等行为在合理的范围内处理人脸信息的;(四)在自然人或者其监护人同意的范围内合理处理人脸信息的;(五)符合法律、行政法规规定的其他情形。”

3. 人脸信息的侵权救济

与身份证件号码、银行账号、电话号码等一般个人信息不同,人脸信息一旦泄露,造成的损害结果往往难以补救。因此,必须制定区别于一般个人信息的侵权损害赔偿规则,实现对人脸信息的差异化保护。

我国《人脸识别规定》对信息主体寻求侵权救济提供了有效依据,主要表现为:(1)明确了侵权责任认定的考量因素。在人格权侵权责任认定的基础上,《人脸识别规定》第3条细化了人脸信息侵权的认定标准:“人民法院认定信息处理者承担侵害自然人人格权益的民事责任,应当适用民法典第九百九十八条的规定,并结合案件具体情况综合考量受害人是否为未成年人、告知同意情况以及信息处理的必要程度等因素。”① (2)优化了举证责任。受经济实力、信息掌控能力以及专业技术水平的影响,信息主体的举证能力相对有限。《人脸识别规定》第6条规定了举证责任倒置规则,信息处理者主张其不承担民事责任的,应当承担举证责任。(3)补充人格权侵害禁令规则。信息主体有证据证明处理者使用人脸识别技术正在实施或者即将实施侵害其人格权益的行为,不及时制止将使其合法权益受到难以弥补的损害,《人脸识别规定》第9条规定信息主体可以向人民法院申请责令处理者停止有关行为的人格权侵害禁令。(4)合理界定财产损失范围。除适用《民法典》第1182条外,②考虑到侵害人脸信息可能尚未造成具体财产损失,但被侵权人为维权却支出了较高费用,如果不予以赔偿,将会造成信息主体维权成本过高,侵权人违法成本较低的不平衡状态,《人脸识别规定》第8条将信息主体为制止侵权行为所支付的合理费用列入财产损失的范围,具体包括对侵权行为进行调查、取证的合理费用以及律师费用。

在本案中,野生动物世界未经郭某同意,于合同履行期间将合同约定的指纹识别入园方式变更为人脸识别入园方式,即使其于2019年11月2日向郭某告知了“年卡+身份证”双重验证的入园方式,但仍然实质改变了合同约定的履行方式,构成违约,应当承担违约责任。此外,合同当事人签订的是采用指纹识别方式入园的服务合同,野生动物世界收集郭某及其妻子叶某的人脸识别信息,超出了必要原则的范围,不具正当性。依照我国《人脸识别规定》,信息处理者在收集人脸信息时,应当单独向信息主体告知收

---

① 《民法典》第998条规定:“认定行为人承担侵害除生命权、身体权和健康权外的人格权的民事责任,应当考虑行为人和受害人的职业、影响范围、过错程度,以及行为的目的、方式、后果等因素。”

② 《民法典》第1182条规定:“侵害他人人身权益造成财产损失的,按照被侵权人因此受到的损失或者侵权人因此获得的利益赔偿;被侵权人因此受到的损失以及侵权人因此获得的利益难以确定,被侵权人和侵权人就赔偿数额协商不一致,向人民法院提起诉讼的,由人民法院根据实际情况确定赔偿数额。”

集、使用其人脸信息的目的、方式、范围及存储时间等,并征得信息主体的明示同意。对于野生动物世界不当收集的人脸识别信息,郭某及其妻子叶某有权要求删除。

二、法律实务操作

(一)相关法律法规

1.《消费者权益保护法》(2013年修正)

第26条　经营者在经营活动中使用格式条款的,应当以显著方式提请消费者注意商品或者服务的数量和质量、价款或者费用、履行期限和方式、安全注意事项和风险警示、售后服务、民事责任等与消费者有重大利害关系的内容,并按照消费者的要求予以说明。

经营者不得以格式条款、通知、声明、店堂告示等方式,作出排除或者限制消费者权利、减轻或者免除经营者责任、加重消费者责任等对消费者不公平、不合理的规定,不得利用格式条款并借助技术手段强制交易。

格式条款、通知、声明、店堂告示等含有前款所列内容的,其内容无效。

第29条　经营者收集、使用消费者个人信息,应当遵循合法、正当、必要的原则,明示收集、使用信息的目的、方式和范围,并经消费者同意。经营者收集、使用消费者个人信息,应当公开其收集、使用规则,不得违反法律、法规的规定和双方的约定收集、使用信息。

经营者及其工作人员对收集的消费者个人信息必须严格保密,不得泄露、出售或者非法向他人提供。经营者应当采取技术措施和其他必要措施,确保信息安全,防止消费者个人信息泄露、丢失。在发生或者可能发生信息泄露、丢失的情况时,应当立即采取补救措施。

经营者未经消费者同意或者请求,或者消费者明确表示拒绝的,不得向其发送商业性信息

2.《民法典》(2020年)

第111条　自然人的个人信息受法律保护。任何组织或者个人需要获取他人个人信息的,应当依法取得并确保信息安全,不得非法收集、使用、加工、传输他人个人信息,不得非法买卖、提供或者公开他人个人信息。

第137条(原《合同法》第16条)　以对话方式作出的意思表示,相对人知道其内容时生效。以非对话方式作出的意思表示,到达相对人时生效。以非对话方式作出的采用数据电文形式的意思表示,相对人指定特定系统接收数据电文的,该数据电文进入该特定系统时生效;未指定特定系统的,相对人知道或者应当知道该数据电文进入其系统时生效。当事人对采用数据电文形式的意思表示的生效时间另有约定的,按照其约定。

第465条(原《合同法》第8条)　依法成立的合同,受法律保护。依法成立的合同,仅对当事人具有法律约束力,但是法律另有规定的除外。

第471条(原《合同法》第13条)　当事人订立合同,可以采取要约、承诺方式或者其他方式。

第478条(原《合同法》第20条)　有下列情形之一的,要约失效:

(一)要约被拒绝;

(二)要约被依法撤销;

(三)承诺期限届满,受要约人未作出承诺;

(四)受要约人对要约的内容作出实质性变更。

第1035条　处理个人信息的,应当遵循合法、正当、必要原则,不得过度处理,并符合下列条件:

(一)征得该自然人或者其监护人同意,但是法律、行政法规另有规定的除外;

(二)公开处理信息的规则;

(三)明示处理信息的目的、方式和范围;

(四)不违反法律、行政法规的规定和双方的约定。

个人信息的处理包括个人信息的收集、存储、使用、加工、传输、提供、公开等。

第1036条　处理个人信息,有下列情形之一的,行为人不承担民事责任:

(一)在该自然人或者其监护人同意的范围内合理实施的行为;

(二)合理处理该自然人自行公开的或者其他已经合法公开的信息,但是该自然人明确拒绝或者处理该信息侵害其重大利益的除外;

(三)为维护公共利益或者该自然人合法权益,合理实施的其他行为。

第1037条　自然人可以依法向信息处理者查阅或者复制其个人信息;发现信息有错误的,有权提出异议并请求及时采取更正等必要措施。

自然人发现信息处理者违反法律、行政法规的规定或者双方的约定处理其个人信息的,有权请求信息处理者及时删除。

第1038条　信息处理者不得泄露或者篡改其收集、存储的个人信息;未经自然人同意,不得向他人非法提供其个人信息,但是经过加工无法识别特定个人且不能复原的除外。

信息处理者应当采取技术措施和其他必要措施,确保其收集、存储的个人信息安全,防止信息泄露、篡改、丢失;发生或者可能发生个人信息泄露、篡改、丢失的,应当及时采取补救措施,按照规定告知自然人并向有关主管部门报告。

3.《个人信息保护法》(2021年)

第5条　处理个人信息应当遵循合法、正当、必要和诚信原则,不得通过误导、欺诈、胁迫等方式处理个人信息。

第6条　处理个人信息应当具有明确、合理的目的，并应当与处理目的直接相关，采取对个人权益影响最小的方式。

收集个人信息，应当限于实现处理目的的最小范围，不得过度收集个人信息。

第7条　处理个人信息应当遵循公开、透明原则，公开个人信息处理规则，明示处理的目的、方式和范围。

第8条　处理个人信息应当保证个人信息的质量，避免因个人信息不准确、不完整对个人权益造成不利影响。

第9条　个人信息处理者应当对其个人信息处理活动负责，并采取必要措施保障所处理的个人信息的安全。

第13条　符合下列情形之一的，个人信息处理者方可处理个人信息：

（一）取得个人的同意；

（二）为订立、履行个人作为一方当事人的合同所必需，或者按照依法制定的劳动规章制度和依法签订的集体合同实施人力资源管理所必需；

（三）为履行法定职责或者法定义务所必需；

（四）为应对突发公共卫生事件，或者紧急情况下为保护自然人的生命健康和财产安全所必需；

（五）为公共利益实施新闻报道、舆论监督等行为，在合理的范围内处理个人信息；

（六）依照本法规定在合理的范围内处理个人自行公开或者其他已经合法公开的个人信息；

（七）法律、行政法规规定的其他情形。

依照本法其他有关规定，处理个人信息应当取得个人同意，但是有前款第二项至第七项规定情形的，不需取得个人同意。

第14条　基于个人同意处理个人信息的，该同意应当由个人在充分知情的前提下自愿、明确作出。法律、行政法规规定处理个人信息应当取得个人单独同意或者书面同意的，从其规定。

个人信息的处理目的、处理方式和处理的个人信息种类发生变更的，应当重新取得个人同意。

第15条　基于个人同意处理个人信息的，个人有权撤回其同意。个人信息处理者应当提供便捷的撤回同意的方式。

个人撤回同意，不影响撤回前基于个人同意已进行的个人信息处理活动的效力。

第16条　个人信息处理者不得以个人不同意处理其个人信息或者撤回同意为由，拒绝提供产品或者服务；处理个人信息属于提供产品或者服务所必需的除外。

第 17 条　个人信息处理者在处理个人信息前,应当以显著方式、清晰易懂的语言真实、准确、完整地向个人告知下列事项:

(一)个人信息处理者的名称或者姓名和联系方式;

(二)个人信息的处理目的、处理方式,处理的个人信息种类、保存期限;

(三)个人行使本法规定权利的方式和程序;

(四)法律、行政法规规定应当告知的其他事项。

前款规定事项发生变更的,应当将变更部分告知个人。

个人信息处理者通过制定个人信息处理规则的方式告知第一款规定事项的,处理规则应当公开,并且便于查阅和保存。

第 26 条　在公共场所安装图像采集、个人身份识别设备,应当为维护公共安全所必需,遵守国家有关规定,并设置显著的提示标识。所收集的个人图像、身份识别信息只能用于维护公共安全的目的,不得用于其他目的;取得个人单独同意的除外。

第 28 条　敏感个人信息是一旦泄露或者非法使用,容易导致自然人的人格尊严受到侵害或者人身、财产安全受到危害的个人信息,包括生物识别、宗教信仰、特定身份、医疗健康、金融账户、行踪轨迹等信息,以及不满十四周岁未成年人的个人信息。

只有在具有特定的目的和充分的必要性,并采取严格保护措施的情形下,个人信息处理者方可处理敏感个人信息。

第 29 条　处理敏感个人信息应当取得个人的单独同意;法律、行政法规规定处理敏感个人信息应当取得书面同意的,从其规定。

第 30 条　个人信息处理者处理敏感个人信息的,除本法第十七条第一款规定的事项外,还应当向个人告知处理敏感个人信息的必要性以及对个人权益的影响;依照本法规定可以不向个人告知的除外。

第 44 条　个人对其个人信息的处理享有知情权、决定权,有权限制或者拒绝他人对其个人信息进行处理;法律、行政法规另有规定的除外。

第 45 条　个人有权向个人信息处理者查阅、复制其个人信息;有本法第十八条第一款、第三十五条规定情形的除外。

个人请求查阅、复制其个人信息的,个人信息处理者应当及时提供。

个人请求将个人信息转移至其指定的个人信息处理者,符合国家网信部门规定条件的,个人信息处理者应当提供转移的途径。

第 46 条　个人发现其个人信息不准确或者不完整的,有权请求个人信息处理者更正、补充。

个人请求更正、补充其个人信息的,个人信息处理者应当对其个人信息予以核实,并及时更正、补充。

第47条　有下列情形之一的，个人信息处理者应当主动删除个人信息；个人信息处理者未删除的，个人有权请求删除：

（一）处理目的已实现、无法实现或者为实现处理目的不再必要；

（二）个人信息处理者停止提供产品或者服务，或者保存期限已届满；

（三）个人撤回同意；

（四）个人信息处理者违反法律、行政法规或者违反约定处理个人信息；

（五）法律、行政法规规定的其他情形。

法律、行政法规规定的保存期限未届满，或者删除个人信息从技术上难以实现的，个人信息处理者应当停止除存储和采取必要的安全保护措施之外的处理。

第48条　个人有权要求个人信息处理者对其个人信息处理规则进行解释说明。

4.《人脸识别规定》（法释〔2021〕15号）

第2条　信息处理者处理人脸信息有下列情形之一的，人民法院应当认定属于侵害自然人人格权益的行为：

（一）在宾馆、商场、银行、车站、机场、体育场馆、娱乐场所等经营场所、公共场所违反法律、行政法规的规定使用人脸识别技术进行人脸验证、辨识或者分析；

（二）未公开处理人脸信息的规则或者未明示处理的目的、方式、范围；

（三）基于个人同意处理人脸信息的，未征得自然人或者其监护人的单独同意，或者未按照法律、行政法规的规定征得自然人或者其监护人的书面同意；

（四）违反信息处理者明示或者双方约定的处理人脸信息的目的、方式、范围等；

（五）未采取应有的技术措施或者其他必要措施确保其收集、存储的人脸信息安全，致使人脸信息泄露、篡改、丢失；

（六）违反法律、行政法规的规定或者双方的约定，向他人提供人脸信息；

（七）违背公序良俗处理人脸信息；

（八）违反合法、正当、必要原则处理人脸信息的其他情形。

第3条　人民法院认定信息处理者承担侵害自然人人格权益的民事责任，应当适用民法典第九百九十八条的规定，并结合案件具体情况综合考量受害人是否为未成年人、告知同意情况以及信息处理的必要程度等因素。

第4条　有下列情形之一，信息处理者以已征得自然人或者其监护人同意为由抗辩的，人民法院不予支持：

（一）信息处理者要求自然人同意处理其人脸信息才提供产品或者服务的，但是处理人脸信息属于提供产品或者服务所必需的除外；

（二）信息处理者以与其他授权捆绑等方式要求自然人同意处理其人脸信息的；

（三）强迫或者变相强迫自然人同意处理其人脸信息的其他情形。

第5条　有下列情形之一，信息处理者主张其不承担民事责任的，人民法院依法予以支持：

（一）为应对突发公共卫生事件，或者紧急情况下为保护自然人的生命健康和财产安全所必需而处理人脸信息的；

（二）为维护公共安全，依据国家有关规定在公共场所使用人脸识别技术的；

（三）为公共利益实施新闻报道、舆论监督等行为在合理的范围内处理人脸信息的；

（四）在自然人或者其监护人同意的范围内合理处理人脸信息的；

（五）符合法律、行政法规规定的其他情形。

第6条　当事人请求信息处理者承担民事责任的，人民法院应当依据民事诉讼法第六十四条及《最高人民法院关于适用〈中华人民共和国民事诉讼法〉的解释》第九十条、第九十一条，《最高人民法院关于民事诉讼证据的若干规定》的相关规定确定双方当事人的举证责任。

信息处理者主张其行为符合民法典第一千零三十五条第一款规定情形的，应当就此所依据的事实承担举证责任。

信息处理者主张其不承担民事责任的，应当就其行为符合本规定第五条规定的情形承担举证责任。

第8条　信息处理者处理人脸信息侵害自然人人格权益造成财产损失，该自然人依据民法典第一千一百八十二条主张财产损害赔偿的，人民法院依法予以支持。

自然人为制止侵权行为所支付的合理开支，可以认定为民法典第一千一百八十二条规定的财产损失。合理开支包括该自然人或者委托代理人对侵权行为进行调查、取证的合理费用。人民法院根据当事人的请求和具体案情，可以将合理的律师费用计算在赔偿范围内。

第9条　自然人有证据证明信息处理者使用人脸识别技术正在实施或者即将实施侵害其隐私权或者其他人格权益的行为，不及时制止将使其合法权益受到难以弥补的损害，向人民法院申请采取责令信息处理者停止有关行为的措施的，人民法院可以根据案件具体情况依法作出人格权侵害禁令。

第11条　信息处理者采用格式条款与自然人订立合同，要求自然人授予其无期限限制、不可撤销、可任意转授权等处理人脸信息的权利，该自然人依据民法典第四百九十七条请求确认格式条款无效的，人民法院依法予以支持。

第12条　信息处理者违反约定处理自然人的人脸信息，该自然人请求其承担违约责任的，人民法院依法予以支持。该自然人请求信息处理者承担违约责任时，请求删除人脸信息的，人民法院依法予以支持；信息处理者以双方未对人脸信息的删除作出约定为由抗辩的，人民法院不予支持。

(二)思考与实践问题

1. 何谓个人信息、敏感个人信息、生物识别信息?

2. 如何界定人脸信息的法律属性、权利主体与权利内容?

3. 如何设计人脸信息的收集、保存和利用规则?

4. 人脸信息与一般个人信息的保护方式与侵权救济存在何种差异?

5. 人脸信息遭受侵害,应当获得怎样的民事救济?

6. 如何设计人脸信息等个人生物识别信息及敏感个人信息的处理规则,从而实现人格利益保护与数字经济发展之间的价值平衡?

参考文献

1. 杨立新:《私法保护个人信息存在的问题及对策》,载《社会科学战线》2021 年第 1 期。

2. 程啸:《论我国个人信息保护法的基本原则》,载《国家检察官学院学报》2021 年第 5 期。

3. 曾昌:《分离困境与整合路径:大数据时代下个人生物识别信息保护制度之完善》,载《云南社会科学》2021 年第 5 期。

4. 刘承韪、赵文博:《新冠肺炎疫情防控背景下个人信息保护再审视》,载《经贸法律评论》2021 年第 4 期。

5. 陆青:《数字时代的身份构建及其法律保障:以个人信息保护为中心的思考》,载《法学研究》2021 年第 5 期。

6. 周行:《人脸信息立法保护的规范体系建构》,载《中南民族大学学报(人文社会科学版)》2021 年第 8 期。

7. 王鑫媛:《人脸识别技术应用的风险与法律规制》,载《科技与法律(中英文)》2021 年第 5 期。

8. 赵精武:《〈民法典〉视野下人脸识别信息的权益归属与保护路径》,载《北京航空航天大学学报(社会科学版)》2020 年第 5 期。

9. 江海洋:《论疫情背景下个人信息保护——以比例原则为视角》,载《中国政法大学学报》2020 年第 4 期。

10. 冉克平:《论个人生物识别信息及其法律保护》,载《社会科学辑刊》2020 年第 6 期。

11. 邢会强:《人脸识别的法律规制》,载《比较法研究》2020 年第 5 期。

12. 林凌、贺小石:《人脸识别的法律规制路径》,载《法学杂志》2020 年第 7 期。

13. 文铭、刘博:《人脸识别技术应用中的法律规制研究》,载《科技与法律》2020 年第4期。

14. 洪延青：《人脸识别技术的法律规制研究初探》，载《中国信息安全》2019年第8期。

15. 胡文涛：《我国个人敏感信息界定之构想》，载《中国法学》2018年第5期。

16. 王利明：《民法典的时代特征和编纂步骤》，载《清华法学》2014年第6期。

17. 杨立新：《侵害公民个人电子信息的侵权行为及其责任》，载《法律科学》2013年第3期。

18. 尹志强：《网络环境下侵害个人信息的民法救济》，载《法律适用》2013年第8期。

19. 程啸：《个人信息保护法理解与适用》，中国法制出版社2021年版。

20. 龙卫球主编：《中华人民共和国个人信息保护法释义》，中国法制出版社2021年版。

21. 丁晓东：《个人信息保护：原理与实践》，法律出版社2021年版。

22. 高富平：《个人信息保护立法研究》，光明日报出版社2021年版。

23. 曹林、杜康宁、郭亚男：《人脸识别算法与案例分析》，电子工业出版社2021年版。

24. 齐爱民：《大数据时代个人信息保护法国际比较研究》，法律出版社2015年版。

25. [美]丹尼尔·沙勒夫：《隐私不保的年代》，林铮顗译，江苏人民出版社2011年版。

26. [德]克里斯托弗·库勒：《欧洲数据保护法——公司遵守与管制》（第2版），旷野、杨会永等译，法律出版社2008年版。

案例十二：邱某某与孙某等一般人格权侵权纠纷

2013年5月22日，孙某在新浪微博通过用户名为"作业本"的账号发文称："由于邱少云趴在火堆里一动不动最终食客们拒绝为半面熟买单，他们纷纷表示还是赖宁的烤肉较好。"作为新浪微博知名博主，孙某当时已有6,032,905个"粉丝"。该文发布后不久就被转发662次，点赞78次，评论884次。2013年5月23日凌晨，该篇微博博文被删除。2015年4月，加多宝（中国）饮料有限公司（以下简称加多宝公司）在其举办的"加多宝凉茶2014年再次销量夺金"的"多谢"活动中，通过"加多宝活动"微博发布了近300条"多谢"海报，感谢对象包括新闻媒体、合作伙伴、消费者及部分知名人士。孙某作为新浪微博知名博主也是加多宝公司的感谢对象之一。加多宝公司于2015年4月16日以该公司新浪微博账号"加多宝活动"发博文称："多谢@作业本，恭喜你与烧烤齐名。作为凉茶，我们力挺你成为烧烤摊CEO，开店十万罐，说到做到^_^#多谢活动#"，并配了一张与文字内容一致的图片。孙某用"作业本"账号于2015年4月16日转发并公开回应："多谢你这十万罐，我一定会开烧烤店，只是没定哪天，反正在此留言者，进店就是免费喝！！！"该互动微博在短时间内被大量转发并受到广大网友的批评，在网络上引起了较大反响。邱某某系邱少云烈士的胞弟，其认为孙某与加多宝公司以违背社会公德的方式对邱少云烈士进行侮辱、丑化，在网络和现实社会中引起了强烈反响，使邱少云烈士亲属的精神遭受严重创伤并使其家庭生活受到了极大影响，要求二被告停止侵害、消除影响、赔礼道歉，赔偿原告精神损失人民币1元。北京市大兴区人民法院经审理认为，自然人死亡后其生前人格利益仍受法律保护，死者的近亲属有权就侵害死者名誉、荣誉等行为提起民事诉讼。孙某发表案涉言论是对邱少云烈士的人格贬损和侮辱，属于故意侵权，且该言论通过公众网络平台快速传播，已造成严重社会影响，伤害了社会公众的民族和历史感情，损害了公共利益，也给邱少云烈士的亲属带来了精神伤害。加多宝公司作为国内知名饮料厂商，在其为庆祝"销量夺金"精心策划的"多谢活动"中未尽到审慎的注意义务，应当而未对孙某之前发表的影响较大的不当言论予以了解而进行答谢及互动，产生较大社会负面影响，再次给邱少云烈士的家属造成精神损害。加多宝公司应当对其言论产生的负面影响和侵权事实承担相应的法律责任。判决:孙某与加多宝公司公开发布赔礼道歉公告,向邱某某赔礼道歉,消除影响,该公告须连续刊登五日;孙某与加多宝公司连带赔偿邱某某的精神损害抚慰金 1 元。

通过该案例探讨死者的法律地位及其人格利益保护规则。

一、案例研判

(一)基本案情

邱少云烈士于 1926 年出生于四川省铜梁县少云镇玉屏村邱家沟(现重庆市铜梁区),1949 年 12 月参加中国人民解放军,为第 15 军第 29 师第 87 团第 9 连战士。1951 年 3 月,邱少云参加中国人民志愿军赴朝作战,1952 年 10 月在执行一次潜伏任务时,不幸被敌人的燃烧弹击中,火势蔓延全身。为避免暴露,确保全体潜伏人员的安全和攻击任务的完成,邱少云任凭烈火在全身燃烧而放弃自救,直至壮烈牺牲,时年 26 岁。战后,为了表彰邱少云崇高的集体主义精神和顽强的革命意志,其所在军党委根据他生前意愿,追认其为中国共产党党员。1952 年 11 月 6 日,邱少云被中国人民志愿军领导机关追记特等功,1953 年 6 月 1 日被追授为"中国人民志愿军一级英雄"称号。同年 6 月 25 日,朝鲜民主主义人民共和国最高人民议会常务委员会授予邱少云"朝鲜民主主义人民共和国英雄"称号,同时授予其金星勋章、一级国旗勋章。为纪念邱少云烈士的英勇事迹,朝鲜民主主义人民共和国金化西 391 高地的石壁上特别镌刻:"为整体、为胜利而牺牲的伟大的战士邱少云同志永垂不朽!"2009 年,为推动群众性爱国主义教育活动深入开展,迎接新中国成立 60 周年,经中央批准,在中央宣传部、中央组织部、中央统战部、中央文献研究室、中央党史研究室、民政部、人力资源和社会保障部、全国总工会、共青团中央、全国妇联、解放军总政治部等 11 个部门联合组织开展的评选"100 位为新中国成立作出突出贡献的英雄模范人员和 100 位新中国成立以来感动中国人物"活动中,邱少云被评为"100 位新中国成立以来感动中国人物"之一。邱某某系邱少云烈士的胞弟。

2013 年 5 月 22 日,孙某在新浪微博上以名为"作业本"的账号发布了涉及邱少云烈士的不当言论。作为新浪微博的知名博主,孙某当时已有 6,032,905 个"粉丝"。该文在 31 分钟后转发即达 662 次,点赞 78 次,评论 884 次。2013 年 5 月 23 日凌晨,该篇微博博文被删除。孙某在 2013 年至 2015 年,通过其新浪微博"作业本"账号发表过多篇与烧烤有关的微博。

2015 年 4 月,加多宝公司在其举办的"加多宝凉茶 2014 年再次销量夺金"的"多谢"活动中,通过"加多宝活动"微博发布了近 300 条"多谢"海报,感谢对象包括新闻媒体、合作伙伴、消费者及部分知名人士。孙某作为新浪微博知名博主也是加多宝公司的感谢对象之一。加多宝公司于2015年4月16日以该公司新浪微博账号“加多宝活动”发博文称:“多谢@作业本,恭喜你与烧烤齐名。作为凉茶,我们力挺你成为烧烤摊CEO,开店十万罐,说到做到^_^#多谢活动#”,并配了一张与文字内容一致的图片。孙某用“作业本”账号于2015年4月16日转发并公开回应:“多谢你这十万罐,我一定会开烧烤店,只是没定哪天,反正在此留言者,进店就是免费喝!!!”该互动微博在短时间内被大量转发并受到广大网友的批评,在网络上引起了较大反响。

2015年4月17日,加多宝公司通过媒体对此事予以回应,称2015年是加多宝公司成立20周年,加多宝公司自1996年推出第一罐红罐凉茶,成功开创并做大了凉茶产业,成为凉茶行业的领导品牌。加多宝公司始终深爱着这片土地,将慈善上升为企业发展战略的高度,努力做好企业公民的本分,于是发起了“多谢活动”,多谢加多宝公司成长历程中的里程碑城市、合作伙伴和所有消费者。继连续在香港特别行政区、东莞市、四川省、北京市等4地登报多谢城市之后,又发布了近300条微博,用最诚恳的姿态感谢众多消费者。“作业本”只是其中之一。此前,加多宝公司对“作业本”发生在2013年的微博事件毫不知情。在不断致谢消费者的过程中,加多宝公司发现背后的竞争对手恶意拿“作业本”2013年的微博截图与“多谢活动”海报刻意嫁接到一起,恶意混淆视听,误导不明真相的网友。加多宝公司对这种以烈士为幌子,达到不可告人的目的的行为,表示极大的愤慨。由于已造成网友不安与困惑,加多宝公司删除了对“作业本”的多谢海报,同时向广大网友致歉。加多宝公司希望通过自身的努力,最大程度去消除事件带来的负面和消极影响,将积极配合媒体作出正面引导。同时,也希望通过媒体的公允报道,还原事实真相,还加多宝公司清白,还烈士安宁。加多宝作为一个负责任的面向国际的领导品牌,始终以实现“凉茶中国梦”为最终目标,爱国爱民,尊重每一个中国人,尊重为祖国的发展和建设贡献过自己力量的英雄和平民,过去不可能,现在不可能,未来也不可能利用这种话题来营销。加多宝公司在此次“庆祝销量夺金”的“多谢活动”中,在全国范围内的北京市、香港特别行政区、成都市、东莞市等城市的主要平面媒体刊登“多谢”广告,针对不同的城市,加多宝公司发布具有针对性的感谢内容,如在香港特别行政区《文汇报》的感谢内容为“多谢@香港一家人一条心”,在《东莞日报》的感谢内容为“多谢@东莞第一罐在这里诞生走向全国迈向世界”,在《华西都市报》的感谢内容为“多谢@四川大爱无疆以善促善”,在《京华时报》的感谢内容为“多谢@北京新常态新起点”。

邱某某认为,孙某与加多宝公司以违背社会公德的方式对邱少云烈士进行侮辱、丑化,这种低俗的市场营销行为在网络和现实社会中引起了强烈反响,使邱少云烈士亲属的精神遭受严重创伤,并使其家庭生活受到了极大影响。截至2015年4月17日11时20分,相关微博被迅速转发1万多次,网友对二被告的低俗行为进行了强烈的抨击,评论多达两千多条。邱某某要求二被告停止侵害、消除影响、赔礼道歉，赔偿精神损失人民币1元。

(二)争议焦点

根据双方当事人的诉辩主张及理由，本案的争议焦点主要在于：

1. 邱某某是否是本案的适格原告？

邱某某认为，邱某某系邱少云的胞弟，邱少云烈士去世后，邱某某作为邱少云的近亲属有权就侵害邱少云名誉、荣誉的行为提起民事诉讼，邱某某作为本案原告符合法律规定。

加多宝公司对邱某某的主体资格提出异议，认为作为权利主体的邱少云烈士已经去世，邱某某不具备本案原告的主体资格。

2. 孙某对其发表的案涉言论是否应当承担侵权责任？

邱某某认为，孙某以博文方式对邱少云烈士进行侮辱、丑化，在网络和现实社会中引起了强烈反响，使邱少云烈士亲属的精神遭受严重创伤，并使其家庭生活受到了极大影响，故孙某应当承担侵权责任。

孙某认为，其于2013年5月22日所发的微博在当天就删除了，而且2015年4月其通过个人微博发文对2013年5月22日所发的微博进行了消除影响、赔礼道歉，故其行为并未对原告造成实际损害，无须承担侵权责任。

3. 加多宝公司对其发表的案涉言论是否应当承担侵权责任？

邱某某认为，加多宝公司无视微博话语体系中"作业本""烧烤"的特指现象，于2015年4月16日以该公司新浪微博账号"加多宝活动"发布的博文，截至2015年4月17日11时20分已被迅速转发1万多次，网友对二被告的低俗行为进行了强烈的抨击，评论多达2000多条，引发了网友及社会各界人士强烈的不满，并让邱少云烈士家属的精神再一次受到严重的伤害，故加多宝公司应当承担侵权责任。

加多宝公司认为，其发布案涉微博是正常的市场营销活动，不存在主观过错，其行为不构成侵权。理由如下：(1)2015年4月，为庆祝公司成立20周年，加多宝公司在平面媒体和微博平台上发起了"多谢活动"，感谢社会各界多年来对加多宝公司的支持和帮助。其中，加多宝公司通过"加多宝活动"微博发布了近300条"多谢"微博，案涉微博即其中之一。案涉微博发布于2015年4月16日，其内容是"多谢@作业本，恭喜你与烧烤齐名。作为凉茶，我们力挺你成为烧烤摊CEO，开店十万罐，说到做到^_^#多谢活动#"，并配了一张与文字内容一致的图片。单纯从这条微博看，不存在任何侮辱邱少云烈士的内容，不构成侵害他人名誉权的行为。对于一般网友来说，也不可能从这一条微博就联想到"作业本"两年前即2013年发布的那条侮辱先烈的微博。从主观过错角度看，加多宝公司发布该微博完全是基于"作业本"在微博平台上多次提及"烧烤"，并且“作业本”因“烧烤”在微博平台上知名的事实。这是因为：首先，相关证据显示，“作业本”先后发布了38条与“烧烤”相关的微博，每一条转发量、评论数和点赞数均达数千次，甚至有的超过了上万次，可见网友十分关注“作业本”发布的与“烧烤”相关的微博。同时，“作业本”还曾在微博和搜狐青岛频道的“名家专栏”栏目中发布“全国烧烤指南”，并被网友称为“烧烤大师”。正是基于上述理由，加多宝公司在案涉微博中称“恭喜你与烧烤齐名”。其次，“作业本”曾于2014年11月17日发布一篇微博，内容是“对不起，我没当上烧烤摊主，我成了CEO”，加多宝公司正是基于这一条微博，才在案涉微博中称“我们力挺你成为烧烤摊CEO”。综上，加多宝公司发布案涉微博完全是正常的市场营销行为，不具有主观恶意。邱某某所称“在微博话语体系中‘作业本’‘烧烤’的特指现象”没有任何证据支撑。邱某某没有任何证据证明“烧烤”特指“作业本”发布的侮辱邱少云烈士的微博。（2）“作业本”侮辱先烈的微博发布于2013年5月22日，加多宝公司对该微博并不知情，且该微博因受到网友批评随即就被删除。加多宝公司没有理由、更没有义务对“作业本”是否曾发布过侮辱先烈的微博进行审查，其作为一般商事主体，已经尽到了合理的注意义务，其主观不具有任何过错。（3）微博用户“终南刺青”恶意将两篇毫无关联的微博拼接在一起，正是由于该拼接的截图，才使得案涉微博与“作业本”侮辱先烈的微博联系在一起。加多宝公司在事发后及时删除了案涉微博并向社会公众澄清事实。因此，加多宝公司不具有侵害邱少云名誉权的主观过错，其发表案涉言论不构成侵权，无须承担侵权责任。

（三）法院判决

北京市大兴区人民法院经审理认为，邱少云烈士生前在战斗中表现出的舍生取义、爱国为民的精神，在当代中国社会有着广泛的道德认同，是中华民族宝贵的精神财富，同时也是邱少云烈士享有崇高名誉和荣誉的基础。我国法律规定，公民享有名誉权、荣誉权，禁止用侮辱、诽谤等方式损害公民的名誉、荣誉等民事权益。公民的姓名、肖像、名誉、荣誉受到侵害的，相关当事人有权要求侵权人停止侵害，恢复名誉，消除影响，赔礼道歉，并可以要求赔偿损失。

关于争议焦点一：邱某某是否是本案的适格原告。北京市大兴区人民法院认为，依据2017年《民事诉讼法》第119条第1项规定，[①]邱某某是与本案有利害关系的公民、法人和其他组织。原《最高人民法院关于确定民事侵权精神损害赔偿责任若干问题的解释》（2001年）（以下简称原《精神损害赔偿解释》）第3条规定：“自然人死亡后，其近亲属因下列侵权行为遭受精神痛苦，向人民法院起诉请求赔偿精神损害的，人民法院应当

① 《民事诉讼法》（2021年修正）第122条第1项规定，“起诉必须符合下列条件：（一）原告是与本案有直接利害关系的公民、法人和其他组织”。与2017年《民事诉讼法》第119条第1项条文表述基本一致。

依法予以受理：（一）以侮辱、诽谤、贬损、丑化或者违反社会公共利益、社会公德的其他方式，侵害死者姓名、肖像、名誉、荣誉。”①原《民事诉讼法解释》第69条规定：“对侵害死者遗体、遗骨以及姓名、肖像、名誉、荣誉、隐私等行为提起诉讼的，死者的近亲属为当事人。”②由此可知，死者的近亲属有权就侵害死者名誉、荣誉等行为提起民事诉讼，死者的近亲属是正当当事人。在本案中，邱某某系邱少云的弟弟，邱少云去世后邱某某作为近亲属有权就侵害邱少云名誉、荣誉的行为提起民事诉讼，邱某某作为本案原告符合法律规定。因此，加多宝公司对原告邱某某主体资格提出的异议，不成立。

关于争议焦点二：孙某对其发表的案涉言论是否应当承担侵权责任。北京市大兴区人民法院认为，原《精神损害赔偿解释》第3条规定，自然人死亡后，他人不得以侮辱、诽谤、贬损、丑化或者违反社会公共利益、社会公德的方式，侵害死者的姓名、肖像、名誉、荣誉。由此可知，自然人死亡后，其生前人格利益仍然受法律的保护。本案中，邱少云烈士生前的人格利益仍受法律保护。孙某发表的言论“由于邱少云趴在火堆里一动不动最终食客们拒绝为半面熟买单”，将“邱少云烈士在烈火中英勇献身”比作“半边熟的烤肉”，是对邱少云烈士的人格贬损和侮辱，属于故意侵权，且该言论通过公众网络平台快速传播，已造成严重的社会影响，伤害了社会公众的民族和历史感情，损害了公共利益，也给邱少云烈士的亲属带来了精神伤害。因此，邱某某要求被告孙某对其侵权行为进行消除影响、赔礼道歉的诉讼请求，本院予以支持。由于孙某的言论给邱少云烈士的亲属造成了巨大的精神损害，因此，邱某某要求孙某赔偿精神损失费1元，本院予以支持。对于孙某提出的其已在博文中予以道歉的抗辩，本院认为，虽然孙某发表的侵权言论的原始微博文章已经删除且孙某通过微博予以致歉，但侵权言论通过微博已经被大量转载，在网络上广泛流传，已经造成严重的社会影响，本院认为，孙某应当在全国性媒体刊物上予以正式公开道歉，消除侵权言论造成的不良社会影响。

关于争议焦点三：加多宝公司对其发表的案涉言论是否应当承担侵权责任。北京市大兴区人民法院认为，首先，在客观方面，从加多宝公司发布的言论及其后果来看，加多宝公司在“多谢活动”中，恭喜“作业本”与“烧烤”齐名，表示若孙某开烧烤店就送10万罐凉茶，并与孙某进行网上互动。该言论及互动在网络平台上迅速传播，遭到了广大网友的谴责，产生了较大负面影响。该言论引起的损害后果从加多宝公司通过媒体发布事件澄清中也可以确认，加多宝公司认可该言论“引起了广大网友不安和困惑”，造

---

① 现《精神损害赔偿解释》（2020年修正）第3条规定：“死者的姓名、肖像、名誉、荣誉、隐私、遗体、遗骨等受到侵害，其近亲属向人民法院提起诉讼请求精神损害赔偿的，人民法院应当依法予以支持。”较原《精神损害赔偿解释》第3条，条文表述做了修改。

② 现《民事诉讼法解释》（2022年修正）第69条规定：“对侵害死者遗体、遗骨以及姓名、肖像、名誉、荣誉、隐私等行为提起诉讼的，死者的近亲属为当事人。”与原《民事诉讼法解释》第69条条文表述基本一致。

成了“负面和消极的影响”。其次,从主观方面来看,加多宝公司称其在“多谢活动”中感谢孙某时,并不知道孙某之前发表过侮辱邱少云烈士的言论。本院认为,加多宝公司作为国内知名饮料厂商,具有一定的社会影响力,在其为庆祝“销量夺金”精心策划的“多谢活动”中,在国内多个大城市的主要平面媒体进行感谢,并在网络上发布了近300条“多谢”海报,此次活动从空间范围和答谢对象的数量上来看,社会影响较大,加多宝公司应当对所感谢的对象尽到审慎的注意义务。孙某作为网络知名人士,虽然发表过多篇与烧烤有关的其他微博博文,但在转载和评论数量上、评论内容的激烈程度和社会影响力上,远不及其侮辱邱少云烈士的博文,加多宝公司应当而未对孙某之前发表的影响较大的不当言论予以了解而进行答谢及互动,产生较大社会负面影响,再次给邱少云烈士的家属造成了精神损害。本院认为,加多宝公司未尽到合理审慎的注意义务,存在主观过错。因此,加多宝公司应当对其言论产生的负面影响和侵权事实承担相应的法律责任。

对于邱某某诉请孙某和加多宝公司停止侵害的诉讼请求,本院认为,由于孙某和加多宝公司通过微博发布的原始侵权言论已被删除,邱某某请求停止侵害的主张只能通过公开赔礼道歉、消除影响来实现,即该请求已被原告的赔礼道歉、消除影响的诉讼请求所吸收,本院不再单独处理。依照原《民法通则》第101条、①第106条第2款,②原《中华人民共和国侵权责任法》(以下简称原《侵权责任法》)第2条、③第6条、④第8条、⑤第15条,⑥《中华人民共和国公司法》(以下简称《公司法》)第5条,原《最高人民法院关于贯彻执行〈中华人民共和国民法通则〉若干问题的意见(试行)》第140条,⑦原《精神损害赔偿解释》第3条第1项、第8条第2项,⑧原《最高人民法院关于审理名誉权案件若干问题的解答》之七、之八、之十、之十一,⑨2017年《民事诉讼法》第119条第1

---

① 《民法典》第110条规定:“自然人享有生命权、身体权、健康权、姓名权、肖像权、名誉权、荣誉权、隐私权、婚姻自主权等权利。法人、非法人组织享有名称权、名誉权和荣誉权。”较原《民法通则》第101条,条文表述做了修改。

② 《民法典》第176条规定:“民事主体依照法律规定或者按照当事人约定,履行民事义务,承担民事责任。”较原《民法通则》第106条,条文表述做了修改。

③ 《民法典》中暂无直接对应之条文,但其内容已为《民法典》第110条所涵盖。

④ 《民法典》第1165条规定:“行为人因过错侵害他人民事权益造成损害的,应当承担侵权责任。依照法律规定推定行为人有过错,其不能证明自己没有过错的,应当承担侵权责任。”较原《侵权责任法》第2条,条文表述做了修改。

⑤ 《民法典》第1168条规定:“二人以上共同实施侵权行为,造成他人损害的,应当承担连带责任。”与原《侵权责任法》第8条条文表述一致。

⑥ 《民法典》并无直接对应条文,其内容已为《民法典》第179条所涵盖。

⑦ 《民法典》并无直接对应条文,其内容已为《民法典》第四编第五章“名誉权和荣誉权”所涵盖。

⑧ 《民法典》并无直接对应条文,其内容已为《民法典》第1183条所涵盖。

⑨ 《民法典》并无直接对应条文,其内容已为《民法典》第四编第五章“名誉权和荣誉权”所涵盖。

项,原《民事诉讼法解释》第 69 条之规定,判决如下:(1)孙某公开发布赔礼道歉公告,向邱某某赔礼道歉,消除影响,该公告须连续刊登 5 日。(2)加多宝(中国)饮料有限公司公开发布赔礼道歉公告,向邱某某赔礼道歉,消除影响,该公告须连续刊登 5 日。(3)孙某和加多宝(中国)饮料有限公司连带赔偿邱某某精神损害抚慰金 1 元。案件受理费 50 元,由孙某和加多宝(中国)饮料有限公司共同负担。①

证据:

1. 孙某 2013 年 5 月 22 日微博截图

2. 网友对孙某 2013 年 5 月 22 日微博的评论截图

3. 孙某微博截图《驳人民日报:80 后为什么暮气沉沉》、微博原文,及网友对博文的评论截图

4. 加多宝公司回应孙某微博截图,及网友评论、转载量截图

5. 加多宝公司独家授权环球时报致歉微博截图

6. 加多宝公司道歉信全文

7. 加多宝公司道歉反响的网络反应截图

8. 报纸 4 份(加多宝公司"多谢活动"平面媒体广告)

9. 2015 年 4 月 16 日加多宝"多谢活动"微博截图

(四)案例评析与理论延伸

本案是关于死者人格利益保护的民事纠纷。死者人格利益,是指自然人死亡后其姓名、肖像、名誉、隐私等利益。② 依照传统民法理论,自然人的民事权利能力始于出生,终于死亡。亦即自然人自死亡时起便丧失民事主体资格,不再享有任何民事权利。但出于保护正当权益,维护社会秩序,惩戒不法行为的需要,对死者人格利益提供法律保护,追究不法行为人的侵权责任,已成为世界各国人格权法律制度共识共守的规则。③

由于死者人格利益保护不仅涉及死者本身,还牵涉社会道德、公共利益与死者近亲属利益,死者人格利益遭受侵害后,能够主张侵权责任的权利主体应当如何确定,不无疑问。学界存在以下争议:

其一,死者权利保护说。该说认为,应当通过承认死者享有人格权的方式保护死者人格利益。其理由在于,权利能力消灭不等于权利消灭,人格权涉及人类的整体尊严和

① 参见邱某某诉孙某等一般人格权纠纷案,北京市大兴区人民法院(2015)大民初字第 10012 号民事判决书。

② 参见王利明:《人格权重大疑难问题研究》,法律出版社 2019 年版,第 262 页。

③ 参见王利明:《人格权法探微》,人民出版社 2018 年版,第 431 页。

善良风俗,具有延后存续和保护的价值,不宜使之随同人的生命终止而立即消灭。[①] 亦即民事主体在出生前和死亡后,享有与人格权相区别的延伸法益,法律应当予以延伸保护。[②] 在法国,有学者主张,自然人的人格权并不会因其死亡而消灭,如同自然人的人格可以追溯到胎儿时期一样,死者也应当享有人格权。[③] 我国司法实践也不乏采死者权利保护说的案例。在1989年陈某琴诉魏某林、《今晚报》社侵害名誉权案(又称“荷花女案”)中,最高人民法院认为,吉某某(艺名荷花女)死亡后,其名誉权应依法保护,其母陈某某亦有权向人民法院提起诉讼。[④] 在1990年范某某诉敬某某等侵害海灯法师名誉权一案中,最高人民法院认为,“海灯死亡后,其名誉权应依法保护,作为海灯的养子,范某某有权向人民法院提起诉讼。”[⑤]

其二,近亲属权利保护说。该说认为,他人的侮辱、诽谤等行为实际上侵害的是死者近亲属的名誉或追思敬慕之情,死者近亲属作为权利主体,有权主张侵权损害赔偿。其理由在于,死者对于他人的侮辱、诽谤等行为并不会产生人格精神痛苦,只有在世的近亲属才会因侮辱、诽谤等行为产生人格精神痛苦。[⑥] 在中国传统社会中,死者的名誉利益与其近亲属的利益紧密相关,死者名誉的好坏往往令其近亲属产生相应的荣誉感或压抑感,即侵害死者名誉实际上使死者近亲属遭受精神上的痛苦,侵害死者名誉实际上侵害的是死者近亲属的利益。[⑦] 死者近亲属维护死者名誉利益的实质是维护其自身的利益。在德国,也有学者认为,可将死者近亲属作为死者人格权的权利承受者,死者近亲属有权主张侵权损害赔偿,他们“行使的是自己的权利,授予他们权利既是为了死者的利益,又是为了他们自己的利益。”[⑧]

其三,法益保护说。该说认为,死者并不享有人格权,但其人格利益在法律上仍然是一种法益,法律出于维护社会道德和近亲属的感情以及维护社会公共利益的需要,有

---

① 参见龙卫球:《民法总论》(第2版),中国法制出版社2002年版,第300页;民兵:《民事主体制度若干问题的探讨》,载《法商研究》1992年第1期等。

② 杨立新、王海英、孙博:《人身权的延伸法律保护》,载《法学研究》1995年第2期。

③ Générosa Bras Miranda, *La protection posthume des droits de la personnalité*, Les Cahiers de prorpriété intellectuelle, Vol. 19, n3, p. 799 – 806. 转引自陈甦、谢鸿飞主编:《民法典评注 · 人格权编》,中国法制出版社2020年版,第40页。

④ 参见《最高人民法院关于死亡人的名誉权应受法律保护的函》(已废止),〔1988〕民他字第52号,1989年4月12日发布。

⑤ 参见《最高人民法院关于范应莲诉敬永祥等侵害海灯法师名誉权一案有关诉讼程序问题的复函》(〔90〕民他字第30号),1990年12月27日发布。

⑥ 参见张红:《人格权总论》,北京大学出版社2012年版,第372页;魏振瀛:《侵害名誉权的认定》,载《中外法学》1990年第1期等。

⑦ 参见葛云松:《死者生前人格利益的民法保护》,载《比较法研究》2002年第4期。

⑧ [德]卡尔 · 拉伦茨:《德国民法通论》(上册),王晓晔等译,法律出版社2003年版,第173页。

必要对死者的人格利益予以保护。[①] 亦即侵害死者人格利益的行为,是对社会公共道德和公序良俗的破坏。在我国司法实践中,彭某惠诉《中国故事》杂志社名誉权纠纷案(又称“彭某惠案”)是法益保护说的代表。在该案中,四川省高级人民法院认为:“彭某惠作为彭家珍烈士的近亲属对杂志社提起诉讼,是维护彭家珍烈士的名誉,而非自身的名誉权受到侵害。”[②]

关于死者人格利益保护的权利主体,本书认为应当以近亲属权利保护说为原则,以法益保护说为补充。理由如下:(1)死者权利保护说无法与我国的民事主体制度相衔接。承认死者享有人格权,不仅与自然人权利能力终于死亡这一基本规则之间存在明显的逻辑矛盾,而且将权利主体与权利能力相分离会导致死者人格权的虚置化,亦与权利能力本质相悖。(2)死者近亲属应当作为死者人格利益保护的权利主体。死者近亲属与死者的情感联系、利害关系最为紧密,对死者人格利益的侵害,往往会直接破坏死者近亲属的孝思忆念与追思敬慕之情,甚至直接导致死者近亲属社会评价的不当降低,死者近亲属当然有权对其遭受的实际损害主张赔偿。(3)特殊情况下,法益保护说可以作为近亲属权利保护说的补充。当死者近亲属已全部死亡,或加害人为死者近亲属,抑或死者近亲属怠于主张侵权责任时,若放纵不法行为,将违反民法公序良俗原则和公平正义理念。为维护社会公共利益,惩戒不法行为,应由代表公共利益的国家机关提起公益诉讼。

我国《民法典》第 994 条即采近亲属权利保护说对死者的人格利益保护作了一般性规定:“死者的姓名、肖像、名誉、荣誉、隐私、遗体等受到侵害的,其配偶、子女、父母有权依法请求行为人承担民事责任;死者没有配偶、子女且父母已经死亡的,其他近亲属有权依法请求行为人承担民事责任。”该条的制度要点在于:(1)死者的姓名、肖像、名誉、荣誉、隐私、遗体等受到侵害的,首先应由情感联系最为密切的死者配偶、子女、父母主张侵权责任。(2)当死者没有配偶、子女且父母已经死亡时,其他近亲属才能主张侵权责任。《民法典》第 185 条采法益保护说对英雄烈士的人格利益保护作了特别规定:“侵害英雄烈士等的姓名、肖像、名誉、荣誉,损害社会公共利益的,应当承担民事责任。”该条的制度要点在于:(1)在立法目的上,对英雄烈士人格利益进行特殊保护,不仅是出于一般的公共道德和公序良俗的考虑,更是为了通过对英雄烈士的保护,维护社会公共利益,传承和弘扬英雄烈士精神、爱国主义精神,培育和践行社会主义核心价值观,激发

---

① 参见王利明:《人格权法探微》,人民出版社 2018 年版,第 434 ~ 435 页。

② 参见彭某惠诉《中国故事》杂志社名誉权纠纷案,《最高人民法院公报》2002 年第 6 期。

实现中华民族伟大复兴中国梦的强大精神力量。[①] (2)在请求权主体上,不仅英雄烈士的近亲属可以提起诉讼,在英雄烈士没有近亲属或者近亲属不提起诉讼的情况下,代表公共利益的国家机关也有权提起公益诉讼。(3)在人格利益保护的范围上,对英雄烈士人格利益的保护更侧重于姓名、肖像、名誉、荣誉的保护。

在本案中,孙某、加多宝公司的行为不仅损害了邱少云烈士的名誉,更侵犯了英雄烈士舍生取义、英勇献身的精神和中华民族的共同历史记忆,邱某某作为邱少云烈士的胞弟,有权依法请求孙某、加多宝公司承担赔礼道歉、消除影响、恢复名誉、赔偿精神损失等民事责任。

二、法律实务操作

(一)相关法律法规

1. 原《最高人民法院关于贯彻执行〈中华人民共和国民法通则〉若干问题的意见》[法(办)发〔1988〕6号]

第140条　以书面、口头等形式宣扬他人的隐私,或者捏造事实公然丑化他人人格,以及用侮辱、诽谤等方式损害他人名誉,造成一定影响的,应当认定为侵害公民名誉权的行为。

以书面、口头等形式诋毁、诽谤法人名誉,给法人造成损害的,应当认定为侵害法人名誉权的行为。

2. 原《侵权责任法》(2009年)

第2条　侵害民事权益,应当依照本法承担侵权责任。

本法所称民事权益,包括生命权、健康权、姓名权、名誉权、荣誉权、肖像权、隐私权、婚姻自主权、监护权、所有权、用益物权、担保物权、著作权、专利权、商标专用权、发现权、股权、继承权等人身、财产权益。

3.《精神损害赔偿解释》(2020年修正)

第3条　死者的姓名、肖像、名誉、荣誉、隐私、遗体、遗骨等受到侵害,其近亲属向人民法院提起诉讼请求精神损害赔偿的,人民法院应当依法予以支持。

第5条　精神损害的赔偿数额根据以下因素确定:

(一)侵权人的过错程度,但是法律另有规定的除外;

(二)侵权行为的目的、方式、场合等具体情节;

---

① 《中华人民共和国英雄烈士保护法》(以下简称《英雄烈士保护法》)第1条规定:"为了加强对英雄烈士的保护,维护社会公共利益,传承和弘扬英雄烈士精神、爱国主义精神,培育和践行社会主义核心价值观,激发实现中华民族伟大复兴中国梦的强大精神力量,根据宪法,制定本法。"

（三）侵权行为所造成的后果；

（四）侵权人的获利情况；

（五）侵权人承担责任的经济能力；

（六）受理诉讼法院所在地的平均生活水平。

4.《民法典》（2020年）

第120条　民事权益受到侵害的，被侵权人有权请求侵权人承担侵权责任。

第176条（原《民法通则》第176条）　民事主体依照法律规定或者按照当事人约定，履行民事义务，承担民事责任。

第179条（原《侵权责任法》第15条）　承担民事责任的方式主要有：

（一）停止侵害；

（二）排除妨碍；

（三）消除危险；

（四）返还财产；

（五）恢复原状；

（六）修理、重作、更换；

（七）继续履行；

（八）赔偿损失；

（九）支付违约金；

（十）消除影响、恢复名誉；

（十一）赔礼道歉。

法律规定惩罚性赔偿的，依照其规定。

本条规定的承担民事责任的方式，可以单独适用，也可以合并适用。

第185条　侵害英雄烈士等的姓名、肖像、名誉、荣誉，损害社会公共利益的，应当承担民事责任。

第994条　死者的姓名、肖像、名誉、荣誉、隐私、遗体等受到侵害的，其配偶、子女、父母有权依法请求行为人承担民事责任；死者没有配偶、子女且父母已经死亡的，其他近亲属有权依法请求行为人承担民事责任。

第995条　人格权受到侵害的，受害人有权依照本法和其他法律的规定请求行为人承担民事责任。受害人的停止侵害、排除妨碍、消除危险、消除影响、恢复名誉、赔礼道歉请求权，不适用诉讼时效的规定。

第1024条（原《民法通则》第101条）　民事主体享有名誉权。任何组织或者个人不得以侮辱、诽谤等方式侵害他人的名誉权。

名誉是对民事主体的品德、声望、才能、信用等的社会评价。

第1165条(原《侵权责任法》第6条)　行为人因过错侵害他人民事权益造成损害的,应当承担侵权责任。

依照法律规定推定行为人有过错,其不能证明自己没有过错的,应当承担侵权责任。

第1168条(原《侵权责任法》第8条)　二人以上共同实施侵权行为,造成他人损害的,应当承担连带责任。

5.《英雄烈士保护法》(2018年)

第1条　为了加强对英雄烈士的保护,维护社会公共利益,传承和弘扬英雄烈士精神、爱国主义精神,培育和践行社会主义核心价值观,激发实现中华民族伟大复兴中国梦的强大精神力量,根据宪法,制定本法。

第26条　以侮辱、诽谤或者其他方式侵害英雄烈士的姓名、肖像、名誉、荣誉,损害社会公共利益的,依法承担民事责任;构成违反治安管理行为的,由公安机关依法给予治安管理处罚;构成犯罪的,依法追究刑事责任。

6.《中华人民共和国刑法》(2020年修正)

第299条之一　侮辱、诽谤或者以其他方式侵害英雄烈士的名誉、荣誉,损害社会公共利益,情节严重的,处三年以下有期徒刑、拘役、管制或者剥夺政治权利。

(二)思考与实践问题

1. 死者是否具备民事主体资格?为什么?

2. 死者人格利益应当如何保护?

3. 一般人格权与具体人格权、人格权是何关系?

4. 一般人格权具有怎样的制度功能?

5. 英雄烈士的人格利益应当获得怎样的特殊保护?

参考文献

1. 刘云生:《民法典的民族性表达与死者的人格权益保护——〈民法典〉第994条的文化解释》,载《法商研究》2021年第2期。

2. 朱晓峰:《论一般人格权条款与具体人格权条款的规范适用关系》,载《比较法研究》2021年第3期。

3. 曹相见:《死者"人格"的规范本质与体系保护》,载《法学家》2021年第2期。

4. 汪习根:《论民法典的人权精神:以人格权编为重点》,载《法学家》2021年第2期。

5. 王叶刚:《论侵害死者人格利益的请求权主体——兼评〈民法典〉第994条》,载《清华法学》2021年第1期。

6. 陈林林、陈杰:《〈民法典〉保护死者人格利益的法理基础——兼论近亲属权益保护说的理论困境及其解释论分析》,载《广西社会科学》2021 年第 2 期。

7. 王春梅:《〈民法典〉框架下英烈与死者人格利益保护的立法调适》,载《烟台大学学报(哲学社会科学版)》2020 年第 5 期。

8. 张红:《民法典之名誉权立法论》,载《东方法学》2020 年第 1 期。

9. 杨立新:《民法典人格权编草案逻辑结构的特点与问题》,载《东方法学》2019 年第 2 期。

10. 温世扬:《民法典人格权编草案评议》,载《政治与法律》2019 年第 3 期。

11. 康天军:《英烈保护司法实务问题探析》,载《法学论坛》2018 年第 6 期。

12. 季秀平、肖天奉、王新阳:《侵害英烈人格利益问题的理论与实践》,载《人民检察》2018 年第 21 期。

13. 李成斌:《论社会主义核心价值观对民事司法的影响》,载《法律适用》2018 年第 19 期。

14. 王利明:《人格权属性:从消极防御到积极利用》,载《中外法学》2018 年第 4 期。

15. 赵志:《我国英烈名誉荣誉保护焦点探析——以系列英烈毁誉案为逻辑起点》,载《法律适用(司法案例)》2018 年第 18 期。

16. 刘颖:《〈民法总则〉中英雄烈士条款的解释论研究》,载《法律科学(西北政法大学学报)》2018 年第 2 期。

17. 黄忠顺:《英烈权益诉讼中的诉讼实施权配置问题研究——兼论保护英雄烈士人格利益的路径抉择》,载《西南政法大学学报》2018 年第 4 期。

18. 王利明:《论人格权独立成编的理由》,载《法学评论》2017 年第 6 期。

19. 张善斌:《死者人格利益保护的理论基础和立法选择》,载《江汉论坛》2016 年第 12 期。

20. 方金华:《一般人格权理论分析及我国的立法选择》,载《法律科学(西北政法大学学报)》2015 年第 4 期。

21. 王叶刚:《人格权中经济价值“可让与性”之反思——以人格尊严的保护为视角》,载《广东社会科学》2014 年第 2 期。

22. 杨巍:《死者人格利益之保护期限》,载《法学》2012 年第 4 期。

23. 张红:《死者生前人格上财产利益之保护》,载《法学研究》2011 年第 2 期。

24. 王全弟、李挺:《论死者人格精神利益的民法保护》,载《法治研究》2011 年第 11 期。

25. 张红:《死者人格精神利益保护:案例比较与法官造法》,载《法商研究》2010 年第 4 期。

26. 葛云松:《死者生前人格利益的民法保护》,载《比较法研究》2002 年第 4 期。

27. 杨立新、王海英、孙博:《人身权的延伸法律保护》,载《法学研究》1995 年第 2 期。

28. 民兵:《民事主体制度若干问题的探讨》,载《法商研究》1992 年第 1 期。

29. 魏振瀛:《侵害名誉权的认定》,载《中外法学》1990 年第 1 期。

30. 王利明:《人格权法》(第 3 版),中国人民大学出版社 2021 年版。

31. 黄薇主编:《中华人民共和国民法典人格权编解读》,中国法制出版社 2020 年版。

32. 陈甦、谢鸿飞主编:《民法典评注·人格权编》,中国法制出版社 2020 年版。

33. 王利明:《人格权重大疑难问题研究》,法律出版社 2019 年版。

34. 王利明:《人格权法研究》(第 3 版),中国人民大学出版社 2018 年版。

35. 王利明:《人格权法探微》,人民出版社 2018 年版。

36. 石宏主编:《中华人民共和国民法总则条文说明、立法理由及相关规定》,北京大学出版社 2017 年版。

37. 杨立新主编:《中华人民共和国民法总则要义与案例解读》,中国法制出版社 2017 年版。

38. 王泽鉴:《人格权法:法释义学、比较法、案例研究》,北京大学出版社 2013 年版。

39. 张红:《人格权总论》,北京大学出版社 2012 年版。

40. 龙卫球:《民法总论》(第 2 版),中国法制出版社 2002 年版。

41. [德]汉斯·布洛克斯、沃尔夫·迪特里希·瓦尔克:《德国民法总论》(第 33 版),张艳译,中国人民大学出版社 2014 年版。

42. [日]五十岚清:《人格权法》,铃木贤、葛敏译,北京大学出版社 2009 年版。

43. [德]卡尔·拉伦茨:《德国民法通论》(上册),王晓晔等译,法律出版社 2003 年版。

案例十三：任某玉与百度公司人格权侵权纠纷

任某玉系人力资源管理、企事业管理等管理学领域的从业人员，2014 年 7 月 1 日起在无锡陶氏生物科技有限公司从事过相关教育工作，2014 年 11 月 26 日该公司向其发出《自动离职通知书》，解除了劳动关系。北京百度网讯科技有限公司（以下简称百度公司）系提供网络搜索服务的提供商。任某玉自 2015 年 1 月初开始，陆续在百度公司的网站上发现“陶氏教育任某玉”“无锡陶氏教育任某玉”等字样的链接。任某玉认为，陶氏教育在外界颇受争议，口碑欠佳，“陶氏教育任某玉”“无锡陶氏教育任某玉”等信息对其名誉造成极大侵害。其曾于 2015 年 3 月应聘多家公司，均由于“陶氏教育任某玉”和“无锡陶氏教育任某玉”等负面信息影响任某玉取得公司信任而无法工作。任某玉认为百度公司未经其允许，与上传者在百度公司的搜索引擎服务中共同盗用其姓名，把陶氏教育机构与其捆绑，编造已不存在的事实，造成其经济损失。因其与无锡陶氏生物科技有限公司的合作已经结束，现其与该公司已不存在劳动关系，这样的搜索信息应当被“遗忘”，遂要求百度公司删除相关信息。百度公司拒绝删除。任某玉以百度公司侵犯其姓名权、名誉权及一般人格权中“被遗忘”的权利为由，诉至法院。北京市海淀区人民法院经审理认为，百度公司在“相关搜索”中推荐的有关任某玉及“陶氏教育”与相关学习法的词条是对网络用户搜索相关检索词内容与频率的客观反映，属于客观、中立、及时的技术平台服务，并不存在侵害任某玉姓名权、名誉权的过错与违法行为。且我国现行立法中并无法定称谓为“被遗忘权”的权利类型，任某玉主张的应“被遗忘”信息的利益不具有正当性和受法律保护的必要性，不应成为侵权保护的正当法益。判决：驳回任某玉的全部诉讼请求。任某玉不服一审判决，提起上诉。北京市第一中级人民法院经审理认为，任某玉依据一般人格权主张其被遗忘权应属一种人格利益，但该人格利益若想获得保护，任某玉必须证明该利益在本案中的正当性和应予保护的必要性，但任某玉并不能证明上述正当性和必要性。故原审判决认定事实清楚，适用法律正确，判决：驳回上诉，维持原判。

通过该案例探讨被遗忘权的理论基础、权利属性与制度构成。

一、案例研判

(一)基本案情

任某玉系人力资源管理、企事业管理等管理学领域的从业人员,曾以笔名“加羽”著有《合一兵法》一书。其于2014年7月1日起在无锡陶氏生物科技有限公司从事过相关的教育工作。2014年11月26日该公司向其发出《自动离职通知书》,解除了劳动关系。百度公司系提供网页搜索、“相关搜索”等网络搜索服务的提供商。

任某玉自述称,自2015年1月初开始,其陆续在百度公司的网站上发现“陶氏教育任某玉”“无锡陶氏教育任某玉”等字样的链接。任某玉认为,陶氏教育在外界颇受争议,“陶氏教育任某玉”“无锡陶氏教育任某玉”等信息对其名誉造成极大侵害。其曾于2015年3月应聘多家公司,均由于“陶氏教育任某玉”和“无锡陶氏教育任某玉”等负面信息影响任某玉取得公司信任而无法工作。其为维权,联系删帖公司花钱删帖,浪费时间、财力、精力,还委托律师并自费到无锡、北京等地维权,影响其正常工作生活。百度公司的侵权行为已对其精神、经济和健康造成极大伤害。此外,任某玉认为,百度公司还侵犯了其一般人格权中的“被遗忘权”。其与陶氏已没有关系,不良的搜索结果会使公众误解其与陶氏还有合作,误导潜在的合作伙伴和学生。百度公司的侵权行为严重影响其就业、工作交流与日常生活。2015年1月28日8时33分,任某玉通过电子邮箱向百度公司发送电子邮件,主题为“请认真认真详读! 严重侵权! 尽快删除! 严重侵权! 尽快删除!”2015年1月28日9时17分,百度公司通过电子邮箱向任某玉回复邮件:“尊敬的客户,您好:为了高效地处理问题,请按以下路径进行投诉处理。投诉路径:1. 登录网页,http://tousu. baidu. com/webmaster/add 进行投诉;2. 移动端,首页底部,用户反馈入口进行投诉,感谢您对百度的支持和关注。”2015年2月26日,任某玉通过电子邮箱向百度公司发送电子邮件,表示“严重侵权信息,请务必删除。”并附上一张百度搜索手机网页截屏,“相关搜索”处显示“美国潜能教育任某玉”“陶氏教育任某玉”“DNA全脑超能学习法术”“陶氏任某玉”“凤凰军事”“英语右脑教育机构”“陶氏教育”。2015年3月24日,任某玉通过电子邮箱向百度公司发送电子邮件,表示“用手机百度搜索‘任某玉’会出现‘陶氏教育任某玉’‘无锡陶氏教育任某玉’字样,我是‘任某玉’,严重声明:我早已不在陶氏教育,陶氏教育声名狼藉”,并附上一张百度搜索手机网页截屏,“相关搜索”处显示“美国潜能教育任某玉”“无锡陶氏教育任某玉”“DNA全脑超能学习法术”“全脑开发音乐”“陶氏教育骗局”“广州培训师联合会”“任”“陶氏教育任某玉”。2015年4月8日,任某玉向湖南省怀化市天桥公证处申请对百度网页上“任某玉”及任某玉个人邮箱内的相关内容进行证据保全,该处作出(2015)湘怀天证字第642号公证书。该公证书显示:点击“浏览器为360——7”,打开页面,点击“百度”,

键入“任某玉”,“网页”页面中在“相关搜索”处显示有“任”“陶氏教育任某玉”“任某玉酷6”“国际超能教育任某玉”“美国潜能教育任某玉”;另外,在搜索框内键入“陶氏教育”,在“相关搜索”处显示有“无锡陶氏教育”“陶氏教育怎么样”“陶氏”“陶氏教育骗局”“陶氏远航教育是骗局吗”“陶氏教育集团”“陶氏远航教育”“陶宏开”“右脑开发”。该公证书还显示:用李三云手机上网,点击“百度”,键入“任某玉”,手机页面中“相关搜索”处显示“美国潜能教育任某玉”“DNA 全脑超能学习法”“突围突围”“全脑开发音乐”“陶氏教育任某玉”“国际超能教育任某玉”“任”“任某玉酷6”。2015 年 5 月 21 日,任某玉向湖南省怀化市天桥公证处申请对百度网页上“任某玉”的相关内容进行证据保全,该处作出(2015)湘怀天证字第 1085 号公证书。该公证书显示:点击“浏览器为360——7”,打开页面,点击“百度”,键入“任某玉”,“网页”页面中在“相关搜索”处显示有“任”“任某玉酷6”“国际超能教育任某玉”“美国潜能教育任某玉”“香港跨世纪教育任某玉”;另外,在公证人员的面前,由任某玉操作由该处提供的手机(号码:151 × × × × × × × ×)进行手机上网,点击“百度”,键入“任某玉”,手机显示页面,按顺序拍照打印页面,其中“相关搜索”处显示:“国际超能教育任某玉”“超能极速学习法”“全脑开发巨人”“间脑开发骗局”“全脑开发好吗有用吗”“DNA 全脑学习法”“陶氏超能学习法有用吗”。任某玉认为,百度公司搜索页面中显示的关键词给其造成了不利影响和经济损失,应当向其进行损害赔偿,并就此向法院提交了一份《解除劳动合同协议》和部分交通住宿票据及湖南省怀化市天桥公证处分别出具的 700 元和 500 元的公证业务费发票。其中该《解除劳动合同协议》显示,北京道雅轩商贸有限公司(甲方)与任某玉(乙方)协商一致自愿于 2015 年 3 月 12 日正式解除劳动合同关系,解除理由是自甲方聘用乙方并开始试用后,发现百度网络上显示“无锡陶氏教育任某玉”,陶氏教育被很多人称为“骗子公司”,甚至有人说是“邪教”,因甲方聘请乙方从事的工作对信誉度要求高,双方自愿解除合同,原定甲方聘用乙方约定的 60 万元年薪,由于劳动时间较短,乙方同意甲方不支付任何工资和任何经济补偿。

百度公司表示未收到任某玉按照其公示投诉渠道的正式投诉,未对任某玉的投诉进行删除处理。2014 年 6 月 26 日,百度公司向北京市方正公证处申请对百度网页相关内容进行证据保全,该处作出(2014)京方正内经证字第 09695 号公证书。该公证书显示:打开已连接互联网的计算机,清除计算机缓存,打开 IE 浏览器,自动显示该计算机设置的默认空白页面,在该页面的地址栏中输入 www. baidu. com,分别点击该页面下方的“使用百度前必读”“权利声明”“隐私权保护声明”,对页面显示进行了截屏保存。在“使用百度前必读”部分中显示:“百度提醒您:在使用百度搜索引擎前,请您务必仔细阅读并透彻理解本声明。您可以选择不使用百度,但如果您使用百度,您的使用行为将被视为对本声明全部内容的认可。”在“权利声明”部分中“权利通知”显示:“任何个人或单位如果同时符合以下两个条件：1. 权利人发现网络用户利用网络服务侵害其合法权益；2. 百度的搜索引擎系统以自动检索方式而链接到第三方网站的内容侵犯了上述权利人的合法权益。请上述个人或单位务必以书面的通讯方式向百度提交权利通知。……请您把以上资料和联络方式书面发往以下地址：北京市海淀区上地十街10号，北京百度网讯科技有限公司法务部，邮政编码100085”。2015年5月18日，百度公司向北京市方正公证处申请对百度网页相关内容进行证据保全，该处作出(2015)京方正内经证字第05338号公证书。该公证书显示：打开已连接互联网的计算机，清除计算机缓存，打开IE浏览器，自动显示该计算机设置的默认空白页面，在该页面的地址栏中输入www. baidu. com，在搜索栏中输入“任某玉”，点击“百度一下”，对显示页面进行了截屏保存。在网页搜索中首页显示链接分别为：“任某玉百度百科”“任某玉的最新相关信息”“任某玉：争做教育行业的领跑者”“任某玉的微博腾讯微博”“任某玉互动百科”“任某玉的相关视频在线观看百度视频”“任某玉——热门标签——高清视频在线观看——爱奇艺”“少年大学教育——任某玉视频在线观看56. com”“国际超能教育任某玉——PPS爱频道”。“相关搜索”中显示词条分别为：“任”“任某玉酷6”“国际超能教育任某玉”“美国潜能教育任某玉”。2015年5月19日，百度公司向北京市方正公证处申请对使用手机查看百度网页相关内容进行证据保全，该处作出(2015)京方正内经证字第05525号公证书。该公证书显示：打开iPhone手机，对手机进行重置处理，重置过程中选择公证处设置的无线局域网并连接，通过手机主界面点击“AppStore”，进入“手机百度”界面，点击“进入首页”，显示新的界面，连续点击“不允许”、点击“确定”，在搜索栏中输入“任某玉”，点击“确认”，显示新界面并浏览，连续点击“下一页”，显示新界面并浏览，公证员用摄像机进行摄像取证保存，后打开计算机，清除计算机缓存，在计算机中新建word文档，打开摄像机的录像内容，对视频中相关内容进行截屏并将截屏内容均保存在文档中。在该手机页面中“相关搜索”于11时43分显示词条分别为：“国际超能教育任某玉”“超能极速学习法”“全脑开发巨人”“间脑开发骗局”“全脑开发好吗有用吗”“DNA全脑超能学习法”“陶氏超能学习法有……”。2015年5月19日，百度公司向北京市方正公证处申请对使用手机查看百度网页相关内容进行证据保全，该处作出(2015)京方正内经证字第05526号公证书。该公证书显示：打开华为手机，对手机进行重置处理，重置过程中选择公证处设置的无线局域网并连接，通过手机主界面点击“应用市场”，进入“手机百度”界面，点击“进入首页”，显示新的界面，点击“禁止”、关闭广告弹窗，在搜索栏中输入“任某玉”，点击“搜索”，显示新界面并浏览，连续点击“下一页”，显示新界面并浏览，公证员用摄像机进行摄像取证保存，后打开计算机，清除计算机缓存，在计算机中新建word文档，打开摄像机的录像内容，对视频中相关内容进行截屏并将截屏内容均保存在文档中。在该手机页面中“相关搜索”于10时

59 分显示词条分别为："国际超能教育任某玉""超能极速学习法""全脑开发巨人""间脑开发骗局""全脑开发好吗有用吗""DNA 全脑超能学习法""陶氏超能学习法有用吗"。

任某玉主张百度公司侵犯其姓名权、名誉权及一般人格权中"被遗忘"的权利，其侵权行为表现在未经其允许，百度公司与上传者在百度公司的搜索引擎服务中共同盗用其姓名，将陶氏教育机构与其捆绑，编造已不存在的事实，造成其经济损失。由于陶氏教育机构在业界口碑欠佳，如果有学生及合作伙伴搜索任某玉的名字，从百度页面看到搜索结果会误以为任某玉与该公司还存在合作关系，该不良搜索结果会影响任某玉的就业、工作交流及日常生活。任某玉认为，其与无锡陶氏生物科技有限公司的合作已经结束，现其与该公司已不存在劳动关系，这样的搜索信息应当被"遗忘"，要求百度公司删除相关信息。但百度公司拒绝删除。双方当事人协商未果，任某玉诉至法院。请求法院：(1)判令百度公司立即停止侵犯任某玉姓名权、名誉权的一切侵权行为，并赔礼道歉、消除影响。其中，在百度搜索界面中输入"任某玉"进行搜索，搜索结果中不得出现"陶氏任某玉""陶氏超能学习法""超能急速学习法""超能学习法""陶氏教育任某玉""无锡陶氏教育任某玉"等 6 个关键词。(2)判令百度公司支付任某玉精神损害抚慰金 2 万元。(3)判令自 2015 年 3 月 12 日至百度公司停止一切侵权行为期间(删除上述关键词以及赔礼道歉完毕之日)，百度公司向任某玉每月支付经济赔偿金 5 万元。(4)判令百度公司支付任某玉为维权支出的合理费用，包括公证费 700 元、500 元，住宿费 2270 元，交通费差旅费 965.5 元。任某玉在一审时当庭陈述，之前向百度公司投诉的两个关键词"陶氏教育任某玉"和"无锡陶氏教育任某玉"，其最早于 2015 年 1 月 28 日发现，但一审时此百度页面已不存在。当庭要求另行删除 4 个关键词："陶氏任某玉""陶氏超能学习法""超能急速学习法""超能学习法"。

(二)争议焦点

本案的争议焦点在于，对"相关搜索"技术模式及相应服务模式正当性的法律评价。具体涉及事实及法律两个层面的基础问题：其一，百度公司"相关搜索"服务显示的涉及任某玉的检索词是否受到了该公司不当的人为干预？其二，百度公司"相关搜索"技术模式及相应服务模式提供的搜索服务是否构成对任某玉的姓名权、名誉权及任某玉主张的一般人格权中的"被遗忘权"的侵犯？

1. 涉诉"相关搜索"显示词条是否受到百度公司不当的人为干预？

任某玉认为，陶氏教育在外界颇受争议，口碑欠佳。其与无锡陶氏生物科技有限公司已于 2014 年 11 月 26 日解除了劳动关系。百度公司未经其同意，与上传者在百度公司的搜索引擎服务中共同盗用其姓名，将陶氏教育机构与其捆绑，编造已不存在的事实，造成其经济损失，严重影响其就业、工作交流及日常生活，百度公司的行为明显不当。

百度公司认为,搜索引擎的“相关搜索”功能,是为用户当前搜索的检索词提供特定相关性的检索词推荐,这些相关检索词是根据过去其他用户的搜索习惯和与当前检索词之间的关联度计算生成的,是随着网民输入检索词的内容和频率变化而实时自动更新变化的。如果百度公司在“相关搜索”服务中存在针对任某玉相关信息而改变前述算法或规律的人为干预行为,就应当在“相关搜索”的推荐服务中对任某玉在本案中主张的 6 个关键词给予相对稳定一致的公开显示,或者至少呈现一定规律性的显示。但是,无论从任某玉的自述还是从双方提供的公证书来看,均显示在百度公司搜索页面的搜索框中输入“任某玉”这一检索词,在“相关搜索”中都会显示出不同的排序及内容的词条,而且任某玉主张的 6 个检索词也呈现时有时无的动态及不规律的显示状态,这与搜索引擎“相关搜索”功能的一般状态是一致的,并未呈现人为干预的异常情况,足以印证百度公司所称相关搜索词系由过去一定时期内使用频率较高且与当前搜索词相关联的词条统计而由搜索引擎自动生成,并不存在百度公司的人为干预。

2. 百度公司“相关搜索”技术模式及相应服务模式是否构成对任某玉的姓名权、名誉权及任某玉主张的一般人格权中的“被遗忘权”的侵犯?

任某玉认为,百度公司未经其同意,与上传者在百度公司的搜索引擎服务中共同盗用其姓名,将陶氏教育机构与其捆绑,编造已不存在的事实,已侵害其姓名权、名誉权及一般人格权中的“被遗忘权”。其与陶氏已没有关系,不良的搜索结果会使公众误解其与陶氏还存在合作,误导潜在的合作伙伴和学生。其曾于 2015 年 3 月应聘多家公司,均由于“陶氏教育任某玉”和“无锡陶氏教育任某玉”等负面信息影响任某玉取得公司信任而无法工作。其为维权花费大量时间、财力、精力,已严重影响其正常工作生活。因此,百度公司的侵权行为已对其精神、经济和健康造成极大伤害,应当承担侵害其姓名权、名誉权及一般人格权中的“被遗忘权”的侵权责任。

百度公司认为,其并未实施侵害任某玉姓名权、名誉权及被遗忘权的侵权行为,无须承担侵权责任。理由如下:(1)在本案中,百度公司只提供了互联网搜索引擎服务,包括“关键词搜索”和“关键词相关搜索”。无论哪一种搜索方式,都客观体现了网民的搜索状况和互联网信息的客观情况,具有技术中立性和正当合理性。百度搜索引擎除提供传统的“关键词搜索”功能外,还提供“关键词相关搜索”功能。“关键词相关搜索”是指搜索引擎自动统计一段时间内互联网上所有网民输入的搜索关键词的频率,在某个网民输入一个关键词进行搜索时,搜索引擎自动显示出所有网民输入的、与该关键词相关联的、搜索频率最高的关键词,网民点击“相关搜索”中的关键词后,可以找到与其搜索内容相关的、互联网上客观存在的信息。随着所有网民输入关键词的内容和频率的变化,“相关搜索”中的关键词也会自动进行更新。因此,“相关搜索”是网络用户搜索行为的客观体现，搜索引擎服务商仅是将网民的搜索行为客观展现出来供网络用户参考，在服务过程中百度公司未做任何人为的调整和干预。(2)本案不存在任某玉姓名权和名誉权受侵犯的事实。其一，就本案事实而言，任某玉确认其之前与陶氏教育有过现实的业务合作与媒体宣传，此业务合作与宣传信息会反映在互联网上。根据搜索引擎的机器算法法则，搜索“任某玉”，不仅会出现与关键词“任某玉”有关的第三方网页链接，还会自动出现与“任某玉”相关的搜索关键词如“陶氏教育任某玉”“陶氏教育”。即使在双方现实业务合作已经终止后，由于在“相关搜索”的时间参考期限内，在互联网上搜索“任某玉”，依然有可能出现“陶氏教育任某玉”。同时，由于搜索的用户可能并不知道任某玉与陶氏教育合作变化事宜，可能还会继续在互联网上检索相关的检索词，也造成涉诉相关检索词的出现。目前来看，线上的搜索结果已经改变，说明搜索用户已经逐渐知悉此情况，行为的关联度在逐渐降低。相关搜索词的改变说明“相关搜索”是机器自动的、实时的、动态的。依照法律规定，侵犯姓名权的行为主要表现为擅自使用、假冒他人姓名，干涉他人使用姓名或采取违法、违背善良公俗的方式使用他人姓名等。百度公司并未实施上述行为，因此百度公司并未侵犯任某玉的姓名权。其二，在本案中，无论是“任某玉”关键词搜索，还是“相关搜索”，搜索词以及链接信息均不存在侮辱或诽谤任某玉的文字内容。搜索时，与任某玉名字同时出现的“陶氏教育”相关信息，也与任某玉的现实社会关系存在客观关联。因此百度公司并未侵犯任某玉的名誉权。(3)任某玉主张的“被遗忘权”没有明确的法律依据。(4)任某玉主张的经济赔偿金和精神损害抚慰金，不成立。没有证据证明任某玉存在精神损害和经济损失，以及与百度公司提供的搜索引擎服务存在因果关系。

(三)法院判决

北京市海淀区人民法院经审理认为，关于本案的争议焦点一：涉诉“相关搜索”显示词条是否受到百度公司不当的人为干预。搜索引擎的“相关搜索”功能，是为用户当前搜索的检索词提供特定相关性的检索词推荐，这些相关检索词是根据过去其他用户的搜索习惯和与当前检索词之间的关联度计算而生成的，且随着网民输入检索词的内容和频率变化而实时自动更新变化。如果百度公司在“相关搜索”服务中存在针对任某玉相关信息而改变前述算法或规律的人为干预行为，就应当在“相关搜索”的推荐服务中对任某玉在本案中主张的6个关键词给予相对稳定一致的公开显示，或者至少呈现一定规律性的显示。但是，无论从任某玉的自述及双方提供的公证书，还是本院当庭现场勘验的情况，均可以看出在百度公司搜索页面的搜索框中输入“任某玉”这一检索词，在“相关搜索”中都会显示出不同的排序及内容的词条，而且任某玉主张的6个检索词也呈现时有时无的动态及不规律的显示状态，这与搜索引擎“相关搜索”功能的一般状态是一致的，并未呈现人为干预的异常情况，足以印证百度公司所称相关搜索词系由过去一定时期内使用频率较高且与当前搜索词相关联的词条统计而由搜索引擎自动生成,并非由于百度公司的人为干预。综上,在任某玉无相反证据的情况下,本院认定百度公司并未针对任某玉的个人信息在相关搜索词推荐服务中进行特定的人为干预。

关于争议焦点二:百度公司“相关搜索”技术模式及相应服务模式是否构成对任某玉的姓名权、名誉权及任某玉主张的一般人格权中的“被遗忘权”的侵犯。本院认为,既然百度公司并未在“相关搜索”服务中针对任某玉进行特定的人为干预,即不存在针对任某玉个人之特定意图的可能,百度公司现有“相关搜索”技术模式及相应服务模式本身是否对任某玉主张的涉诉权益构成现实侵犯就成为本案的关键。就相关搜索服务模式而言,其初始功能仅系动态反映过去特定期间内网络用户所使用检索词的内容与频率等客观情况,为当前用户的信息检索提供相关度及关注度等特定指标的参考指引或推荐,该模式本身并无实质性的侵权目的。百度公司作为搜索引擎运营企业,也应当向网络用户提供客观、中立、准确的相关搜索词汇使用状态信息,提供比原有关键词搜索服务更加便捷、智能的升级服务,以方便用户检索查找相关信息。具体到本案诉争相关搜索词条而言,百度公司搜索页面的“相关搜索”处显示词条——“陶氏教育任某玉”“无锡陶氏教育任某玉”“陶氏任某玉”“陶氏超能学习法”“超能急速学习法”“超能学习法”本身并无表面及实质性的褒贬含义,本质仍属供网络信息检索使用之参考词汇,且系对广大网络用户检索与“任某玉”这一词条相关内容的客观反映,其既非被检索的网络信息本身,又非百度公司针对任某玉主观控制或创造的负面词汇。况且,从庭审查明的事实看,任某玉从事过“教育”工作,而且与“陶氏”相关企业之间存在过现实的业务合作与媒体宣传,有关“任某玉”与“陶氏”“教育”等关键词的信息反映在互联网上,不仅会出现在与检索词“任某玉”有关的第三方网页链接上,当然也会按照相关搜索特定算法而自动出现在与检索词“任某玉”相关的“相关搜索”的推荐词条上,这正是对任某玉从事与陶氏相关企业教育工作的历史情况的客观反映。至于任某玉主张其已经与无锡陶氏生物科技有限公司结束业务关系,在相关搜索中却依然出现前述词条,由于搜索引擎自动统计的是“特定参考时段”内的网上所有网民输入的搜索关键词的频率,故即使在双方现实业务合作已经终止后,在互联网上相关搜索查询的“特定参考时段”范围内搜索“任某玉”,相关搜索词依然有可能出现上述词条,而且不排除搜索用户并不知道任某玉前述合作业务变化事宜的可能,还会继续在互联网上检索相关的检索词,也会造成在相关搜索中持续出现涉诉相关检索词,这本身与百度公司提供的相关搜索服务是否存在实质性侵权目的无关,而与搜索用户对“任某玉”这一检索词的关注度、用户习惯及使用频率等因素有关。

就百度公司的涉诉技术模式及相关服务模式是否实质性侵犯任某玉的名誉权、姓名权而言。首先,公民享有名誉权,公民的人格尊严受法律保护,禁止使用侮辱、诽谤等方式损害公民、法人的名誉。本案中,综合前文对相关搜索技术模式及相关服务模式的正当性的论述,加之百度公司在“相关搜索”中推荐涉诉6个词条的行为,既不存在使用言辞进行侮辱的情况,也不具有捏造事实传播进行诽谤的情况,明显不存在对任某玉进行侮辱、诽谤等侵权行为,故百度公司相关搜索的前述情形显然不构成对任某玉名誉权的侵犯。其次,公民享有姓名权,有权决定、使用和依照规定改变自己的姓名,禁止他人干涉、盗用、假冒。本案中,既然百度公司并无人为干预“相关搜索”有关“任某玉”词条的行为,没有特定个人的特定指向,那么对于作为机器的“搜索引擎”而言,“任某玉”这3个字在相关算法的收集与处理过程中就是一串字符组合,并无姓名的指代意义。即使最终在“相关搜索”中出现“任某玉”这一词条与任某玉有关,也只是对网络用户使用“任某玉”这3个字符状态的客观反映,显然不存在干涉、盗用、假冒任某玉姓名的行为,况且现代社会中自然人不享有对特定字符及组合的排他性独占使用的权利,故百度公司在相关搜索中使用“任某玉”这一词汇并不构成对任某玉姓名权的侵犯。

至于百度公司是否侵犯了任某玉主张的一般人格权中的所谓“被遗忘权”。任某玉认为,其已经结束了陶氏相关企业的教育工作,不再与该企业有任何关系,此段经历不应当仍在网络上广为传播,应当被网络用户所“遗忘”,而且该企业名声不佳,在百度相关搜索上存留其与该企业的相关信息会形成误导,造成其在就业、招生等方面的困难而产生经济损失,并且已产生现实损害,百度公司应当承担侵权责任,这种“利益”应当作为一种一般人格利益从人格权的一般性权利即一般人格权中予以保护。本院认为,我国现行立法中并无法定称谓为“被遗忘权”的权利类型,“被遗忘权”只是在国外有关法律及判例中有所涉及,但其不能成为我国此类权利保护的法律渊源。我国原《侵权责任法》规定,侵害民事权益,应当依照本法承担侵权责任。行为人因过错侵害他人民事权益,应当承担侵权责任。由此可见,民事权益的侵权责任保护应当以原告对诉讼标的享有合法的民事权利或权益为前提,否则其不存在主张民事权利保护的基础。人格权或一般人格权保护的对象是人格利益,既包括已经类型化的法定权利中所指向的人格利益,也包括未被类型化但应受法律保护的正当法益。就后者而言,必须不能涵盖到既有类型化的权利之中,且具有利益的正当性及保护的必要性,三者必须同时具备。本案中,任某玉希望“被遗忘”的对象是百度公司“相关搜索”推荐关键词链接中涉及的其曾经在“陶氏教育”工作经历的特定个人信息,这部分个人信息的确涉及任某玉,而且该个人信息所涉及的人格利益是对其个人良好业界声誉的不良影响,进而还会随之产生影响其招生、就业等经济利益的损害,与任某玉具有直接的利益相关性,而且其对这部分网络上个人信息的利益指向的确也并不能归入我国现有类型化的人格权保护范畴,因此，该利益能否成为应受法律保护的民事法益，关键就在于该利益的正当性与受法律保护的必要性。任某玉主张删除的直接理由是“陶氏教育”在业界口碑不好，网络用户搜索其姓名“任某玉”时，相关搜索推荐的词条出现其与“陶氏教育”及相关各类名称的“学习法”发生关联的各种个人信息于其不利，实际上这一理由中蕴含了其两项具体的诉求意向：一是正向或反向确认其曾经合作过的“陶氏教育”不具有良好商誉；二是试图向后续的学生及教育合作客户至少在网络上隐瞒其曾经的工作经历。就前者而言，企业的商誉受法律保护，法律禁止任何人诋毁或不正当利用合法企业的商誉。况且，不同个人对企业商誉的评价往往是一种主观判断，而企业客观上的商誉也会随着经营状况的好坏而发生动态变化，因此不宜抽象地评价商誉好坏及商誉产生后果的因果联系，何况任某玉目前与陶氏教育相关企业之间仍具有同业或相近行业的潜在竞争关系。就后者而言，涉诉工作经历信息是任某玉最近发生的情况，其目前仍在企业管理教育行业工作，该信息正是其行业经历的组成部分，与其目前的个人行业资信具有直接的相关性及时效性。任某玉希望通过自己良好的业界声誉在今后吸引客户或招收学生，但是包括任某玉工作经历在内的个人资历信息正是客户或学生借以判断的重要信息依据，也是作为教师诚实信用的体现，这些信息的保留对于包括任某玉所谓潜在客户或学生在内的公众知悉任某玉的相关情况具有客观的必要性。任某玉在与陶氏相关企业从事教育业务合作时并非限制行为能力人、无行为能力人，其并不存在法律上对特殊人群予以特殊保护的法理基础。因此，任某玉在本案中主张的应“被遗忘”信息的利益不具有正当性和受法律保护的必要性，不应成为侵权保护的正当法益，其主张该利益受到一般人格权中所谓“被遗忘权”保护的诉讼主张，本院不予支持。

综上，百度公司在“相关搜索”中推荐的有关任某玉及“陶氏教育”与相关学习法的词条是对网络用户搜索相关检索词内容与频率的客观反映，属于客观、中立、及时的技术平台服务，并无侵害任某玉前述主张权益的过错与违法行为。此外，网络服务商未履行“通知—删除”义务或未停止侵权，应承担对自己行为的侵权责任或对他人侵权扩大损害的侵权责任，其前提是自己或他人的侵权责任成立，鉴于本案中任某玉主张百度公司侵害其名誉权、姓名权及一般人格权中所谓“被遗忘权”缺乏相应的事实与法律依据，故百度公司未履行“通知—删除”义务亦无须承担侵权责任，本院对任某玉的全部诉讼请求均不予支持。依照 2017 年《民事诉讼法》第 64 条第 1 款之规定，[①]判决：驳回任某玉的全部诉讼请求。案件受理费 825 元，由任某玉负担。

任某玉不服一审判决，提起上诉。请求法院：(1)撤销原审判决。(2)改判百度公

① 《民事诉讼法》(2021 年修正)第 67 条第 1 款规定：“当事人对自己提出的主张，有责任提供证据。”与 2017 年《民事诉讼法》第 64 条第 1 款条文表述基本一致。

司立即停止对任某玉人格权实施的一切侵权行为,并赔礼道歉。(3)改判百度公司向任某玉支付精神损害抚慰金2万元。(4)改判自2015年3月至百度公司停止一切侵权行为期间,百度公司向任某玉每月支付经济赔偿金5万元。(5)改判百度公司支付任某玉维权所支付的必要成本费4000元。

北京市第一中级人民法院经审理认为,姓名权是公民享有的依法决定、使用和变更自己姓名的权利。一般而言,侵害姓名权的行为主要有:(1)干涉他人行使其姓名权。主要包括干涉他人命名、干涉他人合法使用其姓名、干涉他人改名等行为。(2)应使用而不使用他人姓名。主要包括在使用他人作品时应标明作者而未标明,特定场合应称呼他人姓名而未称呼,以及特定场合以谐音或起绰号方式恶意不使用他人姓名等行为。(3)非法使用他人姓名。主要包括盗用他人姓名和假冒他人姓名的行为。(4)故意混同使用他人姓名。主要包括恶意使用与他人姓名在外观上和发音上相类似的姓名,恶意对某物命名与他人姓名相同的名称等行为。本案中,百度公司"相关搜索"服务显示涉及任某玉的检索词显然不符合上述第一、第二、第四种情形。就第三种情形即"非法使用他人姓名"的情形而言,相关检索词的出现虽然未经任某玉本人允许,但检索词本身系网络用户在搜索引擎中键入的指令,搜索结果中的"检索词"也只是动态反映过去特定时间内网络用户使用检索词的客观情况,并为当前用户的信息检索提供参考指引。即"任某玉"是百度搜索引擎经过相关算法的处理过程后显示的客观存在网络空间的字符组合,并非百度公司针对"任某玉"这个特定人名的盗用或假冒。故百度公司并未侵犯任某玉的姓名权,原审法院认定正确。

侵害名誉权的法定构成要件包括行为人的违法行为、受害人确有名誉被损害的事实、违法行为与损害后果之间有因果关系、行为人存在主观过错。在本案中,首先,案涉检索词"陶氏任某玉""陶氏超能学习法""陶氏教育任某玉"等,明显不存在对任某玉进行侮辱的言辞,亦未捏造事实对任某玉进行诽谤。任某玉认为"陶氏教育"在业界口碑不好,与其关联影响声誉,本院认为任某玉对"陶氏教育"的个人主观评价不能作为认定相关词汇具有侮辱性、诽谤性的依据。其次,"任某玉"与"陶氏"或"陶氏教育"机动同时出现是对特定时间内网络用户所使用的检索词的客观情况的反映,任某玉本人在庭审中亦认可检索词的序列动态变化、时时更新。故百度公司对"陶氏任某玉""陶氏超能学习法"等关键词在搜索结果中出现并不存在主观过错。综上,百度公司既不存在侵权事实,亦不存在主观过错,故对任某玉的名誉权不构成侵犯,原审法院认定正确。

被遗忘权是欧盟法院通过判决正式确立的概念,虽然我国学术界对被遗忘权的本土化问题进行过探讨,但我国现行法律中并无对"被遗忘权"的法律规定,亦无"被遗忘权"的权利类型。任某玉依据一般人格权主张其被遗忘权应属一种人格利益,该人格利益若想获得保护,任某玉必须证明其在本案中的正当性和应予保护的必要性,但任某玉并不能证明上述正当性和必要性,故原审法院认定正确。

在百度公司不构成侵权的前提下,原审法院驳回任某玉对百度公司赔偿其相关损失及精神损害抚慰金的诉讼请求亦属正确。任某玉的上诉请求与理由无法律及事实依据,本院不予支持。原审判决认定事实清楚,适用法律正确,判决:驳回上诉,维持原判。①

证据:

1. 2014 年 11 月 26 日无锡陶氏生物科技有限公司向任某玉发出的《自动离职通知书》,以证实任某玉与无锡陶氏生物科技有限公司已解除劳动关系

2. 任某玉与北京道雅轩商贸有限公司签订的《解除劳动合同协议》,以证明百度公司搜索页面中显示的关键词给其造成了不利影响和经济损失

3. 任某玉所著的《合一兵法》封面及作者简介

4. 湖南省怀化市天桥公证处出具的(2015)湘怀天证字第 642 号公证书及公证业务费发票(任某玉申请的对百度网页上"任某玉"及任某玉个人邮箱内的相关内容进行证据保全)

5. 湖南省怀化市天桥公证处出具的(2015)湘怀天证字第 1085 号公证书及公证业务费发票(任某玉申请的对百度网页上"任某玉"的相关内容进行证据保全)

6. 北京市方正公证处出具的(2014)京方正内经证字第 09695 号公证书及公证业务费发票(百度公司申请的对百度网页相关内容进行证据保全)

7. 北京市方正公证处出具的(2015)京方正内经证字第 05338 号公证书及公证业务费发票(百度公司申请的对百度网页相关内容进行证据保全)

8. 北京市方正公证处出具的(2015)京方正内经证字第 05525 号公证书及公证业务费发票(百度公司申请的对使用手机查看百度网页相关内容进行证据保全)

9. 北京市方正公证处出具的(2015)京方正内经证字第 05526 号公证书及公证业务费发票(百度公司申请的对使用手机查看百度网页相关内容进行证据保全)

(四)案例评析与理论延伸

本案是关于被遗忘权和个人信息保护的民事纠纷。被遗忘权,是指信息主体对已发布在网络上有关自身的已过时的、不准确的、不相关的、导致信息主体社会评价降低

---

① 参见任某玉诉北京百度网讯科技有限公司人格权纠纷案,北京市海淀区人民法院(2015)海民初字第17417 号民事判决书;任某玉诉北京百度网讯科技有限公司名誉权纠纷案,北京市第一中级人民法院(2015)一中民终字第 09558 号民事判决书。

的信息,要求信息控制者予以删除或者采取其他必要措施予以限制的权利。① 大数据时代,信息主体的个人信息以数据形式储存于网络空间,网络技术打破了人类遗忘的自然规律,使记忆成为永恒,信息主体的过往无处遁形,一定程度上影响了信息主体的人格尊严和生活安宁。被遗忘权应运而生,其最早可上溯至2014年冈萨雷斯诉谷歌案。冈萨雷斯认为,《先锋报》于1998年刊登的其不动产将被强制拍卖的信息被谷歌搜索引擎收录,该信息过于久远且已失效,继续留存会对其个人声誉造成伤害,请求《先锋报》和谷歌公司删除或不再显示该信息。2014年欧盟法院作出判决,认为信息主体有权请求搜索引擎运营商删除不准确、不恰当、不相关或超出处理目的的个人信息的搜索链接。该案首次承认信息主体的被遗忘利益应当受到法律保护,在司法领域确立了被遗忘权概念,使之成为信息主体的一项民事权利。②

1. 被遗忘权的理论基础

大数据时代,强大的信息收集和处理技术在为人类生活、工作带来便捷的同时,也为个人信息保护带来挑战。信息主体的个人信息以数据形式储存于网络空间,除非被人为删除,否则将成为互联网的永恒记忆。难以抹去的过往信息随时都可能通过搜索引擎技术被他人查看,对信息主体人格尊严的维护、信息自主决定权及生活安宁带来威胁。

被遗忘权能够减少信息主体的负面社会评价,使其获得社会谅解,不必担心过往信息影响其现有和未来的生活,有利于维护其人格尊严。③ 被遗忘权还有助于遏制信息主体在大数据时代的透明化趋势,帮助信息主体走出数字化阴影,维护其个人形象,回归生活安宁。

2016年欧盟《通用数据保护条例》(GDPR)第17条通过3个条款分别规定了被遗忘权的适用情形、数据控制者的通知义务以及数据主体行使被遗忘权的限制情形。此后一些国家(地区)逐步通过立法保护信息主体的被遗忘权。④

我国对于被遗忘权的立场较为谨慎,部分立法、司法解释和指导性规范存在带有被

---

① 类似观点参见杨立新、韩煦:《被遗忘权的中国本土化及法律适用》,载《法律适用》2015年第2期;陈昶屹:《现有法律体系下"被遗忘权"案件的审理思路及保护路径——从我国"被遗忘权"第一案说起》,载《法律适用》2017年第2期。

② 参见杨立新、杜泽夏:《被遗忘权的权利归属与保护标准——任某玉诉百度公司被遗忘权案裁判理由评述》,载《法律适用》2017年第16期。

③ 我国有学者就认为被遗忘权源于自然人获得谅解、维持人格特质、保护人格尊严与个人生活的需求,回应了网络社会信息去中心化、存储永久化和获取便利化的挑战。参见满洪杰:《被遗忘权的解析与构建:作为网络时代信息价值纠偏机制的研究》,载《法制与社会发展》2018年第2期。

④ 如《俄罗斯联邦信息、信息技术和信息保护法》第10.3条、我国香港特别行政区《个人资料(私隐)条例》第26条等。

遗忘权色彩的相关规定。如2012年《全国人民代表大会常务委员会关于加强网络信息保护的决定》第8条,[①]2013年《消费者权益保护法》第14条、第29条第2款,[②]2016年《网络安全法》第43条,[③]《最高人民法院关于审理利用信息网络侵害人身权益民事纠纷案件适用法律若干问题的规定》(法释〔2020〕17号)第5条,[④]《民法典》第1037条第2款、[⑤]第1195条第1款,[⑥]以及2021年《个人信息保护法》第47条[⑦]等。

2. 被遗忘权的权利属性

关于被遗忘权的权利属性,主要存在独立人格权说、隐私权权能说、个人信息权权能说等观点。

独立人格权说认为,被遗忘权所保护的人格利益是具体且特定的,无法被其他具体人格权所涵盖,因此被遗忘权不属于一般人格权,也不能归于既有的具体人格权。将被遗忘权界定为一项独立的具体人格权,是人格权理论对大数据社会发展的呼应,能够丰富人格权的内容和体系。[⑧] 隐私权权能说认为,被遗忘权根源于隐私权,是隐私权在互

---

① 《全国人民代表大会常务委员会关于加强网络信息保护的决定》第8条规定:"公民发现泄露个人身份、散布个人隐私等侵害其合法权益的网络信息,或者受到商业性电子信息侵扰的,有权要求网络服务提供者删除有关信息或者采取其他必要措施予以制止。"

② 《消费者权益保护法》第14条规定:"消费者在购买、使用商品和接受服务时,享有人格尊严、民族风俗习惯得到尊重的权利,享有个人信息依法得到保护的权利。"第29条第2款规定:"经营者及其工作人员对收集的消费者个人信息必须严格保密,不得泄露、出售或者非法向他人提供。经营者应当采取技术措施和其他必要措施,确保信息安全,防止消费者个人信息泄露、丢失。在发生或者可能发生信息泄露、丢失的情况时,应当立即采取补救措施。"

③ 《网络安全法》第43条规定:"个人发现网络运营者违反法律、行政法规的规定或者双方的约定收集、使用其个人信息的,有权要求网络运营者删除其个人信息;发现网络运营者收集、存储的其个人信息有错误的,有权要求网络运营者予以更正。网络运营者应当采取措施予以删除或者更正。"

④ 《最高人民法院关于审理利用信息网络侵害人身权益民事纠纷案件适用法律若干问题的规定》第5条规定:"依据侵权责任法第三十六条第二款的规定,被侵权人以书面形式或者网络服务提供者公示的方式向网络服务提供者发出的通知,包含下列内容的,人民法院应当认定有效:(一)通知人的姓名(名称)和联系方式;(二)要求采取必要措施的网络地址或者足以准确定位侵权内容的相关信息;(三)通知人要求删除相关信息的理由。被侵权人发送的通知未满足上述条件,网络服务提供者主张免除责任的,人民法院应予支持。"

⑤ 《民法典》第1037条第2款规定:"自然人发现信息处理者违反法律、行政法规的规定或者双方的约定处理其个人信息的,有权请求信息处理者及时删除。"

⑥ 《民法典》第1195条第1款规定:"网络用户利用网络服务实施侵权行为的,权利人有权通知网络服务提供者采取删除、屏蔽、断开链接等必要措施。通知应当包括构成侵权的初步证据及权利人的真实身份信息。"

⑦ 《个人信息保护法》第47条规定:"有下列情形之一的,个人信息处理者应当主动删除个人信息;个人信息处理者未删除的,个人有权请求删除:(一)处理目的已实现、无法实现或者为实现处理目的不再必要;(二)个人信息处理者停止提供产品或者服务,或者保存期限已届满;(三)个人撤回同意;(四)个人信息处理者违反法律、行政法规或者违反约定处理个人信息;(五)法律、行政法规规定的其他情形。法律、行政法规规定的保存期限未届满,或者删除个人信息从技术上难以实现的,个人信息处理者应当停止除存储和采取必要的安全保护措施之外的处理。"

⑧ 参见于向花:《被遗忘权研究》,中国社会科学出版社2020年版,第96~98页。

联网和大数据背景下的延伸与发展。从人格权的发展历程上看,隐私权、个人信息权和被遗忘权三者依次产生,被遗忘权系为回应现代传媒技术的不断发展而生,以隐私权为基础所增加的新的权利内容。① 个人信息权权能说认为,被遗忘权并非独立的人格权,亦非传统意义上的隐私权,而是一种基于个人信息权衍生的新型权利。被遗忘权的权利内涵、客体都可以被个人信息权所涵盖,因此应将被遗忘权界定为个人信息权在网络中的特殊表现形式。②

本书认为,被遗忘权在本质上应当属于个人信息权益的范畴。这是因为:

其一,被遗忘权并非独立人格权。被遗忘权所保护的客体是信息主体已公开的、已过时的、不准确的、不相关的、导致信息主体社会评价降低的信息,是信息主体个人信息的一部分,并不具有独立性。被遗忘权所保护的人格利益亦非独立的、能够类型化的人格利益,显然不能作为一项具体人格权获得保护。

其二,被遗忘权并非隐私权。隐私权强调私密性与非公开性,客体为与公共利益无关的、不愿被他人知晓、不愿对社会公开的私密信息、私人活动与私有领域。被遗忘权并不强调私密性,侧重于信息主体对个人信息的控制与支配,客体为已公开的但随着时间消逝已不准确、不相关或超出最初处理目的的个人信息,与隐私权并不相同。

其三,被遗忘权的客体可以被个人信息所涵盖。个人信息,是指以电子或者其他方式记录的能够单独或者与其他信息结合识别特定自然人的各种信息,包括自然人的姓名、出生日期、身份证件号码、生物识别信息、住址、电话号码、电子邮箱、健康信息、行踪信息等,包括公开的个人信息和未公开的个人信息。被遗忘权的客体为已公开的但随着时间消逝已不准确、不相关或超出最初处理目的的个人信息,完全可以被个人信息所涵盖。

其四,被遗忘权与个人信息权益的价值追求和制度功能相同,均强调信息自决。个人信息权益为信息主体对个人信息享有支配并排除他人不当干涉的利益。被遗忘权同样秉持信息自决理念,对于公开的个人信息享有控制权,有权决定是否删除或限制该个人信息。

由于被遗忘权所保护的人格利益可以被个人信息权益所涵盖,因此被遗忘权在本质上应当属于个人信息权益的范畴。③

---

① 参见张建文:《被遗忘权的场域思考及与隐私权、个人信息权的关系》,载《重庆邮电大学学报(社会科学版)》2017 年第 1 期。

② 参见杨立新、韩煦:《被遗忘权的中国本土化及法律适用》,载《法律适用》2015 年第 2 期。

③ 考虑到个人信息的复杂性,以及关于个人信息与隐私的关系学界尚存争议,我国《民法典》和《个人信息保护法》并未采用“个人信息权”的法律概念,但《民法典》将第 111 条置于总则编“民事权利”一章,将第 1034 ~ 1039 条置于人格权编,并与隐私权并列,足见其保护个人信息权益的积极立场。

3. 被遗忘权的制度构成

被遗忘权法律制度主要由主体、客体、内容和权利限制四部分组成。

其一，被遗忘权的主体。从法律关系上看，被遗忘权的主体包括权利主体和义务主体，即个人信息所识别的自然人和负有删除义务的信息控制者。就权利主体范围而言，由于被遗忘权属于个人信息权益范畴，因此仅有自然人享有被遗忘权，法人和非法人组织应当排除在权利主体之外。就义务主体而言，由于人格利益的保护具有对世性，因此无论是自然人、法人还是非法人组织，只要是个人信息的控制者和处理者，就属于被遗忘权的义务主体。如本案中的搜索引擎服务提供者百度公司。

其二，被遗忘权的客体。被遗忘权的客体是指因时间消逝而变得不准确、已过时、不相关或超出最初使用目的的网络个人信息。上述信息在互联网中早已合法公开，在公开当时并不存在损害人格利益的情形。但随着时间的流逝，上述信息已不再符合信息主体的现状或者超出了当初的使用范围和目的，成为过时、不相关、有害和不准确的信息。从信息自决的角度看，无论其是否造成负面的社会评价，信息主体均有权行使被遗忘权，要求信息控制者删除上述个人信息。

其三，被遗忘权的内容。被遗忘权的内容包括信息主体和信息控制者之间的权利义务关系。信息主体不仅有权要求信息控制者删除不准确、已过时、不相关或超出最初使用目的的个人信息，也有权要求信息控制者通知其他有密切关系的信息处理者删除或限制处理该特定信息。信息控制者的义务主要包括：(1)在法定情形下通过合法技术手段删除特定个人信息或进行匿名化处理。(2)通知相关第三方删除或停止使用该特定个人信息。①

其四，被遗忘权的限制。出于维护公共利益的需要，被遗忘权应当受到如下限制：国家机关依法行使职权；涉及公共健康、统计存档、科学研究、国家安全等方面的公共利益；不损害他人合法权益前提下的言论自由；履行法定义务；诉讼需要等。②

在本案中，百度公司在“相关搜索”中推荐的有关任某玉及“陶氏教育”与相关学习法的词条是对网络用户搜索相关检索词内容与频率的客观反映，属于客观、中立、及时的技术平台服务。事实上，任某玉 2014 年曾在无锡陶氏生物科技有限公司从事过相关教育工作，百度公司“相关搜索”中显示的词条是对任某玉近期工作经历的客观反映，与其目前的个人行业资信具有直接相关性及时效性，且该工作经历信息是其教学资信

---

① 满洪杰教授认为，信息主体享有获知信息保存期限权、限制或删除措施请求权、临时限制权、知情权、司法救济权、损害赔偿请求权；信息控制者负有制定和公布信息保存期限的义务、审查义务、处置义务、告知和说明义务、通知义务、异议审核和答复义务。参见满洪杰：《被遗忘权的解析与构建：作为网络时代信息价值纠偏机制的研究》，载《法制与社会发展》2018 年第 2 期。

② 参见于向花：《被遗忘权研究》，中国社会科学出版社 2020 年版，第 182 ~ 199 页。

的具体体现,也是其潜在客户借以判断商业交易的重要依据。因此,该工作经历信息不属于因时间消逝而变得不准确、已过时、不相关或超出最初使用目的的网络个人信息,任某玉对此不享有被遗忘权。

二、法律实务操作

(一)相关法律法规

1.《全国人民代表大会常务委员会关于加强网络信息保护的决定》(2012 年)

第 8 条　公民发现泄露个人身份、散布个人隐私等侵害其合法权益的网络信息,或者受到商业性电子信息侵扰的,有权要求网络服务提供者删除有关信息或者采取其他必要措施予以制止。

2.《消费者权益保护法》(2013 年)

第 14 条　消费者在购买、使用商品和接受服务时,享有人格尊严、民族风俗习惯得到尊重的权利,享有个人信息依法得到保护的权利。

第 29 条　经营者收集、使用消费者个人信息,应当遵循合法、正当、必要的原则,明示收集、使用信息的目的、方式和范围,并经消费者同意。经营者收集、使用消费者个人信息,应当公开其收集、使用规则,不得违反法律、法规的规定和双方的约定收集、使用信息。

经营者及其工作人员对收集的消费者个人信息必须严格保密,不得泄露、出售或者非法向他人提供。经营者应当采取技术措施和其他必要措施,确保信息安全,防止消费者个人信息泄露、丢失。在发生或者可能发生信息泄露、丢失的情况时,应当立即采取补救措施。

经营者未经消费者同意或者请求,或者消费者明确表示拒绝的,不得向其发送商业性信息。

3.《网络安全法》(2016 年)

第 43 条　个人发现网络运营者违反法律、行政法规的规定或者双方的约定收集、使用其个人信息的,有权要求网络运营者删除其个人信息;发现网络运营者收集、存储的其个人信息有错误的,有权要求网络运营者予以更正。网络运营者应当采取措施予以删除或者更正。

4.原《最高人民法院关于审理利用信息网络侵害人身权益民事纠纷案件适用法律若干问题的规定》(2014 年)

第 5 条　依据侵权责任法第三十六条第二款的规定,被侵权人以书面形式或者网络服务提供者公示的方式向网络服务提供者发出的通知,包含下列内容的,人民法院应当认定有效:

(一)通知人的姓名(名称)和联系方式;

(二)要求采取必要措施的网络地址或者足以准确定位侵权内容的相关信息;

(三)通知人要求删除相关信息的理由。

被侵权人发送的通知未满足上述条件,网络服务提供者主张免除责任的,人民法院应予支持。

5.《民法典》(2020年)

第1037条　自然人可以依法向信息处理者查阅或者复制其个人信息;发现信息有错误的,有权提出异议并请求及时采取更正等必要措施。

自然人发现信息处理者违反法律、行政法规的规定或者双方的约定处理其个人信息的,有权请求信息处理者及时删除。

第1194条(原《侵权责任法》第36条)　网络用户、网络服务提供者利用网络侵害他人民事权益的,应当承担侵权责任。法律另有规定的,依照其规定。

第1195条(原《侵权责任法》第36条)　网络用户利用网络服务实施侵权行为的,权利人有权通知网络服务提供者采取删除、屏蔽、断开链接等必要措施。通知应当包括构成侵权的初步证据及权利人的真实身份信息。

网络服务提供者接到通知后,应当及时将该通知转送相关网络用户,并根据构成侵权的初步证据和服务类型采取必要措施;未及时采取必要措施的,对损害的扩大部分与该网络用户承担连带责任。

权利人因错误通知造成网络用户或者网络服务提供者损害的,应当承担侵权责任。法律另有规定的,依照其规定。

6.《个人信息保护法》(2021年)

第46条　个人发现其个人信息不准确或者不完整的,有权请求个人信息处理者更正、补充。

个人请求更正、补充其个人信息的,个人信息处理者应当对其个人信息予以核实,并及时更正、补充。

第47条　有下列情形之一的,个人信息处理者应当主动删除个人信息;个人信息处理者未删除的,个人有权请求删除:

(一)处理目的已实现、无法实现或者为实现处理目的不再必要;

(二)个人信息处理者停止提供产品或者服务,或者保存期限已届满;

(三)个人撤回同意;

(四)个人信息处理者违反法律、行政法规或者违反约定处理个人信息;

(五)法律、行政法规规定的其他情形。

法律、行政法规规定的保存期限未届满,或者删除个人信息从技术上难以实现的,个人信息处理者应当停止除存储和采取必要的安全保护措施之外的处理。

(二)思考与实践问题

1. 随着互联网技术的快速发展,信息以数字形式储存于网络中,个人信息在网络空间几乎成为永恒,法律应否保护自然人的被遗忘利益?

2. 被遗忘权的理论基础为何?

3. 如何界定被遗忘权的权利属性?如何评价独立人格权说、隐私权权能说和个人信息权权能说?

4. 如何构建被遗忘权制度体系,如被遗忘权的权利主体、义务主体、客体、权利内容以及其限制等?

5. 如何认定已过时、不相关、不准确、导致信息主体社会评价降低的信息?

参考文献

1. 蔡培如:《被遗忘权制度的反思与再建构》,载《清华法学》2019 年第 5 期。

2. 薛丽:《GDPR 生效背景下我国被遗忘权确立研究》,载《法学论坛》2019 年第 2 期。

3. 刘泽刚:《过度互联时代被遗忘权保护与自由的代价》,载《当代法学》2019 年第 1 期。

4. 李媛:《被遗忘权之反思与建构》,载《华东政法大学学报》2019 年第 2 期。

5. 李立丰:《本土化语境下的"被遗忘权":个人信息权的程序性建构》,载《武汉大学学报(哲学社会科学版)》2019 年第 3 期。

6. 余筱兰:《民法典编纂视角下信息删除权建构》,载《政治与法律》2018 年第 4 期。

7. 杨立新:《个人信息:法益抑或民事权利——对〈民法总则〉第 111 条规定的"个人信息"之解读》,载《法学论坛》2018 年第 1 期。

8. 丁晓东:《被遗忘权的基本原理与场景化界定》,载《清华法学》2018 年第 6 期。

9. 余煜刚:《司法视域下"被遗忘权"的逻辑推演与论证建构——以我国首例"被遗忘权"案的分析为切入点》,载《北方法学》2018 年第 2 期。

10. 刘文杰:《被遗忘权:传统元素、新语境与利益衡量》,载《法学研究》2018 年第 2 期。

11. 罗勇:《论我国个人信息保护立法中"被遗忘权"制度的构建》,载《暨南学报(哲学社会科学版)》2018 年第 12 期。

12. 满洪杰:《被遗忘权的解析与构建:作为网络时代信息价值纠偏机制的研究》,载《法制与社会发展》2018 年第 2 期。

13. 武长海、常铮:《论我国数据权法律制度的构建与完善》,载《河北法学》2018 年第 2 期。

14. 雷闪闪、郭小安:《关于被遗忘权法律性质的再思考》,载《西南民族大学学报(人文社会科学版)》2018 年第 3 期。

15. 于浩:《被遗忘权:制度构造与中国本土化研究》,载《华东师范大学学报(哲学社会科学版)》2018 年第 3 期。

16. 翟相娟:《论被遗忘权与言论自由之兼容与平衡》,载《华侨大学学报(哲学社会科学版)》2018 年第 3 期。

17. 杨立新、杜泽夏:《被遗忘权的权利归属与保护标准——任甲玉诉百度公司被遗忘权案裁判理由评述》,载《法律适用(司法案例)》2017 年第 16 期。

18. 张里安、韩旭至:《"被遗忘权":大数据时代下的新问题》,载《河北法学》2017 年第 3 期。

19. 陈昶屹:《现有法律体系下"被遗忘权"案件的审理思路及保护路径——从我国"被遗忘权"第一案说起》,载《法律适用》2017 年第 2 期。

20. 张建文:《被遗忘权的场域思考及与隐私权、个人信息权的关系》,载《重庆邮电大学学报(社会科学版)》2017 年第 1 期。

21. 万方:《终将被遗忘的权利——我国引入被遗忘权的思考》,载《法学评论》2016 年第 6 期。

22. 罗浏虎:《被遗忘权:搜索引擎上过时个人信息的私法规制》,载《重庆邮电大学学报(社会科学版)》2016 年第 3 期。

23. 李倩:《被遗忘权在我国人格权中的定位与适用》,载《重庆邮电大学学报(社会科学版)》2016 年第 3 期。

24. 张新宝:《从隐私到个人信息:利益再衡量的理论与制度安排》,载《中国法学》2015 年第 3 期。

25. 郑志峰:《网络社会的被遗忘权研究》,载《法商研究》2015 年第 6 期。

26. 杨立新、韩煦:《被遗忘权的中国本土化及法律适用》,载《法律适用》2015 年第 2 期。

27. 于向花:《被遗忘权研究》,中国社会科学出版社 2020 年版。

28. 王利明:《人格权重大疑难问题研究》,法律出版社 2019 年版。

29. 中国信息通信研究院互联网法律研究中心、京东法律研究院编:《欧盟数据保护法规汇编》,中国法制出版社 2019 年版。

30. 王利明:《人格权法研究》,中国人民大学出版社 2018 年版。

31. 韩旭至:《个人信息的法律界定及类型化研究》,法律出版社 2018 年版。

32. 京东法律研究院:《欧盟数据宪章——〈一般数据保护条例〉(GDPR)评述及实

务指引》,法律出版社 2018 年版。

33. 王秀秀:《大数据背景下个人数据保护立法理论》,浙江大学出版社 2018 年版。

34. 高富平:《个人数据保护和利用国际规则:源流与趋势》,法律出版社 2016 年版。

35. 杨芳:《隐私权保护与个人信息保护法:对个人信息保护立法潮流的反思》,法律出版社 2016 年版。

36. 杨崇蔚、廖志汉、廖志聪:《澳门个人资料保护制度》,社会科学文献出版社 2015 年版。

37. 王泽鉴:《人格权法:法释义学、比较法、案例研究》,北京大学出版社 2013 年版。

38. [英]维克托·迈尔-舍恩伯格:《删除:大数据取舍之道》,袁杰译,浙江人民出版社 2012 年版。

39. [日]五十岚清:《人格权法》,铃木贤、葛敏译,北京大学出版社 2009 年版。

40. Giancarlo F. Frosio, *The Right to be Forgotten: Much Ado About Nothing*, 15 Colorado Technology Law Journal(2017).

41. Anna Bunn, *The Curious Case of the Right to Be Forgotten*, 31 Computer Law & Security Review(2015).

42. Meg Leta Ambrose, *Speaking of Forgetting: Analysis of Possible Non-EU Responses to the Right to Be Forgotten and Speech Exception*, 38 Telecommunications Policy(2014).

43. Alessandro Mantelero, *The EU Proposal for a General Data Protection Regulation and the Roots of the "Right to Be Forgotten"*, 29 Computer Law & Security Review (2013).

44. Meg Leta Ambrose & Jef Ausloos, *The Right to Be Forgotten Across the Pond*, 3 Journal of Information Policy (2013).

45. Robert Walker, *The Right to Be Forgotten*, 64 Hastings Law Journal (2012).

46. Jef Ausloos, *The "Right to Be Forgotten"—Worth remembering?*, 28 Computer Law & Security Review(2012).

47. Jasmine E. McNealy, *The Emerging Conflict between Newsworthiness and the Right to Be Forgotten*, 39 Northern Kentucky Law Review (2012).

案例十四:赵 C 与鹰潭市公安局月湖分局姓名权纠纷

赵 C 于 1986 年 7 月 18 日在鹰潭市月湖区出生,出生后就使用该姓名进行了户籍登记。2005 年又使用该姓名进行了第一代居民身份证登记。2006 年,鹰潭市公安局月湖分局以赵 C 姓名中的"C"属于禁止使用的范畴,无法录入公安户籍管理系统为由,拒绝为赵 C 换发第二代居民身份证。赵 C 认为鹰潭市公安局月湖分局侵害了其姓名决定权,诉至法院。江西省鹰潭市月湖区人民法院认为,姓名权属于自然人的人身权利,只要不违反法律、法规或规章的禁止性规定,就可以使用,并据此判令鹰潭市公安局月湖分局应当允许赵 C 保留现有名字,并为其换发第二代居民身份证。鹰潭市公安局月湖分局不服判决,提起上诉。二审期间,赵 C 与鹰潭市公安局月湖分局达成协议:赵 C 改名,使用规范汉字;鹰潭市公安局月湖分局撤销上诉请求,免费为赵 C 办理更名及其他相关手续。

通过该案例探讨自然人姓名决定权的自由与限制规则。

一、案例研判

(一)基本案情

赵 C 于 1986 年 7 月 18 日在江西省鹰潭市月湖区出生。出生后赵 C 就使用该姓名进行了户籍登记,2005 年又使用该姓名进行了第一代居民身份证登记。2005 年 6 月 16 日,鹰潭市公安局月湖分局为其签发了第一代居民身份证。之后,赵 C 还使用该姓名办理了银行开户及存取款业务,未给银行带来不便,不存在该姓名进不了微机及互联网的现象。

2006 年,鹰潭市公安局月湖分局依据公安部的统一规定进行第二代居民身份证换发工作。2007 年 7 月 30 日,鹰潭市公安局月湖分局户政科根据赵 C 要求换发第二代居民身份证的申请,向鹰潭市公安局户政管理处报告称:"我辖区家住 × × 居委会 × × 号的居民赵 C,男,1986 年 7 月 18 日出生,身份证编号为 360 × × ×1986 × × × × × × × ×。因长期以来一直使用赵 C 为姓名,现已上大学,本人各类姓名资料均为赵 C,由于上级规定中文英文不能混用,故微机中无法显示赵C。本人及其家属坚持不予变更,强烈要求保留赵C为姓名,我局无法解决,特此报告。"2007年11月9日,鹰潭市公安局户政管理处批复称:"你科《关于赵C申请姓名不予变更的报告》收悉。现批复如下:按照《公安部关于启用新的常住人口登记表和居民户口簿有关事项的通知》(公通字〔1995〕91号)中'常住人口登记表和居民户口簿应使用国务院公布的汉字简化填写,民族自治地区可使用本民族的文字或选用一种当地通用的民族文字填写'的规定,赵C姓名中的C,使用的是英文字母,必须变更为汉字。"于是,鹰潭市公安局月湖分局根据《中华人民共和国居民身份证法》(2011年修正)(以下简称《居民身份证法》)第4条以及《公安部关于启用新的常住人口登记表和居民户口簿有关事项的通知》的相关规定,以赵C姓名中的"C"属于禁止使用的范畴,无法录入公安户籍管理系统为由,拒绝为赵C换发第二代居民身份证。

赵C多次与鹰潭市公安局月湖分局协商,均被告知:上级指示不能违背,赵C更名才能换发第二代身份证,否则不予换发。赵C认为,鹰潭市公安局月湖分局侵害了其姓名决定权,诉请法院判决鹰潭市公安局月湖分局保留其现有姓名,并为其换发第二代居民身份证,并判令鹰潭市公安局月湖分局承担本案诉讼费用。

(二)争议焦点

本案的争议焦点在于:自然人的姓名中能否包含字母,自然人的命名自由应当受到哪些限制?

赵C认为,我国原《民法通则》第99条第1款明文规定:"公民享有姓名权,有权决定、使用和依照规定改变自己的姓名,禁止他人干涉、盗用、假冒。"①姓名权属于自然人的人身权利,自然人对其姓名享有自由决定权。我国《居民身份证法》第4条第1款规定:"居民身份证使用规范汉字和符合国家标准的数字符号填写。"因此赵C的姓名符合法律规定,鹰潭市公安局月湖分局侵害了其姓名决定权,诉请法院判决鹰潭市公安局月湖分局保留其现有姓名,并为其换发第二代居民身份证。

鹰潭市公安局月湖分局认为,其作出的户籍管理行为程序合法,适用法律正确,并未侵害赵C的姓名决定权。理由在于:(1)赵C的名"C"不符合《居民身份证法》第3条、第4条的相关规定。现有证据显示,赵C是使用作为英文字母(外文字母)的"C"为名的,而不是作为汉语拼音字母使用("C"作为拼音字母读"雌"而不是"西"),更不是作为数字符号使用。况且赵C并未提供英文字母"C"是中华人民共和国"数字符号"的国家标准。(2)赵C的名"C"违反社会公共利益。如果允许中国公民使用外文字母

---

① 《民法典》第1012条规定:"自然人享有姓名权,有权依法决定、使用、变更或者许可他人使用自己的姓名,但是不得违背公序良俗。"较原《民法通则》第99条,条文表述做了修改。

(英文、法文、拉丁文、希腊文、尼日利亚文、俄文等)为名甚至姓,不仅违反法律规定,而且将对国家的人口、社会秩序管理以及人与人的社会交往产生巨大障碍,对中华民族使用汉字的风俗、文化传统产生损害,违反社会公共利益,后果不堪设想。(3)公安机关是纠错而不是就同一事项作出矛盾的决定。如果赵C认为姓名错误登记的结果是由于公安机关的具体行政行为造成的,并且因该错误登记的具体行政行为给赵C带来了具体损害,赵C依法有权另行起诉,而不是继续违反法律规定的公民申请领取居民身份证的义务,继续违法申请使用外文字母作为其名。

(三)法院判决

江西省鹰潭市月湖区人民法院经审理认为,我国原《民法通则》第99条第1款规定:"公民享有姓名权,有权决定、使用和依照规定改变自己的姓名,禁止他人干涉、盗用、假冒。"《居民身份证法》第4条第1款规定:"居民身份证使用规范汉字和符合国家标准的数字符号填写。"第二代居民身份证由汉字、数字、符号三种元素组成。赵C的姓"赵"是规范汉字,名"C"既是英文字母,又是汉语拼音字母,也是一种符合国家标准的数字符号,因此,赵C的姓名符合法律规定。况且赵C使用该姓名已有22年,在使用过程中未给国家、社会及他人造成不便。不仅如此,赵C于2005年6月进行居民身份证初始登记,经公安机关核准领取了第一代居民身份证,应视为鹰潭市公安局月湖分局作出了具体行政行为。行政行为具有确定力,对行政主体而言,非依法定理由和法定程序,不得随意改变其行政行为的内容或就同一事项重新作出行政行为。换发第二代居民身份证是为了提高居民身份证的制作质量和防伪性,公安机关只要"复制"第一代居民身份证上的内容即可,而不是改变登录的内容。综上,江西省鹰潭市月湖区人民法院认为,姓名权属于自然人的人身权利,只要不违反法律、法规或规章的禁止性规定,不违反公序良俗,就可以使用。鹰潭市公安局月湖分局应当允许赵C保留现有名字,并为其换发第二代居民身份证。依照原《行政诉讼法》第54条第3项之规定,[①]判决:责令鹰潭市公安局月湖分局允许赵C以"赵C"为姓名申办第二代身份证。案件受理费50元、邮寄费25元,由鹰潭市公安局月湖分局负担。[②]

鹰潭市公安局月湖分局不服一审判决,提起上诉。

在二审期间,经江西省鹰潭市中级人民法院反复协调,当事人双方达成和解协议:赵C改名,使用规范汉字;鹰潭市公安局月湖分局撤销上诉请求,免费为赵C办理更名及其他相关手续。江西省鹰潭市中级人民法院作出二审裁定,裁定:撤销鹰潭市月湖区

---

① 现《行政诉讼法》第72条规定:"人民法院经过审理,查明被告不履行法定职责的,判决被告在一定期限内履行。"较原《行政诉讼法》第54条,条文表述做了修改。

② 参见赵C诉鹰潭市公安局月湖分局姓名权纠纷案,江西省鹰潭市月湖区人民法院(2008)月行初字第001号行政判决书。

人民法院一审判决;赵C使用规范汉字更改名字,鹰潭市月湖区公安分局免费为赵C办理更名及其他相关手续。诉讼费50元减半收取,由鹰潭市公安局月湖分局负担。

证据:

1. 赵C的第一代居民身份证(复印件),证明鹰潭市公安局月湖分局已于2005年6月16日为赵C签发了第一代居民身份证

2. 常住人口登记卡(户籍本),证明赵C于1986年7月18日出生时,公安机关就以该姓名为赵C进行了户籍登记,赵C使用该姓名已有22年

3. 中国建设银行鹰潭月湖支行存折一部、中国工商银行月湖支行营业存折一部,证明赵C使用该姓名办理银行开户及存取款业务时,未给银行带来不便,不存在该姓名进不了微机及互联网的现象

(四)案例评析与理论延伸

本案是自然人姓名决定权纠纷。姓名权,是指自然人决定、使用和变更自己姓名,并排除他人干涉、盗用和冒用的权利。姓名,是用以确定和代表自然人个体并与他人相区分的符号和标记。狭义的姓名仅指自然人的正式姓名,广义的姓名还包括自然人的笔名、艺名、曾用名、字、号等。我国《民法典》第1012条规定:"自然人享有姓名权,有权依法决定、使用、变更或者许可他人使用自己的姓名,但是不得违背公序良俗。"第1017条规定:"具有一定社会知名度,被他人使用足以造成公众混淆的笔名、艺名、网名、译名、字号、姓名和名称的简称等,参照适用姓名权和名称权保护的有关规定。"

1. 姓名权的内容

姓名权是民事主体维持独立法律人格所必须具备的人格权,包括命名权、变更权和使用权等内容。

命名权,是指自然人依照法律规定决定其姓名的权利。自然人的姓名,在其出生后往往由法定代理人代为决定。自然人成年后,有权自己决定。在封建社会,囿于夫权统治和男尊女卑思想,妻子婚后须冠以夫姓。现代社会遵循男女平等原则,夫与妻为相互独立、完全平等的民事主体,不存在人身依附关系和人身从属关系,婚姻关系不对夫妻双方的姓名权产生影响,夫妻双方婚后都有使用自己姓名的权利。我国1950年、1980年和2001年《婚姻法》均规定夫妻双方都有各自使用自己姓名的权利,《民法典》第1056条同样沿袭。值得注意的是,现代社会仍然存在妻子冠以夫姓的现象。但与封建社会妻子冠以夫姓为强制性规定不同,现代社会妻子冠以夫姓为任意性规范,且其体现的并非男尊女卑思想,而是意在彰显夫妻、家庭共同体理念,强化夫妻对家庭共同体的认同感与归属感。《德国民法典》第1355条第1款就规定:"夫妻应约定共同之家姓(婚姓)。夫妻以其所约定之家姓为其婚姓。未约定者,夫妻各以其结婚时所使用之姓氏,

于婚姻关系存续中,得继续使用之。"[①]

变更权,是指自然人依照法律规定变更其姓名的权利。出于国家行政管理的需要,正式姓名的变更须依照法律规定履行法定程序。《中华人民共和国户口登记条例》(以下简称《户口登记条例》)第18条规定:"公民变更姓名,依照下列规定办理:(一)未满十八周岁的人需要变更姓名的时候,由本人或者父母、收养人向户口登记机关申请变更登记;(二)十八周岁以上的人需要变更姓名的时候,由本人向户口登记机关申请变更登记。"

使用权,是指自然人依照法律规定使用其姓名的权利。主要表现为:(1)自然人有权在法律允许的范围内,自由选择使用或者不使用其姓名。如自然人可以选择署名或者匿名发表文章等。(2)自然人有权决定使用正式姓名或者非正式姓名。如自然人在发表文章时,有权选择使用正式姓名或者使用笔名,当然在参与起诉应诉、开设银行账号、办理身份证明等重要法律关系时,应当依照法律规定使用正式姓名。(3)有权要求他人正确使用其姓名。自然人有权请求他人停止对其姓名为侮辱、丑化或贬损性使用。如自然人有权请求他人对其姓名为正确发音,有权请求他人停止以其姓名称呼家中饲养的宠物等。(4)自然人有权许可他人使用其姓名。如名人可将其姓名进行商业化利用等。

2. 姓名权的限制

姓名权的享有与行使应当符合法律规定与公序良俗。一般而言,自然人在行使姓名权时,应当受到以下限制:

其一,姓氏选取的限制。我国原《婚姻法》第22条规定:"子女可以随父姓,可以随母姓。"有人据此认为,此条为任意性规范,因此子女有权选择随父姓、随母姓,也可以选择不随父姓、不随母姓而选取第三姓甚至不要姓。也有学者认为,目前我国姓名的传统功能已逐渐衰落,完全放开第三姓,可以进一步发挥姓氏的区别功能,减少重名现象。[②]本书认为,原则上子女只能随父姓或者母姓,不得选择第三姓或者不要姓。这是因为姓与名承载不同的功能,具有不同的价值内涵。姓名是姓氏和名字的合称,姓氏代表宗族、血缘,而名字则是为了区分特定主体与他人。[③] 我国拥有源远流长的姓氏文化,姓氏具有传承亲缘血脉,确定遗传关系的文化价值和遗传学意义。因此,原则上子女只能随父姓或者母姓,不得选择第三姓或者不要姓。而名字则为自然人区别于他人的符号,自然人完全可以通过自由命"名"彰显个性。在"北雁云依"诉济南市公安局历下区分

① 台湾大学法律学院、台大法学基金会编译:《德国民法典》,北京大学出版社2017年版,第1062页。

② 参见马桦、袁雪石:《"第三姓"的法律承认及规范》,载《法商研究》2007年第1期。

③ 薛宁兰、谢鸿飞主编:《民法典评注·婚姻家庭编》,中国法制出版社2020年版,第113页。

局燕山派出所公安行政登记案中,山东省济南市历下区人民法院即认为:在中华传统文化中,“姓名”中的“姓”,即姓氏,主要来源于客观上的承袭,系先祖所传,承载了对先祖的敬重、对家庭的热爱等,体现着血缘传承、伦理秩序和文化传统。而“名”则源于主观创造,为父母所授,承载了个人喜好、人格特征、长辈愿望等。公民对姓氏传承的重视和尊崇,不仅仅体现了血缘关系、亲属关系,更承载着丰富的文化传统、伦理观念、人文情怀,符合主流价值观念,是中华民族向心力、凝聚力的载体和镜像。公民原则上随父姓或者母姓,符合中华传统文化和伦理观念,符合绝大多数公民的意愿和实际做法。反之,如果任由公民仅凭个人意愿喜好,随意选取姓氏甚至自创姓氏,则会造成对文化传统和伦理观念的冲击,违背社会善良风俗和一般道德要求。① 基于此,我国《民法典》对原《婚姻法》第 22 条做了修正,第 1015 条规定:“自然人应当随父姓或者母姓,但是有下列情形之一的,可以在父姓和母姓之外选取姓氏:(一)选取其他直系长辈血亲的姓氏;(二)因由法定扶养人以外的人扶养而选取扶养人姓氏;(三)有不违背公序良俗的其他正当理由。少数民族自然人的姓氏可以遵从本民族的文化传统和风俗习惯。”②

其二,名字选取的限制。主要表现为:(1)使用符号、字母、数字的限制。本书认为,自然人姓名的首要功能在于识别,通过自然人的姓名可以区分、确定特定民事主体。而符号、字母、数字的标示性较弱,若允许使用,将使姓名的识别功能丧失殆尽,对我国姓名的汉字表述习惯造成极大冲击,不利于维系社会秩序。③ 因此,本书认为,自然人的姓名不得使用外国文字、汉语拼音字母、阿拉伯数字等符号、字母、数字。值得注意的是,我国《居民身份证法》第 4 条规定:“居民身份证使用规范汉字和符合国家标准的数字符号填写。”但该条中的“符合国家标准的数字符号”仅指居民身份证号码的填写,不包括居民姓名。实际上,《公安部关于启用新的常住人口登记表和居民户口簿有关事项的通知》(1995 年)附件三“常住人口登记表和居民户口簿填写说明”第 1 条就规定:“常住人口登记表和居民户口簿应使用国务院公布的汉字简化字填写,民族自治地区可使用本民族的文字或选用一种当地通用的民族文字填写。”2008 年《公安部关于对居民身份证姓名登记项目能否使用规范汉字以外文字和符号填写问题的批复》亦明确:“居民身份证姓名登记项目应当使用规范汉字填写,并与常住人口登记表和居民户口簿姓名

---

① 参见“北雁云依”诉济南市公安局历下区分局燕山派出所公安行政登记纠纷案,山东省济南市历下区人民法院(2010)历行初字第 4 号行政判决书。

② 类似立法参见:《荷兰民法典》第 5 条,《埃及民法典》第 38 条,《魁北克民法典》第 51、52 条,《阿尔及利亚民法典》第 28 条,《埃塞俄比亚民法典》第 33 条等。

③ 参见王江:《“北雁云依”案的背后——公民姓名权的规范边界》,载微信公众号“最高人民法院司法案例研究院”2018 年 1 月 2 日,https://mp. weixin. qq. com/s? __biz = MzIxNTYzNzU4NA = = &mid = 2247485382&idx = 1&sn = 843f43ca07a6e26b3d85e998a41e6ee6&chksm = 97940cf9a0e385ef1c7659cc52e3d4b2e97e966cf01ccae5b793eb9c8272e0d0a7f41b6d5d7e&scene = 27。

登记项目保持一致。”不仅如此，自然人的姓名还应当使用规范汉字，不得使用已简化的繁体字、已淘汰的异体字或冷僻字等。(2)内容不得违反公序良俗。我国《民法典》第1012条规定，自然人的姓名权不得违背公序良俗。自然人不得选择损害国家或者民族尊严、违背公序良俗、粗俗不雅、古怪荒唐、不道德或者反政治意识形态等的文字作为名字。(3)字数的限制。若自然人名字字数过长，如“欧阳成功奋发图强”“路边野花一点红”等，将难以发挥姓名的识别功能，增加自然人日常使用与户籍行政管理的不便。本书认为，应当限制自然人名字的字数，以二至四个汉字为宜。少数民族名字字数有文化传统和风俗习惯的，应当尊重其文化传统和风俗习惯。

其三，变更权的限制。主要表现为：(1)变更事由的限制。姓名的变更须具有正当事由。变更姓氏的正当事由主要包括：因收养关系的成立或者终止带来的姓氏变更；因血缘关系成立，如非婚生子女被认领带来的姓氏变更；因结婚而冠姓或因离婚、配偶死亡而恢复本姓；因父母再婚，未成年子女变更为继父姓氏或继母姓氏或再婚父母双方姓氏；因与外国人通婚而引起的姓氏变更；因入赘关系成立、终止，男方变更为女方姓氏或恢复原姓氏；因出家或者还俗，变更为法名或者原姓名等。变更名字的正当事由主要包括：原名文字字义粗俗怪异；原名读音会意不雅；原名不当引发性别混淆或者误解；原名含有社会公众不易识别的冷僻文字等。(2)变更次数的限制。自然人正式姓名的变更次数应否受到限制，我国现行立法并未作出明确规定。目前我国各地登记机关规定不同，宽严有别。本书认为，为维护社会秩序稳定，便于国家行政管理，应当合理限制自然人姓名的变更次数。公安部《〈姓名登记条例〉(征求意见稿)》第20条曾草拟为：“年满十八周岁的公民依照第十八条的规定申请办理名字变更登记的，以一次为限。民族良俗有约定的，从其约定；宗教教规有规定的，从其规定。”将成年人的姓名变更限于一次，难免过于严苛。综上所述，自然人的姓名应当使用规范汉字，不得使用符号、字母、数字等。在本案中，赵C以英文字母“C”为名，构成姓名权滥用，应依法更改其名。

二、法律实务操作

(一)相关法律法规

1.《户口登记条例》(1958年)

第18条　公民变更姓名，依照下列规定办理：

一、未满十八周岁的人需要变更姓名的时候，由本人或者父母、收养人向户口登记机关申请变更登记；

二、十八周岁以上的人需要变更姓名的时候，由本人向户口登记机关申请变更登记。

2.《居民身份证法》(2011年修正)

第2条　居住在中华人民共和国境内的年满十六周岁的中国公民，应当依照本法的规定申请领取居民身份证；未满十六周岁的中国公民，可以依照本法的规定申请领取居民身份证。

第3条　居民身份证登记的项目包括：姓名、性别、民族、出生日期、常住户口所在地住址、公民身份号码、本人相片、指纹信息、证件的有效期和签发机关。

公民身份号码是每个公民唯一的、终身不变的身份代码，由公安机关按照公民身份号码国家标准编制。

公民申请领取、换领、补领居民身份证，应当登记指纹信息。

第4条　居民身份证使用规范汉字和符合国家标准的数字符号填写。

民族自治地方的自治机关根据本地区的实际情况，对居民身份证用汉字登记的内容，可以决定同时使用实行区域自治的民族的文字或者选用一种当地通用的文字。

3. 原《最高人民法院关于变更子女姓氏问题的复函》(〔1981〕法民字第11号)

辽宁省高级人民法院：

你院〔1981〕民复字2号关于变更子女姓氏纠纷处理问题的来函收悉。

据来文所述，陈森芳(男方)与傅家顺于1979年10月经鞍山市中级人民法院判决离婚。婚生子陈昊彬(当年7岁)判归傅家顺抚养，由陈森芳每月负担抚养费12元。现因傅家顺变更了陈昊彬的姓名而引起纠纷。

我们基本同意你院意见。傅家顺在离婚后，未征得陈森芳同意，单方面决定将陈昊彬的姓名改为傅伟继，这种做法是不当的。现在陈森芳既不同意给陈昊彬更改姓名，应说服傅家顺恢复儿子原来姓名。但婚姻法第16条规定："子女可以随父姓，也可以随母姓"。认为子女只能随父姓，不能随母姓的思想是不对的。因此而拒付子女抚养费是违反婚姻法的。如陈森芳坚持拒付抚养费，应按婚姻法第35条的规定，予以强制执行。

对上述纠纷，不要作为新案处理，宜通过说服教育息讼，或以下达通知的方式解决。此复。

4. 原《最高人民法院关于人民法院审理离婚案件处理子女抚养问题的若干具体意见》(法发〔1993〕30号)

19. 父母不得因子女变更姓氏而拒付子女抚育费。父或母一方擅自将子女姓氏改为继母或继父姓氏而引起纠纷的，应责令恢复原姓氏。

5.《公安部关于启用新的常住人口登记表和居民户口簿有关事项的通知》(1995年)

附件三"常住人口登记表和居民户口簿填写说明"

第1条　常住人口登记表和居民户口簿应使用国务院公布的汉字简化字填写，民族自治地区可使用本民族的文字或选用一种当地通用的民族文字填写。

6.《公安部关于对中国公民姓名用字有关问题的答复》(公治〔2001〕60 号)

广东省公安厅户政管理处：

你处《关于中国公民姓名用字有关问题的请示》(广公(户)字〔2001〕027 号)收悉。经研究，答复如下：

一、关于我国公民姓名可否使用繁体、异体及冷僻字的问题除依据《中华人民共和国国家通用语言文字法》(2000 年 10 月 31 日第九届全国人大常委会第十八次会议通过)第十七条有关规定，姓氏可以保留异体字外，应严格按照《公安部关于启用新的常住人口登记表和居民户口簿有关事项的通知》(公通字〔1995〕91 号)中“常住人口登记表和居民户口簿应使用国务院公布的汉字简化字填写”的规定办理。对于过去群众已使用繁体、异体或冷僻字登记姓名的，原则上可以保留。至于人口信息计算机管理系统汉字字库容量的问题，可考虑通过加强系统建设予以解决。

二、关于我国公民姓名字数是否需要限制的问题。依据《中华人民共和国民法通则》(1986 年六届全国人大四次会议通过)第九十九条“公民享有姓名权，有权决定、使用和依照规定改变自己姓名，……”的规定，并考虑到我国民族众多，姓氏较为复杂，有关风俗习惯各异等诸多情形，户口登记机关不应也不便对公民姓名字数加以限制。

三、关于少数港澳同胞及华侨回内地定居入户时要求使用中英文夹杂或全外文名登记户口的问题。依据公通字〔1995〕91 号文件要求，须填写用汉字译写的姓名。如本人要求填写外文姓名的，可同时在该栏填写，但不允许填写中英文夹杂的姓名。

公安部

二〇〇一年六月十日

7.《公安部关于对居民身份证姓名登记项目能否使用规范汉字以外文字和符号填写问题的批复》(公复字〔2008〕6 号)

江西省公安厅：

你厅《关于公安机关对居民身份证姓名登记项目能否使用规范汉字以外文字和符号填写的请示》(赣公文〔2008〕30 号)收悉。现批复如下：

根据《中华人民共和国居民身份证法》第四条第一款、第七条第一款、第八条和第十条规定以及《中华人民共和国国家通用语言文字法》第九条、第十八条第二款规定精神，居民身份证姓名登记项目应当使用规范汉字填写，并与常住人口登记表和居民户口簿姓名登记项目保持一致。《公安部关于启用新的常住人口登记表和居民户口簿有关事项的通知》(公通字〔1995〕91 号)已经明确要求姓名登记项目使用汉字填写。公安机关发现常住人口登记表、居民户口簿或者居民身份证姓名登记项目未使用规范汉字填写的，应当请本人协助更正，并免费为其办理更正后的居民户口簿、居民身份证和变更姓名的证明文件。

公安部

二〇〇八年十月三十一日

8.公安部《〈姓名登记条例〉(征求意见稿)》(2007年)

第5条　姓名登记应当使用规范的汉字和少数民族文字。姓名用字国家标准由国务院语言文字工作部门(或国务院标准化行政主管部门)制定。

第6条　少数民族公民可以使用本民族的文字或者选用一种当地通用的文字登记姓名,也可以使用汉字登记姓名,但汉字姓名应当为少数民族文字姓名的译写(译写标准由国务院语言文字工作部门或国务院标准化行政主管部门制定)。

第二章　姓 名 设 定

第7条　姓名由姓氏和名字两部分组成。姓氏在前,名字在后。

少数民族可依本民族的风俗习惯设定姓名。

第8条　公民应当随父姓或者母姓。允许采用父母双方姓氏。

第11条　被批准入籍的外国人或者无国籍人和被批准恢复中国国籍的人,应当使用汉字书写或者译写的姓名。

第12条　姓名不得含有下列内容:

(一)损害国家或者民族尊严的;

(二)违背民族良俗的;

(三)容易引起公众不良反应或者误解的。

第13条　姓名不得使用或者含有下列文字、字母、数字、符号:

(一)已简化的繁体字;

(二)已淘汰的异体字,但姓氏中的异体字除外;

(三)自造字;

(四)外国文字;

(五)汉语拼音字母;

(六)阿拉伯数字;

(七)符号;

(八)其他超出规范的汉字和少数民族文字范围以外的字样。

第14条　除依照第六条或者第十一条的规定使用民族文字或者书写、译写汉字的以外,姓名用字应当在二个汉字以上,六个汉字以下。

民族自治地方的自治机关或者民族良俗对姓名的字数有规定或约定的,从其规定和约定。

第三章　姓 名 变 更

第15条　申请姓名变更,须经户口登记机关审核批准。

第18条　有下列情形之一的,可以申请办理名字变更登记:

(一)同时在同一单位工作或者在同一学校学习姓名相同的;

(二)与社会知名人士姓名相同的;

(三)与声名狼藉人员姓名相同的;

(四)与被通缉的犯罪嫌疑人姓名相同的;

(五)名字粗俗、怪异的;

(六)名字难认、难写的;

(七)名字可能造成性别混淆或者误解的;

(八)公民出家或者出家人还俗,变更为法名、道名或者原姓名的;

(九)因其他特殊原因的。

9.《民法典》(2020年)

第1012条(原《民法通则》第99条第1款)　自然人享有姓名权,有权依法决定、使用、变更或者许可他人使用自己的姓名,但是不得违背公序良俗。

第1014条　任何组织或者个人不得以干涉、盗用、假冒等方式侵害他人的姓名权或者名称权。

第1015条　自然人应当随父姓或者母姓,但是有下列情形之一的,可以在父姓和母姓之外选取姓氏:

(一)选取其他直系长辈血亲的姓氏;

(二)因由法定扶养人以外的人扶养而选取扶养人姓氏;

(三)有不违背公序良俗的其他正当理由。

少数民族自然人的姓氏可以遵从本民族的文化传统和风俗习惯。

第1016条　自然人决定、变更姓名,或者法人、非法人组织决定、变更、转让名称的,应当依法向有关机关办理登记手续,但是法律另有规定的除外。

民事主体变更姓名、名称的,变更前实施的民事法律行为对其具有法律约束力。

(二)思考与实践问题

1.在社会价值日益多元化的今天,自然人对姓名的多样化需求也在增加,自然人的命名权应否受到法律的限制?法律对命名自由的合理限制表现在哪些方面?

2.自然人在命名时能否不随父姓、不随母姓选用第三姓或者不要姓?为什么?

3.自然人在命名时,能否使用外国文字、符号、数字或使用外文音译字,如命名为罗纳尔多、汤姆汉克斯、路易波拿巴、赵α、王β、孙γ等?

4.正式姓名的变更须满足哪些实质要件和程序要件?

5. 未经名人授权而将其姓名的谐音用作商号或商标是否构成侵权,如“流得滑”涂改液、“泄停封”止泻药、“猪食茂”“催永圆”猪饲料等?

6. 评议公安部《姓名登记条例(征求意见稿)》。

参考文献

1. 陈锦波:《公民姓名权的行政法双重保护》,载《行政法学研究》2020年第5期。

2. 张红:《民法典之姓名权立法论》,载《河北法学》2019年第10期。

3. 黄泷一:《姓氏选择、公序良俗与法律解释——最高法院第89号指导案例与姓名权立法解释评述》,载《法治研究》2018年第5期。

4. 石冠彬:《姓名权行使纠纷的裁判规则及应然路径》,载《四川大学学报(哲学社会科学版)》2018年第3期。

5. 张素华:《论姓名权纠纷的裁判乱象与类型梳理》,载《四川大学学报(哲学社会科学版)》2018年第3期。

6. 刘练军:《姓名登记规范研究》,载《法商研究》2017年第3期。

7. 王歌雅:《子女姓名权:内涵检审与制度建构》,载《求是学刊》2016年第4期。

8. 任江、张小余:《子女姓名决定、变更权的实证分析与启示——实证主义路径下的我国首部民法立法解释评析》,载《河北法学》2015年第11期。

9. 刘文学:《取姓既是私事也是公事》,载《中国人大》2014年第22期。

10. 李永军:《论姓名权的性质与法律保护》,载《比较法研究》2012年第1期。

11. 刘练军:《姓名权保护的度在哪里——评上海王某诉当地派出所侵犯其姓名权案》,载《法治论丛》2011年第2期。

12. 刘远征:《论作为自己决定权的姓名权——以赵C案为切入点》,载《法学论坛》2011年第2期。

13. 章志远:《姓名、公序良俗与政府规制——兼论行政法案例分析方法》,载《华东政法大学学报》2010年第5期。

14. 王歌雅:《姓名权的价值内蕴与法律规制》,载《法学杂志》2009年第1期。

15. 马桦、袁雪石:《“第三姓”的法律承认及规范》,载《法商研究》2007年第1期。

16. 薛宁兰、谢鸿飞主编:《民法典评注·婚姻家庭编》,中国法制出版社2020年版。

17. 刘练军:《公法上的姓名权》,北京大学出版社2019年版。

18. 台湾大学法律学院、台大法学基金会编译:《德国民法典》,北京大学出版社2017年版。

19. 张红:《人格权各论》,高等教育出版社2015年版。

20. 马俊驹:《人格和人格权理论讲稿》,法律出版社2009年版。

21. 何晓明:《姓名与中国文化》,人民出版社2001年版。

22. [日]五十岚清:《人格权法》,铃木贤等译,北京大学出版社2009年版。

23. [德]卡尔·拉伦茨:《德国民法通论》,王晓晔等译,法律出版社2003年版。

24. [德]克里斯蒂安·冯·巴尔:《欧洲比较侵权法》,焦美华译,张新宝审校,法律出版社2001年版。

25. [德]梅迪库斯:《德国民法总论》,邵建东译,法律出版社2000年版。

案例十五：王某某与杜某某、姚某民间借贷纠纷

杜某某、姚某于1990年登记结婚。2010年10月29日，杜某某向王某某借款1500万元并出具《借条》，王某某向杜某某账户转款1500万元。2013年6月18日，杜某某向王某某重新出具了《借条》一份，对借款本金及利息予以确认。之后，杜某某陆续向王某某还款。2014年1月29日，姚某的中国建设银行账户向王某某银行账户转款80万元。因杜某某未付清本息，王某某诉至法院。双方当事人均认可杜某某已还款项770万元。杜某某、姚某以诉讼时效期间届满为由提出抗辩。王某某提交了其与杜某某2017年11月的手机通话记录及王某某之妻王某、公司股东詹某等人的证人证言，证明王某某在2015年至2017年一直要求杜某某还款。姚某辩称，借款发生时，其未就该项借款作出共同借款或共同承担的意思表示；在借款期间，杜某某利用姚某的银行账户向王某某还款，该还款行为不能认定为姚某认可该笔债务系夫妻共同债务。

陕西省西安市中级人民法院一审认为，合法的借贷关系受法律保护。王某某已依约履行款项出借义务，杜某某应当承担还款责任。杜某某虽以个人名义对外借款，但该借款发生于杜某某、姚某婚姻关系存续期间，杜某某从事经营活动，与配偶姚某共享利益、共担风险，姚某的银行账户亦曾向债权人王某某归还款项，故案涉借款依法应当认定为杜某某、姚某的夫妻共同债务。判决：杜某某、姚某向王某某返还借款本金人民币1500万元整及相应利息。姚某不服一审判决，提起上诉。陕西省高级人民法院二审认为，案涉借款1500万元明显超出家庭日常生活所需，债权人王某某应当负有证明该债务用于夫妻共同生活、共同生产经营或者基于夫妻双方共同意思表示的证明责任。王某某以2014年1月29日姚某账户向其转款80万元为由，主张该还款行为是姚某对杜某某所借1500万元债务予以追认的意思表示，依据不足。故一审判决认定案涉借款为姚某与杜某某的夫妻共同债务，判令姚某承担共同还款责任，适用法律不当。判决：撤销西安市中级人民法院（2018）陕01民初767号民事判决第一项、第二项，杜某某向王某某返还借款本金人民币1500万元及利息。

通过该案例探讨夫妻共同债务的认定规则。

一、案例研判

(一)基本案情

杜某某、姚某于1990年登记结婚。杜某某、王某某都是陕西佳诚房地产开发有限责任公司(以下简称佳诚公司)的股东。因佳诚公司资金紧张,要求全体股东向公司提供借款,由佳诚公司向股东按月利率1.5%支付借款利息。杜某某无该笔借款资金,遂向王某某及公司另外一名股东借款后转借佳诚公司。按照双方的约定,月息按2%计算。2010年10月29日,杜某某向王某某借款1500万元并出具《借条》,王某某通过中国建设银行西安友谊东路支行分2笔向杜某某账户转款合计1500万元。款项投到佳诚公司后,佳诚公司经营出现困难,无法向全体股东清偿借款本息,导致杜某某无力向王某某清偿借款本息。

在杜某某与王某某订立借款合同后,杜某某并未付息还本。2013年6月18日,杜某某向王某某重新出具了《借条》一份。该《借条》载明:"本人借王某某本金1500万元,从2010年10月30日到2012年10月30日,2年,共计利息720万元。本金大写:壹仟伍佰万元,利息柒百贰拾万元整。利息没付,息不生息。借款延期到2013年12月30日,本金1500万元,大写:壹仟伍佰万元,月息贰分。2013年12月30日还款,连本带息全部结清。公司第二次王某某融资款需承担的3分息中1.5分息由我承担。借款人:杜某某2013年6月18日"。之后,杜某某陆续向王某某还款。2014年1月29日,姚某的中国建设银行陕西省分行账户向王某某银行账户转款80万元。2015年6月9日,杜某某向王某芳(系王某某之妹)银行账户转款5万元。

因杜某某未付清本息,王某某诉至法院。双方当事人均认可杜某某已还款项770万元。杜某某、姚某以诉讼时效期间届满为由提出抗辩。姚某同时认为,杜某某向王某某借款不属于夫妻共同债务。借款发生时,姚某未就该项借款作出共同借款或共同承担的意思表示。在借款期间,杜某某利用姚某的银行账户向王某某还款,该还款行为不能认定为姚某认可该笔债务系夫妻共同债务。

王某某提交了其与杜某某2017年11月的手机通话记录及王某某之妻王某、公司股东詹某等人的证人证言,并申请证人王某、詹某到庭作证,证明王某某在2015年至2017年一直要求杜某某还款。证人詹某在录音证据中表示,2015年至2017年,詹某在佳诚公司多次听到王某某夫妇向杜某某催要借款1500万元和利息。杜某某、姚某对录音证据的真实性予以认可。

(二)争议焦点

本案的争议焦点在于：

1.王某某的诉讼请求是否超过诉讼时效期间？

杜某某、姚某认为，杜某某与王某某的借款合同于2010年10月29日订立，2013年2月6日至2014年1月29日，杜某某陆续向王某某还款，之后王某某再未向其催还案涉借款本息，王某某于2018年向法院提起诉讼要求杜某某偿还借款本息，王某某的诉讼请求已经过诉讼时效期间。

王某某认为，其诉讼请求并未经过诉讼时效期间。王某某提交了其与杜某某2017年11月的手机通话记录及王某某之妻王某、公司股东詹某等人的证人证言，证明王某某在2015年至2017年一直要求杜某某还款。证人詹某在录音证据中表示，2015年至2017年，詹某在佳诚公司多次听到王某某夫妇向杜某某催要借款1500万元和利息。因此，王某某认为，其一直在积极主张债权，诉讼请求并未经过诉讼时效期间。

2.案涉借款是否属于杜某某、姚某的夫妻共同债务，姚某对案涉借款是否应当承担共同还款责任？

姚某认为，案涉借款并非杜某某、姚某的夫妻共同债务，姚某对案涉借款不应承担共同还款责任。案涉借款系杜某某以个人名义超出家庭日常生活所借，并未用于夫妻共同生活、共同生产经营，也非基于夫妻共同意思表示发生，不应当认定为夫妻共同债务。2018年1月18日原《最高人民法院关于审理涉及夫妻共同债务纠纷案件适用法律有关问题的解释》(以下简称原《夫妻债务解释》)第3条规定："夫妻一方在婚姻关系存续期间以个人名义超出家庭日常生活需要所负的债务，债权人以属于夫妻共同债务为由主张权利的，人民法院不予支持，但债权人能够证明该债务用于夫妻共同生活、共同生产经营或者基于夫妻双方共同意思表示的除外。"①因此王某某应当负有证明该债务用于夫妻共同生活、共同生产经营或者基于夫妻双方共同意思表示的证明责任，但王某某并未提供充足证据证明案涉借款为杜某某、姚某的夫妻共同债务，应当承担举证不能的风险。此外，2014年1月29日，姚某的中国建设银行账户向王某某银行账户转款80万元，不能证明姚某对案涉借款属于夫妻共同债务的追认。而且佳诚公司是王某某与杜某某共同设立，存续经营过程中姚某从未参与经营管理、共享利益，故案涉借款并非杜某某、姚某的夫妻共同债务，姚某对案涉借款不应承担共同还款责任。

王某某认为，案涉借款是在杜某某与姚某夫妻关系存续期间产生的借款，属于杜某

---

① 《民法典》第1064条第2款规定："夫妻一方在婚姻关系存续期间以个人名义超出家庭日常生活需要所负的债务，不属于夫妻共同债务；但是，债权人能够证明该债务用于夫妻共同生活、共同生产经营或者基于夫妻双方共同意思表示的除外。"较原《夫妻债务解释》第3条，条文表述做了修改。

某与姚某的夫妻共同债务，应当由两人共同清偿。原《夫妻债务解释》第1条规定："夫妻双方共同签字或者夫妻一方事后追认等共同意思表示所负的债务，应当认定为夫妻共同债务。"[①]2014年1月29日，姚某的中国建设银行账户向王某某银行账户转款80万元，该还款行为是对杜某某借款的事后追认，因此案涉借款属于杜某某、姚某的夫妻共同债务，杜某某、姚某应当承担共同还款责任。

（三）法院判决

陕西省西安市中级人民法院受理该案。关于争议焦点一：王某某的诉讼请求是否超过诉讼时效期间。陕西省西安市中级人民法院经审理认为，合法的借贷关系受法律保护。王某某、杜某某对案涉借款1500万元已经实际提供、月利率标准为2%、已归还款项数额为770万元之事实均无异议，法院依法予以确认。因王某某已提交手机通话记录、证人证言证据，证明诉讼时效发生中断。杜某某、姚某虽对证人证言持有异议，但并无相反证据加以反驳，故其关于诉讼时效期间已届满的抗辩，本院依法不予采信。王某某已依约履行款项出借义务，杜某某应当承担相应还款责任。原《合同法》第206条规定，借款人应当按照约定的期限返还借款。案涉借款经延期后，杜某某仅归还部分利息，未能及时清偿借款本金，显属违约。关于王某某主张的逾期利息，实为资金占用期间利息。[②] 原《最高人民法院关于审理民间借贷案件适用法律若干问题的规定》（法释〔2015〕18号）（以下简称原《民间借贷规定》）第29条规定："借贷双方对逾期利率有约定的，从其约定，但以不超过年利率24%为限。未约定逾期利率或者约定不明的，人民法院可以区分不同情况处理：（一）既未约定借期内的利率，也未约定逾期利率，出借人主张借款人自逾期还款之日起按照年利率6%支付资金占用期间利息的，人民法院应予支持；（二）约定了借期内的利率但未约定逾期利率，出借人主张借款人自逾期还款之日起按照借期内的利率支付资金占用期间利息的，人民法院应予支持。"[③]王某某要

---

① 《民法典》第1064条第2款规定："夫妻双方共同签名或者夫妻一方事后追认等共同意思表示所负的债务，以及夫妻一方在婚姻关系存续期间以个人名义为家庭日常生活需要所负的债务，属于夫妻共同债务。"较原《夫妻债务解释》第1条，条文表述做了修改。

② 《民法典》第674条规定："借款人应当按照约定的期限支付利息。对支付利息的期限没有约定或者约定不明确，依据本法第五百一十条的规定仍不能确定，借款期间不满一年的，应当在返还借款时一并支付；借款期间一年以上的，应当在每届满一年时支付，剩余期间不满一年的，应当在返还借款时一并支付。"较原《合同法》第206条，条文表述做了修改。

③ 现《民间借贷规定》（法释〔2020〕17号）第28条规定："借贷双方对逾期利率有约定的，从其约定，但是以不超过合同成立时一年期贷款市场报价利率四倍为限。未约定逾期利率或者约定不明的，人民法院可以区分不同情况处理：（一）既未约定借期内利率，也未约定逾期利率，出借人主张借款人自逾期还款之日起参照当时一年期贷款市场报价利率标准计算的利息承担逾期还款违约责任的，人民法院应予支持；（二）约定了借期内利率但是未约定逾期利率，出借人主张借款人自逾期还款之日起按照借期内利率支付资金占用期间利息的，人民法院应予支持。"较原《民间借贷规定》第29条，条文表述做了修改。

求杜某某支付借款利息及继续按照月利率2%标准支付逾期还款利息，于法不悖，本院依法予以支持。至于已还款项770万元，依据《借条》约定内容，其中720万元应认定为2010年10月30日至2012年10月30日的借款利息，并自2012年10月31日起继续计付利息，另50万元自利息中予以扣减。

关于争议焦点二：案涉借款是否属于杜某某、姚某的夫妻共同债务，姚某对案涉借款是否应当承担共同还款责任。陕西省西安市中级人民法院经审理认为，杜某某虽以个人名义对外借款，但该借款发生于杜某某、姚某婚姻关系存续期间，杜某某从事经营活动，与其配偶姚某共享利益、共担风险，姚某的银行账户亦曾向债权人王某某归还款项，故案涉借款依法应当认定为杜某某、姚某的夫妻共同债务，王某某主张杜某某、姚某共同清偿债务于法有据，本院予以支持。综上，陕西省西安市中级人民法院依据原《合同法》第60条、①第196条、②第206条、第207条，③原《民间借贷规定》第29条规定，判决：(1)杜某某、姚某向王某某返还借款本金人民币1500万元整。(2)杜某某、姚某向王某某支付利息(以1500万元为基数，自2012年10月31日起，按照年利率24%标准计算并给付至判决确定之日，杜某某、姚某已归还的利息50万元予以扣减)。案件受理费207,450元由杜某某、姚某负担。

姚某不服一审判决，提起上诉。姚某认为，一审判决认定案涉借款系夫妻共同债务属于法律适用错误，该笔借款不应当由上诉人姚某承担返还责任。并提交陕西佳诚房地产开发有限责任公司和陕西盛杰源物资贸易有限公司企业信用信息公示报告作为新证据。佳诚公司的工商信息显示王某某、杜某某系该公司股东，参与该公司事务，姚某并非佳诚公司的股东。陕西盛杰源物资贸易有限公司系姚某单独经营。姚某并非与杜某某共同经营佳诚公司，也非与杜某某共同经营陕西盛杰源物资贸易有限公司。证明“佳诚公司韩森寨项目”并非杜某某、姚某“共同生产经营”，杜某某因其经营该项目借款并非夫妻共同债务。依据原《夫妻债务解释》第3条规定，举证责任在王某某，一审法院认定有违上述司法解释，应予撤销。

陕西省高级人民法院经审理认为，关于争议焦点一：王某某的诉讼请求是否超过诉讼时效期间。一审查明的基本事实属实，予以确认。关于争议焦点二：案涉借款是否属于杜某某、姚某的夫妻共同债务，姚某对案涉借款是否应当承担共同还款责任。根据查

---

① 《民法典》第509条规定：“当事人应当按照约定全面履行自己的义务。当事人应当遵循诚信原则，根据合同的性质、目的和交易习惯履行通知、协助、保密等义务。当事人在履行合同过程中，应当避免浪费资源、污染环境和破坏生态。”较原《合同法》第60条，条文表述做了修改。

② 《民法典》第667条规定：“借款合同是借款人向贷款人借款，到期返还借款并支付利息的合同。”与原《合同法》第196条条文表述一致。

③ 《民法典》第676条规定：“借款人未按照约定的期限返还借款的，应当按照约定或者国家有关规定支付逾期利息。”与原《合同法》第207条条文表述一致。

明的事实，案涉借款系杜某某与姚某夫妻关系存续期间，杜某某以个人名义向王某某所借，用于佳诚公司的经营。2018 年 1 月 18 日原《夫妻债务解释》第 1 条规定："夫妻双方共同签字或者夫妻一方事后追认等共同意思表示所负的债务，应当认定为夫妻共同债务。"第 3 条规定："夫妻一方在婚姻关系存续期间以个人名义超出家庭日常生活需要所负的债务，债权人以属于夫妻共同债务为由主张权利的，人民法院不予支持，但债权人能够证明该债务用于夫妻共同生活、共同生产经营或者基于夫妻双方共同意思表示的除外。"根据上述法律规定可知，认定夫妻共同债务需要夫妻双方对所负债务有共同的意思表示。案涉借款 1500 万元明显超出家庭日常生活所需，债权人王某某负有举证证明该债务用于夫妻共同生活、共同生产经营或者基于夫妻双方共同意思表示的证明责任。一审庭审中，王某某认可姚某并未参与公司的经营活动。王某某以姚某银行账户曾于 2014 年 1 月 29 日向其转款 80 万元，主张该还款行为是姚某对杜某某借款的追认。但仅通过这一笔银行转款行为，即认定姚某具有对杜某某所借 1500 万元债务追认的意思表示，依据不足。一审判决对于案涉借款认定为姚某与杜某某夫妻共同债务，判令姚某承担共同还款责任适用法律不当。综上所述，姚某的上诉请求成立，应予以改判；一审判决认定事实清楚，适用法律有误，应予以纠正。依照 2017 年《民事诉讼法》第 170 条第 1 款第 2 项规定，[①]判决：(1)撤销西安市中级人民法院(2018)陕 01 民初 767 号民事判决第 1 项、第 2 项。(2)杜某某向王某某返还借款本金人民币 1500 万元及利息(利息以 1500 万元为基数，自 2012 年 10 月 31 日起，按照年利率 24% 计算并给付至判决确定之日，扣减已归还的利息 50 万元)。一审案件受理费 207,450 元，二审案件受理费 205,300 元，共计 412,750 元，由杜某某负担。[②]

证据：

1. 2010 年 10 月 29 日，杜某某向王某某借款 1500 万元出具的《借条》

2. 王某某通过中国建设银行西安友谊东路支行分两笔向杜某某账户转款合计 1500 万元整的银行流水

3. 2013 年 6 月 18 日杜某某向王某某重新出具的《借条》

4. 2014 年 1 月 29 日姚某的中国建设银行陕西省分行账户向王某某银行账户转款 80 万元的银行流水

5. 2015 年 6 月 9 日，杜某某向王某芳(系王某某之妹)银行账户转款 5 万元的银行

---

① 《民事诉讼法》(2021 年修正)第 177 条第 1 款第 2 项规定："第二审人民法院对上诉案件，经过审理，按照下列情形，分别处理：……(二)原判决、裁定认定事实错误或者适用法律错误的，以判决、裁定方式依法改判、撤销或者变更；……"与 2017 年《民事诉讼法》第 170 条第 1 款第 2 项条文表述基本一致。

② 参见王某某诉杜某某、姚某民间借贷纠纷案，陕西省西安市中级人民法院(2018)陕 01 民初 767 号民事判决书；姚某诉王某某、杜某某民间借贷纠纷案，陕西省高级人民法院(2018)陕民终 950 号民事判决书。

流水

6. 王某某与杜某某2017年11月的手机通话记录，证明2015年至2017年，王某某向杜某某催要借款1500万元和利息

7. 王某某之妻王某、公司股东詹某的录音证据，证明2015年至2017年，王某某向杜某某催要借款1500万元和利息

8. 陕西佳诚房地产开发有限责任公司企业信用信息公示报告，证明杜某某、王某某系佳诚公司股东，姚某并非与杜某某共同经营佳诚公司，“佳诚公司韩森寨项目”并非杜某某、姚某“共同生产经营”

9. 陕西盛杰源物资贸易有限公司企业信用信息公示报告，证明陕西盛杰源物资贸易有限公司是姚某单独经营的公司，并非与杜某某共同经营

（四）案例评析与理论延伸

本案是夫妻共同债务认定的民事纠纷。夫妻共同债务作为婚姻关系中的重要法律制度，事关举债配偶、非举债配偶及债权人三者的利益权衡，对维护婚姻家庭稳定、保障交易安全发挥着重要作用，其中“共债共签”、家庭日常生活需要、夫妻共同生活、共同生产经营的认定，债权人和非举债配偶的利益衡平等问题，殊值关注。

1. 我国夫妻共同债务认定标准的流变

我国原《婚姻法》（2001年修正）第41条规定：“离婚时，原为夫妻共同生活所负的债务，应当共同偿还。共同财产不足清偿的，或财产归各自所有的，由双方协议清偿；协议不成时，由人民法院判决。”①该条采“用途论”，规定所负债务倘若具有服务于夫妻共同生活的用途，则应当认定为夫妻共同债务。然而“夫妻共同生活”含义不明，不仅存在泛化滥用的可能，而且债权人作为家庭之外的第三人对债务用途存在客观的举证困难。

随着经济的发展，夫妻一方举债的现象日益普遍。为防止夫妻双方恶意串通，实施“假离婚、真逃债”等侵害债权人利益的行为，2003年原《婚姻法解释二》第24条规定：“债权人就婚姻关系存续期间夫妻一方以个人名义所负债务主张权利的，应当按照夫妻共同债务处理。但夫妻一方能够证明债权人与债务人明确约定为个人债务，或者能够证明属于婚姻法第十九条第三款规定情形的除外。”②该条改采“时间论”，只要在婚姻关系存续期间，夫妻一方以个人名义对外所负债务均推定为夫妻共同债务。除非非举

---

① 《民法典》第1089条规定：“离婚时，夫妻共同债务应当共同偿还。共同财产不足清偿或者财产归各自所有的，由双方协议清偿；协议不成的，由人民法院判决。”较原《婚姻法》第41条，条文表述做了修改。

② 《民法典》第1064条第2款规定：“夫妻双方共同签名或者夫妻一方事后追认等共同意思表示所负的债务，以及夫妻一方在婚姻关系存续期间以个人名义为家庭日常生活需要所负的债务，属于夫妻共同债务。”较原《婚姻法解释二》第24条，条文表述做了修改。

债配偶能够证明该债务系债权人与举债配偶明确约定的个人债务,或者配偶双方依原《婚姻法》第 19 条施行分别财产制。单纯以时间作为夫妻共同债务的认定标准,极易引发夫妻一方与债权人恶意串通虚构债务等逆道德行为,使得非举债配偶在不知情、未受益的情况下"被负债",知情权和财产处分自由严重受损。司法机关也出现适用"第 24 条"判令非举债配偶共同承担虚假债务、非法债务等极端案例。"时间论"存在侵害非举债配偶的正当权益,过度保护债权人利益之嫌,不利于维护婚姻家庭关系的和谐稳定。

为了平衡非举债配偶与债权人利益,原《夫妻债务解释》对夫妻共同债务的认定做了更为详尽和体系化的规范。第 1 条规定:"夫妻双方共同签字或者夫妻一方事后追认等共同意思表示所负的债务,应当认定为夫妻共同债务。"第 2 条规定:"夫妻一方在婚姻关系存续期间以个人名义为家庭日常生活需要所负的债务,债权人以属于夫妻共同债务为由主张权利的,人民法院应予支持。"第 3 条规定:"夫妻一方在婚姻关系存续期间以个人名义超出家庭日常生活需要所负的债务,债权人以属于夫妻共同债务为由主张权利的,人民法院不予支持,但债权人能够证明该债务用于夫妻共同生活、共同生产经营或者基于夫妻双方共同意思表示的除外。"该解释对夫妻共同债务的认定改采"合意论",确立了"共债共签"原则,不仅有利于维护夫妻双方的独立人格,尊重夫妻双方对财产的知情权和处分权,而且能够引导债权人在交易过程中要求举债夫妻通过共同签字等方式明确表示举债合意,有助于规范民事主体的交易行为,加强事前风险防范,实现婚姻家庭关系的稳定与交易安全的保障之间的公平制衡。

我国《民法典》继受了 2018 年原《夫妻债务解释》的精神内核,第 1064 条规定:"夫妻双方共同签名或者夫妻一方事后追认等共同意思表示所负的债务,以及夫妻一方在婚姻关系存续期间以个人名义为家庭日常生活需要所负的债务,属于夫妻共同债务。夫妻一方在婚姻关系存续期间以个人名义超出家庭日常生活需要所负的债务,不属于夫妻共同债务;但是,债权人能够证明该债务用于夫妻共同生活、共同生产经营或者基于夫妻双方共同意思表示的除外。"该条沿袭了"共债共签"原则,细化了夫妻共同债务的认定标准,合理分配了举证责任,为夫妻共同债务的认定搭建了完整的规则体系。本条是为回应社会关切新增加的条文,也是《民法典》婚姻家庭编最大的亮点,为解决实践中争议较大的夫妻债务问题提供了明确的法律依据。①

2. 夫妻共同债务认定的具体标准

我国《民法典》第 1064 条规定了夫妻共同债务认定的 3 个标准,在适用顺序上依次

---

① 最高人民法院民法典贯彻实施工作领导小组主编:《中华人民共和国民法典婚姻家庭编理解与适用》,人民法院出版社 2020 年版,第 163 页。

为:原则上采行夫妻共同举债的合意标准;倘若不存在夫妻共同举债的合意时,适用家庭日常生活需要标准;倘若所举债务超越家庭日常生活需要范围时,补充适用夫妻共同生活、共同生产经营标准。

(1)夫妻共同举债的合意标准

依照民法意思自治原则、合同相对性原则及婚姻法夫妻地位平等原则,男女婚后依然存在独立、平等的人格和意志,夫妻双方只有存在共同举债的意思表示,方可认定为夫妻共同债务,至于债务的实际用途、夫妻双方是否共同受益等均非所问。① “共债共签”原则,有利于保障非举债配偶的知情权和同意权,从债务形成源头上杜绝“被负债”风险,有助于引导债权人在形成债务尤其是大额债务时,为避免事后引发不必要的纷争,加强事前风险防范,尽可能要求夫妻共同签字。②

依照发生时间的不同,夫妻共同举债的意思表示主要表现为债务发生时的共债共签,以及债务发生后非举债配偶的事后追认。债务发生时的共债共签,是指在债务发生的当时夫妻双方作出共同举债的意思表示,如夫妻双方在借款合同、借据上共同签字等。债务发生后非举债配偶的事后追认,是指配偶一方对外举债,非举债配偶在债务发生后对其配偶所举债务予以追认,表明共同承担债务的意思表示。如通过书面形式,或者电话、短信、微信、邮件等方式对其配偶的单方举债行为予以追认等。

当非举债配偶意思表示不够明确时,如何认定共同举债与事后追认,不无疑问。如非举债配偶以“见证人”“担保人”等身份签名、对债务知情而未作反对表示、以个人账户偿还债务等行为是否构成共同举债与事后追认,学界尚存争议,司法实践中亦存在同案异判的乱象。③ 本书认为,当非举债配偶意思表示不够明确时,应当对非举债配偶的意思表示进行解释,以确定其含义。我国《民法典》第 142 条第 1 款规定:“有相对人的意思表示的解释,应当按照所使用的词句,结合相关条款、行为的性质和目的、习惯以及诚信原则,确定意思表示的含义。”具体而言,应区分以下情形分别认定:

其一,非举债配偶以“见证人”“担保人”等身份签名时,意思表示的认定。①非举

---

① “共债共签”亦是其他国家和地区立法普遍采行的夫妻共同债务认定标准,参见《德国民法典》第 1460 条、《法国民法典》第 1415 条、《瑞士民法典》第 228 条、《葡萄牙民法典》第 1691 条、《意大利民法典》第 186 条、我国澳门特别行政区《民法典》第 1558 条等。

② 参见罗书臻:《妥善审理涉及夫妻债务纠纷案件 依法平等保护各方当事人合法权益》,载《人民法院报》2018 年 1 月 18 日,第 3 版。

③ 在裘某诉岳某秋、王某借款纠纷案中,非举债配偶王某未在借条上签字,事后得知其配偶的举债事实后未作反对表示,法院认为不构成事后追认。参见裘某诉岳某秋、王某借款纠纷案,福建省邵武市人民法院(2017)闽 0781 民初 2475 号民事判决书。而在陈某浪诉蔡某明、王某英借款纠纷案中,非举债配偶王某英未在借条上签字,事后得知其配偶的举债事实,法院仅就该知情事实认定构成事后追认。参见陈某浪诉蔡某明、王某英借款纠纷案,浙江省天台县人民法院(2018)浙 1023 民初 1549 号民事判决书。

债配偶以“见证人”的身份签名时，意思表示的认定。一般而言，见证人是指在场见证双方实施借款等行为的证人，起着证明借贷等法律关系的作用。见证人并非法律关系的当事人，不享有也不承担实体上的权利义务。非举债配偶以“见证人”的身份签名时，仅表明其证明该债务客观存在的立场，不能推断出存在加入债务关系、共同承担债务的意愿；倘若协议中既有借款人签名又有见证人签名时，可见出借人、借款人及见证人对借款人与见证人的区分应属明知，因此不宜认定为共同举债的意思表示。这样认定，有助于督促债权人在出借款项时明确要求非举债配偶作出共同负债的意思表示，有利于引导、倒逼民事主体主动规范交易行为，提高事前风险防范意识。②非举债配偶以“担保人”的身份签名时，意思表示的认定。我国《民法典》第 686 条第 2 款规定：“当事人在保证合同中对保证方式没有约定或者约定不明确的，按照一般保证承担保证责任。”在一般保证及夫妻采行分别财产制的情形下，非举债配偶究竟以一般保证人的身份承担一般保证责任，还是以共同债务人的身份承担连带清偿责任，法律后果截然不同。一般而言，“保证人”仅表明非举债配偶意欲以保证人的身份承担保证责任，而非以共同债务人的身份承担连带债务。因此，以“担保人”的身份签名时，不宜认定为夫妻共同债务。倘若非举债配偶以“连带保证人”的身份签名时，因连带保证的责任承担与共同债务的责任承担并无差异，应当认定为夫妻共同债务。

其二，非举债配偶对债务知情而未作反对表示时，意思表示的认定。为防止共同举债向简单知情逃逸，非举债配偶对债务知情而未作反对表示时，不宜认定为夫妻共同债务。司法实践中，部分法院认为“知情即同意”，只要非举债配偶对债务知情即可认定其具有共同举债的意思表示。① 但本书认为，简单知情并不等同于共同举债。理由在于：①“知情即同意”违反法律行为的沉默表示规则。我国《民法典》第 140 条规定：“行为人可以明示或者默示作出意思表示。沉默只有在有法律规定、当事人约定或者符合当事人之间的交易习惯时，才可以视为意思表示。”非举债配偶对债务知情而未作反对表示的，构成沉默。该沉默若作为共同举债的意思表示须以存在法律规定、当事人约定或者符合当事人之间的交易习惯为要件，否则不宜认定为共同举债。②“知情即同意”与《民法典》第 1064 条的立法旨意相悖。从立法目的看，《民法典》第 1064 条旨在引导债权人尽可能要求夫妻双方“共债共签”，明确表明共同举债的意思表示，规范民事主体的交易行为。但“知情即同意”变相鼓励债权人无须尽到合同订立时的谨慎义务，导致夫妻共同债务的不当扩大，将本属于债权人的交易风险转移给非举债配偶承担。

---

① 参见姚某诉陆某追偿权纠纷案，江苏省连云港市中级人民法院（2019）苏 07 民终 2777 号民事判决书；衡某兰诉李某武民间借贷纠纷案，河北省高级人民法院（2018）冀民申 5511 号民事裁定书；陈某浪诉蔡某明、王某英民间借贷纠纷案，浙江省天台县人民法院（2018）浙 1023 民初 1549 号民事判决书。

其三,非举债配偶以个人账户主动偿还债务时,意思表示的认定。非举债配偶事后主动还款,依照交易习惯以及诚信原则,一般具有事后加入债务关系,共同清偿债务的意思表示,应当认定为事后追认。对事后追认的认定应当将非举债配偶对债务的知情情况、债权人催讨债务的场景和方式等纳入考量因素。① 倘若非举债配偶被动还款,如债权人向非举债配偶暴力索债,非举债配偶可能在对债务状况不清楚的情况下,被动偿还一部分债务,实为"为家人安宁的无奈之举",此时不宜认定为事后追认。倘若非举债配偶主张该还款行为系举债配偶擅自使用其个人账户偿还债务,非举债配偶对此既未同意又未参与,从而否认事后追认的,本书认为,只要债权人能够证明非举债配偶存在主动还款行为,即可推定为事后追认,非举债配偶应当对举债配偶实际控制其名下账户,不构成事后追认承担举证责任。《浙江省高级人民法院关于妥善审理涉夫妻债务纠纷案件的通知》(浙高法〔2018〕89 号)亦采此观点:若有证据证明配偶一方对负债知晓且未提出异议的,如存在归还借款本息等情形的,可以推定夫妻有共同举债的合意。

(2)家庭日常生活需要标准

婚姻的本质乃夫妻组建家庭,共同生活,夫妻举债用于家庭日常生活时,理应认定为夫妻共同债务,至于举债方以一方名义抑或以夫妻名义,债权人是否知悉举债方存在婚姻关系,均非所问。我国《民法典》第 1060 条规定了日常家事代理制度:"夫妻一方因家庭日常生活需要而实施的民事法律行为,对夫妻双方发生效力,但是夫妻一方与相对人另有约定的除外。夫妻之间对一方可以实施的民事法律行为范围的限制,不得对抗善意相对人。"明确夫妻一方因家庭日常生活需要所负债务,对夫妻双方当然发生效力。但我国幅员辽阔,各地经济发展不平衡,城乡发展差异大,各个家庭经济状况各不相同,如何界定"家庭日常生活需要"存在较大争议。本书认为,在判断一项债务是否属于家庭日常生活需要时,应当结合以下因素综合认定:

其一,用途的必要性。夫妻一方所举债务用于家庭日常衣食住行消费、日用品购买、子女抚养教育、老人赡养等用途,属于维系一个家庭正常生活所必需的开支时,应当认定为夫妻共同债务。家庭日常生活需要的范围可以参照国家统计局的相关数据,将家庭消费种类分为食品、衣着、家庭设备用品及维修服务、医疗保健、交通和通信、文娱教育及服务、居住、其他商品和服务。② 但由于经济的持续发展和生活方式的不断变化,列举式的规定只能起到参考作用。家庭日常生活的范围,应当以必要性作为核心判断标准,根据夫妻共同生活的状态,如双方的职业、身份、资产、收入、兴趣、家庭人数等,

---

① 参见王轶、包丁裕睿:《夫妻共同债务的认定与清偿规则实证研究》,载《华东政法大学学报》2021 年第 1 期。

② 参见黄薇主编:《中华人民共和国民法典释义》,法律出版社 2020 年版,第 1987 页。

结合当地一般经济水平、社会生活习惯予以认定。

其二，金额的适当性。一项债务具有用途上的必要性并不能直接推定其属于家庭日常生活需要所负债务，还应当结合家庭的经济状况、收入水平和生活习惯等因素，衡量该项债务是否适当。我国部分地方法院还发布了单纯以债务金额作为判断标准的内部意见，如《浙江省高级人民法院关于妥善审理涉夫妻债务纠纷案件的通知》（浙高法〔2018〕89号）规定："以下情形，可作为各级法院认定'为家庭日常生活需要所负债务'的考量因素：①单笔举债或对同一债权人举债金额在20万元（含本数）以下的；②举债金额与举债时家庭收入状况、消费形态基本合理匹配的；③交易时债权人已尽谨慎注意义务，经审查举债人及其家庭支出需求、借款用途等，有充分理由相信债务确系为家庭日常生活需要所负的。"但本书认为，不同的家庭经济状况和消费水平往往存在巨大差异，统一固定的金额标准难以涵盖家庭日常生活需要的多样性与复杂性，而且会不当诱发举债夫妻通过缔结数笔小额债务规避标准的现象，固定金额标准还会导致法律适用的僵化与滞后。因此，应当根据不同的家庭状况进行个案判断，当举债金额与夫妻双方收入水平、家庭经济状况、日常生活习惯相适应时，方可认定为家庭日常生活需要的范围。

其三，排除事项。对于明显超出家庭日常生活需要、金额较大、风险较高、对家庭生活影响较大的事项，应当予以排除。主要包括：①不动产交易与大型动产交易，如购买房屋、高档汽车或直升机等。此类行为会引发家庭资产的重大变动，并非家庭日常生活所需，应被排除。②大额财产投资，如进行大额股票、期货、基金、私募等高风险投资等，此类行为金额较大、风险较高，亦非家庭日常生活所需，应被排除。③购买奢侈品等高消费，亦非日常生活所需，应被排除。④担保行为、债务加入或数额巨大的家庭共有财产的赠与，如配偶一方为他人债务承担保证责任、设定抵押、债务加入[①]或赠与巨额财产等，会造成家庭财产锐减，并非家庭日常生活所需，应被排除。⑤夫妻分居或离婚诉讼期间所举债务，债权人对此明知或应知的。若夫妻双方处于分居状态或离婚诉讼期间，则不满足日常家事代理中共同生活的基本条件，当债权人对此明知或应知时，夫妻一方所举债务应被排除在外。⑥违法债务，如配偶一方为赌博、吸毒等违法犯罪活动对外举债，或所举债务用于婚外同居生活，或借贷双方约定高额利息与正常生活所需明显不符的，应被排除在外。

① 《民法典》第552条新增了债务加入的相关规定："第三人与债务人约定加入债务并通知债权人，或者第三人向债权人表示愿意加入债务，债权人未在合理期限内明确拒绝的，债权人可以请求第三人在其愿意承担的债务范围内和债务人承担连带债务。"

（3）夫妻共同生活、共同生产经营标准

夫妻共同利益复杂多样，除了家庭日常生活需要外，还可能表现为夫妻共同生活、共同生产经营。因此，夫妻一方在婚姻关系存续期间以个人名义超出家庭日常生活需要所负的债务，债权人能够证明该债务用于夫妻共同生活、共同生产经营的，可以认定为夫妻共同债务。

夫妻共同生活所负债务，特指用于家庭生活，但超出家庭日常生活需要所负的债务。随着社会经济的发展，人们的生活水平不断提高，生活消费日趋多元，很多夫妻的共同生活支出不再局限于家庭日常生活消费开支，出现大量超出家庭日常生活范围的支出。只要这些支出系夫妻双方共同消费支配，或者用于形成夫妻共同财产，或者基于夫妻共同利益管理共同财产产生的支出，均属于夫妻共同生活的范围。

夫妻共同生产经营所负债务，特指用于共同生产经营，但超出家庭日常生活需要所负的债务。认定标准主要包括：①“共同决定”生产经营，主要包括由夫妻双方共同决定生产经营事项，或者虽由一方决定但另一方进行了授权等情形。是否构成“共同决定”，须根据经营活动的性质以及夫妻双方在其中的地位作用等综合认定。夫妻共同生产经营所负的债务一般表现为双方共同从事工商业、共同投资以及购买生产资料等所负的债务。如夫妻双方均为同一公司的股东、董事或高管，或者均为同一合伙企业的合伙人，或者夫妻双方共同经营个体工商户等。②“共同受益”。夫妻共同生产经营也包括夫妻一方从事生产经营活动，但利益归家庭共享的情形。这是因为，首先，若夫妻一方从事经营活动产生的收益为夫妻生活的主要经济来源，即使不存在夫妻双方共同经营的外观，也应当认定为夫妻共同债务，否则非举债配偶仅享有利益，不承担风险，违反权利与义务相一致的原则。其次，在法定共同财产制的背景下，举债配偶一方所负债务用于生产经营，经营所得当然属于夫妻共同财产，依据“共享利益，共担风险”原则，该债务应当属于夫妻共同债务，否则将损害举债配偶一方的利益，违反民法平等原则和公平原则。只有夫妻一方参与生产经营所形成的债务，应结合夫妻另外一方是否知情、夫妻双方是否从中获益等因素综合考量。[①] 司法实践中，不少法院将夫妻双方是否共同受益作为夫妻共同债务的重要认定标准。在刘某与朱某民间借贷纠纷中，四川省高级人民法院认为，根据法律规定，婚姻关系存续期间，夫妻对外所负债务应否属于夫妻共同债务，应视夫妻双方是否具有共同举债的合意或夫妻是否分享债务带来的利益。如果夫妻事先并无共同举债的合意，但债务带来的利益却由夫妻二人共同分享，应当视为共同债务。[②] 在陕西亿豪房地产开发有限公司与廖某某民间借贷纠纷中，最高人民法

① 薛宁兰、谢鸿飞主编：《民法典评注·婚姻家庭编》，中国法制出版社2020年版，第234页。

② 参见刘某诉朱某民间借贷纠纷案，四川省高级人民法院（2018）川民申5729号民事裁定书。

院认为,以廖某某名义投资形成的财产权益依法应属于夫妻共同财产,案涉借款直接由廖某某作为大股东的亿豪房地产公司使用,故陈某某与廖某某的夫妻共同财产权益得以间接受益,原审法院判决夫妻二人共同承担本案债务并无不当。[①]《浙江省高级人民法院关于妥善审理涉夫妻债务纠纷案件的通知》(浙高法〔2018〕89 号)更是直接规定:“有证据证明存在以下情形的,可以考虑认定为夫妻共同债务:①负债期间购置大宗资产等形成夫妻共同财产的;②举债用于夫妻双方共同从事的工商业或共同投资;③举债用于举债人单方从事的生产经营活动,但配偶一方分享经营收益的。”共同受益标准符合家庭共同利益,亦与其他国家和地区夫妻共同债务的认定规则相契合。[②]

3. 夫妻共同债务的举证责任

我国《民法典》第 1064 条承袭了 2018 年原《夫妻债务解释》举证责任的相关内容,较原《婚姻法》及《婚姻法解释二》做了较大程度的修正。主要包括:

其一,夫妻共同举债合意的举证责任。夫妻是否存在共同举债的合意,由债权人承担举证责任。将举证责任分配给债权人,不仅有助于促进债权人事前尽到谨慎注意义务,引导民事主体对大额债务实行“共债共签”,体现从源头上控制纠纷、注重交易安全的价值取向,也有利于强化公众的风险意识,从而平衡保护债权人和非举债配偶的利益。[③] 债权人用以证明夫妻共同举债合意的证据主要包括:夫妻双方共同签字的借款合同、借条以及短信、微信、QQ 聊天记录、邮件等。

其二,家庭日常生活需要的举证责任。夫妻一方为家庭日常生活所负债务,原则上推定为夫妻共同债务,债权人仅须证明债权债务关系客观存在,债务符合当时、当地一般认为的家庭日常生活所需即可,无须举证证明该债务是否实际用于家庭日常生活。若非举债配偶抗辩该债务不属于夫妻共同债务的,应由非举债配偶承担举证责任。

其三,夫妻共同生活、共同生产经营的举证责任。对超出家庭日常生活范围的债务

---

① 参见陕西亿豪房地产开发有限公司诉廖某连民间借贷纠纷案,最高人民法院(2019)最高法民申 463 号民事裁定书。

② 其他国家和地区亦存在夫妻共同债务认定须满足家庭共同利益的立法例。如《意大利民法典》第 186 条规定:“由夫妻共同财产负担的债务有:(a)取得该财产之时设立的所有负担和义务;(b)为管理财产支出的费用;(c)维持家庭生活的费用、培养、教育子女的费用(参阅第 147 条)以及夫妻双方为家庭利益共同或分别承担的债务;(d)任何一项由夫妻双方(参阅第 192 条)共同承担的债务。”我国澳门特别行政区《民法典》第 1558 条也规定:“一、下列债务由夫妻双方负责:(a)结婚前后,夫妻双方或一方经他方同意而设定之债务;(b)结婚前后,夫妻任一方为家庭生活之正常负担而设定之债务;(c)婚姻关系存续期内,夫妻中管理财产之一方在其管理权力范围内为夫妻共同利益而设定之债务;(d)夫妻任一方在从事商业活动中所设定之债务,但证明有关债务非为夫妻共同利益而设定,或夫妻间采用分别财产制或取得财产分享制者除外;(e)按照第一千五百六十条第二款之规定而视为共同负责之债务。二、属一般共同财产制者,夫妻任一方在结婚前为夫妻共同利益而设定之债务,亦属共同负责之债务。三、不推定债务系为夫妻共同利益而设定,但法律另有规定者除外。”

③ 参见黄薇主编:《中华人民共和国民法典释义》,法律出版社 2020 年版,第 2004 页。

是否属于夫妻共同债务，原则上直接推定为夫妻一方个人债务。若债权人主张该债务为夫妻共同债务的，由债权人承担举证责任，即债权人须证明该债务用于夫妻共同生活、共同生产经营或基于共同意思表示。这一举证责任分配实际上是在夫妻共同债务即连带债务这一有利于债权人的立场下适度平衡无举债配偶利益的妥善之举。①

在本案中，杜某某以个人名义所借的1500万元全部用于陕西佳诚房地产开发有限责任公司，该债务在用途和数额上均明显超出家庭日常生活需要。虽然王某某并未证明姚某实际参与了该公司的生产经营活动，也并未证明姚某向杜某某作出公司经营管理事项上的授权，但杜某某的股权收益系与其配偶姚某共享，杜某某所负的1500万元债务应当认定为夫妻共同债务。况且2014年1月29日，姚某的个人账户向王某某转款80万元，属于非举债配偶事后主动还款行为，依照交易习惯以及诚信原则，应当认定姚某具有事后加入债务关系，共同清偿债务的意思表示，构成事后追认。姚某主张该还款行为系其配偶杜某某擅自使用其个人账户偿还债务，姚某对此并未同意又未参与，从而否认事后追认，则应由姚某对杜某某实际控制姚某该还款账户，不构成事后追认承担举证责任，否则姚某应当承担举证不能的不利后果。

二、法律实务操作

（一）相关法律法规

1. 原《最高人民法院关于适用〈中华人民共和国婚姻法〉若干问题的解释（一）》（2001年）

第17条　婚姻法第十七条关于“夫或妻对夫妻共同所有的财产，有平等的处理权”的规定，应当理解为：

（一）夫或妻在处理夫妻共同财产上的权利是平等的。因日常生活需要而处理夫妻共同财产的，任何一方均有权决定。

（二）夫或妻非因日常生活需要对夫妻共同财产做重要处理决定，夫妻双方应当平等协商，取得一致意见。他人有理由相信其为夫妻双方共同意思表示的，另一方不得以不同意或不知道为由对抗善意第三人。

2. 原《婚姻法解释二》（2003年）

第24条　债权人就婚姻关系存续期间夫妻一方以个人名义所负债务主张权利的，应当按夫妻共同债务处理。但夫妻一方能够证明债权人与债务人明确约定为个人债务，或者能够证明属于婚姻法第十九条第三款规定情形的除外。

---

① 薛宁兰、谢鸿飞主编：《民法典评注・婚姻家庭编》，中国法制出版社2020年版，第238页。

3.《民法典》(2020年)

第1055条(原《婚姻法》第13条)　夫妻在婚姻家庭中地位平等。

第1060条　夫妻一方因家庭日常生活需要而实施的民事法律行为,对夫妻双方发生效力,但是夫妻一方与相对人另有约定的除外。

夫妻之间对一方可以实施的民事法律行为范围的限制,不得对抗善意相对人。

第1062条(原《婚姻法》第17条)　夫妻在婚姻关系存续期间所得的下列财产,为夫妻的共同财产,归夫妻共同所有:

(一)工资、奖金、劳务报酬;

(二)生产、经营、投资的收益;

(三)知识产权的收益;

(四)继承或者受赠的财产,但是本法第一千零六十三条第三项规定的除外;

(五)其他应当归共同所有的财产。

夫妻对共同财产,有平等的处理权。

第1064条(原《夫妻债务解释》第1~3条)　夫妻双方共同签名或者夫妻一方事后追认等共同意思表示所负的债务,以及夫妻一方在婚姻关系存续期间以个人名义为家庭日常生活需要所负的债务,属于夫妻共同债务。

夫妻一方在婚姻关系存续期间以个人名义超出家庭日常生活需要所负的债务,不属于夫妻共同债务;但是,债权人能够证明该债务用于夫妻共同生活、共同生产经营或者基于夫妻双方共同意思表示的除外。

第1089条(原《婚姻法》第41条)　离婚时,夫妻共同债务应当共同偿还。共同财产不足清偿或者财产归各自所有的,由双方协议清偿;协议不成的,由人民法院判决。

4.《最高人民法院关于适用〈中华人民共和国民法典〉婚姻家庭编的解释(一)》(2020年)

第33条　债权人就一方婚前所负个人债务向债务人的配偶主张权利的,人民法院不予支持。但债权人能够证明所负债务用于婚后家庭共同生活的除外。

第34条　夫妻一方与第三人串通,虚构债务,第三人主张该债务为夫妻共同债务的,人民法院不予支持。

夫妻一方在从事赌博、吸毒等违法犯罪活动中所负债务,第三人主张该债务为夫妻共同债务的,人民法院不予支持。

(二)思考与实践问题

1. 在认定夫妻共同债务时,如何衡平未举债配偶的正当利益与债权人的交易安全?

2. 夫妻共同举债的合意如何认定?非举债配偶的事后追认如何认定?

3. 家庭日常生活需要如何认定?

4. 共同生产经营如何认定?

5. 在夫妻共同债务认定中,当事人的举证责任应当如何设计?

参考文献

1. 王轶、包丁裕睿:《夫妻共同债务的认定与清偿规则实证研究》,载《华东政法大学学报》2021 年第 1 期。

2. 李贝:《〈民法典〉夫妻债务认定规则中“合意型共债”——兼论〈民法典〉第 1064 条的体系解读》,载《交大法学》2021 年第 1 期。

3. 裴桦:《〈民法典〉夫妻债务条款的不足与应对》,载《交大法学》2021 年第 1 期。

4. 夏吟兰:《婚姻家庭编的创新和发展》,载《中国法学》2020 年第 4 期。

5. 陈凌云:《夫妻共同债务认定规则中的伪命题:共同生产经营》,载《当代法学》2020 年第 2 期。

6. 贺剑:《夫妻财产法的精神——民法典夫妻共同债务和财产规则释论》,载《法学》2020 年第 7 期。

7. 汪家元:《我国民法典夫妻共同债务规则评析》,载《东方法学》2020 年第 5 期。

8. 叶涛:《民法典时代夫妻债务“共债共签规则”中的合意认定》,载《法治研究》2020 年第 5 期。

9. 彭诚信:《〈民法典〉夫妻债务规则的应然理解与未来课题》,载《政法论丛》2020 年第 6 期。

10. 李洪祥:《论日常家事代理权视角下的夫妻共同债务构成》,载《当代法学》2020 年第 5 期。

11. 汪洋:《夫妻债务的基本类型、责任基础与责任财产——最高人民法院〈夫妻债务解释〉实体法评析》,载《当代法学》2019 年第 3 期。

12. 张晓远、杨遂全:《生活或营利之分与夫妻共同债务认定之立法变革》,载《河南社会科学》2019 年第 1 期。

13. 汪家元:《我国夫妻约定财产制之适用困境与规制完善》,载《法学》2019 年第 1 期。

14. 蔡立东、刘国栋:《关于夫妻共同债务认定的立法建议——以相关案件裁判逻辑的实证分析为基础》,载《中国应用法学》2019 年第 2 期。

15. 黄海涛:《夫妻共同债务认定的新变化与新思路——试探“共债解释”适用中的若干问题》,载《北外法学》2019 年第 2 期。

16. 叶名怡:《“共债共签”原则应写入〈民法典〉》,载《东方法学》2019 年第 1 期。

17. 朱虎:《夫妻债务的具体类型和责任承担》,载《法学评论》2019 年第 5 期。

18. 李贝:《夫妻共同债务的立法困局与出路——以“新解释”为考察对象》,载《东方法学》2019 年第 1 期。

19. 薛宁兰:《中国民法典夫妻债务制度研究——基于财产权平等保护的讨论》,载《妇女研究论丛》2018 年第 3 期。

20. 李洪祥:《我国夫妻共同债务构成依据的反思》,载《江汉论坛》2018 年第 7 期。

21. 冉克平:《论因“家庭日常生活需要”引起的夫妻共同债务》,载《江汉论坛》2018 年第 7 期。

22. 程新文、沈丹丹、方芳、刘敏:《〈关于审理涉及夫妻债务纠纷案件适用法律有关问题的解释〉的理解与适用》,载《人民司法(应用)》2018 年第 4 期。

23. 罗书臻:《妥善审理涉及夫妻债务纠纷案件 依法平等保护各方当事人合法权益》,载《人民法院报》2018 年 1 月 18 日,第 3 版。

24. 陈法:《我国夫妻共同债务认定规则之检讨与重构》,载《法商研究》2017 年第 1 期。

25. 冉克平:《夫妻团体债务的认定及清偿》,载《中国法学》2017 年第 5 期。

26. 李洪祥:《论夫妻共同债务构成的依据》,载《求是学刊》2017 年第 3 期。

27. 孙若军:《论夫妻共同债务“时间”推定规则》,载《法学家》2017 年第 1 期。

28. 何丽新:《论非举债方以夫妻共同财产为限清偿夫妻共同债务——从(2014)苏民再提字第 0057 号民事判决书说起》,载《政法论丛》2017 年第 6 期。

29. 王雷:《〈婚姻法〉中的夫妻共同债务推定规范》,载《法律适用》2017 年第 3 期。

30. 薛宁兰、谢鸿飞主编:《民法典评注 · 婚姻家庭编》,中国法制出版社 2020 年版。

31. 最高人民法院民法典贯彻实施工作领导小组主编:《中华人民共和国民法典婚姻家庭编理解与适用》,人民法院出版社 2020 年版。

32. 黄薇主编:《中华人民共和国民法典释义》,法律出版社 2020 年版。

33. 王礼仁、何昌林:《夫妻债务的司法认定与立法完善》,人民法院出版社 2019 年版。

34. 蒋月:《婚姻家庭法前沿导论》(第 2 版),法律出版社 2016 年版。

案例十六：何某与陈某桥等不明抛掷物损害责任纠纷

何某，女，2014年10月6日出生。2014年11月20日15时许，何某由其祖母丁某怀抱，在小区11栋2号房楼下南侧晒太阳，被高空抛掷的水泥块砸伤。何某受伤后即被送往医院救治，先后在武汉脑科医院长江航运总医院、武汉市儿童医院接受治疗。2015年6月29日，经湖北中真司法鉴定所协和法医司法鉴定室鉴定，何某被评定为七级残疾。何某在治疗期间花费医疗费、住院伙食补助费、营养费、护理费、残疾赔偿金、交通费等共计395,754.73元。经武汉市公安局汉阳区分局汉阳经济开发区派出所出警及武汉市公安局汉阳区分局刑事侦查大队现场勘查，无法确定实际侵权行为人。何某认为，[①]其因高空坠物受害，无法确定实际侵权行为人，应由小区业主按户承担补偿责任。请求小区业主陈某桥等110人共同承担何某的医疗费、护理费、住院伙食补助费、营养费、交通费、鉴定费、残疾赔偿金、精神损害抚慰金、租房费用、租房水电费等合计460,624元。湖北省武汉市汉阳区人民法院经审理认为，本案中，高空抛掷的水泥块致受害人损害，且未找到实际侵权行为人。受害人何某将可能加害的房屋所有权人作为被告并要求其承担补偿责任，符合我国原《侵权责任法》第87条的规定。[②] 何某实际损失认定为395,754.73元。判决陈某桥等人对何某因此次伤害造成的损失承担补偿责任。陈某桥等47人不服一审判决，提起上诉。湖北省武汉市中级人民法院经审理认为，一审判决认定事实清楚，适用法律正确。判决：驳回上诉，维持原判。

通过该案例探讨高空坠物侵权案件中侵权行为人无法确定时由可能的加害人承担

---

① 因何某为无民事行为能力人，在本案中何某实施的法律行为、诉讼行为等均由其法定代理人代为进行。

② 《民法典》第1254条规定："禁止从建筑物中抛掷物品。从建筑物中抛掷物品或者从建筑物上坠落的物品造成他人损害的，由侵权人依法承担侵权责任；经调查难以确定具体侵权人的，除能够证明自己不是侵权人的外，由可能加害的建筑物使用人给予补偿。可能加害的建筑物使用人补偿后，有权向侵权人追偿。物业服务企业等建筑物管理人应当采取必要的安全保障措施防止前款规定情形的发生；未采取必要的安全保障措施的，应当依法承担未履行安全保障义务的侵权责任。发生本条第一款规定的情形的，公安等机关应当依法及时调查，查清责任人。"

补偿责任的法理依据，公安机关、物业服务企业等应当承担的义务及责任以及高空坠物案件运用民事、行政和刑事手段进行综合治理的合理性。

一、案例研判

（一）基本案情

何某，女，2014 年 10 月 6 日出生，户籍地为武汉市汉阳区××街××号 12 栋 1 单元××室。2014 年 11 月 20 日 15 时许，何某由其祖母丁某怀抱，在小区 11 栋 2 号房楼下南侧晒太阳，被高空抛掷的水泥块砸伤。何某受伤后即被送往医院救治，先后在武汉脑科医院长江航运总医院、武汉市儿童医院接受治疗。2015 年 6 月 29 日，湖北中真司法鉴定所协和法医司法鉴定室对何某损伤进行鉴定，鉴定结论为：何某被评定为七级残疾；后续治疗费依据临床实际发生为准；治疗终结暂定为伤后 2 年；护理时间暂定为伤后 2 年；营养期暂定为伤后 2 年；必要时需补充鉴定。法医鉴定费 1500 元由何某支付。

何某主张，其在治疗期间产生如下花费：（1）医疗费：106,005.73 元。（2）住院伙食补助费：15 元/天×35 天（住院天数）=525 元。（3）营养费：15 元/天×365 天/年×2 年（鉴定营养期）=10,950 元。（4）护理费：按居民服务业标准计算，即 28,729 元/年÷365 天/年×365 天/年×2 年（鉴定护理期限）=57,458 元。（5）残疾赔偿金：按城镇居民人均可支配收入标准计算，即 24,852 元/年×20 年×40%（赔偿系数）=198,816 元。（6）交通费：酌定为 2000 元。此外，何某因被水泥块砸伤造成七级伤残，产生精神损害，精神损害抚慰金为 20,000 元。以上七项合计 395,754.73 元。另何某受伤后收到如下爱心捐助款项：腾讯爱心基金募捐 20,000 元，汉阳区文明办捐助 100,000 元，武汉电视台捐助 200,000 元捐款，湖北经视电视台捐助 17,000 元，社会爱心人士捐款 7000 元，事发××小区捐款 2000 元。何某祖母丁某收到事发××小区捐款 22,200 元，以上捐助款项合计 368,200 元。

武汉市公安局汉阳区分局汉阳经济开发区派出所（以下简称汉阳经开派出所）提供了情况说明，内容为："2014 年 11 月 20 日 15 时许，我所接报警称：汉阳区××小区高空抛物将一名婴儿砸伤。接警后，我所立即派员出警工作。经调查：当日 15 时许，该小区 12 栋住户丁某抱着孙女何某（时值 1 月龄）在 11 栋楼下晒太阳，被高空坠落的石块砸伤。工作情况：（1）接报警后，我所立即组织小区物业对该小区 11 栋居民开展调查走访。事发的××小区 11 栋 2 单元共 33 层每层 4 户，共计 132 户，除去 1 楼四户总计 128 户。我所采取逐层逐户方式进行调查，当时正在装修的有两家，均进入室内查看，两家装修均在尾期，室内未发现相似的石块，其余住户逐人登记造册。（2）我所在第一时间通知分局刑侦大队技术中队开展现场勘查，首先对楼层外观进行照相固定，暂未发现明显的墙体脱落痕迹；其次，在该单元顶层进行了现场试验，排除从顶层直接抛物的可能；

接着,对调查走访中反映出来的正在装修的房间进行了勘查,均未发现相似石块。至此,该起事故可认定为从建筑物中抛掷物品造成伤害。(3)以事件发生当日11月20日为中心,调取11月19日至11月21日,该单元进出口的监控视频,安排专人与物业工作人员进行比对排查,力争固定在事件发生前进入该单元的人员。(由于进入人员量大人杂,无法逐一确定每一楼层的居住人员)。(4)截至目前,尚未找到实际的侵权行为人。"武汉市公安局汉阳区分局刑事侦查大队于2014年11月23日对涉案现场进行了勘查,同日作出现场勘验笔录,勘查情况如下:现场位于武汉市汉阳区经济开发区辖区,××小区二期;该小区东侧为芳草路,北侧为龙兴东路,西侧为龙珠路;中心现场在该小区内11栋南侧;现场楼房为一栋南北朝向的高层楼房,该楼共有楼层33层;根据汉阳经开派出所民警介绍,事发地位于该栋楼2单元南侧;现场楼房南侧有一条东西走向的人行便道。勘查中在现场事发处未发现异常;勘查完后对汉阳经开派出所提取的一块涉嫌伤人的水泥块进行了拍照固定,该水泥块呈不规则状,直径约5厘米;并对该水泥块进行了DNA提取采样,未有有价值的线索。

事发××小区11栋2单元是还建房,房屋权属情况未在房产管理局备案。除业主名册外没有关于房屋权属情况的其他材料可以调取。该小区瑞地美佳物业管理公司向法院提交了一份"××11－2业主清册",与何某提交的业主信息一致。关于××小区11栋2单元房屋的权属情况,开发商汉阳区龙阳集团表示,其所掌握的信息与拆迁办留存的信息一致,无法提供其他信息。

何某认为,其因高空坠物受害,无法确定实际侵权行为人,应由小区业主按户承担补偿责任。请求小区业主陈某桥等110人共同承担何某的医疗费109,200.27元、护理费57,458元、住院伙食补助费2000元、营养费21,900元、交通费2000元、鉴定费1500元、残疾赔偿金198,816元、精神损害抚慰金50,000元、租房费用16,200元、租房水电费1550元,以上十项合计460,624元。请求陈某桥等110人共同承担本案诉讼费。

(二)争议焦点

本案的争议焦点如下:

1.本案的客观事实能否通过科学技术手段还原?

何某认为,其因高空抛掷的水泥块受害,通过科学技术手段仍然无法确定实际侵权行为人,故应由小区业主按户承担补偿责任。

陈某桥等人认为,须通过科学技术检测或试验来确定涉案楼层的范围,以此确定实际侵权行为人或排除相关业主加害的可能。法院应当依据各业主所住楼层距地面高度结合证物石块为鸡蛋大小,根据物理重力学,测算涉案石块到达受害人何某头部的力度。法院应当责令相关调查部门以科学事实为依据,进行科学检测及试验,划分涉案楼层高度范围,尊重科学事实依据,而非一概而论地判决小区业主连坐承担补偿责任。

2. 可能的加害人是否应当承担补偿责任？

何某认为，我国原《侵权责任法》第 87 条规定："从建筑物中抛掷物品或者从建筑物上坠落的物品造成他人损害，难以确定具体侵权人的，除能够证明自己不是侵权人的外，由可能加害的建筑物使用人给予补偿。"本案中，何某因高空坠物受害，无法确定实际侵权行为人，可能加害的房屋所有权人理应承担补偿责任。

陈某桥等人认为，此案涉及面广且是媒体及社会关注的焦点，但不能将对受害人的同情作为判定责任承担的依据。任何一个旁观者，都会站在受害人的角度考虑问题，但法律面前人人平等，法院判决应以公正为准则，不能成为帮助受害人的经济手段。法院不得仅维护受害人一方的权益，采用连坐担责的方式侵犯其他业主的正当私权。

（三）法院判决

湖北省武汉市汉阳区人民法院经审理认为，关于争议焦点一：本案的客观事实能否通过科学技术手段还原。本案中，高空抛掷的水泥块致人受伤，且未找到实际侵权行为人。通常情况下业主与实际使用人是一致的，所有权人一般对房屋享有占有、使用、收益、处分的权利。根据公安机关的现场勘验情况及现场照片可以确定 11 栋 2 单元每层 4 户，1 号房与 4 号房在同一平面，2 号房与 3 号房凸出于 1 号房、4 号房，自成一平面，事故发生地点距离 4 号房较远。结合生活经验法则及常理，因有 3 号房的阻隔，4 号房所处的方位不可能将水泥块抛掷到事发地点，除非 4 号房使用人从顶层平台抛掷水泥块，但公安机关已排除了从顶层直接抛物的可能，故 4 号房业主不应承担补偿责任，即邱某军（204 室及 3304 室）、万某平（304 室）、郑某衡（404 室）、李某敏（504 室）、范某姮（604 室）、周某庆（704 室）、邱某银（804 室）、周某彦（904 室）、李某毅（1004 室）、黄某杰（1104 室）、姜某凤（1204 室）、徐某武（1304 室）、李某欣（1404 室）、胡某谦（1504 室）、骆某（1604 室）、蔡某杰（1704 室）、张某军（1804 室）、冯某（1904 室）、卿某明（2004 室）、曾某芳（2104 室）、熊某（2204 室）、李某攀（2404 室）、郭某俐（2504 室）、邱某胜（2604 室及 2704 室）、张某梁（2804 室）、付某凡（2904 室）、邱某艳（3004 室）、范某思（3104 室）、邱某稻（3204 室）不应承担补偿责任。从理论上看，该小区 11 栋 2 单元 2 楼及以上 1、2、3 号房均有致害的可能和部分控制风险的能力，何某亦主张按户承担责任，该主张符合法律设定的初衷。有多套住房的业主应按持有房屋的数额承担补偿责任。由于该起伤害是瞬间发生的，在一段时间内空置的房屋（包括但不限于毛坯房、水电费未发生变动的房屋）业主并不当然免除补偿责任，除非有充分证据证明事发时业主及家人不在建筑物中。原《最高人民法院关于民事诉讼证据的若干规定》第 2 条规定："当事人对自己提出的诉讼请求所依据的事实或者反驳对方诉讼请求所依据的事实有责任提供证据加以证明。没有证据或者证据不足以证明当事人的事实主张的，由负有举证责任的当事人承担不利后果。"①本案中，业主提交的不在场证明（包括但不限于证人证言）、工作单位证明、装修合同、水电费明细等相关证据尚不足以证明其不可能是致害人，故对其要求免除责任的主张，均不予认可。关于部分业主提交租房协议以证明其并非房屋实际使用人不应承担责任的问题及部分自称是租户的人员到庭问题，本案中，业主仅提交租房协议尚不能真实反映房屋实际使用状况，不能确定具体房屋使用人及其身份信息，且业主未提交其他证据予以佐证，故对其要求免除责任的主张，不予认可。自称是租户的人员到庭的，因其既未提交身份证件，也未提交租房协议，无法核实其作为房屋使用人的真实状态，对业主要求免责的主张，不予认可。业主如在 2014 年 11 月 20 日伤害发生前确将房屋出租，可持相关证据向房屋实际使用人予以追偿。

关于争议焦点二：可能的加害人是否应当承担补偿责任。我国原《侵权责任法》第 87 条规定："从建筑物中抛掷物品或者从建筑物上坠落的物品造成他人损害，难以确定具体侵权人的，除能够证明自己不是侵权人的外，由可能加害的建筑物使用人给予补偿。"何某将可能加害的房屋所有权人作为被告并要求其承担补偿责任符合法律规定。2014 年 11 月 20 日，对于出生仅 46 天的何某来说原本应是平安、愉悦的一天，因致害人有意无意抛掷的一块水泥块便酿成惨剧，给何某带来终生遗憾。在此，本院强烈谴责致害人的抛掷行为，这种行为不仅是不文明的行为，同时可能构成犯罪。然而，本案中，并未找到实际致害人。虽然致害人可能仅为一人，对于并未真正实施抛掷行为的使用人来说承担补偿责任纵然有些不公平，但出生仅 46 天的何某被从高空抛掷的水泥块砸中头部并受伤致残，又何其无辜！如因未找到实际侵权人就放任不管，客观上将会使人们疏于对自己管控之物进行必要的维护和管理。本案中，受伤害的是何某一人，但是高空抛物对公众的威胁在一定范围和程度上是普遍存在的，作为建筑物的实际使用人，应当在使用期间对建筑物造成的损害负责是其应承担的风险，这样也有利于建筑物实际使用人自我约束、相互监督，积极履行对建筑物及相关物品的保管、维护和注意义务，加强自律和社会公德意识，避免高空抛物致人损害，营造安全、舒适的居住环境，文明居住，文明生活。另外，何某与丁某收到的捐助、救助等性质的款项 368,200 元与何某主张的补偿损失并不矛盾，捐助、救助是社会人士和相关部门的自愿、自发行为，本案补偿损失是法定的责任和义务，他人的捐助、救助并不能当然免除或减轻业主应当承担的法律责任。

一审期间，何某自愿撤回对刘某、刘某飞、付某芳（2304 室），邱某平、胡某发、邱某国、张某飞、王某峰的起诉，并表示放弃相应的补偿份额，一审法院依法予以照准。故本

① 现《民事诉讼法解释》（2022 年修正）第 90 条规定："当事人对自己提出的诉讼请求所依据的事实或者反驳对方诉讼请求所依据的事实，应当提供证据加以证明，但法律另有规定的除外。在作出判决前，当事人未能提供证据或者证据不足以证明其事实主张的，由负有举证证明责任的当事人承担不利的后果。"较原《最高人民法院关于民事诉讼证据的若干规定》第 2 条，条文表述做了修改。

案中何某因此次伤害损失的395,754.73元应扣除上述8人应承担的份额。根据前述法律规定,结合本案具体案情,陈某桥、李某军、张某红、杨某、邱某文、郑某华、王某平、陈某英、郑某衡(403室),鲁某芳、魏某芳、尹某雄、鲁某奎、周某谭、倪某清、周某、熊某丰、邱某志、肖某芳、邱某花、徐某微、傅某、周某斌、刘某、邱某厚、戴某彪、郭某杰、吴某、张某琴(1203室),余某、徐某武(1303室),杨某香、张某甲(1501室),张某芝、彭某、张某华、胡某、方某辉、张某为、邱某鹏、华某姣、许某、陈某、徐某轩、刘某芬、邱某阳、李某兰、田某兰、吴某旭、胡某、邱某艳(2303室),周某华、曾某华、肖某攀、张某君、李某刚、邱某娟、付某刚、龚某、钟某、程某、魏某、吴某喜、邱某辉、曾某、邱某军(3101室),邱某贝、李某康、毛某、邱某稻(3203室),左某英、谢某群、陆某飞应对何某因此次伤害造成的损失承担补偿责任,即分别承担4079.94元。胡某(1101室及1102室)、王某和(1302室及2102室)、付某(1401室及1402室)、徐某(2201室及2302室)、谭某英(3002室及3102室)应对何某因此次伤害造成的损失承担补偿责任,即分别承担4079.94元×2=8159.88元。蔡某杰(1701室、1702室、1703室)、邱某胜(2601室、2602室、2603室)应对何某因此次伤害造成的损失承担补偿责任,即分别承担4079.94元×3=12,239.82元。何某提交了购物小票并主张购药款3195元,因小票未载明购买药品的具体名称,也未提交证据证明该3195元与本案的关联性,故对该3195元,不予认可。何某主张租房及水电费用问题,因该费用不属于因此次伤害直接产生的费用,对该费用不予支持。何某的诉讼请求中过高的部分,一审法院不予支持。

湖北省武汉市汉阳区人民法院依照原《侵权责任法》第16条、①第87条,原《最高人民法院关于审理人身损害赔偿案件适用法律若干问题的解释》(法释〔2003〕20号)(以下简称原《人身损害赔偿解释》)第17条第1、2款、第18条第1款、第19条、第21条、第22条、第23条第1款、第24条、第25条第1款,②原《精神损害赔偿解释》第8条第2款、③第10条④和2017年《民事诉讼法》第144条的规定,⑤缺席判决:(1)陈某桥、

① 《民法典》第1179条规定:"侵害他人造成人身损害的,应当赔偿医疗费、护理费、交通费、营养费、住院伙食补助费等为治疗和康复支出的合理费用,以及因误工减少的收入。造成残疾的,还应当赔偿辅助器具费和残疾赔偿金;造成死亡的,还应当赔偿丧葬费和死亡赔偿金。"较原《侵权责任法》第16条,条文表述做了修改。

② 与《民法典》第1179条以及现《人身损害赔偿解释》(2022年修正)第6条、第8条、第9条、第10条、第11条、第12条、第13条、第23条等条文对应。条文表述作了修改。

③ 2020年修改后的《精神损害赔偿解释》已无对应条文,其内容为《民法典》第1183条所涵盖。

④ 现《精神损害赔偿解释》(2020年修正)第5条规定:"精神损害的赔偿数额根据以下因素确定:(一)侵权人的过错程度,但是法律另有规定的除外;(二)侵权行为的目的、方式、场合等具体情节;(三)侵权行为所造成的后果;(四)侵权人的获利情况;(五)侵权人承担责任的经济能力;(六)受理诉讼法院所在地平均生活水平。"较原《精神损害赔偿解释》第10条,条文表述做了修改。

⑤ 《民事诉讼法》(2021年修正)第147条规定:"被告经传票传唤,无正当理由拒不到庭的,或者未经法庭许可中途退庭的,可以缺席判决。"与2017年《民事诉讼法》第144条条文表述基本一致。

李某军、张某红、杨某、邱某文、郑某华、王某平、陈某英、郑某衡(403 室),鲁某芳、魏某芳、尹某雄、鲁某奎、周某谭、倪某清、周某、熊某丰、邱某志、肖某芳、邱某花、徐某微、傅某、周某斌、刘某、邱某厚、戴某彪、郭某杰、吴某、张某琴(1203 室),余某、徐某武(1303 室),杨某香、张某甲(1501 室),张某芝、彭某、张某华、胡某、方某辉、张某为、邱某鹏、华某姣、许某、陈某、徐某轩、刘某芬、邱某阳、李某兰、田某兰、吴某旭、胡某、邱某艳(2303 室),周某华、曾某华、肖某攀、张某君、李某刚、邱某娟、付某刚、龚某、钟某、程某、魏某、吴某喜、邱某辉、曾某、邱某军(3101 室),邱某贝、李某康、毛某、邱某稻(3203 室),左某英、谢某群、陆某飞分别补偿何某因此次伤害造成的经济损失 4079.94 元。(2)胡某(1101 室及 1102 室)、王某和(1302 室及 2102 室)、付某(1401 室及 1402 室)、徐某(2201 室及 2302 室)、谭某英(3002 室及 3102 室)分别补偿何某因此次伤害造成的经济损失 8159.88 元。(3)蔡某杰(1701 室、1702 室、1703 室)、邱某胜(2601 室、2602 室、2603 室)分别补偿何某因此次伤害造成的经济损失 12,239.82 元。(4)驳回何某的其他诉讼请求。案件受理费 8209 元,法医鉴定费 1500 元,合计 9709 元,由陈某桥、李某军、张某红、杨某、邱某文、郑某华、王某平、陈某英、郑某衡(403 室),鲁某芳、魏某芳、尹某雄、鲁某奎、周某谭、倪某清、周某、熊某丰、邱某志、肖某芳、邱某花、徐某微、傅某、周某斌、刘某、邱某厚、戴某彪、郭某杰、吴某、张某琴(1203 室),余某、徐某武(1303 室),杨某香、张某甲(1501 室),张某芝、彭某、张某华、胡某、方某辉、张某为、邱某鹏、华某姣、许某、陈某、徐某轩、刘某芬、邱某阳、李某兰、田某兰、吴某旭、胡某、邱某艳(2303 室),周某华、曾某华、肖某攀、张某君、李某刚、邱某娟、付某刚、龚某、钟某、程某、魏某、吴某喜、邱某辉、曾某、邱某军(3101 室),邱某贝、李某康、毛某、邱某稻(3203 室),左某英、谢某群、陆某飞分别负担 100.09 元;由胡某(1101 室及 1102 室)、王某和(1302 室及 2102 室)、付某(1401 室及 1402 室)、徐某(2201 室及 2302 室)、谭某英(3002 室及 3102 室)分别负担 200.18 元;由蔡某杰(1701 室、1702 室、1703 室)、邱某胜(2601 室、2602 室、2603 室)分别负担 300.27 元。

陈某桥等 47 人不服一审判决,提起上诉。请求撤销责令上诉人承担补偿责任的一审判决,改判上诉人不承担责任。陈某桥等 34 人还诉请:对涉案石块的抛物责任楼层进行科学检测;要求物业公司、何某监护人、一楼麻将室业主承担责任。事实与理由如下:(1)一审法院对上诉人的举证不调查,没有科学检测判定涉案楼层高度范围,判决草率,无法体现法律公正。上诉人及家人出示不在家的书面工作时间证明,以证明家中无人,但一审法院不经调查,任凭何某一概否定,使上诉人陷入无证可证的悲哀局面,物业方表示已将楼栋人员进出录像上报相关调查机构,请求法院对上诉人提出的家中无人事实,结合相关证明及楼栋进出录像等进行重新调查,而非草率判决。(2)请求对一审庭审中提出的案发时物业人员顶楼修漏、证物石块虚假、公安调查部门调查不真实等疑点问题,进行重新调查。在一审判决中公安调查部门排除楼顶涉案的可能,而多名业主证实案发期间物业人员在楼顶采用器械工具检漏维修、开凿墙体,且事发前后本楼业主上楼顶均发现楼顶堆放较多与肇事物相似的水泥块,却在案发第三日被物业人员清理得干干净净。针对此疑点,请求法院责令公安调查部门出示案发当日的楼顶调查情况录像及一审判决中排除楼顶涉案可能的依据。在一审开庭时,多名业主表示证物水泥块并非肇事物,而致害物是本案的关键,关系案情调查的真实性及有效性,结合物业人员在顶楼维修作业,上诉人有理由怀疑是物业维修作业时引起飞石坠落造成被害人受伤,请求法庭调查证物的真实性及有效性。一审判决以公安调查部门的调查鉴定结果作为审判依据,但本楼栋的较多住户从案发至今公安部门都没有上门走访调查过,就直接收到法院传票,公安调查部门所谓的调查结果不能成为审判依据。(3)悲剧本可避免,受害人的现场监护人疏于监护,营业场所业主对其营业范围内的危险未进行提示及劝阻,事发前物业方缺乏对管辖范围内高空抛物现象进行警示宣传,均应承担相应责任。受害人的现场监护人丁某对出生仅46天的孙女疏于监护,使其以静止状态暴露在危险环境中,导致何某成为直击受害目标,应承担监护不力的责任。一楼麻将室门口为案发地,麻将室是公共营业场所,其业主在接受记者采访时表示经常看到抛物现象。麻将室业主明知坐在门口有抛物致害的危险,却不进行任何提醒,反而提供椅子给丁某,使受害人处于危险环境中,应承担营业场所监管及提醒不力的责任。物业作为辖区物业建筑的管理方,在事前缺乏对辖区建筑内的高空抛物现象进行宣传和警示,导致辖区住户缺乏高空抛物的法律意识及自我防护意识,事后才进行宣传和警示为时已晚,物业方应承担宣传提醒不力的责任。故请求撤销湖北省武汉市汉阳区人民法院作出的(2015)鄂汉阳民二初字第00758号民事判决。

湖北省武汉市中级人民法院经审理认为,关于争议焦点一:本案的客观事实能否通过科学技术手段还原。以事实为依据,以法律为准绳应当是法院的裁判标准。本院在审理本案过程中,也期望努力查明案件的客观事实,尽力揭示案件的真相。但本案事故瞬间发生,没有亲历者目击整个事故经过,事故过程不可能再现,法院同样希望能够通过科学技术手段还原本案的客观事实。然而在本案中,经过汉阳经开派出所的现场勘查及现场试验,武汉市公安局汉阳区分局刑事侦查大队的现场勘查,武汉市公安局刑侦局科学鉴定中心的提取DNA工作,均未能确定本案的实际侵权人。对此,我们不得不承认,现实生活中的一些客观事实,确实是不可能通过现有的科学技术手段完全再现或还原的。这也是原《侵权责任法》第87条的立法原因之一。因此,对于陈某桥等人主张通过科学技术手段确定本案事实,不具备现实可行性,本院不予支持。

关于争议焦点二:可能的加害人是否应当承担补偿责任。湖北省武汉市中级人民法院认为,根据本案案情,本案适用原《侵权责任法》第 87 条是适当的。上诉人是否应当承担补偿责任,要看能否排除自己不是实际侵权人。如果能够通过科学技术手段确定实际侵权人,自然能够排除上诉人是否为实际侵权人。在该方法不可行的情况下,法官所认定的事实,是运用逻辑推理、辩证关系等方法,依靠法官自身的社会生活经验,对当事人提供的证据进行综合判断,依照法律的规定,内心所构建确定的最大可能接近客观真实的法律事实。从上诉人提交的现有证据来看,确实无法达到排除房屋使用人或同住人等所有可能加害的证明高度。因此,依照原《侵权责任法》第 87 条的规定,一审法院认定上诉人承担补偿责任是适当的。上诉人陈某桥等 34 人主张何某的监护人、物业公司及一楼麻将室业主应当承担责任,但没有充分确实的证据证明其行为对何某的损害后果存在过错及因果关系,本院不予支持。诚然,本案仅从表面来看,实际的侵权人仅有一人,绝大多数上诉人或者全部的上诉人都可能不是实际侵权人。但是,我们所要强调的是,在当前商业保险尚未能全面深入展开,社会保障机制尚有待于进一步健全的特殊社会发展阶段,法律立法之本意在于保护弱势群体的利益。在实际侵权人无法确定的情况下,受害人相对于众多可能的加害人而言,处于弱势地位。如果非要其明确具体加害人,其损害方能获得救济,对受害人而言无疑是雪上加霜。对于无辜的受害人予以保护,由可能成为加害人范围内的民事主体对损害进行合理分配,是一种特殊情形下合理分摊风险的手段和方法,属于对弱者的特殊保护。法律之公平,在于公民在法律面前一视同仁。上诉人与何某均同住一个屋檐之下,均受到高空抛物不当行为的危害,法律规定的补偿责任,不是针对何某个人所设立的,而是为所有公民所设立的。今天看似“不公平”的补偿责任,恰恰是为了上诉人及所有 × × 小区业主在面对明天可能的风险时的公平;今天对于何某的特殊保护,恰恰也是明天对于上诉人及所有 × × 小区业主的特殊保护。故一审判决认定事实清楚,适用法律正确,应予维持。上诉人陈某桥等 47 人的上诉请求不成立,应予驳回。判决:驳回上诉,维持原判。二审案件受理费 5304.77 元,由上诉人陈某桥、张某红、邱某军、杨某、邱某文、郑某华、陈某英、郑某衡、魏某芳、周某谭、倪某清、周某、肖某芳、邱某花、徐某微、周某斌、吴某、余某、徐某武、张某甲、彭某、方某辉、张某为、邱某鹏、华某姣、徐某轩、刘某芬、邱某阳、李某兰、吴某旭、胡某、邱某艳、张某君、付某刚、龚某、钟某、吴某喜、邱某辉、邱某贝、李某康、邱某稻、左某英、谢某群各负担 100.09 元;由上诉人王某和、徐某各负担 200.18 元;由上诉人蔡某杰、邱某胜各负担 300.27 元。①

---

① 参见何某诉陈某桥等不明抛掷物损害责任纠纷案,湖北省武汉市汉阳区人民法院(2015)鄂汉阳民二初字第 00758 号民事判决书;陈某桥等诉何某不明抛掷物损害责任纠纷案,湖北省武汉市中级人民法院(2016)鄂 01 民终 3752 号民事判决书。

证据：

1. 武汉脑科医院长江航运总医院、武汉市儿童医院出具的何某治疗病历资料

2. 何某提供的医疗费、护理费、住院伙食补助费、营养费、交通费、鉴定费、房屋租金、租房水电费等相关费用的发票

3. 湖北中真司法鉴定所协和法医司法鉴定室提供的司法鉴定意见书

4. 武汉市公安局汉阳区分局汉阳经济开发区派出所的情况说明

5. 武汉市公安局汉阳区分局刑事侦查大队作出的现场勘验笔录

6. 事发××小区瑞地美佳物业公司提供的业主名册

7. 现场封存的物证水泥块

8. 部分业主提交的不在场证明(工作单位证明、装修合同、水电费明细等)

(四)案例评析与理论延伸

本案为高空坠物致人损害侵权责任纠纷。现代社会高层建筑林立,物品从高空抛坠杀伤力巨大,受害人不会也无法采取防范措施,往往造成重大人身财产损害,成为“悬在城市上空的痛”。从建筑物中抛掷或者坠落的物品造成他人损害的,由侵权人承担侵权责任自属当然。但若无法确定具体侵权人,可能加害的建筑物使用人应否承担补偿责任,如何承担补偿责任,如何通过综合治理机制从源头杜绝高空坠物,学界尚存争议。

我国原《侵权责任法》第 87 条规定:“从建筑物中抛掷物品或者从建筑物上坠落的物品造成他人损害,难以确定具体侵权人的,除能够证明自己不是侵权人的外,由可能加害的建筑物使用人给予补偿。”《民法典》第 1254 条在原《侵权责任法》第 87 条的基础上对高空坠物侵权责任作了进一步完善,该条规定:“禁止从建筑物中抛掷物品。从建筑物中抛掷物品或者从建筑物上坠落的物品造成他人损害的,由侵权人依法承担侵权责任;经调查难以确定具体侵权人的,除能够证明自己不是侵权人的外,由可能加害的建筑物使用人给予补偿。可能加害的建筑物使用人补偿后,有权向侵权人追偿。物业服务企业等建筑物管理人应当采取必要的安全保障措施防止前款规定情形的发生;未采取必要的安全保障措施的,应当依法承担未履行安全保障义务的侵权责任。发生本条第一款规定的情形的,公安等机关应当依法及时调查,查清责任人。”该条的制度要点为:(1)明确禁止从建筑物中抛掷物品。该条第一句开宗明义表明禁止从建筑物中抛掷物品的立场,将禁止从建筑物中抛掷物品作为法定义务予以明确规范。(2)明确高空坠物应由侵权人依法承担侵权责任的一般规则。依据民法责任自负原则,从建筑物中抛掷或者坠落的物品造成他人损害的,当然应当由侵权人承担侵权责任。(3)将调查程序前置,确定了公安等机关的及时调查义务。发生高空坠物致害侵权后,公安等机关应当通过调取摄像资料、提取物证、询问人证或进行物理实验等方式依法及时调查,查清责任人。经公安等机关调查仍无法确定侵权人,方可由可能加害的建筑物使用

人承担补偿责任。(4)可能加害的建筑物使用人承担补偿责任。若难以确定具体侵权人时,为填补被害人的损失,实现社会公平正义,合理分散损失,促进社会和谐稳定,维护社会秩序,①可能加害的建筑物使用人应当承担补偿责任,除非能够证明自己并非侵权人。(5)倘若最终确定了侵权人,可能加害的建筑物使用人承担补偿责任后,有权向侵权人追偿。(6)物业服务企业等建筑物的管理人须承担必要的安全保障义务,否则将依法承担未履行安全保障义务的侵权责任。对于加强日常物业管理,预防高空坠物的发生具有重大意义。该条规范了多种主体的义务与责任,通过综合治理、协同治理机制,实现了由侧重对受害人的救济向以查清事实为基础兼顾各方利益的转变,从强化事先预防与落实事后惩治的双向维度全面构建了高空坠物规制体系,体现了对高空坠物致害问题采取依法治理、综合治理、源头治理的整体思路。②

1. 无法确定侵权行为人时,由可能的加害人承担补偿责任的法理依据

我国《民法典》第 1254 条保留了原《侵权责任法》第 87 条在无法查明具体侵权人时,由可能的加害人对受害人进行补偿的规则,主要是基于以下考量:(1)为受害人提供救济,彰显侵权责任法的填补损害功能。高空坠物杀伤力极强,常造成严重的人身财产损害,甚至危及生命。然而高空坠物的具体侵权人又常常难以确定,由可能的加害人承担补偿责任在一定程度上可以为受害人提供必要救济,避免其因飞来横祸陷入困境,满足社会稳定性的要求。③ 尤其在现阶段,我国商业保险制度和社会保障机制尚未健全,无法通过商业保险和社会救助渠道使受害人获得充分救济,④由可能的加害人承担补偿责任,不仅十分必要,而且充分彰显了侵权责任法作为权利救济法的损害填补功能。(2)分散风险,符合公平理念。现代社会风险无处不在,在无法确定具体侵权人时,由可能加害的建筑物使用人组成的集体合理分担受害人个人难以承担的损害从而分散风险,有利于增强社会抵御风险的能力,避免个体无法获得救助而遭遇不幸,契合公平正义的价值理念。⑤ (3)维护公共安全,预防损害发生。高空坠物涉及公共安全问题,随着我国城市化进程的加快,城市人口愈加密集,高楼大厦林立已是常态,但国民素质参差不齐,高空坠物威胁着人们“头顶上的安全”。当无法确定具体侵权人时,由可能

---

① 全国人大常委会法制工作委员会民法室编:《中华人民共和国侵权责任法条文说明、立法理由及相关规定》,北京大学出版社 2010 年版,第 356 页。

② 邹海林、朱广新主编:《民法典评注 · 侵权责任编 2》,中国法制出版社 2020 年版,第 832 页。

③ 参见张新宝、张馨天:《从〈侵权责任法〉第 87 条到〈民法典〉第 1254 条:“高空抛(坠)物”致人损害责任规则的进步》,载《比较法研究》2020 年第 6 期。

④ 参见张国庆、张俊文、王红君、李静:《权衡与博弈:高空抛物致害责任的路径抉择——兼评〈侵权责任法〉第 87 条》,载《法律适用》2012 年第 12 期。

⑤ 参见王利明:《论高楼抛物致人损害责任的完善》,载《法学杂志》2020 年第 1 期。

加害的建筑物使用人承担补偿责任，进而可以形成威慑效应，强加相关行为人以注意义务，①实现源头预防，切合风险社会的损害预防与维护公共安全理念。

此外，对于高空坠物侵权责任，《民法典》第 1254 条规定可能的加害人承担补偿责任时，实行举证责任倒置，即由可能加害的建筑物使用人证明其没有实施高空坠物行为，否则推定其应当对受害人进行补偿。采取举证责任倒置，不仅有利于减轻受害人的举证责任，维护受害人的利益，而且有利于推动建筑物使用人积极发现证据，提高查清案件事实的可能性。② 在高空坠物侵权案件中，受害人只需证明其因高空坠物致害即可，无须承担具体侵权行为和因果关系的证明责任。

建筑物的使用人，是指实际占有或控制建筑物的人，只要对建筑物存在客观支配力，均可认定为建筑物的使用人，通常包括建筑物的所有权人、承租人、借用人以及其他使用建筑物的人等。物业服务企业根据其与业主订立的物业服务合同，为业主提供建筑物及其附属设施的维修养护、环境卫生和相关秩序的管理维护等物业服务，通常并不占有建筑物，不属于建筑物的使用人。但若物业服务企业实际占有建筑物，也应属于建筑物的使用人。当可能加害的建筑物使用人为数人时，形成多数人之债。其责任形态为按份责任，即由可能加害的建筑物使用人以户为单位平均分担损害。

2. 物业服务企业等建筑物管理人的义务及责任

我国《民法典》第 1254 条第 2 款直接明确了建筑物管理人的安全保障义务。建筑物管理人负有采取安全措施防止高空坠物发生的义务，主要表现为：其一，采取必要的预防措施，加强安全教育。如在小区内积极宣传高空坠物的危险性，实施安全提示、劝阻或其他预防行为等。其二，采取必要的监控措施。如在小区有可能发生高空坠物的公共空间安装摄像头等监控设备并定期维护，保持设备的正常运转等。③

物业服务企业等建筑物管理人未采取必要的安全保障措施的，应当依法承担未履行安全保障义务的侵权责任。该责任由法律直接规定，并不依赖物业服务合同，且该责任为补充责任，④其承担责任后可以向侵权人追偿。

3. 公安等机关的及时调查义务

我国《民法典》第 1254 条第 3 款明确规定了公安等机关的及时调查义务。发生高空坠物致害侵权后，公安等机关应当及时履行调查义务，及时立案侦查并合理利用侦查

---

① 何国强：《“风险侵权法”的理念及制度逻辑——从对高空抛物致害责任制度正当性的论证展开》，载《湖北大学学报（哲学社会科学版）》2017 年第 3 期。

② 冯恺：《民法典高空抛物致害责任规则的体系性解读：局限与克服》，载《比较法研究》2021 年第 1 期。

③ 参见程啸：《侵权责任法教程》（第 4 版），中国人民大学出版社 2020 年版，第 363 ~ 364 页。

④ 最高人民法院民法典贯彻实施工作领导小组主编：《中华人民共和国民法典侵权责任编理解与适用》，人民法院出版社 2020 年版，第 703 页。

技术和手段,不得推诿。该条将公安等机关的调查义务作为适用“可能加害的建筑物使用人进行补偿”的前置程序,可进一步限制可能加害的建筑物使用人补偿责任的适用,并且其调查结论亦可以作为受害人“难以确定侵权人”的证明,有助于保障受害人的合法权益。①

4.《民法典》运用民事、行政和刑事相结合的方式进行综合治理

我国《民法典》第1254条不仅规定了侵权人的侵权责任、可能加害的建筑物使用人的补充责任,还力求对高空坠物进行多元化治理,从根源上遏制高空坠物的发生。其一,明确物业服务企业等建筑物管理人的安全保障义务,借助城市社区管理的力量实现有效监督。其二,在致害情况已发生的情况下,通过公安等机关的前置调查,及时查清侵权人,明晰各方责任,有利于明确案件后续法律适用。综合治理机制可以动员更多人民群众意识到高空坠物行为的危害性与严重性,以法治带动德治和自治,共同根治高空坠物陋习,②维护人们“头顶上的安全”。

在本案中,何某因高空坠物受害,无法确定实际侵权行为人,由可能加害的建筑物使用人陈某桥等以户为单位按份承担补偿责任,符合法律规定。

二、法律实务操作

(一)相关法律法规

1.《人身损害赔偿解释》(2022年修正)

第6条(原《人身损害赔偿解释》第19条)　医疗费根据医疗机构出具的医药费、住院费等收款凭证,结合病历和诊断证明等相关证据确定。赔偿义务人对治疗的必要性和合理性有异议的,应当承担相应的举证责任。

医疗费的赔偿数额,按照一审法庭辩论终结前实际发生的数额确定。器官功能恢复训练所必要的康复费、适当的整容费以及其他后续治疗费,赔偿权利人可以待实际发生后另行起诉。但根据医疗证明或者鉴定结论确定必然发生的费用,可以与已经发生的医疗费一并予以赔偿。

第8条(原《人身损害赔偿解释》第21条)　护理费根据护理人员的收入状况和护理人数、护理期限确定。

护理人员有收入的,参照误工费的规定计算;护理人员没有收入或者雇佣护工的,

---

① 参见曹险峰:《侵权法之法理与高空抛物规则》,载《法制与社会发展》2020年第1期;张新宝、张馨天:《从〈侵权责任法〉第87条到〈民法典〉第1254条:“高空抛(坠)物”致人损害责任规则的进步》,载《比较法研究》2020年第6期。

② 参见姜启波、郭锋、陈龙业:《〈关于依法妥善审理高空抛物、坠物案件的意见〉的理解与适用》,载《人民司法》2020年第16期。

参照当地护工从事同等级别护理的劳务报酬标准计算。护理人员原则上为一人,但医疗机构或者鉴定机构有明确意见的,可以参照确定护理人员人数。

护理期限应计算至受害人恢复生活自理能力时止。受害人因残疾不能恢复生活自理能力的,可以根据其年龄、健康状况等因素确定合理的护理期限,但最长不超过二十年。

受害人定残后的护理,应当根据其护理依赖程度并结合配制残疾辅助器具的情况确定护理级别。

第 9 条(原《人身损害赔偿解释》第 22 条)　交通费根据受害人及其必要的陪护人员因就医或者转院治疗实际发生的费用计算。交通费应当以正式票据为凭;有关凭据应当与就医地点、时间、人数、次数相符合。

第 10 条(原《人身损害赔偿解释》第 23 条)　住院伙食补助费可以参照当地国家机关一般工作人员的出差伙食补助标准予以确定。

受害人确有必要到外地治疗,因客观原因不能住院,受害人本人及其陪护人员实际发生的住宿费和伙食费,其合理部分应予赔偿。

第 11 条(原《人身损害赔偿解释》第 24 条)　营养费根据受害人伤残情况参照医疗机构的意见确定。

第 12 条(原《人身损害赔偿解释》第 25 条)　残疾赔偿金根据受害人丧失劳动能力程度或者伤残等级,按照受诉法院所在地上一年度城镇居民人均可支配收入标准,自定残之日起按二十年计算。但六十周岁以上的,年龄每增加一岁减少一年;七十五周岁以上的,按五年计算。

受害人因伤致残但实际收入没有减少,或者伤残等级较轻但造成职业妨害严重影响其劳动就业的,可以对残疾赔偿金作相应调整。

第 13 条(原《人身损害赔偿解释》第 26 条)　残疾辅助器具费按照普通适用器具的合理费用标准计算。伤情有特殊需要的,可以参照辅助器具配制机构的意见确定相应的合理费用标准。

辅助器具的更换周期和赔偿期限参照配制机构的意见确定。

第 23 条(原《人身损害赔偿解释》第 18 条)　精神损害抚慰金适用《最高人民法院关于确定民事侵权精神损害赔偿责任若干问题的解释》予以确定。

2.《精神损害赔偿解释》(2020 年修正)

第 1 条　因人身权益或者具有人身意义的特定物受到侵害,自然人或者其近亲属向人民法院提起诉讼请求精神损害赔偿的,人民法院应当依法予以受理。

第 5 条　精神损害的赔偿数额根据以下因素确定:

(一)侵权人的过错程度,但是法律另有规定的除外;

(二)侵权行为的目的、方式、场合等具体情节;

(三)侵权行为所造成的后果;

(四)侵权人的获利情况;

(五)侵权人承担责任的经济能力;

(六)受理诉讼法院所在地的平均生活水平。

3.《最高人民法院关于依法妥善审理高空抛物、坠物案件的意见》(法发〔2019〕25号)

8. 加强高空抛物、坠物民事案件的审判工作。人民法院在处理高空抛物、坠物民事案件时,要充分认识此类案件中侵权行为给人民群众生命、健康、财产造成的严重损害,把维护人民群众合法权益放在首位。针对此类案件直接侵权人查找难、影响面广、处理难度大等特点,要创新审判方式,坚持多措并举,依法严惩高空抛物行为人,充分保护受害人。

9. 做好诉讼服务与立案释明工作。人民法院对高空抛物、坠物案件,要坚持有案必立、有诉必理,为受害人线上线下立案提供方便。在受理从建筑物中抛掷物品、坠落物品造成他人损害的纠纷案件时,要向当事人释明尽量提供具体明确的侵权人,尽量限缩"可能加害的建筑物使用人"范围,减轻当事人诉累。对侵权人不明又不能依法追加其他责任人的,引导当事人通过多元化纠纷解决机制化解矛盾、补偿损失。

10. 综合运用民事诉讼证据规则。人民法院在适用侵权责任法第八十七条裁判案件时,对能够证明自己不是侵权人的"可能加害的建筑物使用人",依法予以免责。要加大依职权调查取证力度,积极主动向物业服务企业、周边群众、技术专家等询问查证,加强与公安部门、基层组织等沟通协调,充分运用日常生活经验法则,最大限度查找确定直接侵权人并依法判决其承担侵权责任。

12. 依法确定物业服务企业的责任。物业服务企业不履行或者不完全履行物业服务合同约定或者法律法规规定、相关行业规范确定的维修、养护、管理和维护义务,造成建筑物及其搁置物、悬挂物发生脱落、坠落致使他人损害的,人民法院依法判决其承担侵权责任。有其他责任人的,物业服务企业承担责任后,向其他责任人行使追偿权的,人民法院应予支持。物业服务企业隐匿、销毁、篡改或者拒不向人民法院提供相应证据,导致案件事实难以认定的,应当承担相应的不利后果。

14. 充分发挥多元解纷机制的作用。人民法院应当将高空抛物、坠物民事案件的处理纳入到建设一站式多元解纷机制的整体工作中,加强诉前、诉中调解工作,有效化解矛盾纠纷,努力实现法律效果与社会效果相统一。要根据每一个高空抛物、坠物案件的具体特点,带着对受害人的真挚感情,为当事人解难题、办实事,尽力做好调解工作,力促案结事了人和。

15. 推动完善社会救助工作。要充分运用诉讼费缓减免和司法救助制度,依法及时对经济上确有困难的高空抛物、坠物案件受害人给予救济。通过案件裁判、规则指引积极引导当事人参加社会保险转移风险、分担损失。支持各级政府有关部门探索建立高空抛物事故社会救助基金或者进行试点工作,对受害人损害进行合理分担。

4.《民法典》(2020 年)

第 1179 条(原《侵权责任法》第 16 条)　侵害他人造成人身损害的,应当赔偿医疗费、护理费、交通费、营养费、住院伙食补助费等为治疗和康复支出的合理费用,以及因误工减少的收入。造成残疾的,还应当赔偿辅助器具费和残疾赔偿金;造成死亡的,还应当赔偿丧葬费和死亡赔偿金。

第 1254 条(原《侵权责任法》第 87 条)　禁止从建筑物中抛掷物品。从建筑物中抛掷物品或者从建筑物上坠落的物品造成他人损害的,由侵权人依法承担侵权责任;经调查难以确定具体侵权人的,除能够证明自己不是侵权人的外,由可能加害的建筑物使用人给予补偿。可能加害的建筑物使用人补偿后,有权向侵权人追偿。

物业服务企业等建筑物管理人应当采取必要的安全保障措施防止前款规定情形的发生;未采取必要的安全保障措施的,应当依法承担未履行安全保障义务的侵权责任。

发生本条第一款规定的情形的,公安等机关应当依法及时调查,查清责任人。

5.《中华人民共和国刑法》(2020 年修正)

第 291 条之二　从建筑物或者其他高空抛掷物品,情节严重的,处一年以下有期徒刑、拘役或者管制,并处或者单处罚金。

有前款行为,同时构成其他犯罪的,依照处罚较重的规定定罪处罚。

(二)思考与实践问题

1. 高空坠物侵权案件中侵权行为人无法确定时,由可能的加害人承担补偿责任的法理依据是什么?

2. 高空坠物侵权案件中公安机关、物业服务企业等应当承担何种义务及责任?

3. 高空坠物侵权案件中受害人应当承担何种举证责任?

4. 如何理解运用民事、行政和刑事手段,对高空坠物案件进行综合治理?

参考文献

1. 姚辉、金骑锋:《民法典高空抛物致人损害责任的解释论展开》,载《法律适用》2021 年第 7 期。

2. 王竹:《〈民法典〉高空抛物坠物责任新增规则评述》,载《厦门大学学报(哲学社会科学版)》2021 年第 3 期。

3. 冯恺:《民法典高空抛物致害责任规则的体系性解读:局限与克服》,载《比较法研究》2021 年第 1 期。

4. 王利明:《论高楼抛物致人损害责任的完善》,载《法学杂志》2020 年第 1 期。

5. 姜启波、郭锋、陈龙业:《〈关于依法妥善审理高空抛物、坠物案件的意见〉的理解与适用》,载《人民司法》2020 年第 16 期。

6. 张新宝、张馨天:《从〈侵权责任法〉第 87 条到〈民法典〉第 1254 条:“高空抛(坠)物”致人损害责任规则的进步》,载《比较法研究》2020 年第 6 期。

7. 杨立新:《〈民法典(草案)〉对高空抛掷物损害责任规则的完善》,载《当代法学》2020 年第 3 期。

8. 郑志涛、王崇:《我国建筑物抛物、坠物侵权责任强制保险构建》,载《海南大学学报(人文社会科学版)》2020 年第 3 期。

9. 曹险峰:《侵权法之法理与高空抛物规则》,载《法制与社会发展》2020 年第 1 期。

10. 王利明:《关于高楼抛物致人损害责任的几点意见》,载《民主与法制时报》2019 年 8 月 24 日,第 9 版。

11. 陈贤贵:《论消极事实的举证证明责任——以〈民诉法解释〉第 91 条为中心》,载《当代法学》2017 年第 5 期。

12. 任重:《论中国“现代”证明责任问题——兼评德国理论新进展》,载《当代法学》2017 年第 5 期。

13. 何国强:《“风险侵权法”的理念及制度逻辑——从对高空抛物致害责任制度正当性的论证展开》,载《湖北大学学报(哲学社会科学版)》2017 年第 3 期。

14. 吴国喆:《论高空抛物致害的比例责任承担》,载《西北师大学报(社会科学版)》2016 年第 6 期。

15. 李璐:《高空抛物侵权责任规定难以实现利益平衡》,载《人民法院报》2014 年 4 月 30 日,第 7 版。

16. 韩强:《论抛掷物、坠落物致损责任的限制适用——〈侵权责任法〉第 87 条的困境及其破解》,载《法律科学》2014 年第 2 期。

17. 张国庆、张俊文、王红君、李静:《权衡与博弈:高空抛物致害责任的路径抉择——兼评〈侵权责任法〉第 87 条》,载《法律适用》2012 年第 12 期。

18. 程啸:《侵权责任法教程》(第 4 版),中国人民大学出版社 2020 年版。

19. 邹海林、朱广新主编:《民法典评注 · 侵权责任编 2》,中国法制出版社 2020 年版。

20. 最高人民法院民法典贯彻实施工作领导小组主编:《中华人民共和国民法典侵权责任编理解与适用》,人民法院出版社 2020 年版。

21. 陈聪富:《侵权行为法原理》,台北,元照出版公司 2018 年版。

22. 全国人大常委会法制工作委员会民法室编:《中华人民共和国侵权责任法条文说明、立法理由及相关规定》,北京大学出版社2010年版。

23. 谢哲胜:《高层建筑物坠落致人损害的责任》,清华大学出版社2006年版。

24. [奥]海尔姆特·库齐奥:《侵权责任法的基本问题(第1卷)——德语国家的视角》,朱岩译,北京大学出版社2017年版。

25. [德]埃尔温·多伊奇、汉斯-于尔根·阿伦斯:《德国侵权法——侵权行为损害赔偿及痛苦抚慰金》(第5版),温大军译,中国人民大学出版社2016年版。

26. [日]田山辉明:《日本侵权行为法》,顾祝轩、丁相顺译,北京大学出版社2011年版。

27. [德]马克西米利安·福克斯:《侵权行为法》,齐晓琨译,法律出版社2006年版。

后 记

拙作行将付梓,收获良多。

写作之路虽然漫长艰辛,但夜深人静时的沉思、畅快淋漓的表达、思维的交汇与碰撞,又何尝不是人生乐事?

学术研究离不开热爱与坚守,学贵有恒,笃志不倦。教学工作虽然繁忙,家庭事务虽然琐碎,但对相关问题保持敏感与好奇、乐于思考及钻研,并将思考的点滴集结成册,也算是对本人从教二十余载的一个交代。

感谢师长及家人给予我的关爱与鼓励,感谢华南师范大学法学院、法律出版社给予我的支持与帮助,感谢聪慧而富有朝气的学生们给予我的动力和灵感!

本书的撰写分工如下:

侯巍:撰写案例一、案例二、案例三、案例六、案例八、案例九、案例十一、案例十三、案例十四、案例十六;温秋璇:撰写案例四、案例五、案例七;张振声:撰写案例十、案例十二、案例十五。本书由侯巍负责统稿。

侯　巍

2023 年 3 月 6 日于羊城